Erros foram cometidos
(mas juro que não fui eu)

Elliot Aronson
e Carol Tavris

Erros foram cometidos
(mas juro que não fui eu)

Por que justificamos **crenças tolas**, **decisões ruins** e **atos nocivos**

TRADUÇÃO

Renato Marques

goya

ERROS FORAM COMETIDOS
(MAS JURO QUE NÃO FUI EU)

TÍTULO ORIGINAL:
Mistakes Were Made
(But Not By Me)

REVISÃO:
Tamara Sender
Thiago Fraga

COPIDESQUE:
Luciane H. Gomide

CAPA:
Angelo Bottino

**DADOS INTERNACIONAIS DE CATALOGAÇÃO NA PUBLICAÇÃO (CIP)
DE ACORDO COM ISBD**

A769e   Aronson, Elliot
Erros foram cometidos (mas juro que não fui eu): Por que justificamos crenças tolas, decisões ruins e atos nocivos / Elliot Aronson, Carol Tavris ; traduzido por Renato Marques. São Paulo, SP : Goya, 2025.
352 p. ; 16cm x 23cm.

Tradução de: Mistakes Were Made (But Not By Me)
Inclui bibliografia e índice.
ISBN: 978-85-7657-745-4

1. Psicologia social. I. Tavris, Carol. II. Marques, Renato. III. Título

2025-2323
CDD 301.15
CDU 316.6

ELABORADO POR ODILIO HILARIO MOREIRA JUNIOR – CRB-8/9949

ÍNDICES PARA CATÁLOGO SISTEMÁTICO:
1. Psicologia social 301.15
2. Psicologia social 316.6

COPYRIGHT © CAROLL TAVRIS E ELLIOT ARONSON, 2007, 2015, 2020
COPYRIGHT © EDITORA ALEPH, 2025

TODOS OS DIREITOS RESERVADOS.
PROIBIDA A REPRODUÇÃO, NO TODO OU EM PARTE,
ATRAVÉS DE QUAISQUER MEIOS, SEM A DEVIDA AUTORIZAÇÃO.

goya
é um selo da Editora Aleph Ltda.

Rua Bento Freitas, 306, cj. 71
01220-000 – São Paulo – SP – Brasil
Tel.: 11 3743-3202

WWW.EDITORAGOYA.COM.BR

@editoragoya

*Para Leon Festinger, criador da teoria
da dissonância cognitiva, cuja engenhosidade inspirou este livro.*

Somos todos capazes de acreditar em coisas que sabemos serem falsas e, então, quando enfim se prova que estamos errados, distorcemos descaradamente os fatos para mostrar que estávamos certos. Intelectualmente, é possível levar adiante esse processo por um tempo indefinido: o único freio é que, mais cedo ou mais tarde, uma convicção falsa esbarra na realidade sólida, via de regra em um campo de batalha.

– George Orwell, 1946

Não vejo por que eu deva estar conscientemente errado hoje porque, inconscientemente, estive errado ontem.

– Juiz da Suprema Corte Robert H. Jackson, 1948

SUMÁRIO

11   **PREFÁCIO ÀS EDIÇÕES REVISTAS**

15   **INTRODUÇÃO**
Canalhas, tolos, vilões e hipócritas:
como eles conseguem viver consigo mesmos?

25   **CAPÍTULO 1**
Dissonância cognitiva: o motor da autojustificação

55   **CAPÍTULO 2**
Orgulho e preconceito... e outros pontos cegos

85   **CAPÍTULO 3**
Memória, o historiador autojustificável

111   **CAPÍTULO 4**
Boas intenções, ciência ruim: o ciclo fechado
do julgamento clínico

143   **CAPÍTULO 5**
Lei e desordem

175   **CAPÍTULO 6**
Assassino do amor: autojustificação no casamento

199   **CAPÍTULO 7**
Mágoas, rupturas e guerras

225 **CAPÍTULO 8**
     Desapegar e assumir a culpa

253 **CAPÍTULO 9**
     Dissonância, democracia e o demagogo

291 **AGRADECIMENTOS**

293 **NOTAS**

335 **ÍNDICE REMISSIVO**

PREFÁCIO ÀS EDIÇÕES REVISTAS

Quando a primeira edição deste livro foi publicada, em 2007, os Estados Unidos já estavam polarizados pela guerra no Iraque. Embora de início democratas e republicanos se mostrassem em igual medida propensos a apoiar a decisão de George W. Bush de invadir, convencidos de que Saddam Hussein estava desenvolvendo armas de destruição em massa, logo ficou claro que ele não estava, e nenhum armamento foi encontrado. As supostas armas de destruição em massa desapareceram, mas não a polarização política, o que pudemos constatar nos comentários e nas resenhas sobre nosso livro no site da Amazon.

Muitos conservadores ficaram (e alguns ainda estão) profundamente incomodados com a percepção de que estávamos fazendo um ataque injusto a Bush. Um desses leitores, que intitulou sua resenha de "Quase ótimo" e deu três estrelas a *Erros foram cometidos*, disse que o livro teria sido realmente ótimo se não tivéssemos passado tanto tempo tentando impor aos leitores nossas visões políticas e ignorando os erros e as más decisões que os democratas tomaram. Qualquer edição futura, ele aconselhou, deveria excluir todos os exemplos de "Bush mentiu", para que não parecesse que havia um a cada quatro páginas.

Depois encontramos uma resenha refutando esta que acabamos de citar; intitulada "Verdadeiramente ótimo!", dava ao livro cinco estrelas. Não é um livro apenas sobre política, declarou essa resenhista, mas sobre todos os aspectos do comportamento humano. Ela achou que se tratava de uma obra extremamente equilibrada, observando que discutia os erros, as autojustificações e as ilusões de membros de ambos os partidos majoritários dos Estados

Unidos – por exemplo, a incapacidade de Lyndon B. Johnson de sair do Vietnã foi comparada à determinação de Bush de "manter a linha de ação" no Iraque.

Por motivos que ficarão claros à medida que você ler este livro, gostamos muito mais da segunda resenha da Amazon do que da primeira. Que leitora brilhante e astuta, pensamos, e obviamente muito bem informada! Ao passo que o primeiro resenhista estava completamente confuso. Enviesados? *Nós*? Que absurdo! Ora, nós nos desdobramos e fizemos das tripas coração para sermos justos! Um exemplo a cada quatro páginas das mentiras de Bush, e não tínhamos uma palavra ruim a dizer sobre os democratas? Esse leitor não viu nossa crítica a Lyndon B. Johnson, a quem chamamos de "mestre da autojustificação"? Como ele não percebeu os elogios aos republicanos? E como entendeu mal nosso ponto principal, que George Bush *não* estava mentindo intencionalmente para a opinião pública norte-americana sobre as supostas armas de destruição em massa de Saddam Hussein, mas fazendo algo que todos os líderes e o resto de nós fazemos: mentindo para si mesmo a fim de justificar uma decisão que ele já havia tomado? Além disso, dissemos, em nossa própria defesa, que Bush era presidente quando começamos a escrever este livro, e a dispendiosa guerra estava dividindo a nação. As consequências do conflito estão conosco ainda hoje, na guerra contínua e no caos no Oriente Médio. Que outro exemplo poderia ter sido uma história de abertura tão potente ou importante?

Então, depois de nos deleitarmos com nosso espasmo de autojustificação em resposta ao primeiro resenhista, tivemos de enfrentar a temida pergunta: "Espere um minuto – estamos certos ou estamos apenas nos justificando? E se – o horror dos horrores! – ele tiver razão?". Como seres humanos, nós dois não somos imunes às armadilhas do pensamento que descrevemos em nosso próprio livro. Nenhum ser humano pode viver sem vieses e preconceitos, e nós temos os nossos. Mas escrevemos este livro com o objetivo de entendê-los e lançar luz sobre sua atuação em todos os cantos da vida das pessoas, incluindo a nossa.

Nos anos que se seguiram à publicação original deste livro, leitores, críticos, vizinhos e amigos nos enviaram comentários, estudos e histórias pessoais. Profissionais de áreas díspares, como odontologia, engenharia, educação e nutrição, nos incentivaram a adicionar capítulos sobre *suas* experiências com colegas recalcitrantes que se recusavam a prestar atenção nos dados. Amigos na Inglaterra e na Austrália formaram o clube "Irregulares de *Erros foram cometidos*" para nos informar sobre quem usava essa icônica expressão em seus países.

Concluímos que uma edição revista poderia facilmente ser duas vezes mais longa que a original sem ser duas vezes mais informativa. Para a segunda edição (2015), atualizamos a pesquisa e apresentamos exemplos de tentativas de organização para corrigir erros e acabar com práticas nocivas (prejudiciais, por exemplo, em processos criminais, métodos de interrogatório, políticas hospitalares e conflitos de interesse na ciência). De maneira trágica, mas não surpreendente para qualquer um que leia este livro, não houve uma quantidade suficiente de correções sistemáticas e, em algumas áreas, convicções profundamente entranhadas e professadas, mas incorretas, como as de pessoas que se opõem à vacinação dos filhos, tornaram-se ainda mais arraigadas. Fizemos uma mudança considerável no Capítulo 8 ao abordar uma questão que na primeira vez havíamos intencionalmente evitado: os problemas que surgem para pessoas que não conseguem justificar os próprios erros, ações prejudiciais ou más decisões e que, como resultado, por muito tempo sofrem de transtorno de estresse pós-traumático (TEPT), culpa, remorso e noites sem dormir. Nesse capítulo, mostramos pesquisas e insights que podem ajudar as pessoas a encontrar um caminho entre a autojustificação irracional e a autoflagelação implacável, um caminho em que vale a pena empenhar-se para descobrir.

E então, pouco tempo depois que a segunda edição veio a lume, Donald Trump foi eleito presidente dos Estados Unidos, exacerbando imediatamente a crise política, tensões étnicas, raciais e demográficas que vinham se avolumando havia décadas. Claro, a polarização política entre esquerda e direita, os campos progressista e conservador, urbano e rural, existiu ao longo da história e ainda é encontrada em todo o planeta, cada lado vendo o mundo através de sua lente preferida. Mas o fenômeno Trump é único na história dos Estados Unidos, porque ele intencionalmente violou as regras, as normas, os protocolos e os procedimentos do governo – ações que seus apoiadores aplaudiram, seus adversários condenaram e muitos de seus antigos oponentes vieram a endossar. Esteja ou não Trump no cargo enquanto você lê isto,* os norte-americanos enfrentarão por muito tempo o resíduo moral, emocional e político de sua presidência.

Parece que se passaram milênios desde que o candidato republicano Bob Dole descreveu Bill Clinton como "meu oponente, não meu inimigo", mas, na verdade, ele fez esse civilizado comentário em 1996. Agora, isso parece pitoresco em contraste com Donald Trump, que considera seus oponentes (ou pessoas que simplesmente discordam dele) ratos traiçoeiros, dedos-duros, inimigos desleais. Em nosso novo capítulo de conclusão, portanto, examinamos de perto

---

* Depois de ter sido derrotado por Joe Biden em 2020, Donald Trump venceu as eleições de 2024 e se tornou, pela segunda vez, presidente dos Estados Unidos, tendo J. D. Vance como vice. [N. E.]

o processo pelo qual Trump, sua administração e seus apoiadores fomentaram essa visão, com consequências devastadoras para nossa democracia. Escrevemos esse capítulo na esperança de que, uma vez que entendamos a lenta mas perniciosa mudança no pensamento de oponente para inimigo, sejamos capazes de começar a encontrar nosso caminho de volta.

– Carol Tavris e Elliot Aronson, 2020

INTRODUÇÃO

CANALHAS, TOLOS, VILÕES E HIPÓCRITAS: COMO ELES CONSEGUEM VIVER CONSIGO MESMOS?

É muito possível que erros tenham sido cometidos pelas administrações nas quais servi.

– Henry Kissinger, respondendo às acusações de crimes de guerra em suas funções na atuação dos Estados Unidos no Vietnã, Camboja e América do Sul na década de 1970

Se, em retrospecto, descobrirmos também que erros podem ter sido cometidos [...], eu lamento profundamente.

– Cardeal Edward Egan de Nova York (referindo-se aos bispos que falharam em punir molestadores de crianças no clero católico)

Sabemos que erros foram cometidos.

– Jamie Dimon, CEO do JPMorgan Chase (referindo-se às enormes bonificações pagas aos executivos da empresa depois que o plano de resgate financeiro do governo impediu o banco de ir à falência)

> Erros foram cometidos na comunicação à opinião pública e aos clientes sobre os ingredientes de nossas batatas fritas e batatas *hash brown*.
>
> – McDonald's (*pedindo desculpas aos vegetarianos por não os informar de que o "sabor natural" de suas batatas continha subprodutos de carne bovina*)

Como seres humanos falíveis que todos nós somos, compartilhamos o impulso de nos justificar e evitar assumir a responsabilidade por ações que no fim das contas se revelam nocivas, imorais ou estúpidas. A maioria de nós nunca estará numa posição de tomar decisões que afetam a vida e a morte de milhões de pessoas, mas quer as consequências de nossos erros sejam triviais, quer sejam trágicas, de pequena escala ou de âmbito nacional, a maior parte de nós acha difícil, se não impossível, dizer "Eu estava errado; cometi um erro terrível". Quanto maiores os riscos – emocionais, financeiros, morais – e quanto mais coisas em jogo, maior a dificuldade.

A coisa vai além disso. A maioria das pessoas, quando confrontadas diretamente com evidências de que estão erradas, não arreda o pé e não muda de ponto de vista ou plano de ação, mas justifica seus atos com obstinação ainda maior. Os políticos, é claro, proporcionam os exemplos mais evidentes e, muitas vezes, mais trágicos dessa prática. Começamos a escrever a primeira edição deste livro durante a presidência de George W. Bush, homem cuja armadura mental de autojustificação não poderia ser perfurada nem mesmo pelas provas mais irrefutáveis. Bush estava errado em sua afirmação de que Saddam Hussein tinha armas de destruição em massa; ele estava errado em afirmar que Saddam tinha vínculos com a Al Qaeda; ele estava errado ao prever que os iraquianos sairiam dançando alegremente pelas ruas para celebrar a chegada dos soldados norte-americanos; ele estava errado em assegurar que o conflito terminaria rapidamente; ele estava errado ao subestimar grosseiramente os custos humanos e financeiros da guerra; e estava redondamente enganado em seu discurso seis semanas após o início da invasão, quando anunciou (sob uma faixa em que se lia MISSÃO CUMPRIDA) que "as principais operações de combate no Iraque terminaram".

Comentaristas da direita e da esquerda começaram a pedir que Bush admitisse que estava equivocado, mas Bush simplesmente encontrou novas justificativas para a guerra: ele estava se livrando de um "cara muito malvado", lutando contra terroristas, promovendo a paz no Oriente Médio, levando a democracia ao Iraque, aumentando a segurança dos Estados Unidos e terminando "a tarefa pela qual [nossas tropas] deram a vida". Nas eleições de meio de mandato de

2006, que a maioria dos observadores políticos considerou um referendo sobre a guerra, o Partido Republicano perdeu as duas casas do Congresso; um relatório emitido logo depois por dezesseis agências de inteligência norte-americanas anunciou que, na verdade, a ocupação do Iraque havia *intensificado* o radicalismo islâmico e o risco de terrorismo. No entanto, Bush afirmou a uma delegação de colunistas conservadores: "Nunca estive mais convencido de que as decisões que tomei são as decisões certas".[1]

George Bush não foi o primeiro nem será o último político a justificar decisões baseadas em premissas incorretas ou que tiveram consequências desastrosas. Lyndon Johnson não daria ouvidos aos conselheiros que repetidamente lhe disseram que a guerra no Vietnã era impossível de vencer e que ele havia sacrificado a presidência por causa de sua certeza autojustificável de que toda a Ásia se tornaria "comunista" caso os Estados Unidos se retirassem. Quando estão contra a parede, os políticos podem até, com relutância, reconhecer *erros*, mas não sua responsabilidade por eles. A frase "Erros foram cometidos", na voz passiva, é um esforço tão flagrante no sentido de se absolver da culpabilidade que se tornou uma piada nacional – o que o jornalista político Bill Schneider chamou de tempo verbal "exoneratório passado". "Ah, tudo bem, erros foram cometidos, mas não por mim, e sim por outra pessoa, alguém que permanecerá anônimo."[2] Quando afirmou que era muito possível que erros tivessem sido cometidos pelas administrações nas quais serviu, Henry Kissinger estava ignorando o fato de que, no papel de conselheiro de segurança nacional e secretário de Estado (ao mesmo tempo), ele essencialmente *era* a administração. Essa autojustificação permitiu que ele aceitasse o prêmio Nobel da Paz com a cara séria e a consciência limpa.

Encaramos o comportamento dos políticos com divertimento, perplexidade ou horror, mas o que eles fazem não é diferente em espécie, embora certamente em termos de consequências, do que a maioria de nós fez em um momento ou outro em nossa vida privada. Nós nos aferramos a um relacionamento infeliz – ou que simplesmente não está indo a lugar algum –, porque, afinal, investimos muito tempo para fazê-lo funcionar. Permanecemos em um emprego enfadonho por tempo demais porque procuramos todos os motivos do mundo para justificar a permanência nesse beco sem saída e somos incapazes de avaliar com lucidez os benefícios de ir embora. Compramos um carro horrível porque ele parece lindo, gastamos milhares de dólares para mantê-lo funcionando e, depois, gastamos mais dinheiro ainda para justificar esse investimento. Metidos a santos virtuosos, criamos desavenças com um amigo ou parente por alguma ofensa real ou imaginária, mas nos vemos como os arautos da paz – cabe ao outro lado a iniciativa de pedir desculpas e consertar o estrago para fazer as pazes.

Autojustificação não é a mesma coisa que mentir ou dar desculpas. Obviamente, as pessoas mentem ou inventam histórias fantasiosas para escapar da fúria da pessoa amada, do pai, da mãe ou do patrão; para evitar serem processadas na justiça ou enviadas para a prisão; para se esquivar de constrangimentos e não arruinar sua reputação; para não perder o emprego; para permanecer no poder. Mas há uma grande diferença entre um homem culpado que diz publicamente algo que ele sabe que não é verdade ("Eu não fiz sexo com aquela mulher"; "Eu não sou um bandido") e esse homem persuadindo a si mesmo de que fez uma coisa boa. Na primeira situação, ele está mentindo e sabe que faz isso para salvar a própria pele. Na outra, está mentindo para si mesmo. Por isso, a autojustificação é mais poderosa e mais perigosa do que a mentira explícita. Ela permite que as pessoas se convençam de que o que fizeram foi a melhor coisa que poderiam ter feito. Na verdade, pensando bem, foi a coisa certa. "Não havia mais nada que eu pudesse ter feito." "Na verdade, foi uma solução brilhante para o problema." "Eu estava fazendo o melhor pela nação." "Aqueles filhos da puta bem que mereceram." "Eu tenho o direito."

A autojustificação minimiza nossos erros e nossas decisões ruins; explica também por que todos são capazes de reconhecer um hipócrita em ação, exceto o próprio hipócrita. A autojustificação nos permite criar uma distinção entre nossos lapsos morais e os de outra pessoa e borrar a discrepância entre nossas ações e nossas convicções morais. Como diz um personagem do romance *Contraponto*, de Aldous Huxley: "Não creio que existam hipócritas conscientes". Parece improvável que Newt Gingrich, o ex-presidente da Câmara dos Deputados dos Estados Unidos e estrategista republicano, tenha dito a si mesmo: "Meu Deus, como sou hipócrita. Lá estava eu, todo indignado com o escândalo sexual de Bill Clinton, enquanto eu mantinha um caso extraconjugal aqui mesmo na cidade". Da mesma forma, o influente evangelista Ted Haggard parecia alheio à hipocrisia de fazer fulminantes proclamações públicas contra a homossexualidade enquanto desfrutava de seu próprio relacionamento sexual com um prostituto.

Da mesma forma, cada um de nós traça as próprias linhas morais e as justifica. Por exemplo, você já fez alguma pequena manobra para deduzir mais despesas na sua declaração de imposto de renda? Ora, isso provavelmente compensa as legítimas despesas dedutíveis que você se esqueceu de declarar e, além disso, você seria um tolo se não o fizesse, já que todo mundo faz. Você deixou de declarar alguma renda extra em dinheiro? Ora, você tem direito, diante da dinheirama que o governo desperdiça em projetos e programas eleitoreiros que você detesta. Você passa tempo mandando mensagens de texto, escrevendo e-mails pessoais e fazendo compras on-line no escritório quando deveria estar concentrado no trabalho? Ora, essas são vantagens do seu emprego e, além disso, é sua própria forma de protesto contra as estúpidas regras da empresa, além do fato de que seu chefe não valoriza todo o trabalho extra que você faz.

Gordon Marino, professor de filosofia e ética, estava hospedado em um hotel quando sua caneta escorregou do paletó e deixou uma mancha de tinta na colcha de seda. Ele decidiu contar ao gerente, mas estava cansado e não queria pagar pelos danos. Naquela noite, saiu com alguns amigos e lhes pediu conselhos. "Um deles me instigou a parar com o fanatismo moral", disse Marino. "Ele argumentou: 'A gerência já espera esses acidentes e inclui os custos no preço das diárias'. Não demorou muito para me persuadir de que não havia necessidade de incomodar o gerente. Formulei o arrazoado de que, se eu tivesse derramado a tinta em uma pousadinha familiar, teria relatado imediatamente o acidente, mas eu estava em um hotel de rede, e blá-blá-blá, papo vai, papo vem, fui induzido a tapear o hotel. Deixei um bilhete na recepção sobre a mancha de tinta quando fiz o check-out."[3]

Mas, você diz, todas essas justificativas são verdadeiras! Os valores das diárias de hotel incluem os custos de reparos causados por hóspedes desastrados! O governo desperdiça dinheiro! Minha empresa provavelmente não se importaria se eu gastasse um pouco de tempo enviando mensagens de texto, e (mais cedo ou mais tarde) eu sempre acabo fazendo meu trabalho! Se essas alegações são verdadeiras ou falsas é irrelevante. Quando extrapolamos esses limites, estamos justificando um comportamento que sabemos ser errado precisamente para que possamos continuar a nos ver como indivíduos honestos, e não criminosos ou ladrões. Seja o comportamento em questão algo pequeno, como derramar tinta na colcha de um hotel, ou algo grande, como fraude financeira, o mecanismo de autojustificação é o mesmo.

Ora, entre a mentira consciente para enganar os outros e a autojustificação inconsciente para enganar a nós mesmos, existe uma fascinante área cinzenta patrulhada por um historiador suspeito e egoísta – a memória. As lembranças são amiúde podadas e moldadas com um viés que turbina o ego, borra as bordas de eventos passadas, suaviza a culpabilidade e distorce o que realmente aconteceu. Quando os pesquisadores perguntam às esposas qual é a porcentagem do trabalho doméstico que elas realizam em casa, a resposta é: "Você está brincando? Eu faço quase tudo, pelo menos 90%". E quando fazem a mesma pergunta aos maridos, os homens dizem: "Eu faço muito, na verdade, cerca de 40%". Embora os números específicos sejam diferentes de casal para casal, o total sempre excede 100% por uma grande margem.[4] É tentador concluir que um dos cônjuges está mentindo, porém o mais provável é que cada um esteja se lembrando de uma forma que inflaciona a própria contribuição.

Com o tempo, à medida que as distorções egoístas da memória entram em ação e/ou nos esquecemos ou nos lembramos incorretamente de eventos passados, podemos passar a acreditar em nossas próprias mentiras, pouco a pouco. Sabemos que fizemos algo errado, mas gradualmente começamos a pensar que não foi tudo culpa nossa e, afinal de contas, a situação era complexa. Começamos a subestimar nossa própria responsabilidade, reduzindo-a até que seja uma mera sombra de sua antiga e imensa versão. Em um piscar de olhos, nós nos persuadimos a acreditar, na esfera privada, nas coisas que dissemos publicamente. John Dean, advogado da Casa Branca de Richard Nixon, o homem que denunciou a conspiração para acobertar as atividades ilegais do escândalo Watergate, explicou como esse processo funciona:

ENTREVISTADOR: O senhor quer dizer que aqueles que inventaram as histórias estavam acreditando nas próprias mentiras?

DEAN: Isso mesmo. Se você repetisse as invencionices com frequência suficiente, elas se tornariam verdades. Quando a imprensa soube das escutas telefônicas de jornalistas e funcionários da Casa Branca, por exemplo, e as categóricas negações falharam, alegou-se que isso era uma questão de segurança nacional. Tenho certeza de que muitas pessoas acreditaram que as escutas *eram* em nome da segurança nacional; não eram. Isso foi inventado como uma justificativa após o fato. Mas, quando disseram isso, você entende, eles realmente *acreditaram*.[5]

Tal qual Nixon, o presidente Lyndon Baines Johnson era um mestre da autojustificação. De acordo com seu biógrafo Robert Caro, quando Johnson passava a acreditar em algo, ele acreditava "totalmente, com convicção absoluta, a despeito de convicções anteriores ou dos fatos sobre a questão". George Reedy, um dos assessores de Johnson, disse que LBJ "tinha uma extraordinária capacidade de se convencer de que se mantinha sempre aferrado aos mesmos princípios ontem e hoje, e havia algo encantador no ar de inocência ferida com o qual tratava qualquer um que apresentasse evidências de que no passado ele tinha outras opiniões. Não era uma encenação [...]. Ele tinha uma fantástica capacidade de persuadir a si mesmo de que a 'verdade' que era conveniente para o presente era *a verdade*, e qualquer coisa que entrasse em conflito com ela era a prevaricação dos inimigos. Ele literalmente desejava que o que estava em sua mente se tornasse realidade".[6] Embora os apoiadores de Johnson achassem que esse era um aspecto bastante encantador do caráter do homem, pode muito bem ter sido uma das principais razões pelas quais Johnson não conseguiu tirar o país do atoleiro do Vietnã. Um presidente que justifica suas ações para a opinião pública pode ser induzido a mudá-las. Um presidente que justifica suas ações para si mesmo, acreditando que detém *a verdade*, é imune à autocorreção.

As tribos dinka e nuer do Sudão têm uma tradição curiosa: extraem os dentes frontais permanentes dos filhos – até seis dentes inferiores e dois dentes superiores –, o que gera um queixo afundado, um lábio inferior caído e impedimentos de fala. Ao que parece, essa prática começou durante um período em que o tétano (trismo, constrição das mandíbulas devido à contratura involuntária dos músculos mastigatórios, que faz com que a boca se cerre) era comum. Os moradores começaram a arrancar os dentes da frente – e os dos filhos – para tornar possível beber líquidos através do vão formado. A epidemia de trismo já passou há muito tempo, mas os dinka e os nuer ainda arrancam os dentes da frente dos filhos.[7] Como assim?

Na década de 1840, um hospital em Viena estava enfrentando um problema misterioso e assustador: uma epidemia de febre puerperal vinha causando a morte de cerca de 15% das mulheres que davam à luz em uma das duas alas de maternidade da casa de saúde. No mês de pico da epidemia, *um terço* das mulheres que haviam dado à luz lá morreram, taxa de mortalidade três vezes mais alta que a da outra ala, em que as mães ficavam aos cuidados de parteiras. Então, um médico húngaro chamado Ignaz Semmelweis surgiu com uma hipótese para explicar por que tantas mulheres em seu hospital estavam morrendo de febre puerperal naquela ala: os médicos e os estudantes de medicina que faziam o parto dos bebês estavam indo direto das salas de autópsia para as salas de parto e, embora ninguém na época soubesse nada a respeito de germes, Semmelweis achou que poderiam estar carregando nas mãos algum "veneno mórbido". Ele instruiu os alunos de medicina a lavarem as mãos em uma solução antisséptica de cloro antes de irem para a maternidade – e as mulheres pararam de morrer. Eram resultados surpreendentes que salvaram inúmeras vidas, e ainda assim seus colegas se recusaram a aceitar as evidências: a menor taxa de mortalidade entre os pacientes de Semmelweis.[8] Por que não adotaram de imediato a descoberta de Semmelweis e lhe agradeceram efusivamente por encontrar a razão de tantas mortes desnecessárias?

Após a Segunda Guerra Mundial, Ferdinand Lundberg e Marynia Farnham publicaram o best-seller *Modern Woman: The Lost Sex* [Mulher moderna – o sexo perdido], no qual alegavam que uma mulher que alcançasse sucesso em "esferas masculinas de ação" poderia até dar a impressão de ser bem-sucedida entre "os maiorais", mas pagava um alto preço: "O sacrifício de seus esforços instintivos mais fundamentais. Ela não tem, na realidade sóbria, o temperamento adequado para o vale-tudo desse tipo de competição violenta e acirrada, e isso a prejudica, sobretudo em seus próprios sentimentos". E isso a deixaria, inclusive, frígida: "Desafiando os homens por todos os lados, recusando-se a desempenhar um papel até mesmo relativamente submisso, multidões de mulheres descobriram que sua capacidade de gratificação sexual estava minguando".[9] Na década seguinte, a dra. Farnham, que se formou na Universidade de Minnesota e se pós-graduou na Faculdade de Medicina de Harvard, construiu uma carreira dizendo às mulheres para não terem uma carreira. Ela mesma não estava preocupada em se tornar frígida e tolher seus próprios esforços instintivos fundamentais?

O departamento do xerife no condado de Kern, Califórnia, prendeu um diretor aposentado de escola secundária, Patrick Dunn, sob suspeita de ter assassinado a esposa. Os policiais interrogaram duas pessoas que deram informações conflitantes. Uma delas era uma mulher sem antecedentes criminais e que não teria benefício pessoal algum por mentir sobre o suspeito – a documentação sobre a cronologia dos fatos e o testemunho de seu chefe corroboravam seu relato; a história que ela contou atestava a inocência de Dunn. O outro depoimento era de um criminoso profissional que cumpria pena de seis anos de prisão e que concordou em testemunhar contra Dunn como parte de um acordo com os promotores de justiça. Ele não apresentou nada além da própria palavra para respaldar sua declaração; sua versão dos fatos sugeria a culpa de Dunn. Os detetives tinham uma escolha a fazer: acreditar na mulher (e, portanto, na inocência de Dunn) ou no criminoso (e, portanto, na culpa de Dunn). Eles escolheram o criminoso.[10] Por quê?

Ao entender os mecanismos internos de funcionamento da autojustificação, podemos responder a essas perguntas e atribuir sentido a dezenas de outras coisas que as pessoas fazem que, de outra forma, parecem incompreensíveis ou malucas. Podemos responder à pergunta que muitas pessoas se fazem quando olham para ditadores implacáveis, CEOs corporativos gananciosos, fanáticos religiosos que assassinam em nome de Deus, padres que molestam sexualmente crianças ou familiares que enganam os parentes sobre heranças: como conseguem *viver* consigo mesmos? A resposta é: exatamente do jeito que o resto de nós faz.

A autojustificação tem custos e benefícios. Por si só, não é necessariamente algo ruim. É ela que nos permite dormir à noite. Sem ela, prolongaríamos as terríveis pontadas de dor do constrangimento. Nós nos torturaríamos com arrependimento sobre o caminho não percorrido ou sobre os equívocos que cometemos ao longo do caminho que trilhamos. Cada decisão seria seguida de um suplício, um martírio: fizemos a coisa certa, casamos com a pessoa certa, compramos a casa certa, escolhemos o melhor carro, seguimos a carreira certa? No entanto, a autojustificação irracional, tal qual a areia movediça, pode nos empurrar mais fundo desastre adentro. Ela bloqueia nossa capacidade até mesmo de enxergar nossos erros, quanto mais de corrigi-los. Ela distorce a realidade, impedindo-nos de obter todas as informações de que precisamos e de avaliar com lucidez os problemas. Ela prolonga e amplia as rupturas entre pessoas que se amam, amigos e nações. Ela nos impede de abandonar hábitos pouco saudáveis. Ela permite que os culpados evitem assumir a responsabilidade por seus atos. E impede muitos profissionais de mudar atitudes e procedimentos ultrapassados e capazes de prejudicar a população.

Nenhum de nós pode evitar cometer erros. Mas temos a capacidade de dizer: "Isso não está funcionando aqui. Isso não faz sentido". Errar é humano, mas os humanos têm a opção de escolha entre encobrir e admitir os erros. A escolha que fazemos é crucial para o que fazemos a seguir. Estamos sempre sendo informados de que devemos aprender com nossos erros, mas como podemos aprender, a menos que, para começo de conversa, reconheçamos ter cometido esses erros? Para tanto, temos, primeiro, que reconhecer o canto da sereia da autojustificação. No próximo capítulo, discutiremos a dissonância cognitiva, o mecanismo psicológico inerente que cria autojustificação e protege nossas certezas, autoestima e afiliações tribais. Nos capítulos seguintes, investigaremos a fundo as consequências mais nocivas da autojustificação: como ela exacerba o preconceito e a corrupção, distorce a memória, transforma a confiança profissional em arrogância, cria e perpetua injustiças, distorce o amor e gera discórdia e desentendimentos.

A boa notícia é que, ao compreendermos o funcionamento desse mecanismo, podemos derrotar o comportamento inato. Assim, no Capítulo 8 daremos um passo para trás e veremos quais são as soluções disponíveis para indivíduos e relacionamentos. E, no Capítulo 9, ampliaremos nossa perspectiva para refletir sobre a grande questão política do nosso tempo: a dissonância que se cria quando a lealdade a um partido significa apoiar um líder partidário perigoso. A maneira como os cidadãos resolvem essa dissonância – colocando o partido acima da nação ou tomando a difícil, porém corajosa e ética, decisão de resistir a esse caminho fácil – acarreta imensas consequências para sua vida e seu país. Entender é o primeiro passo para encontrar soluções que levarão à mudança e à redenção. É a razão pela qual escrevemos este livro.

CAPÍTULO 1

DISSONÂNCIA COGNITIVA: O MOTOR DA AUTOJUSTIFICAÇÃO

DATA DO COMUNICADO À IMPRENSA: 1º DE NOVEMBRO DE 1993

Não cometemos um erro quando escrevemos em nossos comunicados anteriores que Nova York seria destruída em 4 de setembro e 14 de outubro de 1993. Não cometemos erro algum, nem sequer um pequenininho!

DATA DO COMUNICADO À IMPRENSA: 4 DE ABRIL DE 1994

Todas as datas que informamos em nossos comunicados anteriores são datas corretas dadas por Deus, conforme contidas nas Escrituras Sagradas. Nenhuma dessas datas estava errada [...]. Ezequiel dá um total de 430 dias para o cerco da cidade [...] [o que] nos leva exatamente a 2 de maio de 1994. Até agora, todas as pessoas foram avisadas. Fizemos nosso trabalho [...].

Somos os únicos no mundo inteiro guiando as pessoas para sua segurança, proteção e salvação!

Temos um histórico de 100%![1]

É fascinante, e às vezes engraçado, ler previsões do dia do Juízo Final, porém ainda mais fascinante é observar o que acontece com o raciocínio dos verdadeiros crédulos quando a previsão fracassa e o mundo segue em frente aos trancos e barrancos. Já notou que quase ninguém diz: "Eu errei feio e fiz merda! Não acredito em como fui burro por acreditar nessa baboseira absurda"? Pelo contrário, na maioria das vezes os catastrofistas e profetas da desgraça se convencem ainda mais intensamente de seus poderes de previsão. As pessoas que acreditam que o *Livro do Apocalipse* da Bíblia ou os escritos do autoproclamado profeta Nostradamus do século 16 previram todos os desastres, da peste bubônica ao 11 de Setembro, se apegam às suas convicções, sem se abalar com o pequeno problema de que essas previsões vagas e obscuras só se tornaram inteligíveis *depois* que os eventos ocorreram.

Mais de meio século atrás, um jovem psicólogo social chamado Leon Festinger e dois colegas infiltraram-se em um grupo de pessoas que acreditavam que o mundo acabaria no dia 21 de dezembro de 1954.[2] Os três queriam saber o que aconteceria com o grupo quando a profecia da destruição do planeta falhasse (e eles torciam para que falhasse mesmo!). A carismática líder do grupo, a quem os pesquisadores chamaram de Marian Keech, prometeu que os fiéis seriam arrebatados por um disco voador e levados em segurança ao espaço sideral à meia-noite de 20 de dezembro. Antecipando-se ao fim iminente, muitos de seus seguidores largaram o emprego, doaram suas casas e desembolsaram suas economias. Afinal, quem precisa de dinheiro no espaço sideral? Outros, por medo ou resignação, decidiram aguardar em casa mesmo. (O marido da sra. Keech, um incrédulo, foi para a cama cedo e dormiu a sono solto a noite inteira enquanto a esposa e os seguidores dela oravam na sala de estar.) Festinger fez a própria previsão: os seguidores menos ferrenhos, que não se comprometeram com tanto ardor assim com a profecia – que aguardaram o fim do mundo sozinhos em casa, na esperança de não morrerem assim que soasse a meia-noite –, perderiam, sem alarde, sua fé na sra. Keech. Mas os devotos que tinham doado seus bens e esperado com outros crentes pela chegada da nave espacial alienígena, disse ele, aumentariam ainda mais a crença nas habilidades místicas de sua líder. Na verdade, agora fariam o que pudessem para convencer outros a se juntarem a eles.

À meia-noite, sem nenhum sinal de uma nave espacial aterrissando no quintal, o grupo deu alguns sinais de apreensão. Às duas da manhã, já havia alguns bastante preocupados. Às 4h45, a sra. Keech teve uma nova visão: o mundo havia sido poupado, alegou ela, por causa da impressionante fé de sua pequena seita. "E poderosa é a palavra de Deus", disse ela a seus seguidores, "e por Sua palavra vós fostes salvos – pois da boca da morte vós fostes libertados, e em nenhum outro momento na história do mundo jamais se despejou tamanha força sobre a Terra. Desde o início dos tempos, sobre esta Terra nunca existiu tal força do Bem e da Luz como a que agora inunda esta sala."

O estado de espírito do grupo mudou da água para o vinho, do desespero para a euforia. Muitos dos membros do grupo que antes de 21 de dezembro não sentiam necessidade de fazer proselitismo começaram a ligar para a imprensa a fim de relatar o milagre. Em pouco tempo estavam nas ruas, abordando os transeuntes, tentando convertê-los. A previsão da sra. Keech falhou, mas não a de Leon Festinger.

O motor que impulsiona a autojustificação, a energia que produz a necessidade de justificar nossas ações e decisões – sobretudo as erradas – é o desagradável sentimento que Festinger chamou de "dissonância cognitiva". Dissonância cognitiva é um estado de tensão que ocorre quando uma pessoa mantém duas cognições (ideias, atitudes, crenças, opiniões) que são psicologicamente inconsistentes entre si, a exemplo de "Fumar é uma coisa idiota de fazer porque pode me matar" e "Eu fumo dois maços de cigarro por dia". A dissonância produz desconforto mental que varia de pequenas pontadas a uma angústia profunda; as pessoas não descansam enquanto não encontram uma maneira de reduzi-la. Nesse exemplo, a maneira mais direta para um fumante reduzir a dissonância é parando de fumar. Mas, se ele tentou parar de fumar e falhou, agora deve reduzir a dissonância convencendo-se de que o tabagismo não é tão prejudicial assim, que fumar vale o risco porque o ajuda a relaxar ou o impede de ganhar peso (afinal, a obesidade também é um risco à saúde), e assim por diante. A maioria dos fumantes consegue reduzir a dissonância de muitas maneiras engenhosas, embora autoiludidas.[3]

A dissonância é inquietante porque manter duas ideias que se contradizem é flertar com o absurdo e, como Albert Camus observou, somos criaturas que passam a vida tentando se convencer de que sua existência não é absurda. No cerne disso, a teoria de Festinger gira em torno de como as pessoas se esforçam para dar sentido a ideias contraditórias e levam uma vida que é, pelo menos em sua própria mente, coerente e significativa. A teoria inspirou mais de 3 mil experimentos que, juntos, transformaram a compreensão dos psicólogos sobre o funcionamento da mente humana. Com efeito, a dissonância cognitiva escapou dos limites do mundo acadêmico e entrou na cultura popular. O termo está em toda parte. Nós o encontramos em editoriais e artigos de opinião de política, notícias de saúde, artigos de revistas, em uma das tirinhas *Non Sequitur*, de Wiley Miller (intitulada "Confronto na ponte da dissonância cognitiva"), adesivos de para-choque, uma novela de TV, o game show *Jeopardy!* e uma coluna de humor na revista *The New Yorker* ("Dissonâncias cognitivas com as quais me sinto à vontade"). Embora a expressão seja fartamente utilizada, poucas pessoas entendem por completo seu significado ou reconhecem seu enorme poder motivacional.

Em 1956, um de nós (Elliot) chegou à Universidade Stanford como aluno de pós-graduação em psicologia. Festinger começou lá naquele mesmo ano como jovem professor, e os dois imediatamente começaram a trabalhar juntos, concebendo experimentos para testar e expandir a teoria da dissonância.[4] Seu pensamento contestou muitas noções que reinavam como verdade absoluta na psicologia e entre o público em geral – por exemplo, a visão dos behavioristas de que as pessoas fazem as coisas principalmente pelas recompensas decorrentes; a concepção dos economistas de que, por via de regra, os seres humanos tomam decisões racionais; e a visão dos psicanalistas de que agir agressivamente elimina impulsos agressivos.

Vejamos como a teoria da dissonância afrontou o behaviorismo. Na época, a maioria dos psicólogos científicos estava convencida de que as ações das pessoas eram regidas pelo sistema de recompensas e punições. É verdade que, se você alimentar um rato no final de um labirinto, ele aprenderá a percorrer o labirinto mais rapidamente do que se você não o alimentar, e, se você premiar seu cachorro com um biscoito quando ele lhe der a pata, ele aprenderá esse truque mais rapidamente do que se você ficar sentado esperando que ele faça isso sozinho. Por outro lado, se você punir seu filhote quando pegá-lo fazendo xixi no carpete, ele logo parará de fazer isso. Os behavioristas argumentavam ainda que qualquer coisa associada à recompensa se tornaria mais atraente – seu filhote gostará de você porque você lhe dá petiscos –, e qualquer coisa associada à dor se tornaria nociva e indesejável.

As leis behavioristas aplicam-se também aos seres humanos, claro; ninguém ficaria em um emprego enfadonho se não recebesse remuneração, e se você der um biscoito ao seu filho pequeno para impedi-lo de ter um chilique, o ensinará a ter outro chilique toda vez que ele quiser um biscoito. No entanto, para o bem ou para o mal, a mente humana é mais complexa do que o cérebro de um rato ou de um filhote. Um cachorro pode parecer arrependido por ter sido pego em flagrante fazendo xixi no carpete, mas não tentará inventar justificativas para seu mau comportamento. Os humanos pensam – e, porque pensamos, a teoria da dissonância demonstra, nosso comportamento transcende os efeitos de recompensas e punições e muitas vezes os contradiz.

Para colocar à prova essa observação, Elliot previu que, se passarem por um bocado de dor, desconforto, esforço ou constrangimento a fim de obter algo, as pessoas ficarão mais felizes com esse "algo" do que se o obtiverem facilmente.

Para os behavioristas, tratava-se de uma previsão absurda. Por que as pessoas gostariam de qualquer coisa associada à dor? Mas, para Elliot, a resposta era óbvia: autojustificação. A cognição "Eu sou uma pessoa sensata e competente" é dissonante com a cognição "Eu passei por um procedimento doloroso para alcançar algo" – digamos, entrar em um grupo – "que no fim das contas se mostrou chato e inútil". Portanto, uma pessoa distorceria suas percepções sobre o grupo em uma direção positiva, tentando encontrar coisas boas sobre ele e ignorando os aspectos negativos.

Aparentemente, a maneira mais fácil de testar essa hipótese seria classificar uma série de fraternidades universitárias com base na severidade de seus trotes e rituais de iniciação, e em seguida entrevistar os membros e perguntar o quanto gostam de seus irmãos de fraternidade. Se os membros das fraternidades de iniciação severa gostam mais de seus colegas de fraternidade do que os membros de fraternidades aprovados em ritos de passagem brandos, isso seria a prova de que a severidade produz a estima pelo grupo? Não. Pode ser exatamente o contrário. Se os membros de uma fraternidade se consideram um grupo de elite dos mais desejáveis, pode ser que os veteranos imponham tarefas penosas aos pretensos calouros de modo a impedir que a ralé queira se juntar a eles. Para começo de conversa, somente os indivíduos muitíssimo atraídos pelo grupo de iniciação severa estariam dispostos a se submeter aos árduos rituais de passagem para nele ingressar. Aqueles que não estão animados com uma fraternidade específica e só querem estar em uma, qualquer uma, escolherão fraternidades que exigem iniciações brandas.

Por essa razão, foi essencial realizar um experimento controlado. A beleza de um experimento está em submeter de maneira aleatória um punhado de pessoas a certas condições. A despeito do grau de interesse de uma pessoa em se juntar ao grupo, cada participante seria aleatoriamente designado para a condição de iniciação severa ou de iniciação branda. Se as pessoas que passaram por maus lençóis para entrar em um grupo mais tarde descobrissem que esse grupo era mais atraente do que na opinião daquelas que nele entraram sem esforço, então saberíamos que foi o esforço que causou a estima pelo grupo, e não as diferenças nos níveis iniciais de interesse.

E então Elliot e seu colega Judson Mills realizaram exatamente esse experimento.[5] Estudantes de Stanford foram convidados a se juntar a um grupo que discutiria a psicologia do sexo, mas, a fim de se qualificarem para admissão no grupo, primeiro tinham de cumprir um requisito. Alguns dos alunos foram designados de forma aleatória para um procedimento inicial dos mais embaraçosos: diante do experimentador, tinham de recitar em voz alta trechos picantes e sexualmente explícitos de O *amante de lady Chatterley* e outros romances ousados. (Para estudantes convencionais da década de 1950, fazer isso era algo dolorosamente constrangedor.) A outros coube, também aleatoriamente, passar por um procedimento inicial mais leve em termos de constrangimento: ler em voz alta verbetes de cunho sexual do dicionário.

Após esses procedimentos iniciais, cada um dos alunos ouviu uma gravação idêntica de um suposto debate entre pessoas do grupo no qual tinham acabado de entrar. Na verdade, a fita de áudio foi preparada com antecedência para retratar a conversa mais enfadonha e inútil possível. Os debatedores falavam de forma hesitante, com longas pausas, sobre as características sexuais secundárias dos pássaros – mudanças na plumagem durante o cortejo sexual, esse tipo de coisa. Os debatedores que foram gravados titubeavam e gaguejavam, amiúde se interrompiam uns aos outros e deixavam frases inacabadas.

Por fim, pediu-se aos estudantes que classificassem o debate em várias dimensões. Na visão daqueles que passaram apenas por um procedimento inicial leve, o debate era de fato inútil e maçante, e eles classificaram corretamente os membros do grupo como pessoas desagradáveis e chatas. Um dos sujeitos na gravação, gaguejando e resmungando, admitiu que não havia feito a leitura obrigatória sobre as práticas de cortejo de algum pássaro raro, e os ouvintes do procedimento inicial leve ficaram irritados com ele. Que idiota irresponsável! Ele nem sequer fez a leitura básica! Ele decepcionou o grupo! Quem gostaria de estar em um grupo com ele? Contudo, do ponto de vista dos estudantes que haviam passado pelo procedimento inicial severo, o debate foi interessante e empolgante, e os membros do grupo eram atraentes e perspicazes. Eles perdoaram o idiota irresponsável. A franqueza dele era revigorante! Quem não gostaria de estar em um grupo com um cara de tamanha honestidade? Era difícil acreditar que eles estavam ouvindo a mesma gravação. Tal é o poder da dissonância.

Esse experimento foi replicado várias vezes por outros cientistas com uma variedade de técnicas de iniciação, de choque elétrico a esforço físico excessivo.[6] Os resultados são sempre os mesmos: iniciações severas aumentam o apreço de um membro pelo grupo. Um exemplo impressionante da justificativa do esforço na vida real veio de um estudo observacional realizado na nação multicultural de Maurício.[7] O Thaipusam, festival hindu anual, inclui dois rituais: uma cerimônia ritualística de baixo nível de provação envolvendo canto e oração coletiva, e um ritual de provação severa chamado *kavadi*. "Severa" é um eufemismo. Os participantes são perfurados com agulhas e espetos, carregam pesados fardos e, por mais de quatro horas, arrastam carrinhos presos por ganchos à pele. Em seguida, descalços, escalam uma montanha até chegar ao templo de Murugan. Os pesquisadores deram aos participantes submetidos a ambos os rituais – o extremo calvário e a provação menos penosa – a oportunidade de doar dinheiro anonimamente para o templo. O ritual de provação severa rendeu doações muito mais polpudas do que o ritual de provação mais branda. Quanto maior a dor dos homens, maior seu comprometimento com o templo.

Essas descobertas não significam que as pessoas gostam de experiências dolorosas ou que gostam de coisas associadas à dor. O que elas querem dizer é que, se uma pessoa passa voluntariamente por uma experiência difícil ou dolorosa para atingir algum objetivo ou para conquistar um objeto, esse objetivo ou objeto torna-se mais atraente, tem mais apelo. Se você estiver a caminho do local combinado para participar de um grupo de debates e um vaso de flores cair da janela aberta de um prédio de apartamentos e atingi-lo em cheio na cabeça, isso não vai fazer você gostar mais do grupo. Contudo, se com o intuito de tornar-se membro de um grupo de debates você se ofereceu como voluntário para ser alvo do impacto de um vaso de flores em queda livre, não há dúvida de que você vai gostar ainda mais do tal grupo.

Acreditar é ver

> Levarei em consideração qualquer evidência adicional para confirmar a opinião a que já cheguei.
>
> – Lord Molson, político britânico do século 20

A teoria da dissonância explodiu a autolisonjeira ideia de que nós, humanos, sendo *Homo sapiens*, processamos informações de maneira lógica. Pelo contrário; se uma nova informação está em consonância com nossas convicções, achamos que é bem fundamentada e útil – "É exatamente o que eu sempre disse!". Porém, se a nova informação é dissonante, então a consideramos tendenciosa ou tola – "Que argumento idiota!". A necessidade de consonância é tão potente que, quando as pessoas são forçadas a encarar evidências refutatórias (que as desmentem), encontram alguma maneira de criticá-las, distorcê-las ou descartá-las para que possam manter ou até mesmo fortalecer sua convicção preexistente. Esse contorcionismo mental é chamado de "viés de confirmação".[8]

Depois que você toma consciência desse viés, passa a vê-lo em todos os lugares, inclusive em você mesmo. Imagine que você é um violinista de renome mundial e que o bem que mais se orgulha de ter é seu Stradivarius de trezentos anos de idade avaliado em muitos milhões de dólares. Que coisa linda! A limpidez envelhecida de seu tom! A inigualável ressonância! Como é fácil de tocar! Mas alguma pesquisadora idiota tenta convencê-lo de que violinos modernos, alguns dos quais custam meros 100 mil dólares ou pouco mais, são em muitos aspectos melhores do que seu amado Strad. É uma afirmação tão absurda que você dá uma sonora gargalhada. "Espere aí um pouco", rebate a pesquisadora. "Nós montamos testes cegos em quartos de hotel com 21 violinistas profissionais e os fizemos usar óculos que os impediam de saber se estavam tocando um instrumento moderno ou um Stradivarius, e treze deles escolheram o violino novo como seu favorito. De todos os seis instrumentos testados, o Stradivarius ficou em *último lugar* entre os prediletos." Você brada: "Impossível! As condições de teste eram irrealistas – quem é capaz de julgar o som de um violino em um quarto de hotel?". Então a pesquisadora e seus colegas "afinam" o estudo (por assim dizer). Dessa vez, usaram seis violinos italianos de trezentos anos e seis contemporâneos. Pediram a dez solistas profissionais para testá-los às cegas por 75 minutos em uma sala de ensaio e depois por outros 75 minutos em uma sala de concertos. Na avaliação dos solistas, os violinos modernos eram melhores em termos de tocabilidade, articulação e projeção, e seus palpites sobre estarem tocando um instrumento antigo ou novo não foram melhores do que o acaso, isto é, um "chute" com chance de 50% de acerto.[9]

Um estudo posterior descobriu que os ouvintes também preferem o som de violinos novos à suposta superioridade acústica dos Stradivarius.[10] Somente quando os ouvintes sabiam o que estavam ouvindo é que a sonoridade dos Stradivarius era considerada melhor do que a dos violinos modernos. "Se você sabe que é um Stradivarius, você o ouvirá de forma diferente", disse a pesquisadora-chefe. "E não dá para ignorar esse efeito."

Esses estudos serão capazes de persuadir a maioria dos violinistas profissionais de que os Stradivarius podem ser inferiores em certos aspectos em relação a alguns violinos modernos? É provável que os violinistas profissionais esquadrinhem a pesquisa à procura de falhas. "Não é apenas o instrumento, é o musicista", afirmou o *spalla* da sinfônica de Milwaukee, dono de um Strad estimado em 5 milhões de dólares. "Se você se sente confortável com um instrumento, automaticamente é um ganho, e os instrumentos mais novos respondem com muita facilidade. Não conheço nenhum grande solista que tenha um Strad ou Guarneri e queira trocá-lo por um instrumento novo." Nem mesmo por um lucro de 4,9 milhões de dólares!

O viés de confirmação é especialmente gritante em questões de observação política; vemos apenas os atributos positivos do nosso lado e os atributos negativos do lado oposto. Lenny Bruce, o lendário humorista e comentarista social norte-americano, descreveu brilhantemente esse mecanismo enquanto assistia ao famoso confronto de 1960 entre Richard Nixon e John Kennedy no primeiro debate presidencial televisionado na história do país:

> Eu estava com um bando de fãs de Kennedy assistindo ao debate, e o comentário deles era: "Ele está realmente massacrando o Nixon". Depois, todos nós fomos para outro apartamento, e os fãs de Nixon diziam: "E que tal a baita surra que ele deu no Kennedy?". E foi aí que percebi que cada grupo amava tanto seu candidato, que mesmo se um cara tivesse a desfaçatez de olhar diretamente para a câmera e dizer: "Eu sou um ladrão, um bandido, estão me ouvindo? Eu sou a pior escolha que vocês poderiam fazer para colocar na presidência!", ainda assim seus seguidores diriam: "Ah, agora sim, um homem honesto. É preciso ter um grande caráter para admitir isso. Esse é o tipo de cara de que nós precisamos como presidente".[11]

Em 2003, depois que ficou abundantemente claro que não havia armas de destruição em massa no Iraque, democratas e republicanos favoráveis à guerra (antes de ela começar) foram lançados na dissonância: Acreditamos no presidente quando ele nos disse que Saddam Hussein tinha armas de destruição em massa, e nós (e ele) estávamos errados. Como resolver isso? A maioria dos republicanos optou por se recusar a aceitar as evidências, dizendo em uma pesquisa da Knowledge Networks que acreditava que as armas *haviam sido* encontradas. Perplexo, o diretor da pesquisa afirmou: "O desejo de alguns norte-americanos de apoiar a guerra pode os estar levando a fazer vista grossa a informações de que armas de destruição em massa não foram encontradas. Levando em conta a intensiva cobertura jornalística e os altos níveis de atenção pública ao tema, esse grau de desinformação sugere que alguns norte-americanos talvez estejam evitando ter uma experiência de dissonância cognitiva". Pode apostar que sim.[12] De fato, até hoje, vez por outra recebemos uma consulta de um leitor tentando nos persuadir de que armas de destruição em massa *foram, sim*, encontradas. Respondemos que as principais autoridades de Bush – incluindo Donald Rumsfeld, Condoleezza Rice e Colin Powell – reconheceram que não havia armas de destruição em massa além de um estoque de armas químicas em decomposição, nada que justificasse uma guerra. Em seu livro de memórias *Momentos de decisão*, de 2010, o próprio Bush escreveu: "Ninguém ficou mais chocado e irritado do que eu quando não encontramos as armas.

Eu tinha uma sensação nauseante toda vez que pensava nisso. Ainda tenho". Essa "sensação nauseante" é a dissonância cognitiva.

Os democratas que apoiavam o presidente Bush também estavam reduzindo a dissonância, mas de uma forma diferente: de fato, esquecendo que originalmente eram a favor da guerra. Antes da invasão, cerca de 46% dos democratas apoiavam a invasão; em 2006, apenas 21% se lembravam de ter dado esse apoio. Pouco antes da guerra, 72% dos democratas alegavam achar que o Iraque escondia um arsenal de armas de destruição em massa, mas, depois, apenas 26% se lembravam de ter acreditado nisso. A fim de manter a consonância, na verdade estavam dizendo: "Eu sabia o tempo todo que Bush havia mentido para nós".[13]

Neurocientistas demonstraram que esses vieses no pensamento são incorporados à maneira como o cérebro processa informações – o cérebro de todos, independentemente das afiliações políticas de seu dono. Em um estudo, pessoas foram monitoradas por ressonância magnética enquanto tentavam processar informações dissonantes ou consonantes sobre George Bush ou John Kerry. Drew Westen e seus colegas descobriram que as áreas de raciocínio do cérebro praticamente desligavam quando os participantes eram confrontados com informações dissonantes, e os circuitos emocionais do cérebro eram ativados quando se restaurava a consonância.[14] Esses mecanismos fornecem uma base neurológica para a observação de que, uma vez que enfiamos uma coisa na cabeça, mudar de ideia pode exigir um tremendo esforço.

Inclusive, até mesmo ler informações que vão contra nosso ponto de vista pode nos deixar ainda mais convencidos de que estamos certos. Em um experimento, pesquisadores selecionaram pessoas que eram a favor ou contra a pena de morte e pediram que lessem dois bem documentados artigos acadêmicos sobre uma questão de forte carga emocional: a pena de morte reduz os índices de crimes violentos? Um artigo concluía que sim, o outro que não. Se os leitores processassem as informações de maneira racional, perceberiam que a questão era mais complexa do que julgavam anteriormente e, portanto, se aproximariam um pouco mais uns dos outros em suas convicções acerca da pena de morte como um instrumento de dissuasão. No entanto, a teoria da dissonância prevê que os leitores encontrariam uma maneira de distorcer ambos os artigos. Eles encontrariam razões para apertar junto ao peito o artigo confirmando as próprias ideias e para aclamá-lo como um trabalho de altíssima competência. E seriam supercríticos em relação ao artigo que refuta suas ideias, encontrando pequenas falhas e exagerando-as a ponto de transformá-las em razões substanciais pelas quais não precisam se deixar influenciar por ele. Foi exatamente isso que aconteceu. Não apenas cada lado tentou depreciar os argumentos do outro; cada lado tornou-se ainda mais comprometido com os próprios argumentos.[15]

Esse achado, reproduzido muitas outras vezes, explica por que é tão difícil para cientistas e especialistas em saúde persuadir pessoas ideologicamente ou politicamente comprometidas com uma convicção – digamos, "as mudanças climáticas são uma farsa" – a mudarem de ideia, mesmo quando evidências esmagadoras determinam que elas deveriam. Em geral, pessoas que recebem informações refutatórias ou indesejadas não se limitam a simplesmente resistir a elas; talvez elas acabem robustecendo sua (equivocada) opinião original com ainda mais veemência – o efeito "tiro pela culatra". Uma vez que estamos investidos de uma crença e justificamos sua sabedoria, mudar de ideia é literalmente um trabalho duro. É muito mais fácil encaixar essa nova evidência em uma estrutura existente e fazer a justificativa mental para mantê-la ali do que mudar a estrutura.[16]

O viés de confirmação faz, inclusive, com que a inexistência de evidências – a ausência de evidência – seja uma evidência daquilo em que acreditamos. Quando o FBI e outros órgãos de investigação foram incapazes de encontrar qualquer prova de que a nação havia sido infiltrada por cultos satânicos que estavam matando bebês em macabros sacrifícios rituais, os que acreditavam na existência desses cultos não se abalaram. A ausência de evidência, alegaram, era a confirmação de que os líderes das seitas diabólicas eram inteligentes e malignos; estavam, sim, devorando os bebezinhos, até os ossos.

Os adeptos de seitas obscuras e os defensores da psicologia pop não são as únicas vítimas desse raciocínio. Quando Franklin D. Roosevelt tomou a terrível decisão de arrancar milhares de nipo-americanos de suas casas e confiná-los em campos de concentração durante a Segunda Guerra Mundial, baseou-se inteiramente em rumores conspiracionistas de que os nipo-americanos planejavam sabotar o esforço de guerra. Nunca houve nenhuma prova – nem à época nem depois – que respaldasse esse boato. A bem da verdade, o general John DeWitt, o comandante dos regimentos da Costa Oeste do Exército norte-americano, admitiu que os militares não tinham evidências de sabotagem ou traição contra um único cidadão nipo-americano. Ainda assim: "O próprio fato de nenhuma sabotagem ter ocorrido", disse ele, "é um indício perturbador que confirma que tal ação *ocorrerá*".[17]

A escolha de Ingrid, o Mercedes de Nick e a canoa de Elliot

A teoria da dissonância veio para explicar muito mais do que a razoável noção de que as pessoas são irracionais no processamento de informações. Também mostrou por que elas continuam enviesadas depois de tomar decisões importantes.[18] Em seu esclarecedor livro *Felicidade por acaso*,* o psicólogo social Dan Gilbert nos pede para refletirmos sobre o que teria acontecido no final do filme *Casablanca* se Ingrid Bergman não tivesse se juntado patrioticamente ao marido combatente do nazismo, mas, em vez disso, permanecido com Humphrey Bogart no Marrocos. Será que ela, como Bogart lhe diz em um discurso de cortar o coração, teria se arrependido – "Talvez não hoje, talvez não amanhã, mas logo. E pelo resto de sua vida"? Ou ela se arrependeu eternamente por ter deixado Bogart? Gilbert reuniu uma profusão de dados que mostram que a resposta para ambas as perguntas é "não", que qualquer decisão a teria deixado feliz a longo prazo. Bogart foi eloquente, mas estava errado, e a teoria da dissonância nos diz o porquê: Ingrid teria encontrado razões para justificar qualquer escolha que fizesse, junto com razões para ficar feliz por não ter feito a outra.

Uma vez que tomamos uma decisão, temos à nossa disposição todos os tipos de ferramentas para reforçá-la. Depois que nosso amigo Nick, um sujeito frugal e discreto, inimigo da ostentação, se desfez de seu Honda Civic de oito anos de uso e, em um impulso repentino, comprou um Mercedes zero e totalmente equipado, ele começou a se comportar de forma estranha (para o padrão de Nick). Começou a criticar os carros dos amigos, dizendo coisas como "Já não está na hora de você trocar essa lata-velha? Você não acha que merece o prazer de dirigir uma máquina bem projetada?" e "Sabe, é muito perigoso dirigir carros pequenos. Se você se envolver em um acidente, pode morrer. Sua vida não vale alguns milhares de dólares a mais? Você não tem ideia de quanta paz de espírito me traz saber que minha família está segura porque estou dirigindo um automóvel forte".

É possível que Nick tenha simplesmente sido mordido pelo bichinho da segurança e decidido, de maneira fria e racional, que seria maravilhoso se todos os seus amigos dirigissem um carro excelente como o Mercedes. Mas não foi o que pensamos. Seu comportamento era tão incomum que suspeitamos de que ele estava reduzindo a dissonância que sentia por gastar de forma tão impulsiva uma parte considerável das economias de uma vida inteira no que outrora ele teria chamado de "apenas um automóvel". Além do mais, ele fez isso quando seus filhos estavam prestes a ir para a faculdade, evento que desestabilizaria sua conta bancária. Então Nick começou a reunir argumentos para justificar sua

---

* *Felicidade por acaso: Como equilibrar as expectativas do futuro para alcançar uma vida feliz no presente*. Tradução de Renato Marques. Rio de Janeiro: Objetiva, 2021. [N. T.]

decisão: "O Mercedes é uma máquina maravilhosa; eu trabalhei duro a vida toda e mereço; além disso, é um veículo muito seguro". E, se conseguisse persuadir seus amigos pães-duros a comprar um também, ele se sentiria duplamente justificado. Tal qual os convertidos da sra. Keech, Nick começou a catequizar.

A necessidade de Nick de reduzir a dissonância foi intensificada pela irrevogabilidade de sua decisão; ele não poderia desfazê-la sem perder muito dinheiro. Algumas evidências científicas do poder da irrevogabilidade vêm de um inteligente estudo das manobras mentais de apostadores do turfe. As pistas de corrida de cavalo são um lugar ideal para estudar a irrevogabilidade porque, uma vez que a pessoa faz a aposta, não pode voltar e dizer ao simpático senhor atrás do guichê que mudou de ideia. Em um estudo, os pesquisadores simplesmente foram aos hipódromos e interceptaram pessoas que estavam na fila para fazer apostas de dois dólares e pessoas que tinham acabado de sair do guichê. Eles perguntaram aos apostadores se tinham certeza de que seus cavalos venceriam. Os apostadores que já haviam feito a aposta estavam muito mais confiantes sobre a escolha que haviam feito do que as pessoas que ainda aguardavam na fila.[19] No entanto, nada mudou, exceto o caráter definitivo de fazer a aposta. As pessoas têm mais certeza de que estão certas em relação a algo que acabaram de fazer quando não podem desfazer sua ação.

Fica evidente um benefício imediato de entender como funciona a dissonância: não dê ouvidos a Nick. Quanto mais custosa for uma decisão em termos de tempo, dinheiro, esforço ou inconveniência e quanto mais irrevogáveis forem as consequências, maior será a dissonância e maior será a necessidade de reduzi-la enfatizando em excesso as coisas boas sobre a escolha feita. Portanto, quando você estiver prestes a fazer uma compra de grande valor ou tomar uma decisão importante – qual modelo de carro ou computador adquirir, se deve fazer uma cirurgia plástica ou se deve se inscrever em um caro programa de autoajuda –, não pergunte a alguém que tenha acabado de fazer isso. Essa pessoa estará bastante motivada a convencê-lo de que é a coisa certa a fazer. Pergunte a pessoas que gastaram doze anos e 50 mil dólares em uma terapia específica se essa terapia ajudou, e a maioria lhe dirá: "O dr. Weltschmerz é maravilhoso! Eu *nunca* teria [encontrado o amor verdadeiro] [conseguido um novo emprego] [começado a dançar sapateado] se não fosse por ele". Depois de investir todo esse tempo e dinheiro, eles provavelmente não dirão: "É, eu me consultei com o dr. Weltschmerz por doze anos, e, cara, foi um baita desperdício". Economistas comportamentais mostraram que as pessoas são relutantes em aceitar esses *custos irrecuperáveis* – investimentos de tempo ou dinheiro que elas perderam em uma experiência ou relacionamento. Em vez de estancarem a sangria para diminuir o prejuízo, a maioria das pessoas injeta dinheiro bom atrás de dinheiro ruim na esperança de recuperar os prejuízos e justificar sua decisão original. Portanto, se você quiser conselhos sobre qual produto comprar, pergunte a alguém que ainda está coletando informações e ainda tem a mente aberta. E, se você quiser saber se um programa vai ajudá-lo, não confie em depoimentos; obtenha os dados de experimentos controlados.

A autojustificação é um processo complicadíssimo quando segue nossas escolhas conscientes e sabemos o que podemos esperar. Mas ocorre também após coisas que fazemos por motivos inconscientes, quando não fazemos a mínima ideia de por que temos alguma convicção ou nos apegamos a algum costume, mas somos orgulhosos demais para admitir. Na Introdução, descrevemos o costume das tribos sudanesas dinka e nuer, que extraem dentes frontais permanentes de seus filhos pequenos – um procedimento doloroso, feito com anzol. Antropólogos sugerem que essa tradição se originou durante uma epidemia de trismo; a ausência dos dentes frontais permitiria aos sofredores obterem alguma nutrição. Mas, se essa fosse a razão, por que diabos continuariam com esse costume depois de o perigo ter passado?

Uma prática que não faz sentido algum para forasteiros faz todo o sentido quando vista através das lentes da teoria da dissonância. Durante a epidemia, pode ser que os aldeões tenham começado a extrair os dentes frontais de todos os filhos para que, se algum deles contraísse tétano mais tarde, os adultos pudessem alimentá-los. Mas isso é algo doloroso de fazer com crianças e, em todo caso, apenas algumas seriam infectadas. Para justificar ainda mais suas ações, para si mesmos e para seus filhos, os aldeões precisavam reforçar a decisão adicionando benefícios ao procedimento após o fato. Assim, poderiam se convencer de que a falta de dentes tinha valor estético – "Vou te dizer uma coisa, aquele visual de queixo afundado é realmente muito atraente." – e poderiam até transformar a extrema provação cirúrgica em um rito de passagem para a vida adulta. E, de fato, foi exatamente isso que aconteceu. "O visual desdentado é lindo de morrer", diziam os aldeões. "Pessoas que têm todos os dentes são feias; parecem canibais que devorariam uma pessoa. Um conjunto completo de dentes faz um homem ficar parecido com um jumento." O visual banguela tem outras vantagens estéticas: "Gostamos do som sibilante que produz quando falamos". E os adultos consolam crianças assustadas dizendo: "Esse ritual é um sinal de maturidade".[20] A justificativa médica original para a prática já se perdeu há muito tempo. A autojustificação psicológica perdura.

As pessoas querem acreditar que, por serem indivíduos inteligentes e racionais, sabem por que fazem as escolhas que fazem, então nem sempre ficam felizes quando você lhes conta o motivo real de suas ações. Elliot aprendeu isso em primeira mão após aquele experimento inicial. "Depois que cada participante terminou", ele relembrou, "expliquei o estudo em detalhes e revisei cuidadosamente os aspectos teóricos. Embora todos os que passaram pelo ritual de iniciação severo tenham afirmado que acharam a hipótese intrigante e entendiam que a maioria das pessoas seria afetada da maneira que eu previ, todos se esforçaram para me assegurar de que sua preferência pelo grupo nada tinha a ver com a severidade do ritual. Cada um deles jurou de pés juntos que gostava do grupo porque era assim que de fato se sentia. No entanto, quase todos eles gostavam mais de seu grupo do que qualquer uma das pessoas na condição inicial branda."

Ninguém está imune à necessidade de reduzir a dissonância, mesmo aqueles que conhecem a teoria de cabo a rabo. Elliot conta a seguinte história: "Quando eu era um jovem professor na Universidade de Minnesota, minha esposa e eu nos cansamos de alugar apartamentos. Então, em dezembro, decidimos comprar nossa primeira casa. Conseguimos encontrar apenas duas casas razoáveis em nossa faixa de preço. Uma era mais velha e charmosa e ficava a uma curta distância do campus. Gostei muito, principalmente porque significava que eu poderia receber meus alunos para reuniões de pesquisa, servir cerveja e fazer o papel de professor descolado. Mas essa casa ficava em uma área industrial, sem muito espaço para nossos filhos brincarem. A outra opção era uma casa de loteamento convencional, mais nova, mas totalmente sem graça. Ficava nos subúrbios, a trinta minutos de carro do campus, mas a menos de dois quilômetros de um lago. Depois de algumas semanas de idas e vindas, decidimos ficar com a casa nos subúrbios.

"Logo depois de me mudar, vi no jornal um anúncio de venda de uma canoa usada e imediatamente a comprei como um presente-surpresa para minha esposa e meus filhos. Em um dia gelado e sombrio de janeiro, quando voltei para casa com a canoa amarrada no teto do carro, minha esposa deu uma olhada e caiu na gargalhada. 'Qual é a graça?', perguntei. Ela disse: 'Pergunte a Leon Festinger!'. Claro! Eu tinha me sentido tão dissonante sobre comprar a casa nos subúrbios que precisei fazer algo imediatamente para justificar essa compra. De alguma forma, consegui esquecer que era inverno e que, em Minneapolis, levaria meses até que o lago descongelasse o suficiente para podermos usar a canoa. Mas, de certa forma, sem que eu percebesse plenamente, acabei usando a canoa.

Durante todo o inverno, mesmo quando ela estava guardada na garagem, sua presença me fez sentir melhor sobre nossa decisão."

Espirais de violência – e virtude

Está se sentindo estressado? Uma fonte da internet ensina como fazer a própria boneca *Puta merda*, que "pode ser jogada, cutucada, pisoteada e inclusive estrangulada até que toda a frustração vá embora". Ela vem acompanhada de um pequeno poema:

> Sempre que as coisas estiverem de mal a pior, ruins pra valer
> E você tiver vontade de esmurrar a parede e berrar até enrouquecer
> Aqui está uma bonequinha *Puta merda*, sem ela não dá pra viver.
> Basta agarrá-la com firmeza pelas pernas e encher de porrada.
> Vá arrancando o enchimento e gritando "Puta merda!" a cada pancada.

A boneca *Puta merda* reflete uma das convicções mais arraigadas em nossa cultura, fomentada pela crença psicanalítica nos benefícios da catarse: expressar raiva ou comportar-se agressivamente é uma forma de afugentar a raiva. Castigue essa boneca, dê socos em um saco de pancadas, grite com seu cônjuge; você se sentirá melhor depois. Na verdade, décadas de pesquisa experimental revelaram exatamente o oposto: quando as pessoas desabafam seus sentimentos de maneira agressiva, geralmente se sentem pior, aumentam a pressão arterial e ficam ainda mais irritadas.[21]

Descarregar a raiva implica maior risco de sair pela culatra quando uma pessoa comete um ato agressivo diretamente contra outra pessoa, e é exatamente isso que a teoria da dissonância cognitiva prevê. Quando você faz qualquer coisa que prejudica outro indivíduo – coloca alguém em apuros, faz ofensas verbais a alguém ou dá um soco numa pessoa –, entra em cena um novo e poderoso fator: a necessidade de justificar o que você fez. Tenha em mente o caso de um garoto que anda com um grupo de colegas do sétimo ano do ensino fundamental que vivem provocando e intimidando um menino mais fraco que não lhes fez mal algum. O garoto gosta de fazer parte da turma, mas não tem interesse nem entusiasmo em fazer bullying. Mais tarde, ele sente alguma dissonância em relação a seus atos e se pergunta: "Como foi que eu, um garoto legal, pude fazer uma coisa tão cruel com um menino bom e inocente como ele?". Para reduzir a dissonância, ele tentará se convencer de que a vítima não é nem boa nem inocente: "Ele é um nerd e um bebê chorão. Além disso, teria feito o mesmo comigo se tivesse a chance". Tão logo começa a culpar a vítima, o garoto se torna mais propenso a espancá-la com ferocidade ainda maior na próxima oportunidade que tiver. Justificar seu primeiro ato doloroso prepara o cenário para mais episódios de agressividade. É por isso que a hipótese da catarse está errada.

Na verdade, os resultados do primeiro experimento que demonstraram isso foram uma completa surpresa para o pesquisador. Michael Kahn, então um estudante de pós-graduação em psicologia clínica em Harvard, projetou um experimento engenhoso que, ele tinha certeza, demonstraria os benefícios da catarse. Apresentando-se como um técnico em medicina, Kahn fez medições de polígrafo e pressão arterial em estudantes universitários, um de cada vez, supostamente como parte de um estudo médico. Enquanto fazia essas medições, Kahn fingiu aborrecimento e fez alguns comentários ofensivos sobre os alunos (algo relacionado à mãe de cada um). Os alunos ficaram zangados, e a pressão arterial deles disparou. Na condição experimental, os alunos foram autorizados a desabafar a raiva informando o supervisor de Kahn sobre seus insultos; assim, acreditavam que o estavam colocando em grandes apuros. Na condição de controle, os alunos não tiveram a chance de expressar a raiva.

Kahn, um bom freudiano, ficou espantado com os resultados: a catarse foi um fracasso total em termos de fazer as pessoas se sentirem melhor. Os participantes autorizados a expressar sua raiva por conta das ofensas de Kahn sentiram muito mais animosidade em relação a ele do que aqueles que não tiveram essa oportunidade. Além disso, embora a pressão arterial de todos tenha subido durante o experimento, os sujeitos que deram vazão à irritação mostraram elevações ainda maiores; a pressão arterial daqueles que não foram autorizados a expressar sua raiva logo voltou ao normal.[22] Buscando uma explicação para esse padrão inesperado, Kahn descobriu a teoria da dissonância, que à época mal começava a receber atenção, e percebeu que ela poderia explicar muito bem seus resultados. Como julgavam que tinham colocado o técnico numa encrenca, os estudantes precisaram justificar suas ações convencendo-se de que ele merecia ser denunciado e punido, o que aumentava sua raiva – e sua pressão arterial.

As crianças aprendem muito cedo a justificar suas ações agressivas; uma criança bate no irmão mais novo, que começa a chorar, e imediatamente o menino declara: "Mas foi ele quem começou! Ele mereceu!". A maioria dos pais e das mães acha que essas autojustificações infantis não têm grande consequência, e geralmente não têm. Mas é preocupante perceber que o mesmo mecanismo está por trás do comportamento de grupos que intimidam crianças mais vulneráveis, de empregadores que maltratam trabalhadores, de amantes que abusam um do outro, de policiais que continuam espancando um suspeito que já se rendeu, de tiranos que aprisionam e oprimem minorias étnicas e de soldados que cometem atrocidades contra civis. Em todos esses casos, cria-se um círculo vicioso: a agressão gera autojustificação, que gera mais agressão. Fiódor Dostoiévski entendeu perfeitamente o funcionamento desse processo. Em *Os irmãos Karamázov*, ele faz Fiódor Pávlovitch, o pai canalha dos irmãos, relembrar "como certa vez, no passado, lhe perguntaram: 'Por que você odeia tanto fulano de tal?'. E ele respondeu, com sua descarada insolência: 'Eu vou lhe dizer. Ele não me fez mal algum. Mas eu fiz uma falcatrua com ele, e desde então o odeio'".

Felizmente, a teoria da dissonância nos mostra também como as ações generosas de uma pessoa podem criar uma espiral de benevolência e compaixão, um "círculo virtuoso". Quando fazemos uma boa ação, sobretudo quando fazemos isso movidos por impulso ou por acaso, passamos a ver o beneficiário de nossa generosidade sob uma luz mais calorosa e até afetuosa. Nossa cognição de que não medimos esforços para fazer uma gentileza a outra pessoa é dissonante com quaisquer sentimentos negativos que possamos ter tido a respeito dela. Na verdade, depois de fazermos a gentileza, costumamos nos perguntar: "Por que eu faria algo legal para um idiota? Portanto, ele não é um idiota tão grande quanto eu pensava que era – na verdade, ele é um cara bem decente que merece uma chance".

Diversos experimentos corroboraram essa previsão. Em um deles, estudantes universitários participaram de um concurso no qual ganharam substanciais quantias em dinheiro. Depois, o experimentador abordou um terço deles e explicou que vinha usando seus próprios fundos para custear o experimento e que agora a verba estava se esgotando, o que significava que talvez fosse obrigado a encerrar prematuramente o experimento. Ele perguntou a cada um desses universitários: "Como um favor especial para mim, você se importaria em devolver o dinheiro que ganhou?". (*Todos* concordaram.) A um segundo grupo de estudantes também se pediu que devolvessem o dinheiro, mas dessa vez quem fez a solicitação foi o secretário do departamento, explicando que o fundo de pesquisa do departamento de psicologia estava quase no fim. (*Todos* os participantes ainda concordaram.) Aos demais participantes não se solicitou que devolvessem o dinheiro. Por fim, todos preencheram um questionário que incluía uma oportunidade de avaliar o experimentador. Os participantes que foram persuadidos a lhe fazer um favor especial gostaram mais dele, e se convenceram de que era um sujeito especialmente bom e merecedor. Os outros achavam que ele era um cara muito legal, mas nem de longe tão maravilhoso quanto na opinião das pessoas que lhe fizeram um favor pessoal.[23]

O mecanismo do círculo virtuoso começa cedo. Em um estudo com crianças de 4 anos, cada uma delas recebeu um adesivo e em seguida foi apresentada a um fantoche de cachorro "que está triste hoje"; algumas crianças foram informadas de que tinham que dar o adesivo para Doguinho, ao passo que outras tinham a opção de fazê-lo ou não. Mais tarde, as crianças receberam três adesivos cada, foram apresentadas a outro fantoche triste, a cachorrinha Ellie, e avisadas de que poderiam compartilhar com ela até três adesivos. As crianças que *puderam escolher* ser generosas com o cachorrinho triste do primeiro experimento compartilharam mais com Ellie do que as crianças que foram *instruídas* a compartilhar. Em outras palavras, uma vez que as crianças se viram como generosas, continuaram a se comportar com generosidade.[24]

Embora a pesquisa científica sobre o círculo virtuoso seja relativamente nova, a ideia geral pode ter sido descoberta no século 18 por Benjamin Franklin, um sério estudioso da natureza humana, bem como das ciências e da política. Enquanto servia como funcionário na Assembleia Geral da Pensilvânia, Franklin ficou incomodado com a oposição e a animosidade de um colega legislador. Então, decidiu conquistá-lo. Contudo, Franklin escreveu em sua *Autobiografia*, não fez isso "prestando-lhe respeito servil" – isto é, fazendo um favor a outro homem –, mas induzindo seu alvo a *lhe* fazer um favor. Ele pediu ao homem que lhe emprestasse por alguns dias um livro raro de sua biblioteca.

> Ele me enviou o livro imediatamente e eu o devolvi mais ou menos uma semana depois, com outra nota expressando calorosamente meu reconhecimento pelo favor. Quando voltamos a nos encontrar na Câmara, ele falou comigo (o que nunca fizera antes) com muita delicadeza. Daí por diante, sempre manifestou disposição de servir-me em todas as ocasiões, de modo que nos tornamos grandes amigos e nossa amizade perdurou até sua morte. Este é outro exemplo da verdade de uma velha máxima que aprendi, a qual diz: "Quem lhe fez um favor estará mais disposto a fazer outro do que quem você favoreceu".[25]

A dissonância é incômoda em qualquer circunstância, mas é mais dolorosa para as pessoas quando um elemento importante de seu autoconceito é ameaçado – em geral, quando fazem algo que é inconsistente com sua visão de si mesmas.²⁶ Se uma celebridade que você admira é acusada de um ato imoral, você sentirá uma pontada de dissonância, e, quanto mais você gostava dessa pessoa, quanto mais você a admirava, mais intensa será a dissonância que sentirá. (Mais adiante, discutiremos a colossal dissonância que muitos fãs de Michael Jackson sentiram ao tomar conhecimento de evidências convincentes de seus relacionamentos sexuais com garotos.) Mas isso não é nada comparado a como *você* se sentiria se fizesse algo imoral. Se você se considera uma pessoa íntegra e fizer algo que prejudicará outra pessoa, sentirá uma onda de dissonância muito mais devastadora do que sentiria ao saber da transgressão ética de sua estrela de cinema favorita. Afinal, você sempre pode abandonar sua lealdade a uma celebridade ou encontrar outro herói. Porém, se você violar seus próprios valores, sentirá uma dissonância muito maior porque, ao fim e ao cabo, terá que continuar vivendo consigo mesmo.

Em uma doce demonstração de como a necessidade de autoestima supera a virtude da modéstia realista, a maioria das pessoas pensa que é "melhor do que a média" – podemos chamar isso de efeito "Lake Wobegone".* Elas dizem que são melhores do que a média de todas as maneiras – mais inteligentes, mais legais, mais éticas, mais engraçadas, mais competentes, mais humildes, até melhores motoristas.²⁷ Seus esforços para reduzir a dissonância são, portanto, concebidos para preservar essas autoimagens positivas.²⁸ Quando as previsões sobre o fim do mundo da sra. Keech deram com os burros n'água, imagine a excruciante dissonância que seus mais devotados seguidores sentiram – "Eu sou uma pessoa inteligente" colidiu com "Eu acabei de fazer uma coisa inacreditavelmente estúpida: doei minha casa e meus bens e pedi demissão do emprego porque acreditei em uma mulher maluca". Para reduzir essa dissonância, seus seguidores poderiam modificar sua opinião sobre a própria inteligência ou justificar a coisa inacreditavelmente estúpida que haviam acabado de fazer. Não se trata de uma disputa acirrada; a justificação vence por larga margem. Os seguidores mais fiéis da sra. Keech salvaram a própria autoestima ao concluir que não tinham feito nada estúpido; na verdade, foram bastante inteligentes ao se juntarem ao grupo porque sua fé salvou o mundo da destruição. Na verdade,

---

* O termo foi introduzido pelo médico norte-americano John Jacob Cannell em relatórios publicados em 1987 e 1988, comentando sobre o fato de que todos os cinquenta estados dos Estados Unidos relataram resultados do ensino fundamental acima da média nacional. A alusão à cidadezinha fictícia de Lake Wobegon, "lugar onde todas as mulheres são fortes, todos os homens são bonitos e todas as crianças estão acima da média", vem do programa de rádio *A Prairie Home Companion* (1974-2016), criado e apresentado pelo escritor norte-americano Garrison Keillor e descrito em seu romance *Lake Wobegon Days* (1985). [N. T.]

se outros fossem inteligentes, também se juntariam a eles. Onde fica aquela esquina movimentada?

Nenhum de nós escapa. *Nós* podemos nos divertir à beça com *elas*, essas pessoas tolas que acreditam fervorosamente em previsões apocalípticas, mas, como o cientista político Philip Tetlock mostra em seu livro *Expert Political Judgment* [Julgamento político especializado], em geral nem mesmo os profissionais que atuam no ramo de previsões econômicas e políticas são mais precisos do que nós, pessoas não treinadas – ou do que a sra. Keech, nesse caso.[29]

E o que esses especialistas fazem quando as profecias *deles* são desmentidas? Em 2010, uma coalizão de 23 destacados economistas, gestores de fundos, acadêmicos e jornalistas assinou uma carta opondo-se à prática do banco central dos Estados Unidos, o Federal Reserve, de comprar dívidas de longo prazo como uma forma de reduzir as taxas de juros de longo prazo. Essa prática implica o risco de "desvalorização da moeda e inflação" e não gera empregos, declararam os especialistas, e, portanto, deve ser "reavaliada e interrompida". Quatro anos depois, a inflação ainda estava baixa (de fato, menor do que a meta do Federal Reserve de 2%), o desemprego havia caído drasticamente, o crescimento do emprego estava melhorando e o mercado de ações disparou. Por conseguinte, os repórteres voltaram aos signatários da carta e perguntaram: Vocês mudaram de ideia? Dos 23 signatários, catorze não responderam. Os outros nove disseram que a opinião deles não havia mudado: estavam tão preocupados com a inflação agora quanto sempre estiveram. Tais quais os malogrados profetas do fim do mundo, eles tinham autojustificações inteligentes para não admitir que estavam errados, muito errados. Um afirmou que a nação *teve* inflação, sim – ela só não tinha aparecido ainda nos preços ao consumidor. Outro, apresentando o que mais tarde admitiu serem dados estatísticos falsos, declarou que o país estava em plena inflação de dois dígitos. Outro insistiu que "os números oficiais erram" e que a inflação era realmente bem maior do que o Departamento de Estatísticas do Trabalho dos norte-americanos alegava. E vários outros, com ecos apocalípticos, disseram que sua *previsão* estava certa, mas a *data* estava errada: "A alta da inflação virá algum dia; nós apenas não dissemos quando".[30]

Especialistas podem parecer bastante impressionantes, sobretudo quando reforçam suas alegações citando seus anos de formação, treinamento e experiência em determinado campo de atuação. No entanto, centenas de estudos mostraram que, em comparação com previsões baseadas em dados estatísticos, os prognósticos calcados em anos de treinamento e experiência pessoal de um especialista raramente são melhores do que o acaso. Mas, quando um especialista está errado, o ponto central de sua identidade profissional é ameaçado. Portanto, a teoria da dissonância prevê que, quanto mais autoconfiantes e famosos os especialistas forem, menor será a probabilidade de admitirem erros. E foi exatamente isso que Tetlock descobriu. Os especialistas reduziam a dissonância causada por suas previsões fracassadas ao apresentar explicações de por que estariam certos "se ao menos" – se ao menos não tivesse havido a intervenção daquela calamidade improvável; se ao menos os eventos tivessem ocorrido em um momento diferente; se ao menos blá-blá-blá.

A redução da dissonância funciona como uma boca de fogão acesa e mantém nossa autoestima borbulhando. É por isso que geralmente somos alheios às autojustificações, às pequenas mentiras que contamos a nós mesmos e que nos impedem de reconhecer que cometemos erros ou tomamos decisões imbecis. Mas a teoria da dissonância aplica-se também a pessoas com baixa autoestima, a pessoas que se consideram idiotas, pilantras ou incompetentes. Elas não ficam surpresas quando seu comportamento confirma sua autoimagem negativa. Quando anunciam previsões equivocadas ou passam por iniciações severas com o intuito de fazer parte do que no fim fica claro que são grupos enfadonhos, elas simplesmente dizem: "Pois é, fiz merda de novo; é assim que eu sou, vivo errando". Um vendedor de carros usados que sabe que é desonesto não sente dissonância quando esconde o péssimo histórico de defeitos e consertos do veículo do qual está tentando se livrar; uma mulher que acredita que não é digna de amor não sente dissonância quando um homem a rejeita; um vigarista não sente dissonância ao enganar a própria avó e se apossar das economias dela.

Nossas convicções sobre quem nós somos nos ajudam a viver dia após dia, e estamos constantemente interpretando as coisas que acontecem conosco por meio do filtro dessas convicções cruciais. Quando essas convicções são violadas, mesmo que por uma boa experiência, isso nos causa desconforto. Uma avaliação crítica do poder da autojustificação nos ajuda a entender por que pessoas que têm baixa autoestima ou que simplesmente acreditam que são incompetentes em algum campo de atuação não ficam totalmente felizes da vida quando fazem algo muito bem; pelo contrário, muitas vezes se sentem uma fraude. Se a mulher que acredita que é tão detestável a ponto de não merecer ser amada conhecer um cara incrível que começa a insistir em um relacionamento sério, ela se sentirá momentaneamente satisfeita, mas é possível que esse prazer seja maculado por uma onda de dissonância: "O que ele vê em mim?". É improvável que sua resolução seja: "Que legal; então devo ser mais atraente do que eu pensava que era". É mais provável que ela pense: "Assim que ele descobrir o meu verdadeiro eu, vai me largar". Ela pagará um alto preço psicológico para ter essa consonância restaurada.

De fato, vários experimentos concluíram que, em sua maioria, as pessoas que têm baixa autoestima ou uma avaliação negativa das próprias habilidades se sentem desconfortáveis com sucessos dissonantes e os descartam como acidentes ou anomalias.[31] É por isso que parecem tão teimosas aos amigos e aos familiares que tentam animá-las. "Olha, você acabou de ganhar o prêmio Pulitzer de literatura! *Isso* não significa que você é bom?" "Sim, é bacana, mas foi só um acaso. Eu nunca mais vou conseguir escrever uma palavra na vida, você vai ver." A autojustificação, portanto, protegerá a alta autoestima para evitar dissonância, mas também protegerá a baixa autoestima se essa for uma autopercepção padrão.

A pirâmide de escolhas

Imagine dois jovens que são idênticos em termos de atitudes, habilidades e saúde mental. Eles são razoavelmente honestos e têm mais ou menos a mesma atitude moderada em relação a, digamos, colar na prova – eles acham que essa trapaça não é uma coisa boa de fazer, mas há crimes piores no mundo. Agora, ambos estão no meio de um exame de admissão na pós-graduação. Os dois têm uma questão crucial da prova de gramática em branco. O fracasso desponta e ronda a sala... nesse momento, cada um tem uma oportunidade fácil de trapacear lendo as respostas de outro aluno. Os dois jovens lutam contra a tentação de colar na prova. Depois de um longo momento de angústia, um cede, e o outro resiste. Suas decisões estão a um fio de cabelo de distância; um e outro poderiam facilmente ter optado pela decisão contrária. Cada um ganha algo importante, mas a um custo: um abre mão da integridade por uma boa nota; o outro abdica de uma boa nota para preservar a integridade.

Agora a questão é: o que eles pensarão a respeito de trapacear na prova uma semana depois? Cada aluno teve bastante tempo para justificar a decisão que tomou. O que cedeu à tentação decidirá que colar numa prova não é um crime tão grande. Ele dirá a si mesmo: "Ah, mas todo mundo faz esse tipo de trapaça. Não é grande coisa. E eu realmente precisava fazer isso para o bem da minha futura carreira". Mas o que resistiu à tentação decidirá que colar numa prova é muito mais imoral do que pensava originalmente. "Na verdade", ele dirá a si mesmo, "pessoas que colam na prova são uma vergonha. Na verdade, pessoas que trapaceiam deveriam ser expulsas permanentemente da escola. Temos que fazer delas um exemplo".

Quando os estudantes terminam de lidar com seus níveis cada vez mais altos de autojustificação, duas coisas acontecem. A primeira: agora eles estão a uma grande distância um do outro; a segunda: eles internalizam suas crenças e se convencem de que sempre pensaram assim.[32] É como se começassem no topo de uma pirâmide a um milímetro de distância um do outro, mas, depois de terminarem de justificar suas ações individuais, deslizassem para o fundo e agora estivessem em cantos opostos da base. Aquele que não trapaceou considera o outro imoral dos pés à cabeça, e aquele que trapaceou acha que o outro é irremediavelmente puritano. Esse processo ilustra como as pessoas que enfrentaram uma dura tentação, lutaram contra violentos impulsos e quase cederam – mas resistiram no último momento – passam a sentir aversão, até mesmo desprezo, por aqueles que não tiveram sucesso na mesma tarefa. São as pessoas que *quase* decidem viver em casas com teto de vidro que atiram as primeiras pedras.

Quando um escândalo de trapaça ocorreu na Stuyvesant High School, colégio de ensino médio de alto desempenho e alta pressão na cidade de Nova York – 71 alunos foram pegos trocando respostas de provas –, os alunos deram a um repórter do jornal *The New York Times* uma ladainha de autojustificações que lhes permitiu continuar vendo a si mesmos como estudantes inteligentes e íntegros: "É tipo, 'Eu vou manter minha integridade e ser reprovado nesta prova'", disse um deles. "Não. Ninguém quer tirar zero numa prova. Você pode estudar por duas horas e tirar 8, ou pode arriscar e tirar 9." Ele redefiniu colar na prova como "arriscar". Para outros, trapacear era um "mal necessário". Para muitos, significava "ajudar colegas de classe em necessidade". Quando finalmente percebeu que seus colegas de classe estavam contando com ela para fazer seus trabalhos, uma garota disse: "Eu os respeito e acho que eles têm integridade... [mas] às vezes a única maneira de você chegar lá é meio que estragar sua ética em troca de algumas coisas". *Meio que estragar sua ética?* Minimizar violações éticas é uma forma popular de autojustificação. Hana Beshara lançou um site que pirateava filmes e programas de TV e disponibilizava para download instantâneo gratuito, em uma evidente violação das leis de direitos autorais. Ela foi detida e condenada a cumprir pena de prisão de dezesseis meses por conspiração e violação criminal de direitos autorais. Mas ela cometeu um erro ou fez algo errado? Não. "Eu nunca imaginei que isso fosse considerado criminoso", disse ela a um repórter. "Não me parecia algo com que as pessoas se incomodariam. Mesmo que seja errado."[33]

A metáfora da pirâmide se aplica às decisões mais importantes que envolvem escolhas morais ou opções de vida. Em vez de colar em uma prova, você pode substituir por começar um caso extraconjugal (ou não), tomar esteroides para melhorar suas habilidades atléticas (ou não), permanecer em um casamento problemático (ou não), mentir para proteger seu empregador e seu emprego (ou não), ter filhos (ou não), seguir uma carreira profissional exigente (ou ficar em casa com as crianças), decidir que uma acusação sensacionalista contra uma celebridade que você admira é falsa (ou verdadeira). Quando a pessoa no topo da pirâmide está incerta, quando há benefícios e custos para ambas as escolhas, então ela sentirá uma urgência particular para justificar a escolha feita. Mas, quando a pessoa estiver na base da pirâmide, a ambivalência terá se transformado em certeza, e ela estará a quilômetros de distância de qualquer um que tenha tomado um caminho diferente.

Esse processo turva a distinção que as pessoas gostam de fazer entre "nós, os mocinhos" e "eles, os bandidos". Muitas vezes, quando estamos no topo da pirâmide, não nos deparamos com uma decisão do tipo "preto ou branco", "sim ou não", mas com opções de tons cinzentos cujas consequências são incertas. Os primeiros passos ao longo do caminho são moralmente ambíguos, e a decisão certa nem sempre é clara. Tomamos uma decisão precoce, aparentemente inconsequente, e depois a justificamos para reduzir a ambiguidade da escolha. Isso desencadeia um processo de cilada – ação, justificação, ação posterior – que aumenta nossa intensidade e nosso comprometimento e pode acabar nos levando para longe de nossas intenções ou de nossos princípios originais.

Sem dúvida funcionou assim para Jeb Stuart Magruder, assistente especial de Richard Nixon. Magruder, uma figura-chave na conspiração para invadir a sede do Comitê Nacional do Partido Democrata no complexo de prédios Watergate, escondeu o envolvimento da Casa Branca e mentiu sob juramento para proteger a si mesmo e outros envolvidos.

Quando Magruder foi contratado, o conselheiro de Nixon, Bob Haldeman, não mencionou que perjúrio, trapaça e violação da lei faziam parte da descrição do cargo. Se tivesse mencionado, é quase certo que Magruder recusaria o emprego. Como, então, ele acabou sendo um dos pivôs no escândalo de Watergate? Em retrospecto, é fácil dizer que ele deveria ter tido juízo ou deveria ter traçado o limite na primeira vez que lhe pediram para fazer algo ilegal.

Em sua autobiografia, Magruder descreve seu primeiro encontro com Bob Haldeman em San Clemente. Haldeman o bajulou e o encantou. "Aqui você está trabalhando por algo mais do que apenas ganhar dinheiro para sua empresa", disse Haldeman. "Você está trabalhando para resolver os problemas do país e do mundo. Jeb, eu estava sentado com o presidente na noite em que os primeiros astronautas pisaram na Lua [...] Eu faço parte da história sendo feita." No final de um dia de reuniões, Haldeman e Magruder deixaram o complexo residencial para ir à casa do presidente. Haldeman ficou furioso porque seu carrinho de golfe não estava lá esperando por ele, e deu uma "bronca brutal" em seu assistente, ameaçando demitir o sujeito se ele não fizesse o trabalho dele. Magruder não conseguia acreditar no que estava ouvindo, sobretudo porque a noite estava linda e era uma curta caminhada até o destino. A princípio, Magruder achou o discurso de reprimenda de Haldeman rude e excessivo. Mas, em pouco tempo, querendo muito o emprego, estava justificando o comportamento de Haldeman: "Em apenas algumas horas em San Clemente, fiquei impressionado com a pura *perfeição* da vida lá [...] Depois de ser mimado assim por um tempo, algo insignificante como um carrinho de golfe fora do lugar pode parecer uma grande afronta".[34]

E então, antes do jantar e mesmo antes de ter recebido uma oferta de emprego, Magruder já tinha sido fisgado. Foi um pequeno primeiro passo, mas ele estava a caminho de Watergate. Uma vez na Casa Branca, concordou com todas as pequenas concessões éticas que quase todos os políticos justificam com o objetivo de servir ao seu partido. Então, quando Magruder e outros trabalhavam na campanha para reeleger Nixon, entrou em cena G. Gordon Liddy, contratado pelo procurador-geral John Mitchell para ser o conselheiro geral de Magruder. Liddy era um curinga, um arremedo de James Bond. Seu primeiro plano para garantir a reeleição de Nixon era gastar 1 milhão de dólares na contratação de "esquadrões" para agredir manifestantes, sequestrar ativistas que pudessem atrapalhar a convenção do Partido Republicano, sabotar a Convenção Nacional do Partido Democrata, contratar prostitutas de "luxo" para atrair e chantagear os principais líderes democratas, invadir escritórios de políticos democratas e instalar grampos e dispositivos de vigilância eletrônica.

Mitchell desaprovava os aspectos mais extremos desse plano; além disso, alegou que era muito caro. Então Liddy voltou com a proposta de simplesmente invadir os escritórios da sede do Comitê Nacional do Partido Democrata no complexo de edifícios Watergate e instalar escutas telefônicas. Desta vez Mitchell aprovou, e os outros concordaram. Como eles justificaram essa violação da lei? "Se [Liddy] tivesse vindo até nós no início dizendo: 'Tenho um plano para invadir e grampear o escritório de Larry O'Brien', talvez rejeitássemos a ideia logo de cara", Magruder escreveu. "Em vez disso, ele veio até nós com seu elaborado esquema de garota de programa/sequestro/assalto/sabotagem/escuta telefônica, e começamos a diminuir o tom, sempre com a sensação de que deveríamos deixar algo para Liddy fazer – sentíamos que precisávamos dele e relutávamos em mandá-lo embora sem nada." Por fim, Magruder acrescentou, o plano de Liddy foi aprovado por causa do clima de paranoia na Casa Branca: "Decisões que hoje soam insanas pareciam, na época, racionais [...] Estávamos além do ponto de medidas intermediárias ou táticas cavalheirescas".[35]

Quando entrou pela primeira vez na Casa Branca, Magruder era um homem decente. Mas, um pequeno passo de cada vez, passou a participar de ações desonestas, justificando cada uma delas. Ele caiu numa cilada, da mesma forma que as 3 mil pessoas que participaram do famoso experimento criado pelo psicólogo social Stanley Milgram.[36] Na versão original de Milgram, dois terços dos participantes administraram em outra pessoa o que julgavam ser níveis de choque elétrico com risco de vida simplesmente porque o experimentador insistia em dizer: "O experimento requer que você continue". Esse experimento é quase sempre descrito como um estudo de obediência à autoridade. De fato é. Contudo, é mais do que isso; é também uma demonstração de resultados de longo prazo da autojustificação.[37]

Imagine que um homem de aparência muito distinta, envergando um jaleco branco, aborda você e lhe oferece vinte dólares para participar de um experimento científico. Ele diz: "Quero que você aplique um choque elétrico de quinhentos volts, incrivelmente doloroso, em outra pessoa para nos ajudar a entender o papel da punição na aprendizagem". Provavelmente você recusaria; não vale a pena receber dinheiro para machucar outra pessoa, mesmo que seja em prol da ciência. Algumas pessoas fariam isso por vinte dólares, mas a maioria mandaria o cientista colocar o dinheiro naquele lugar.

Agora, suponha que o cientista atraia você de maneira mais gradual. Suponha que ele lhe ofereça vinte dólares para administrar uma quantidade minúscula de choque, digamos dez volts, a um sujeito na sala ao lado para ver se esse choque melhorará a capacidade de aprendizagem do homem. O experimentador até aplica em você os dez volts, e você mal consegue sentir. Então você concorda. É inofensivo, e o estudo parece bem interessante. (Além disso, você sempre quis saber se dar palmadas em seus filhos os fará entrar na linha.) Você concorda, e agora o experimentador lhe diz que, se o sujeito der a resposta errada, você deve passar para o interruptor seguinte, que aplica um choque de vinte volts. Novamente, é um choque leve e inofensivo. Como você acabou de aplicar dez volts, não vê razão para não dar uma descarga de vinte. E, depois de dar o choque de vinte, você diz a si mesmo: "Trinta não é muito mais do que vinte, então eu vou aumentar para trinta". O sujeito comete outro erro, e o cientista diz: "Por favor, administre o próximo nível – quarenta volts".

Onde você traça o limite? Quando você decide que já basta? Você vai continuar aumentando até 450 volts, ou ainda além disso, chegando a um interruptor marcado como PERIGO XXX? Quando se indagavam com antecedência até onde as pessoas imaginavam que iriam, quase ninguém afirmava que chegaria a 450 volts. Porém, quando estavam efetivamente na situação, dois terços delas foram até o nível máximo que julgavam ser perigoso. Elas fizeram isso justificando cada passo à medida que avançavam: "Este choque leve não dói; vinte não é muito pior do que dez; se eu já dei vinte, por que não dar trinta?". A cada justificativa, elas se comprometiam ainda mais. Quando aplicavam o que acreditavam ser choques fortes, quase todos achavam difícil justificar a decisão de parar. Os participantes que mostravam resistência no início do estudo, questionando a validade do procedimento em si, eram menos propensos a ficar presos nele e mais propensos a desistir.

O experimento de Milgram nos mostra como pessoas comuns podem acabar fazendo coisas imorais e nocivas por meio de uma reação em cadeia de comportamento e subsequente autojustificação. Quando nós, como observadores, olhamos para as pessoas com perplexidade ou consternação, deixamos de perceber que muitas vezes estamos olhando para o fim de um longo e lento processo de descer a pirâmide. Em sua sentença, Magruder disse ao juiz John Sirica: "Eu sei o que fiz, e Vossa Excelência sabe o que eu fiz. Em algum lugar entre minha ambição e meus ideais, perdi minha bússola ética". Como você faz um homem honesto perder sua bússola ética? Você o faz dar um passo de cada vez, e a autojustificação fará o resto.

Saber como funciona a dissonância não tornará nenhum de nós automaticamente imune ao fascínio da autojustificação, conforme Elliot aprendeu quando comprou aquela canoa em um janeiro de Minnesota. Você não pode dizer às pessoas, como ele fez depois dos experimentos de iniciação: "Viu como você reduziu a dissonância? Isso não é interessante?" e esperar que respondam: "Ah, obrigado por me mostrar o verdadeiro motivo pelo qual eu gosto do grupo. Isso com certeza faz eu me sentir inteligente!". Para preservar nossa crença de que somos inteligentes, todos nós, vez por outra, faremos coisas idiotas. Não podemos evitar. Somos programados dessa forma.

Mas isso não significa que estamos fadados a continuar nos esforçando para justificar nossas ações após o fato, a sermos como Sísifo, jamais alcançando o topo da colina da autoaceitação. Uma compreensão mais profícua de como e por que nossa mente funciona da maneira como funciona é o primeiro passo para romper o hábito da autojustificação. E isso, por sua vez, exige que estejamos mais atentos ao nosso comportamento e às razões de nossas escolhas. Isso requer tempo, autorreflexão e disposição.

Em 2003, o colunista conservador William Safire escreveu que um "desafio psicopolítico" que os eleitores amiúde enfrentam é "como lidar com a dissonância cognitiva".[38] Ele começou com uma história de sua própria dificuldade. Durante o governo de Bill Clinton, Safire relatou que criticou Hillary Clinton por tentar esconder a identidade dos membros de sua força-tarefa responsável pelos serviços de saúde. Ele escreveu um artigo censurando esses esforços de sigilo, a seu ver tóxicos para a democracia. Não há dissonância aí; afinal, aqueles democratas malvados estão sempre fazendo coisas ruins. Seis anos depois, no entanto, ele descobriu que estava "acometido" pela dissonância cognitiva quando o vice-presidente Dick Cheney, um colega republicano conservador que Safire admirava, insistiu em manter em segredo a identidade de sua força-tarefa de política energética. O que Safire fez? Por causa de sua consciência da dissonância e de como ela funciona, respirou fundo, arregaçou as mangas e fez a coisa difícil, mas virtuosa: escreveu um artigo criticando publicamente as ações de Cheney. A ironia é que, por causa de suas críticas a Cheney, Safire recebeu várias cartas elogiosas de progressistas – o que, ele admitiu, produziu uma enorme dissonância. Ai, meu Deus, ele fez algo que *aquelas* pessoas aprovavam?

A capacidade de Safire de reconhecer a própria dissonância e resolvê-la fazendo a coisa certa é rara. Como veremos, sua disposição de admitir que seu próprio lado cometeu um erro é algo que poucos estão preparados para fazer. Em vez disso, conservadores e progressistas não medirão esforços para reduzir a dissonância de uma forma que seja favorável a eles e seu time. As táticas específicas variam, mas nossos esforços de autojustificação são todos concebidos para atender à nossa necessidade de nos sentirmos bem em relação a nossas ações, a nossas convicções e a quem somos.

CAPÍTULO 2

ORGULHO E PRECONCEITO... E OUTROS PONTOS CEGOS

> Por que você repara no cisco que está no olho do seu irmão, e não se dá conta da viga que está em seu próprio olho?
>
> – *Mateus, 7:3*

Quando a opinião pública soube que o juiz da Suprema Corte Antonin Scalia viajou para a Louisiana a bordo de um avião oficial do governo para caçar patos com o vice-presidente Dick Cheney, apesar de Cheney ter um caso pendente na Suprema Corte, houve uma onda de protestos contra o aparente conflito de interesses de Scalia. O próprio Scalia ficou indignado com a sugestão de que sua capacidade de avaliar a constitucionalidade da alegação de Cheney – de que o vice-presidente tinha o direito legal de manter em sigilo os detalhes de sua força-tarefa de energia – seria maculada pelos patos e pelas mordomias. Em uma carta ao jornal *Los Angeles Times* explicando por que não se declararia impedido de julgar o processo, Scalia escreveu: "Não creio que minha imparcialidade possa ser questionada de forma razoável".

O neuropsicólogo Stanley Berent e o neurologista James Albers foram contratados pela CSX Transportation e pela Dow Chemical para investigar as alegações de ferroviários de que a exposição a produtos químicos havia lhes causado danos cerebrais permanentes e outros problemas de saúde. Mais de seiscentos ferroviários em quinze estados do país foram diagnosticados com uma forma de dano cerebral após pesada exposição a solventes de hidrocarbonetos clorados. A CSX pagou mais de 170 mil dólares à empresa de consultoria de Berent e Albers por uma pesquisa que no fim contestou a existência de uma ligação entre a exposição aos solventes industriais da empresa e danos cerebrais. Ao realizar seu estudo, que envolveu a revisão dos arquivos médicos dos trabalhadores sem seu consentimento informado, os dois cientistas serviram como testemunhas especialistas para escritórios de advocacia que representavam a CSX em ações judiciais movidas por trabalhadores. Berent não viu nada impróprio em sua pesquisa, que ele alegou "gerar informações importantes sobre a exposição a solventes". Posteriormente, Berent e Albers foram repreendidos pelo Escritório Federal de Proteção à Pesquisa Humana por seu conflito de interesses nesse caso.[1]

Ao entrar no Museu da Tolerância em Los Angeles, você se vê em uma sala de exibições interativas projetadas para identificar as pessoas que você não consegue tolerar. Os alvos de sempre estão lá (negros, mulheres, judeus, gays), mas também pessoas baixinhas, pessoas gordas, pessoas loiras, pessoas com deficiência... Você assiste a um vídeo sobre a ampla variedade de preconceitos, concebido para convencê-lo de que todos os seres humanos têm pelo menos alguns, e em seguida é convidado a entrar no museu propriamente dito por uma das duas portas, uma marcada como PRECONCEITUOSO, a outra marcada como SEM PRECONCEITOS. Esta última porta está sempre trancada, caso alguém não entenda o xis da questão, e vez por outra algumas pessoas não entendem. Quando visitamos o museu certa tarde, fomos presenteados com a visão de quatro judeus chassídicos esmurrando furiosamente a porta com a inscrição SEM PRECONCEITOS, exigindo que os deixassem entrar.

A estrutura do cérebro tem pontos cegos, ópticos e psicológicos, e um de seus truques mais inteligentes é dar a seu dono ou a sua dona a reconfortante ilusão de que ele ou ela não tem nenhum. Em certo sentido, a teoria da dissonância é uma teoria de pontos cegos – de como e por que as pessoas involuntariamente se cegam de tal modo que deixam de perceber fatos e informações cruciais que poderiam fazê-las questionar seu comportamento ou suas crenças. Junto com o viés de confirmação, o cérebro vem de fábrica com um pacote de outros hábitos egoístas que nos permitem justificar nossas próprias percepções e convicções como precisas, realistas e imparciais. O psicólogo social Lee Ross chamou esse fenômeno de "realismo ingênuo", a inescapável convicção de que percebemos objetos e eventos com lucidez, "como eles realmente são".[2] Presumimos que outras pessoas sensatas veem as coisas da mesma forma que nós. Se elas discordam de nós, é porque obviamente não estão vendo com clareza. O realismo ingênuo cria um labirinto lógico porque pressupõe duas coisas: 1. pessoas justas e de mente aberta devem concordar com uma opinião racional; e 2. qualquer opinião que eu tenha deve ser sensata; se não fosse, eu não a teria. Portanto, se eu conseguir fazer meus oponentes se sentarem aqui e me ouvirem explicar como as coisas realmente são, eles concordarão comigo. E, se não concordarem, deve ser porque são enviesados.

Ross sabe do que fala, tanto por conta de seus experimentos de laboratório quanto por seus esforços para reduzir o cruento conflito entre israelenses e palestinos. Mesmo quando um dos lados reconhece que o outro tem um entendimento diferente das questões, todos os envolvidos consideram que as pessoas do lado oposto ao seu é que são enviesadas, ao passo que elas próprias são objetivas e suas percepções da realidade é que devem fornecer a base para um acordo. Em um experimento, Ross pegou propostas de paz formuladas por negociadores israelenses, rotulou-as como propostas palestinas e pediu a cidadãos israelenses que as julgassem. "Os israelenses gostaram mais da proposta palestina atribuída a Israel do que da proposta israelense atribuída aos palestinos", disse ele. "Se a sua própria proposta não é interessante para você quando vem do outro lado, que chance há de que a proposta *do outro lado* seja interessante quando na verdade vem do outro lado?"[3] Para citar um exemplo de âmbito mais doméstico, o psicólogo social Geoffrey Cohen descobriu que os democratas endossam uma proposta de bem-estar social extremamente restritiva, em geral associada aos republicanos, se acharem que foi sugerida pelo Partido Democrata, e os republicanos apoiam uma generosa política de bem-estar social se acharem que vem do Partido Republicano.[4] Rotule a mesma proposta como uma sugestão oriunda do outro lado, e você pode muito bem estar pedindo às pessoas que apoiem um projeto político apresentado por Hitler, Stálin ou Átila, o huno. Nenhum dos participantes no estudo de Cohen tinha ciência de seu ponto cego – de que estavam sendo influenciados pela posição do próprio partido. Em vez disso, todas as pessoas alegaram que suas convicções eram um resultado lógico do próprio estudo cuidadoso sobre a diretriz política em questão, norteado por sua filosofia geral de governo.

É imensamente difícil passar por cima desse ponto cego, mesmo quando isso faz parte das atribuições do seu trabalho. Tenha em mente o tamanho da dificuldade para os membros da Suprema Corte, cuja tarefa, como observou o juiz Oliver Wendell Holmes Jr., é proteger a garantia da Primeira Emenda de "liberdade para o pensamento que odiamos". Essa é uma dissonância muito forte para se sobrepujar, embora em sua maioria os juízes imaginem que estão à altura do desafio. Porém, de acordo com um estudo de 4.519 votos de juízes da Suprema Corte em mais de quinhentos casos entre 1953 e 2011, os magistrados eram mais propensos a endossar a liberdade de expressão de pessoas com cujo discurso concordavam; membros conservadores do Tribunal Roberts* decidiram a favor de oradores conservadores em cerca de 65% das vezes, e de oradores progressistas em cerca de 21%. No caso dos juízes progressistas, a lacuna não foi tão grande, por volta de 10%, mas eles também eram mais propensos a votar em apoio a oradores com cuja filosofia política se coadunavam.[5]

Acreditamos que nossos próprios julgamentos são menos tendenciosos e mais independentes do que os dos outros, em parte porque confiamos na introspecção para nos dizer o que estamos pensando e sentindo, mas não temos como saber o que os outros estão de fato pensando.[6] E quando inspecionamos nossa alma e nosso coração, a necessidade de evitar a dissonância nos assegura que somos movidos apenas pelos melhores e mais honrosos motivos. Interpretamos nosso próprio envolvimento em uma questão como uma fonte de precisão e esclarecimento ("Há anos eu tenho sentimentos fortes sobre o controle de armas, portanto sei do que estou falando"), mas consideramos que esses sentimentos pessoais por parte de outros – cujo ponto de vista diverge do nosso – são uma fonte de enviesamento ("Ela não pode ser imparcial sobre o controle de armas, porque tem sentimentos fortes a respeito disso há anos").

Todos nós somos tão inconscientes de nossos pontos cegos quanto os peixes são inconscientes da água em que nadam, mas aqueles que nadam nas águas do privilégio têm uma motivação especial para permanecerem alheios. Quando, durante as décadas de 1940 e 1950, Marynia Farnham alcançou fama e fortuna aconselhando as mulheres a ficarem em casa e criarem os filhos, caso contrário corriam o risco de moléstias como frigidez, neuroses e perda da feminilidade, ela não viu incoerência (ou ironia) no fato de que tinha o privilégio de ser uma médica que não estava ficando em casa para criar os dois

---

* Referência a John Glover Roberts, atual juiz-chefe dos Estados Unidos, que conduz a Suprema Corte desde 2005, por indicação do ex-presidente George W. Bush (2001-2009). [N. T.]

filhos. As pessoas ricas que falam dos desprivilegiados raramente agradecem às suas estrelas da sorte por serem privilegiadas, muito menos consideram que possam ser superprivilegiadas. O privilégio é seu ponto cego.[7] É algo invisível, e elas não pensam duas vezes a respeito; elas justificam sua posição social como algo a que têm direito adquirido. De uma forma ou de outra, todos nós somos cegos para quaisquer privilégios que a vida nos tenha dado, mesmo que esses privilégios sejam temporários. A maioria das pessoas que normalmente voam na cabine principal de uma companhia aérea considera as pessoas privilegiadas na classe executiva e na primeira classe como esnobes esbanjadores, ainda que invejáveis. Imagine pagar todo esse dinheiro extra por um voo de apenas seis horas! No entanto, quando são elas que pagam por seus assentos da classe executiva, essa atitude desaparece, substituída por uma mistura autojustificável de pena e desdém por seus companheiros de viagem que passam por elas em marcha, com ar de desamparo, em direção às acomodações da terceira classe.

Os motoristas não podem evitar ter pontos cegos em seu campo de visão, mas bons motoristas estão cientes deles e sabem que é melhor tomar cuidado ao dar marcha a ré e mudar de faixa se não quiserem bater em hidrantes e outros carros. Nossos vieses inatos são, na definição de dois estudiosos do direito, "como ilusões de óptica em dois importantes aspectos – eles nos levam a conclusões erradas com base em dados, e sua aparente correção persiste mesmo quando nos mostram o truque".[8] Não podemos evitar nossos pontos cegos psicológicos, mas, se não tivermos consciência deles, podemos nos tornar involuntariamente imprudentes, extrapolando limites éticos e tomando decisões tolas. A introspecção por si só não ajudará nossa visão, porque apenas confirmará nossas crenças autojustificáveis de que nós, pessoalmente, não podemos ser cooptados ou corrompidos e que nossas aversões ou nossos ódios por outros grupos não são irracionais, mas, antes, racionais e legítimos. Pontos cegos intensificam nosso orgulho e ativam nossos preconceitos.

A estrada para St. Andrews

A maior das falhas, eu diria, é não ter consciência de nenhuma.

– *Thomas Carlyle, historiador e ensaísta*

Quando a redatora do jornal *The New York Times* Dorothy Samuels soube que Tom DeLay, ex-líder do Partido Republicano na Câmara dos Deputados, havia aceitado uma viagem ao lendário campo de golfe de St. Andrews, na Escócia, a convite de Jack Abramoff, um lobista corrupto sob investigação, ela expressou sua perplexidade. "Venho escrevendo sobre as fraquezas de poderosas autoridades públicas há mais anos do que eu gostaria de revelar sem uma intimação judicial", ela escreveu, "e há algo que ainda não entendi: por que alguém arriscaria sua reputação e carreira por um brinde oferecido por um lobista, como férias em um resort de luxo?"[9]

Por quê? A teoria da dissonância nos dá a resposta: um passo de cada vez. Embora haja uma multidão de políticos descaradamente corruptos que vendem seus votos aos doadores de campanha mais generosos, a maioria dos políticos, graças aos seus pontos cegos, acredita ser incorruptível. Quando entram na política, eles aceitam almoçar com um lobista porque, afinal, é assim que a política funciona e é uma maneira eficiente de obter informações sobre um projeto de lei em tramitação, não é? "Além disso", o político raciocina, "os lobistas, como quaisquer outros cidadãos, estão exercendo seu direito à liberdade de expressão. Eu tenho apenas que ouvir; decidirei como votar com base no apoio do meu partido e dos eleitores a esse projeto de lei e se é a coisa certa a fazer pelo povo dos Estados Unidos."

Entretanto, no momento em que aceita o primeiro pequeno incentivo e o justifica dessa forma, você começa sua descida na pirâmide. Se você almoçou com um lobista para falar sobre o projeto de lei pendente de aprovação, por que não conversar sobre isso entre uma tacada e outra no campo de golfe local? Qual é a diferença? É um lugar mais agradável para ter uma conversa. E se você conversou sobre isso no campo de golfe local, por que não aceitar uma oferta amigável para ir a um campo melhor e jogar golfe com ele ou ela – digamos, em St. Andrews na Escócia? O que há de errado nisso? Quando o político está na base da pirâmide, tendo aceitado e justificado incentivos cada vez maiores, a opinião pública está gritando: "O que há de *errado* nisso? Você está brincando?". Em um nível, o político não está brincando. Dorothy Samuels está certa: quem colocaria em risco uma carreira e reputação em troca de uma viagem à Escócia? Ninguém, se essa fosse a primeira oferta, mas muitos de nós correríamos o risco se essa oferta tivesse sido precedida por várias outras, menores, que teríamos aceitado. O orgulho – quando seguido por autojustificação – pavimenta o caminho para a Escócia.

Conflito de interesses e política são sinônimos, e todos nós entendemos as convenientes e vantajosas colaborações que os políticos forjam para preservar seu próprio poder à custa do bem-estar comum. É mais difícil ver que exatamente o mesmo processo afeta juízes, cientistas, médicos e outros profissionais que se orgulham de sua capacidade de ser intelectualmente independentes em prol da justiça, do avanço científico ou da saúde pública. Sua formação e cultura promovem o valor central da imparcialidade, então a maioria das pessoas nesses campos de atuação fica indignada com a mera sugestão de que interesses financeiros ou pessoais possam contaminar seu trabalho. Seu orgulho profissional faz com que elas se vejam como homens e mulheres que estão acima dessas questões. Sem dúvida, alguns estão, assim como, no outro extremo, alguns juízes e cientistas são absolutamente desonestos, corrompidos pela ambição ou pelo dinheiro. Entre os extremos de rara integridade e flagrante desonestidade está a grande maioria que, sendo humana, tem todos os pontos cegos que o resto de nós tem. Infelizmente, eles também são mais propensos a pensar que não têm, o que os torna ainda mais vulneráveis a serem fisgados.

Antigamente, a maioria dos cientistas ignorava a sedução do comércio. Em 1954, quando foi indagado se patentearia sua vacina contra a poliomielite, Jonas Salk respondeu: "É possível patentear o sol?". Hoje, seu comentário parece charmoso, porém ingênuo – imagine entregar de mão beijada sua descoberta ao interesse público sem ficar com alguns milhões de dólares para si mesmo. A cultura da ciência valorizava a separação entre pesquisa e comércio, e as universidades mantinham uma divisória semelhante a uma parede corta-fogo entre uma coisa e outra. Como recebiam o dinheiro do governo ou de instituições de financiamento independentes, os cientistas eram mais ou menos livres para passar anos investigando um problema cuja solução poderia ou não dar certo, em termos intelectuais ou práticos. Um cientista que se tornasse um empresário para lucrar com suas descobertas era visto com suspeita, até mesmo com desdém. "Antigamente, considerava-se impróprio um biólogo pensar em algum tipo de empreendimento comercial enquanto, ao mesmo tempo, fazia pesquisa básica", disse o cientista e bioeticista Sheldon Krimsky.[10] "As duas coisas pareciam não se misturar. Mas, à medida que as principais figuras do campo da biologia começaram a encontrar intensamente vias comerciais e esquemas de enriquecimento rápido, ajudaram a mudar o *éthos* do campo. Agora são os cientistas com múltiplos interesses e participações acionárias que têm o prestígio."

O ponto de virada crucial ocorreu em 1980, quando a Suprema Corte decidiu que bactérias geneticamente modificadas, independentemente do processo de desenvolvimento, eram patenteáveis. Isso significava que um cientista poderia obter uma patente por descobrir um vírus, alterar uma planta, isolar um gene ou modificar qualquer outro organismo vivo como um "produto de manufatura".

Iniciou-se a corrida do ouro – o caminho dos cientistas para St. Andrews. Em pouco tempo, muitos professores de biologia molecular estavam servindo em conselhos consultivos de corporações de biotecnologia e adquirindo ações em empresas que vendiam produtos com base em suas pesquisas. Universidades em busca de novas fontes de receita começaram a abrir escritórios de propriedade intelectual e fornecer incentivos para professores que patenteassem suas descobertas. Ao longo da década de 1980, o clima ideológico passou por uma transformação, de um cenário em que a ciência era valorizada por si só ou pelo interesse público para um cenário em que a ciência era valorizada pelos lucros que fosse capaz de gerar no interesse privado. Mudanças de grande envergadura nas leis tributárias e de patentes foram promulgadas, o financiamento federal para pesquisa caiu drasticamente, e os benefícios fiscais ensejaram acentuado aumento no financiamento da indústria. A indústria farmacêutica foi desregulamentada e, em uma década, tornou-se um dos negócios mais lucrativos dos Estados Unidos.[11]

Na esteira da mudança, escândalos envolvendo conflitos de interesse por parte de pesquisadores e médicos começaram a vir à tona. A Big Pharma* estava produzindo novos medicamentos que salvavam vidas, mas também medicamentos que eram, na melhor das hipóteses, desnecessários e, na pior, arriscados; mais de 75% de todos os fármacos aprovados entre 1989 e 2000 ofereciam apenas pequenas melhorias em relação às drogas já existentes, custavam quase o dobro e apresentavam riscos maiores.[12] Em 1999, sete medicamentos importantes, incluindo Rezulin e Lotronex, foram retirados do mercado por motivos de segurança. Nenhum dos fármacos era necessário para salvar vidas (um era para azia, um era para emagrecer, um era um analgésico, um era antibiótico) e nenhum era melhor do que medicamentos mais antigos e seguros. No entanto, esses sete medicamentos foram responsáveis por 1.002 mortes e milhares de complicações preocupantes.[13] Em 2017, pesquisadores da Escola de Medicina de Yale informaram que quase um terço de todos os novos medicamentos aprovados pela FDA** entre 2001 e 2010 teve relevantes problemas de segurança que não eram evidentes até estarem disponíveis no

---

* Indústria farmacêutica dos grandes laboratórios de alcance mundial, sobretudo dos Estados Unidos e da Europa. [N. T.]

** Agência de Administração de Alimentos e Medicamentos (FDA, na sigla em inglês). Órgão regulatório ligado ao Departamento de Saúde do governo norte-americano que faz o controle dos alimentos (tanto para humanos como animais), suplementos alimentares, medicamentos (humanos e animais), cosméticos, entre outros. Equivale à brasileira Agência Nacional de Vigilância Sanitária (Anvisa). [N. T.]

mercado por uma média de quatro anos. Entre os medicamentos retirados de circulação estavam Bextra, um anti-inflamatório; Zelnorm, para síndrome do intestino irritável; e Raptiva, para psoríase. Os dois primeiros aumentavam o risco cardiovascular, e o terceiro aumentava o risco de uma infecção cerebral rara e fatal. Dos 222 medicamentos aprovados, 71 foram retirados, comercializados com um aviso de "tarja preta" sobre efeitos colaterais ou obrigados a estampar na caixa um aviso acerca de riscos recém-identificados. Esses riscos eram maiores para medicamentos antipsicóticos, biológicos e fármacos que tinham recebido "aprovação acelerada".[14]

A opinião pública reagiu a essas notícias não apenas com a raiva que está acostumada a sentir em relação a políticos desonestos, mas também com consternação e surpresa: como era possível que cientistas e médicos promovessem um medicamento que sabiam ser nocivo? Eles não conseguem ver que estão se vendendo? Como podem justificar o que estão fazendo? Sem dúvida, alguns pesquisadores, assim como alguns políticos, são corruptos e sabem exatamente o que estão fazendo. Eles estão fazendo o que foram contratados para fazer: obter resultados que seus empregadores querem e esconder resultados dos quais seus empregadores não querem nem ouvir falar, assim como os pesquisadores das empresas de tabaco fizeram durante décadas. Mas pelo menos grupos de defesa do interesse público, agências de fiscalização e cientistas independentes podem denunciar pesquisas ruins ou enganosas. O maior perigo para a população vem das autojustificações de cientistas e médicos bem-intencionados que, por causa de sua necessidade de reduzir a dissonância, realmente acreditam estar imunes à influência de seus financiadores corporativos. No entanto, como uma planta que se move em direção ao sol, eles se voltam para os interesses de seus patrocinadores sem nem sequer ter consciência de que estão fazendo isso.

Como sabemos disso? Uma maneira é por meio de estudos experimentais que avaliam o julgamento de um especialista e determinam se esse julgamento muda a depender de quem está pagando por ele. Em um desses experimentos, pesquisadores pagaram a 108 psicólogos e psiquiatras forenses a taxa vigente para revisar quatro arquivos de casos idênticos de criminosos sexuais e, usando as mesmas medidas validadas de avaliação de risco, oferecer sua opinião em relação a esses homens serem mais ou menos propensos a reincidir. Quando especialistas usam essas medidas em situações sem conflito ou sem disputa, sua concordância é muito alta. Porém, nesse estudo, alguns dos especialistas foram informados de que haviam sido contratados pela defesa; outros foram informados de que tinham sido contratados pela promotoria, com o resultado de que suas avaliações penderam para seu suposto empregador: aqueles que acreditavam estar trabalhando para a promotoria atribuíram pontuações de risco mais altas aos infratores, e aqueles que acreditavam estar trabalhando para a defesa atribuíram pontuações de risco mais baixas.[15]

Outra maneira de medir os sutis efeitos do patrocínio é comparar os resultados de estudos financiados de modo independente e aqueles financiados pela indústria, que, de forma consistente, revelam um viés de financiamento.

- Dois pesquisadores selecionaram 161 estudos, todos publicados durante o mesmo período de seis anos, sobre os possíveis riscos à saúde humana de quatro produtos químicos. Dos estudos financiados pela indústria, apenas 14% encontraram efeitos nocivos à saúde; entre os estudos financiados de forma independente, 60% encontraram efeitos nocivos.[16]
- Um pesquisador examinou mais de cem ensaios clínicos controlados concebidos para determinar a eficácia de um novo medicamento em relação aos mais antigos. Dos ensaios favoráveis ao medicamento tradicional, 13% foram financiados por empresas farmacêuticas e 87% por instituições sem fins lucrativos.[17]
- Dois pesquisadores dinamarqueses examinaram 159 ensaios clínicos publicados entre 1997 e 2001 no *British Medical Journal*, periódico em que os autores são obrigados a declarar potenciais conflitos de interesse. Os pesquisadores puderam, portanto, comparar estudos nos quais os pesquisadores declararam um conflito de interesse com aqueles nos quais não havia nenhum. As descobertas foram "significativamente mais positivas em relação à intervenção experimental" (ou seja, o novo medicamento em comparação a um mais antigo) quando o estudo foi financiado por uma organização com fins lucrativos.[18]

Se a maioria dos cientistas financiados pela indústria não está conscientemente trapaceando, o que causa o viés de financiamento? Os ensaios clínicos de novos medicamentos são complicados por conta de muitos fatores, incluindo duração do tratamento, gravidade da doença dos pacientes, efeitos colaterais, dosagens e variabilidade nos pacientes em tratamento. A interpretação dos resultados raramente é clara e inequívoca; por conta de todos os estudos científicos exigem replicação e refinamento e que a maioria das descobertas está aberta a legítimas diferenças de interpretação. Se você é um cientista imparcial e sua pesquisa revela uma descoberta ambígua, mas preocupante, sobre seu novo medicamento – talvez um risco ligeiramente aumentado de ataque cardíaco ou derrame –, você pode dizer: "Isso é preocupante; vamos investigar mais. Esse risco aumentado é um acaso, foi devido ao medicamento ou os pacientes eram excepcionalmente vulneráveis?".

No entanto, se estiver motivado a mostrar que seu novo medicamento é eficaz e melhor do que fármacos mais antigos, a fim de manter seu financiamento e a aprovação do seu patrocinador, você estará inclinado a minimizar suas dúvidas e resolver a ambiguidade em favor da empresa. Você também estará inconscientemente motivado a buscar apenas evidências que confirmem sua hipótese – "Não é nada. Não há necessidade de procurar mais". "Esses pacientes já estavam bem doentes, de qualquer forma." "Vamos presumir que o medicamento seja seguro até que se prove o contrário." Esse foi o raciocínio dos pesquisadores financiados pela farmacêutica Merck que estavam estudando o multibilionário analgésico da empresa, o Vioxx, antes que cientistas independentes apresentassem evidências dos riscos do medicamento.[19]

Em 1998, uma equipe de cientistas publicou no conceituado periódico médico *The Lancet* uma pesquisa preliminar que havia encontrado uma correlação positiva entre o autismo e a vacina tríplice viral SCR (que protege contra sarampo, caxumba e rubéola). *Bum!* – o anúncio gerou um medo enorme e colocou cientistas, médicos, pais e mães no topo da pirâmide diante da seguinte decisão: devemos parar de vacinar as crianças? Milhares de pais saíram na direção do "sim", aliviados por agora saberem a razão do autismo de seus filhos ou convencidos de que tinham uma maneira de preveni-lo.

Seis anos depois, dez dos treze cientistas envolvidos no estudo retrataram esse resultado específico e revelaram que o autor principal, Andrew Wakefield, tinha um conflito de interesses que deixou de informar ao periódico: ele estava realizando uma pesquisa em nome de advogados que representavam pais e mães de crianças autistas. Wakefield recebeu mais de 800 mil dólares para determinar se havia motivos para entrar com uma ação legal, e deu a resposta afirmativa do estudo aos advogados antes da publicação. "Julgamos que todas essas informações teriam sido fundamentais para nossa tomada de decisão quanto à adequação, à credibilidade e à validade do artigo para publicação", escreveu Richard Horton, editor da *Lancet*.[20]

Wakefield, no entanto, não assinou a retratação e não viu problema. "Cria-se o conflito de interesses", ele escreveu em sua defesa, "quando o envolvimento em um projeto potencialmente poderia interferir, ou interfere ativamente, na avaliação objetiva e imparcial dos processos ou resultados de outro projeto.

Não podemos aceitar que o conhecimento de que as crianças afetadas mais tarde buscariam litígio, após seu encaminhamento clínico e investigação, influenciou o conteúdo ou o tom de [nosso] artigo anterior [...] Enfatizamos que não se tratava de um artigo científico, mas um relatório clínico."[21] Ah, bom. Não era um artigo científico.

Ninguém sabe os reais motivos ou pensamentos de Andrew Wakefield sobre sua pesquisa. Mas suspeitamos de que ele, assim como Stanley Berent em nossa história de abertura, se convenceu de que estava agindo de forma honrosa, que estava fazendo um bom trabalho e que não foi influenciado por ter recebido 800 mil dólares dos advogados. Ao contrário dos cientistas verdadeiramente independentes, contudo, ele não tinha qualquer incentivo para procurar provas que refutassem a correlação entre vacinas e autismo, e muitos incentivos para ignorar outras explicações. Na verdade, não existe vínculo causal entre autismo e o timerosal, o conservante nas vacinas que era a suposta causa (o timerosal foi removido da composição das vacinas em 2001, sem redução concomitante nas taxas de autismo). A aparente correlação foi coincidência, resultado do fato de que o autismo é tipicamente diagnosticado em crianças na mesma idade em que são vacinadas.[22] Em 2019, mais de uma dezena de estudos em larga escala revisados por pares, incluindo um projeto dinamarquês envolvendo mais de 650 mil crianças, não encontraram nenhuma relação entre a vacina SCR e o autismo.

E será que os milhares de pais e mães que iniciaram sua descida na pirâmide ao decidir que *havia* uma relação exclamaram, aliviados: "Graças a Deus por essa informação útil"? Qualquer um que tenha acompanhado o esforço nacional de alguns pais e mães para impedir que os filhos tomassem as vacinas obrigatórias sabe a resposta. Depois de passarem seis anos justificando a crença de que o timerosal era o agente responsável pelo autismo ou outras doenças de seus filhos, esses pais e mães rejeitaram a pesquisa que mostrava que *não* era. Eles rejeitaram também declarações a favor da vacinação por parte dos Centros de Controle e Prevenção de Doenças (CDCs), da FDA, dos Institutos Nacionais de Medicina, da Organização Mundial da Saúde (OMS) e da Academia Americana de Pediatria. Diante da dissonância entre "Sou um bom pai/uma boa mãe e sei o que é melhor para meu filho" e "Essas organizações me dizem que tomei uma decisão que pode prejudicar meu filho", no que eles escolhem acreditar? A resposta é moleza. "O que esses cientistas sabem, afinal?", alegam.

E foi assim que o pânico "vacinas causam autismo" criou efeitos trágicos e persistentes. Um estudo epidemiológico de grande envergadura descobriu que os programas de vacinação para crianças preveniram mais de 100 milhões de casos de doenças contagiosas graves desde 1924 e salvaram entre 3 e 4 milhões de vidas. Porém, quando alguns pais e mães pararam de vacinar seus filhos, as taxas de sarampo e coqueluche começaram a aumentar. A pior epidemia de coqueluche desde 1959 ocorreu em 2012, com 38 mil casos em todo o país, e 2019 registrou o maior número de casos de sarampo em 25 anos – mais de 1.250. Esse número representou grande retrocesso para a saúde pública, já que em 2000 o sarampo havia sido oficialmente erradicado dos Estados Unidos. "Os americanos testemunharam aumento nas hospitalizações e mortes por doenças como coqueluche, sarampo, caxumba e meningite bacteriana", escreve Paul Offit, chefe da Divisão de Doenças Infecciosas e diretor do Centro de Educação sobre Vacinas do Hospital Infantil da Filadélfia, "porque alguns pais e mães ficaram mais assustados com as vacinas do que com as doenças que elas previnem".[23]

Observamos no Capítulo 1 que, em geral, as pessoas continuam apegadas a uma crença muito depois de saberem racionalmente que ela é errada, e isso ocorre sobretudo se elas tiverem descido muitos degraus na pirâmide para endossar essa crença equivocada. A essa altura, obter informações que contradizem uma crença robusta pode de fato sair pela culatra, fazendo com que a pessoa se aferre à crença incorreta com firmeza e obstinação ainda mais intensas. Brendan Nyhan e colegas deram a uma amostra de pais e mães – representativa em termos nacionais – vários tipos de informações científicas a fim de amenizar suas preocupações acerca de vacinas: dados sobre riscos de doenças, um dramático relato do que pode acontecer se uma criança não for vacinada, e até mesmo imagens trágicas de crianças adoecidas. Na verdade, os pais e as mães que tinham reservas ou sentimentos negativos em relação às vacinas tornaram-se *menos* propensos a dizer que vacinariam os filhos. Embora tenham sido persuadidos de que as vacinas não causam autismo, apresentaram outras preocupações ou inquietações vagas para justificar sua relutância em vacinar os filhos.[24] (Nyhan obteve os mesmos resultados com pessoas que não tomaram vacina contra a gripe porque acreditavam erroneamente que causava gripe.)

Esse é o legado persistente da autojustificação, porque a maioria dos alarmistas antivacinas jamais admitiu: "Estávamos errados, e veja o mal que causamos". Andrew Wakefield, cuja licença foi revogada pelas autoridades médicas britânicas, mantém sua visão de que as vacinas causam autismo. "Não serei dissuadido", declarou ele em um comunicado à imprensa. "Essa questão é importante demais."[25] Em 2015, após um surto de sarampo de grandes proporções que começou na Disneylândia, Barbara Loe Fisher, presidente de uma organização antivacinas que espalha desinformação e combate os esforços para garantir que as crianças sejam vacinadas, afirmou que toda a preocupação era simplesmente uma "modinha espalhafatosa", alardeada para encobrir os perigos das vacinas. Seu grupo está localizado, presumimos, na Terra da Fantasia.[26]

Presentes sempre presentes

Os médicos, assim como os cientistas, querem acreditar que sua integridade não pode ser comprometida. No entanto, toda vez que eles aceitam uma gratificação, pagamento, comissão ou outro incentivo para realizar certos testes e procedimentos, encaminhar alguns de seus pacientes para ensaios clínicos ou prescrever um novo medicamento caro que não é melhor nem mais seguro do que um mais antigo, estão equilibrando o bem-estar de seus pacientes com as próprias preocupações financeiras. Seu ponto cego os ajuda a inclinar a balança a seu favor e, em seguida, justificar: "Se uma empresa farmacêutica quer nos dar canetas, blocos de notas, calendários, almoços, honorários ou pequenas taxas de consultoria, por que não? Não podemos ser comprados por bugigangas e pizzas". De acordo com pesquisas, os médicos consideram que os pequenos presentes são eticamente mais aceitáveis do que presentes maiores. A Associação Médica Americana (AMA) concorda e aprova que representantes farmacêuticos presenteiem desde que nenhum presente individual ultrapasse em muito o valor de cem dólares. As evidências mostram, no entanto, que a maioria dos médicos é influenciada ainda mais por pequenos presentes do que pelos maiores.[27]

As empresas farmacêuticas sabem disso. Uma pesquisa nacional aleatória com quase 3 mil médicos e especialistas de atenção primária descobriu que 84% relataram ter recebido alguma forma de compensação da indústria farmacêutica – amostras de medicamentos, alimentos e bebidas, reembolsos, pagamentos por serviços.[28] De acordo com os Centros de Serviços Medicare e Medicaid,* em um período de cinco meses, de agosto a dezembro de 2013, farmacêuticas e fabricantes de dispositivos pagaram um total de 3,5 bilhões de dólares a profissionais de saúde e hospitais-escola, valor que incluía cerca de 380 milhões de dólares em honorários de palestras e consultorias para 546 mil

---

* O Medicare é um programa social de seguro de saúde nos Estados Unidos voltado sobretudo para pessoas a partir de 65 anos, independentemente da renda. É administrado pelo governo federal e financiado, principalmente, por impostos federais e por fundos do Tesouro. O Medicaid é um programa social de assistência à saúde que ajuda pessoas de baixa renda. É financiado com recursos fiscais dos estados, mas também recebe recursos do governo federal. [N. T.]

médicos individuais – e essa estimativa inicial provou ser cerca de 1 bilhão de dólares mais barata.[29] Alguns desses médicos estavam recebendo mais de meio milhão de dólares por seus serviços, mas a grande maioria ganhava bugigangas de escritório, viagens pagas, programas de "educação médica continuada" (em que a única "educação" é sobre o novo medicamento da farmacêutica) e "treinamento não credenciado".

O motivo pelo qual a Big Pharma gasta tanto dinheiro em pequenos presentes, assim como em presentes polpudos, é bem conhecido por marqueteiros, lobistas e psicólogos sociais: receber um presente evoca um desejo implícito de retribuir. Os vendedores da Fuller Brush entenderam esse princípio décadas atrás, quando foram pioneiros na técnica do "pé na porta": dê uma pequena escova de limpeza de presente a uma dona de casa, e ela não baterá a porta na sua cara. E, se não o fizer, ela estará mais inclinada a convidá-lo para entrar e, no final das contas, comprar suas escovas caras. Robert Cialdini, que passou muitos anos estudando técnicas de influência e persuasão, observou sistematicamente os adeptos do Hare Krishna arrecadarem dinheiro em aeroportos.[30] Pedir uma doação a viajantes cansados não estava funcionando, e apenas os deixava furiosos. Então os Krishnas tiveram uma ideia melhor: abordariam um viajante-alvo e colocariam uma flor em suas mãos ou prenderiam uma flor em sua camisa. Se o alvo recusasse a flor e tentasse devolvê-la, o Krishna insistiria: "É nosso presente para você". Somente depois disso o Krishna pediria uma doação. Aí, então, o pedido provavelmente seria atendido, porque o presente da flor estabeleceu um sentimento de dívida e obrigação no viajante. Como retribuir o presente? Com uma pequena doação... e talvez a compra de uma charmosa e cara edição da *Bhagavad Gītā*.

Os viajantes estavam cientes de que o poder da reciprocidade afetava seu comportamento? De forma alguma. Mas, assim que a reciprocidade entra em ação, a autojustificação vem a reboque: "Eu sempre quis um exemplar da *Bhagavad Gītā*; o que é exatamente?". O poder da flor é inconsciente. "É apenas uma flor", diz o viajante. "É apenas uma pizza", alega o médico residente. "É apenas uma pequena doação para um simpósio educacional", afirma o médico. No entanto, o poder da flor é uma das razões pelas quais a quantidade de contato que os médicos têm com os representantes farmacêuticos está certamente correlacionada com o custo dos medicamentos que os médicos prescrevem mais tarde. "Aquele representante tem sido muito persuasivo sobre esse novo medicamento; eu também posso tentar; talvez meus pacientes se deem bem com ele." Assim que você aceita o presente, por mais insignificante que seja, o processo começa. Você sentirá o desejo de retribuir algo, mesmo que seja apenas, a princípio, sua atenção, sua disposição para ouvir, sua simpatia por quem deu o presente. Mais cedo ou mais tarde, você se tornará mais disposto a dar sua receita, seu parecer, seu voto. Seu comportamento muda, mas, graças aos pontos cegos e à autojustificação, sua visão acerca de sua integridade intelectual e profissional permanece igual. Uma amiga nossa recebeu a prescrição de um medicamento que vinha com uma longa lista de alertas e recomendações de cautela. Ela procurou e encontrou em um site independente a informação de que todas as pesquisas sobre o medicamento foram feitas pela empresa farmacêutica que o desenvolvera; ao apontar isso para seu médico, ele lhe disse: "Que diferença faz?".

O bioeticista e filósofo Carl Elliott, que também é formado em medicina, escreveu extensivamente sobre as diversas maneiras como pequenos presentes aprisionam as pessoas que os recebem. Seu irmão Hal, psiquiatra, lhe contou como acabou no plantel de palestrantes de uma grande empresa farmacêutica: primeiro, pediram a ele que desse uma palestra sobre depressão para um grupo comunitário. Por que não?, ele pensou; seria um serviço de utilidade pública. Em seguida, pediram a ele que falasse sobre o mesmo assunto em um hospital. Na sequência, começaram a fazer sugestões sobre o conteúdo de sua palestra, insistindo para que ele não falasse sobre depressão, mas sobre antidepressivos. Depois, disseram que poderiam colocá-lo em um circuito nacional de palestrantes, "onde está o dinheiro de verdade". Por fim, a farmacêutica pediu a ele que desse uma palestra sobre seu mais novo antidepressivo. Olhando para trás, Hal disse ao irmão:

> É como se você fosse uma mulher numa festa e seu chefe lhe dissesse: "Olha, me faça um favor: seja simpática com aquele cara ali". E você vê que o cara não é feio, e você não tem compromisso com ninguém, então diz: "Por que não? Eu posso ser simpática". Logo você se vê a caminho de um bordel em Bangcoc, no porão de carga de um avião sem identificação. E você diz: "Uau, não foi com isso que eu concordei". Mas então você tem que se perguntar: "Qual foi o momento em que a prostituição realmente começou? Não foi naquela festa?".[31]

Hoje em dia, até mesmo eticistas profissionais estão indo para a festa; os cães de guarda estão sendo domados pelas raposas que eles foram treinados para capturar. As indústrias farmacêutica e de biotecnologia oferecem honorários de consultoria, contratos e gratificações para bioeticistas, as mesmas pessoas que escrevem sobre, entre outras coisas, os perigos de conflitos de interesse entre médicos e empresas farmacêuticas. Carl Elliott descreveu as justificativas de seus colegas para aceitarem dinheiro. "Os defensores da consultoria corporativa invariavelmente se enfureçam com a sugestão de que aceitar dinheiro da indústria compromete sua imparcialidade ou os torna menos objetivos como críticos morais", ele escreveu. "'A objetividade é um mito', disse-me [o bioeticista Evan] DeRenzo, reunindo argumentos da filosofia feminista para reforçar o próprio argumento. 'Acho que não existe uma única pessoa viva que esteja envolvida em alguma atividade e que não tenha absolutamente interesse nenhum em quais serão os resultados'." Há uma alegação inteligente que podemos empregar a fim de reduzir a dissonância para nós mesmos: "De qualquer forma, a objetividade perfeita é impossível, então eu posso muito bem aceitar esse honorário de consultoria".

Thomas Donaldson, diretor do programa de ética da Wharton School, justificou essa prática comparando consultores de ética a firmas de contabilidade independentes que uma empresa pode contratar para auditar suas finanças. Por que não auditar sua ética? Essa tentativa de autojustificação também não passou despercebida por Carl Elliott. "A análise ética não se parece em nada com uma auditoria financeira", disse ele. A transgressão de um contador pode ser detectada e verificada, mas como detectar as transgressões de um consultor de ética? "Como saber a diferença entre um consultor de ética que mudou de ideia por motivos legítimos e outro que mudou de ideia por dinheiro? Como distinguir entre um consultor que foi contratado por sua integridade e outro que foi contratado porque apoia o que a empresa planeja fazer?"[32] Ainda assim, diz Elliott ironicamente, talvez possamos ser gratos pelo fato de o Conselho de Assuntos Éticos e Judiciais da AMA ter criado uma iniciativa para educar os médicos sobre os problemas éticos envolvidos em aceitar presentes da indústria farmacêutica. Essa iniciativa foi financiada por 590 mil dólares em presentes da Eli Lilly and Company, GlaxoSmithKline, Pfizer, U.S. Pharmaceutical Group, AstraZeneca Pharmaceuticals, Bayer Corporation, Procter and Gamble e Wyeth-Ayerst Pharmaceutical.

Um deslize do cérebro

> Al Campanis foi um homem muito bom, até mesmo doce, mas também um homem falho que cometeu um erro colossal em seus 81 anos na Terra – um erro que o definiria para sempre.
>
> – *Mike Littwin, redator esportivo*

Em 6 de abril de 1987, o programa de notícias *Nightline* dedicou uma edição inteira ao aniversário de quarenta anos da estreia de Jackie Robinson na

Major League Baseball. Ted Koppel entrevistou Al Campanis, gerente-geral do Los Angeles Dodgers, que fazia parte da organização Dodger desde 1943 e que fora companheiro de equipe de Robinson no Montreal Royals em 1946. Naquele ano, Campanis deu um soco em um jogador intolerante que insultou Robinson e, posteriormente, defendeu a admissão de jogadores negros na Major League Baseball. Então, ao conversar com Koppel, Campanis colocou seu cérebro no piloto automático. Koppel perguntou a Al, um velho amigo de Jackie Robinson, por que não havia negros atuando como treinadores, gerentes-gerais ou proprietários de times de beisebol. No início, Campanis foi evasivo – primeiro você tem que pagar suas dívidas trabalhando nas ligas menores; os salários não são tão bons enquanto você está subindo na carreira –, mas Koppel o pressionou:

KOPPEL: Sim, mas você sabe no fundo do seu coração [...] você sabe que tem muita bobagem nisso aí. Quero dizer, há muitos jogadores negros, há muitos excelentes negros do beisebol que adorariam estar em posições gerenciais, e acho que o que realmente estou pedindo a você é, sabe, destrinchar um pouco essa questão. Apenas me diga por que você acha que isso acontece. Ainda existe tanto preconceito no beisebol hoje em dia?

CAMPANIS: Não, eu não acredito que seja preconceito. Eu realmente acredito que talvez eles não tenham algumas das qualidades necessárias para ser, digamos, um coordenador, ou talvez um diretor-geral.

KOPPEL: Você realmente acredita nisso?

CAMPANIS: Bem, não digo que todos eles, mas sem dúvida estão aquém. Quantos *quarterbacks* negros você tem? Quantos arremessadores negros você tem?

Dois dias após essa entrevista e o alvoroço público que ela causou, o Dodgers demitiu Campanis. Um ano depois, ele disse que no momento da entrevista estava "morto de cansaço" e, portanto, fora de si.

Quem era o verdadeiro Al Campanis? Um intolerante ou uma vítima do politicamente correto? Nenhum dos dois. Ele era um homem que adorava e respeitava os jogadores negros que conhecia, que defendeu Jackie Robinson quando isso não era nem elegante nem esperado *e* que tinha um ponto cego: ele achava que os homens negros eram capazes de ser grandes jogadores, mas que não eram inteligentes o suficiente para serem treinadores e gestores de times. E, do fundo do coração, ele disse a Koppel, que não conseguia ver o que havia de errado com essa atitude. "Eu não acredito que seja preconceito", afirmou. Campanis não estava mentindo ou sendo evasivo. Mas, na função de gerente-geral, estava em posição de recomendar a contratação de um treinador negro, e seu ponto cego o impedia de sequer cogitar essa possibilidade.

Assim como podemos identificar hipocrisia em todos, menos em nós mesmos, assim como é óbvio que os outros podem ser influenciados pelo dinheiro, mas nós não, também somos capazes de detectar preconceitos em todo mundo, menos em nós mesmos. Por causa dos nossos pontos cegos que preservam o ego, não podemos ter preconceito, que é um sentimento irracional, mesquinho e perverso sobre todos os membros de outro grupo. Como não somos irracionais, nem mesquinhos nem perversos, quaisquer sentimentos negativos que tenhamos sobre outro grupo são justificados; nossas aversões são racionais e bem fundamentadas. São os sentimentos negativos do outro grupo que precisamos suprimir. Assim como os judeus chassídicos esmurrando a porta com a inscrição SEM PRECONCEITOS no Museu da Tolerância, somos cegos para nossos próprios preconceitos.

Os preconceitos emergem da disposição da mente humana de perceber e processar informações em categorias. *Categorias* é uma palavra mais agradável e neutra do que *estereótipos*, mas é a mesma coisa. Psicólogos cognitivos veem os estereótipos como dispositivos de economia de energia que nos permitem tomar decisões eficientes com base em experiências passadas; eles nos ajudam a processar rapidamente novas informações, recuperar memórias, entender diferenças concretas entre grupos e prever, muitas vezes com considerável grau de precisão, a maneira como os outros se comportarão ou pensarão.[33] Sabiamente, confiamos em estereótipos e nas rápidas informações que eles nos fornecem para evitar perigos, abordar possíveis novos amigos, escolher uma escola ou emprego em vez de outro, ou decidir que *aquela* pessoa do outro lado da sala lotada será o amor da nossa vida.

Esse é o lado positivo. O lado negativo é que os estereótipos nivelam as diferenças dentro da categoria que estamos examinando e exageram as diferenças entre as categorias. Na política dos Estados Unidos, os eleitores dos "estados vermelhos" (que votam majoritariamente no Partido Republicano) e os dos "estados azuis" (que votam consistentemente no Partido Democrata) de maneira geral se veem como categorias não sobrepostas, mas muitos moradores do Kansas querem que se ensine em suas escolas a teoria da evolução, e muitos californianos se opõem a qualquer tipo de controle de armas. Todos nós reconhecemos variações dentro de nosso próprio gênero, partido, etnia ou nação, mas somos inclinados a generalizar sobre pessoas em outras categorias e agrupá-las todas como *eles*. Esse hábito começa muito cedo. A psicóloga social Marilynn Brewer, que por muitos anos estudou a natureza dos estereótipos, relatou que certa vez sua filha voltou do jardim de infância reclamando que "meninos são uns bebês chorões".[34] A evidência da criança foi que ela tinha visto dois meninos chorando em seu primeiro dia longe de casa. Brewer, cientista o tempo todo, perguntou se ela não viu também meninas chorando. "Ah, sim", disse sua filha. "Mas apenas *algumas* meninas choram. Eu não chorei."

A filhinha de Brewer já estava dividindo o mundo em nós e eles. *Nós* é a categoria social mais fundamental no sistema de organização do cérebro, e o conceito é inerente. Até mesmo os pronomes plurais *nós* e *eles* são poderosos sinais emocionais. Em um experimento no qual os participantes acreditavam que suas habilidades verbais estavam sendo testadas, uma sílaba sem sentido como *xeh*, *yof*, *laj* ou *wuh* foi aleatoriamente pareada com uma palavra do grupo interno ou endogrupo (*nós, nosso, nossos*), uma palavra do grupo externo ou exogrupo (*eles, elas, deles, delas*) ou, para uma medida de controle, outro pronome (como *ele, dela* ou *seu*). Todos os participantes tiveram que classificar as sílabas conforme o seguinte critério: se eram agradáveis ou desagradáveis. Você pode se perguntar por que alguém teria algum sentimento emocional em relação a uma palavra absurda como *yof* ou acharia *wuh* mais fofa do que *laj*. No entanto, os participantes gostaram mais das sílabas sem sentido quando elas eram vinculadas a palavras do endogrupo do que a qualquer outra palavra.[35] Nenhum dos participantes deduziu o porquê; nenhum estava ciente de como as palavras foram pareadas.

Assim que criam uma categoria chamada *nós*, no entanto, as pessoas invariavelmente passam a perceber todos os indivíduos que não estão nessa categoria como *não nós*. O conteúdo específico de *nós* pode mudar num piscar de olhos: somos nós, os sensatos do Meio-Oeste, contra vocês, os espalhafatosos caras da Costa Leste e da Costa Oeste; somos nós, os donos de carros híbridos Prius, contra vocês, os donos de SUVs beberrões de gasolina; somos nós, os fãs do Boston Red Sox, contra vocês, os fãs do Los Angeles Angels (para escolher um exemplo aleatório que descreve os dois autores deste livro durante a temporada de beisebol). A "condição do nós" pode ser fabricada em um minuto no laboratório, como Henri Tajfel e colegas demonstraram em um clássico experimento com jovens estudantes britânicos.[36] Tajfel mostrou aos meninos uma série de slides com variados números de pontos e pediu que adivinhassem a quantidade de pontos em cada. Arbitrariamente, disse a alguns dos meninos que eles eram "superestimadores" e a outros que eram "subestimadores", e depois pediu a todos os participantes que trabalhassem em outra tarefa. Nessa etapa, eles tiveram a chance de atribuir pontos a outros meninos identificados como superestimadores ou subestimadores. Embora cada menino trabalhasse sozinho em seu cubículo, praticamente todos atribuíram mais pontos a meninos que julgavam seus iguais, fossem superestimadores ou subestimadores. A cada menino que saía de seu cubículo as outras crianças perguntavam: "Qual dos dois você era?". As respostas recebiam aplausos dos que estavam na mesma categoria e vaias dos outros.

Obviamente, certas categorias de *nós* são mais cruciais para nossa identidade do que o tipo de carro que dirigimos ou o número de pontos que estimamos haver em um slide – gênero, sexualidade, religião, política, etnia e nacionalidade, para começo de conversa. Sem nos sentirmos apegados a grupos que dão significado, identidade e propósito à nossa vida, sofreríamos a intolerável sensação de sermos bolinhas de gude soltas chacoalhando em um universo aleatório. Portanto, faremos o que for preciso para preservar esses apegos. Psicólogos evolucionistas argumentam que o etnocentrismo – a visão de mundo característica de quem considera o próprio grupo étnico, cultura, nação ou religião superior a todos os outros – auxilia na sobrevivência ao fortalecer seus laços com seus grupos sociais primários e, assim, aumenta sua disposição para trabalhar, lutar e, vez por outra, morrer por eles. Quando as coisas estão indo bem, a maioria de nós se sente bastante tolerante em relação a outras culturas e religiões – e até mesmo com o sexo oposto! –, mas, quando nos sentimos zangados, ansiosos ou ameaçados, nossos pontos cegos são automaticamente ativados. *Nós* temos as qualidades humanas de inteligência e emoções profundas, mas *eles* são burros, *eles* são uns bebês chorões, *eles* não sabem o significado do amor, da vergonha, da tristeza ou do remorso.[37]

O próprio ato de pensarmos que *eles* não são tão inteligentes ou tão sensatos quanto *nós* somos nos faz nos sentirmos mais próximos de outros que são como nós. Mas, fato em igual medida crucial, nos permite justificar a maneira como *os* tratamos. A maioria das pessoas presume que os estereótipos causam discriminação; por acreditar que os negros não têm as "qualidades necessárias" para serem treinadores e administradores de times de beisebol, Al Campanis recusava-se a contratar um. Mas a teoria da dissonância cognitiva mostra que o caminho entre atitudes e ação é uma via de mão dupla. Muitas vezes é a discriminação que evoca o estereótipo autojustificável; sem vontade ou coragem para convencer a organização Dodger a contratar um gestor negro, Al Campanis justificou incapacidade de agir dizendo a si mesmo que, em todo caso, os negros não conseguiriam fazer o trabalho. Da mesma forma, se escravizamos membros de outro grupo, se os privamos de educação ou empregos decentes, se os impedimos de invadir nossos territórios profissionais ou negamos seus direitos humanos, então invocamos estereótipos sobre eles para justificar nossas ações. Ao nos persuadirmos de que eles são indignos, incapazes de aprender, incompetentes, inerentemente ruins em matemática, imorais, pecadores, burros ou até mesmo sub-humanos, evitamos a sensação de que somos culpados ou antiéticos na maneira como os tratamos. E sem dúvida evitamos sentir que somos preconceituosos. Ora, até gostamos de algumas dessas pessoas, contanto que saibam seu lugar, que, nem é preciso dizer, não é aqui no nosso clube, na nossa universidade, no nosso local de trabalho, na nossa vizinhança. Em suma, recorremos a estereótipos para justificar comportamentos que, sob outras circunstâncias, nos fariam nos sentir mal quanto ao tipo de pessoa que somos ou ao tipo de país em que vivemos.

Todavia, uma vez que pensar em categorias é uma característica universal da mente, por que apenas algumas pessoas têm preconceitos ferozes e veementes em relação a outros grupos? Al Campanis não era preconceituoso em termos de nutrir uma forte antipatia emocional em relação aos negros; suspeitamos de que ele poderia ter sido persuadido a abandonar sua noção de que jogadores negros eram incapazes de ser bons gestores de times. Um estereótipo pode se dobrar ou até mesmo se estilhaçar sob o peso de informações que o desmentem, mas a marca registrada do preconceito é que ele é imune à razão, à experiência e ao contraexemplo. Em seu atemporal livro *The Nature of Prejudice* [A natureza do preconceito], escrito em 1954, o psicólogo social Gordon Allport descreveu as respostas características de um homem preconceituoso quando confrontado com evidências que contradizem suas crenças:

SR. X: O problema com os judeus é que eles só cuidam do próprio grupo.

SR. Y: Mas os registros das campanhas de filantropia mostram que, em proporção ao tamanho da população judaica, eles fazem doações mais generosas do que os não judeus para instituições de caridade gerais da comunidade.

SR. X: Isso mostra que eles estão sempre tentando comprar favores e se intrometer em assuntos cristãos. Eles não pensam em nada além de dinheiro; é por isso que existem tantos banqueiros judeus.

SR. Y: Mas um estudo recente mostra que a porcentagem de judeus no setor bancário é insignificante, muito menor do que a porcentagem de não judeus.

SR. X: É exatamente isto: eles não atuam em atividades respeitáveis; eles só servem para fazer filmes ou administrar casas noturnas.[38]

Allport acertou em cheio quanto aos processos de pensamento do sr. X. Ele nem sequer tenta responder às evidências apresentadas pelo sr. Y; ele apenas segue adiante e vai empilhando outras razões para sua antipatia pelos judeus. Assim como quem está impregnado de uma ideologia política, uma vez imbuídas de um preconceito as pessoas não o abandonam facilmente, mesmo que as evidências refutem de maneira cabal uma justificativa central para sua existência. Em vez disso, elas inventam outra justificativa para preservar sua convicção ou racionalizar seu julgamento. Suponha que nosso sensato sr. Y lhe diga que insetos são uma ótima fonte de proteína e que o novo e sensacional chef do Restaurante Lesmas e Vermes está oferecendo pratos deliciosos incluindo purê de lagartas. Você vai correndo experimentar essa aventura gastronômica? Se você tem preconceito contra comer insetos, provavelmente não, mesmo que o chef tenha aparecido na primeira página do caderno de gastronomia do *The New York Times*. Você, tal qual o intolerante sr. X, encontrará outra razão para justificar isso. "Eca!", diria você ao sr. Y, "insetos são feios e moles." "Sem dúvida", diz ele. "Mas me explique de novo: por que você come lagosta e ostras cruas?"

Um preconceito adquirido é difícil de extirpar. Como disse o formidável jurista Oliver Wendell Holmes Jr.: "Tentar educar um intolerante é como lançar luz dentro da pupila de um olho – ela se contrai". A maioria das pessoas gastará um bocado de energia mental para evitar ter de mudar seus preconceitos, muitas vezes rejeitando evidências refutatórias como "exceções que comprovam a regra". (O que refutaria a regra, especulamos.) A frase "Inclusive alguns dos meus melhores amigos são [X]", muito merecedora das zombarias que agora recebe, persistiu porque é uma maneira muito eficiente de resolver a dissonância criada quando um preconceito se choca com uma exceção. Quando, anos atrás, Elliot se mudou para Minneapolis para lecionar na Universidade de Minnesota, uma vizinha lhe perguntou: "Você é judeu? Mas você é muito mais legal do que...". Ela parou no meio da frase. "Do que o quê?", perguntou ele. "Do que eu esperava", concluiu ela, sem graça e de forma pouco convincente. Ao admitir que Elliot não se encaixava em seu estereótipo, ela conseguiu se sentir aberta e generosa, mantendo seu preconceito básico em relação a toda a categoria dos judeus. Em sua mente, ela estava até mesmo lhe fazendo um elogio: "Ele é muito mais legal do que todos os outros de sua... raça".

Jeffrey Sherman e colegas fizeram uma série de experimentos que demonstram o esforço que pessoas extremamente preconceituosas estão dispostas a fazer para manter a consonância entre seus preconceitos e suas informações que não são condizentes com eles. A bem da verdade, elas prestam mais atenção a essas informações inconsistentes do que a informações consistentes, porque, a exemplo do sr. X e da vizinha de Minnesota, precisam descobrir como explicar as evidências dissonantes. Em um dos experimentos, solicitou-se a estudantes heterossexuais que avaliassem um homem gay, Robert, descrito como alguém que fazia oito coisas correspondentes ao estereótipo gay (por exemplo, estudou dança interpretativa) e oito coisas em desacordo com o estereótipo (por exemplo, assistiu a um jogo de futebol americano em um domingo). Os participantes antigay distorceram as evidências sobre Robert e depois o descreveram como uma pessoa muito mais "feminina" do que na descrição dos alunos imparciais, mantendo, assim, seu preconceito. Para resolver a dissonância causada pelos fatos inconsistentes, eles os explicaram como sendo um artefato da situação. Claro, Robert assistiu a um jogo de futebol americano, mas apenas porque recebeu a visita de seu primo Fred.[39]

Esses contorcionismos redutores de dissonância ocorrem no mundo fora do laboratório o tempo todo. Pondere sobre os extremos aos quais alguns supremacistas brancos podem chegar ao saber que um aliado em potencial não é 100% "branco". Aaron Panofsky e Joan Donovan examinaram centenas de postagens no site do grupo nacionalista e supremacista branco Stormfront para ver como a organização aconselha os candidatos que relatam a "perturbadora notícia" de que seu DNA revelou alguma ancestralidade não branca ou não europeia. Os fundadores do fórum Stormfront estabeleceram regras de adesão absolutamente rigorosas: admitem apenas "pessoas não judias de ascendência totalmente europeia. Sem exceções", e afirmam que a branquitude é determinada geneticamente. Porém, uma vez que querem arregimentar o maior número de membros possível, o que devem fazer com um potencial membro cujo DNA indica ascendência não branca? Eles podem reduzir a dissonância de duas maneiras – a maneira estrita e a maneira flexível. A maneira estrita é enxotá-los:

PUBLICAÇÃO: Olá, recebi meus resultados de DNA e descobri hoje que sou 61% europeu. Tenho muito orgulho da minha raça branca e das minhas raízes europeias. Sei que muitos de vocês são mais brancos do que eu, não me importo, nosso objetivo é o mesmo. Gostaria de fazer tudo o que for possível para proteger nossa raça branca, nossas raízes europeias e nossas famílias brancas.

RESPOSTA: Preparei um drinque pra você. É 61% água pura. O resto é cianeto de potássio. Acho que você não tem objeções em beber [...] Cianeto não é água, e VOCÊ não é branco.

No entanto, os pesquisadores descobriram que a Stormfront, com o intuito de engrossar suas fileiras, reduzir a dissonância e reconfortar os preocupados aspirantes a apoiadores, oferece à maior parte de seus membros razões não científicas pelas quais os resultados não são dignos de confiança: "Há muitas maneiras de medir a branquitude, então continue conosco"; "As estatísticas dos testes não foram interpretadas com precisão"; e a sempre popular teoria da conspiração judaica: "Os judeus são donos dessas empresas de testes genéticos, e todos nós sabemos da agenda multicultural malévola deles". (Há "o fato de que a 23andMe é controlada por judeus, e não seria surpreendente se todas as outras também fossem", um dos membros escreveu. "Acho que a 23andMe talvez seja uma operação secreta para obter DNA que depois os judeus poderiam usar para criar armas biológicas a serem usadas contra nós.") Até mesmo pessoas que relataram evidências de ascendência negra e judaica, as duas etnias mais desprezadas no Stormfront, obtiveram respostas tranquilizadoras, formuladas para explicar ou minimizar os resultados dissonantes. Uma mulher apelou "em pânico" à comunidade para ajudá-la a interpretar as evidências de que o DNA de sua mãe mostrou "11% persa-turco-cáucaso"; isso significava que ela teve contaminação racial? "Não se preocupe", respondeu um dos supremacistas. Embora a população do Cáucaso seja muçulmana hoje, era "originalmente branca", e os "persas são arianos".[40]

Membros do Stormfront e outros nacionalistas brancos assumidos ostentam seus preconceitos. Mas a maioria dos americanos que têm preconceito contra um grupo em particular sabe que não deve anunciar esse fato, já que muitas pessoas vivem e trabalham em ambientes onde podem ser repreendidas, humilhadas publicamente ou demitidas por dizer qualquer coisa que cheire a uma doutrina intolerante. No entanto, assim como é necessário ter esforço mental para manter um preconceito a despeito de informações conflitantes, também é necessário ter esforço mental para extirpar esses sentimentos negativos. Ao revisar a caudalosa literatura de pesquisa sobre o preconceito, os psicólogos sociais Chris Crandall e Amy Eshelman descobriram que, sempre que as pessoas estão emocionalmente esgotadas – quando estão sonolentas, frustradas, com raiva, ansiosas, bêbadas ou estressadas –, elas se tornam mais dispostas a expressar seus preconceitos reais em relação a outro grupo. Quando Mel Gibson foi preso por dirigir embriagado e encetou um raivoso discurso antissemita, ele alegou, em sua inevitável declaração de desculpas no dia seguinte, que "eu disse coisas que não acredito serem verdade e que são desprezíveis. Estou profundamente envergonhado de tudo o que eu disse [...] Peço desculpas por qualquer comportamento impróprio que eu tenha tido em meu estado de embriaguez". Tradução: "Não fui eu, foi a birita". Boa tentativa, mas as evidências mostram claramente que, embora a embriaguez torne mais fácil para as pessoas revelarem seus preconceitos, não coloca essas atitudes na mente da pessoa. Portanto, quando as pessoas se desculpam alegando: "Na verdade, não acredito nas coisas que eu disse; eu estava [exausto/preocupado/zangado/bêbado]" – ou, como alegou Al Campanis, "morto de cansaço" –, podemos ter certeza de que elas realmente acreditam no que afirmaram.

Mas a maioria das pessoas não gosta de acreditar nisso, o que cria dissonância: "Eu não gosto dessas pessoas" colide com uma convicção forte em igual medida de que é moral ou socialmente errado dizer isso. Pessoas que sentem essa dissonância, sugerem Crandall e Eshelman, buscarão avidamente qualquer autojustificação que lhes permita expressar suas verdadeiras crenças, mas continuarão a sentir que são morais e boas. Não é de admirar que seja um redutor de dissonância tão popular. Até mesmo Donald Trump, com suas bravatas contra uma longa lista de grupos dos quais não gosta (em especial latinos, muçulmanos e pessoas com deficiência), sua promulgação da mentira de que Barack Obama não nasceu nos Estados Unidos e seu histórico de tratamento discriminatório de afro-americanos, sentiu a necessidade de assegurar à opinião pública via Twitter que "Eu sou a pessoa menos racista que você já conheceu" e "Eu não tenho um único osso racista no meu corpo!". Crandall e Eshelman explicam que a "justificação desfaz a supressão, fornece cobertura e protege um senso de igualitarismo e uma autoimagem isenta de preconceitos".[41]

Em um experimento típico, estudantes brancos foram informados de que aplicariam um choque elétrico a um colega, supostamente como parte de um estudo de biofeedback. Os estudantes incumbidos de aplicar o choque a um colega negro inicialmente davam descargas de menor intensidade do que os alunos às voltas com um colega branco, refletindo um desejo, talvez, de mostrar que não eram preconceituosos. Em seguida, os estudantes ouviam o colega fazendo comentários depreciativos sobre eles, o que, naturalmente, os deixava com raiva. Agora, diante de outra oportunidade de infligir o choque elétrico, os estudantes que estavam trabalhando com um colega negro administravam descargas mais altas do que os alunos que estavam trabalhando com um colega branco. O mesmo resultado aparece em estudos sobre como canadenses falantes de inglês comportam-se em relação a canadenses falantes de francês, heterossexuais em relação a homossexuais, estudantes não judeus em relação a judeus e homens em relação a mulheres.[42] Em condições normais os participantes controlam com sucesso seus sentimentos negativos, mas, assim que ficam zangados ou frustrados ou quando sua autoestima oscila, eles expressam diretamente seu preconceito, porque agora podem justificar isto: "Eu não sou uma pessoa má ou preconceituosa, mas, ei – ele me insultou!".

Assim, o preconceito é a energia do etnocentrismo. Ele fica lá à espreita, cochilando, até que o etnocentrismo o convoca a fazer seu trabalho sujo, justificando as ocasionais coisas ruins que nós, pessoas boas, queremos fazer. No Oeste dos Estados Unidos do século 19, imigrantes chineses eram contratados para trabalhar nas minas de ouro, potencialmente tirando empregos de trabalhadores brancos. Os jornais administrados por brancos fomentavam preconceito contra os chineses, descrevendo-os como "depravados e cruéis", "glutões toscos", "sanguinários e desumanos". No entanto, apenas uma década depois, quando os chineses se mostraram dispostos a aceitar o perigoso e árduo trabalho de construir a ferrovia transcontinental – labuta que os trabalhadores brancos não estavam dispostos a empreender –, o preconceito público em relação a eles diminuiu, substituído pela opinião de que os chineses eram sóbrios, esforçados e cumpridores da lei. "Eles são iguais aos melhores homens brancos", declarou o magnata das ferrovias Charles Crocker. "Eles são muito confiáveis, muito inteligentes e cumprem seus contratos." Após a conclusão da construção da ferrovia, os empregos tornaram-se escassos novamente, e o fim da Guerra Civil trouxe um influxo de veteranos de guerra para um mercado de trabalho já apertado. O preconceito antichinês retornou, e agora a imprensa atribuía aos chineses adjetivos como "criminosos", "conspiradores", "ardilosos" e "burros".[43]

O preconceito justifica o tratamento ruim que infligimos aos outros, e queremos infligir tratamento ruim aos outros porque não gostamos deles. E por que não gostamos deles? Porque eles estão competindo conosco por empregos em um mercado de trabalho difícil. Porque a presença deles nos faz duvidar de que a nossa religião seja a única religião verdadeira. Porque queremos preservar nossas posições de status, poder e privilégio. Porque nosso país está travando uma guerra contra eles. Porque nos sentimos desconfortáveis com seus costumes, sobretudo seus costumes sexuais, esses pervertidos promíscuos. Porque eles se recusam a se assimilar à nossa cultura. Porque eles estão se esforçando demais para se assimilar à nossa cultura. Porque precisamos sentir que somos melhores do que *alguém*.

Ao entender o preconceito como nosso servo autojustificador, podemos ver melhor por que alguns preconceitos são tão difíceis de erradicar: eles permitem que as pessoas justifiquem e defendam suas identidades sociais mais importantes – sua raça "branca", sua religião, seu gênero, sua sexualidade –, enquanto reduzem a dissonância entre "Eu sou uma boa pessoa" e "Eu realmente não gosto dessas pessoas". Felizmente, também podemos entender melhor as condições sob as quais os preconceitos diminuem: quando se reduz a competição econômica, quando se assina a trégua, quando a profissão é integrada, quando nos tornamos mais familiarizados e confortáveis em relação a *eles*, quando paramos de considerar que *eles* são uma massa indiferenciada e percebemos que *eles* são um conjunto tão diverso de indivíduos quanto nós.

"Em circunstâncias normais", o capanga de Hitler, Albert Speer, escreveu em seu livro de memórias, "as pessoas que dão as costas à realidade logo são corrigidas pela zombaria e pela crítica daqueles ao redor, o que as torna cientes de que perderam a credibilidade. No Terceiro Reich não havia esses corretivos, sobretudo para aqueles que pertenciam ao estrato superior. Pelo contrário, todo autoengano era multiplicado como em uma sala dos espelhos, tornando-se uma imagem repetidamente confirmada de um mundo de sonho fantástico que não tinha mais nenhuma relação com o mundo exterior sombrio. Naqueles espelhos eu não conseguia ver nada além do meu próprio rosto reproduzido muitas vezes."[44]

Nossa maior esperança de autocorreção está em garantir que não estejamos operando em uma sala dos espelhos nos quais tudo o que vemos são reflexos distorcidos de nossos próprios desejos e convicções. Em nossa vida precisamos da presença de alguns pessimistas confiáveis, críticos dispostos a furar nossa bolha protetora de autojustificações e nos puxar de volta à realidade se nos desviarmos muito. Isso é especialmente importante para pessoas em posições de poder.

De acordo com a historiadora Doris Kearns Goodwin, Abraham Lincoln foi um dos raros presidentes que entenderam a importância de se cercar de pessoas dispostas a discordar dele. Lincoln criou um gabinete que incluía quatro de seus adversários políticos, três dos quais concorreram com ele para a nomeação do Partido Republicano em 1860 e se sentiam humilhados, abalados e irritados por terem perdido para um advogado caipira relativamente desconhecido: William H. Seward (a quem Lincoln nomeou secretário de Estado), Salmon P. Chase (secretário do Tesouro) e Edward Bates (procurador-geral). Embora todos compartilhassem o objetivo de Lincoln de preservar a União e acabar com a escravidão, os membros desse "time de rivais" (na definição de Goodwin) discordavam furiosamente uns dos outros sobre como fazer isso.

No início da Guerra Civil, Lincoln estava em sérios apuros políticos. Ele tinha que apaziguar não apenas os abolicionistas do Norte que queriam a emancipação dos escravizados, mas também os de pessoas escravizadas de estados fronteiriços como Missouri e Kentucky. A qualquer momento esses estados fronteiriços poderiam juntar-se à Confederação, o que teria sido um desastre para a União. Como resultado dos debates que se seguiram com seus conselheiros, todos os quais com diferentes ideias sobre como manter ambos os lados na linha, Lincoln não podia se iludir de que tinha consenso de grupo em cada decisão. Ele foi capaz de sopesar as alternativas e, por fim, obter o respeito e o apoio de seus antigos concorrentes.[45]

Enquanto estivermos convencidos de que somos completamente objetivos, acima da corrupção e imunes ao preconceito, de tempos em tempos quase todos os indivíduos se verão em sua própria estrada pessoal a caminho de St. Andrews – e alguns de nós estarão a bordo daquele avião com destino a Bangcoc. Jeb Stuart Magruder, cujo envolvimento na cilada da corrupção política do escândalo de Watergate descrevemos no capítulo anterior, ficou cego por sua crença na importância de fazer o necessário, mesmo que incluísse ações ilegais, para derrotar os inimigos políticos de Nixon – "eles". Mas, quando foi pego, Magruder teve a coragem de encarar a si mesmo. É um momento chocante e excruciante para qualquer um, semelhante a ver o próprio rosto em um espelho e perceber que você tem um enorme calombo roxo na testa. Magruder poderia ter feito o que a maioria de nós estaria inclinada a fazer – passar uma maquiagem pesada e dizer: "Que calombo?". Mas ele resistiu ao impulso. Na análise derradeira, Magruder reconheceu, ninguém o forçou ou aos outros a violar a lei. "Poderíamos ter manifestado nossa objeção ao que estava acontecendo ou renunciado em protesto", escreveu.[46] "Em vez disso, nos convencemos de que o errado era o certo e seguimos em frente."

"Não há maneira possível de justificar roubo, grampo telefônico, perjúrio e todos os outros elementos do encobrimento de atividades criminosas. [...] Eu e outros racionalizamos ações ilegais com base em noções de 'é a política como sempre' ou 'coleta de informações de inteligência' ou 'segurança nacional'. Estávamos completamente errados, e somente quando admitirmos isso e pagarmos o preço público de nossos erros poderemos esperar que a opinião pública em geral tenha muita fé em nosso governo ou em nosso sistema político."

CAPÍTULO 3

MEMÓRIA, O HISTORIADOR AUTOJUSTIFICÁVEL

O que nós [...] chamamos com tanta confiança de memória [...] é, na verdade, uma forma de contar histórias que acontece continuamente na mente e, amiúde, se modifica com a narrativa.

– *William Maxwell, memorialista e editor*

Muitos anos atrás, durante o governo Carter, o extravagante romancista e personalidade da mídia Gore Vidal foi entrevistado no programa *Today Show* por Tom Brokaw, o célebre jornalista e apresentador de TV. De acordo com o relato de Vidal, Brokaw disse: "Você escreveu um bocado sobre bissexualidade...", e Vidal o interrompeu: "Tom, deixe-me dizer algo sobre os programas matinais. É cedo demais para falar sobre sexo. Ninguém quer ouvir sobre sexo a esta hora, ou, se querem, é porque estão fazendo sexo. Não toque nesse assunto". "Sim, hã, mas, Gore, hã, você escreveu muito sobre bissexua..." Vidal o interrompeu novamente, dizendo que seu novo livro nada tinha a ver com bissexualidade e que ele preferia falar sobre política. Brokaw tentou ainda outra vez, e Vidal de novo se recusou a discutir o tema, dizendo: "Agora vamos falar sobre Carter... O que ele está fazendo com esses ditadores brasileiros que fingem que são líderes democráticos e amantes da liberdade?". E então a conversa se voltou para [Jimmy] Carter pelo resto da entrevista. Vários anos depois, quando Brokaw se tornou âncora do noticiário *Nightly News*, a revista *Time* fez uma matéria sobre ele e perguntou sobre entrevistas especialmente difíceis que ele havia feito ao longo da carreira. Brokaw destacou a conversa com Gore Vidal e relembrou: "Eu queria falar de política, mas ele queria falar sobre bissexualidade".

Foi uma "inversão total", disse Vidal, "fazer de mim o vilão da história".[1]

Foi intenção de Tom Brokaw transformar Gore Vidal no vilão da história? Brokaw estava mentindo, como Vidal sugeriu? Isso é improvável. Afinal, Brokaw escolheu a história para contar ao repórter da *Time*; ele poderia ter selecionado qualquer entrevista difícil em sua longa carreira, em vez de uma que exigisse que adornasse os fatos ou mentisse. Na verdade, pelo que ele sabia, o repórter verificaria a transcrição original. Brokaw fez inconscientemente a inversão de quem-disse-o-quê, não para pintar um retrato negativo de Vidal, mas para pintar um retrato positivo de si mesmo. Teria sido indecoroso para o novo âncora do *Nightly News* fazer perguntas sobre bissexualidade; então, melhor acreditar (e lembrar) que ele sempre escolheu o caminho ético e intelectual da política.

Quando duas pessoas evocam lembranças totalmente diferentes do mesmo evento, via de regra os observadores presumem que uma delas está mentindo. Claro, algumas pessoas inventam ou embelezam histórias para manipular ou enganar seu público (ou vender livros). Contudo, a maior parte de nós, na maioria das vezes, não está nem dizendo toda a verdade nem enganando os outros de caso pensado. Não estamos mentindo; estamos nos autojustificando. Todos nós, ao contarmos nossas histórias, adicionamos detalhes e omitimos fatos inconvenientes; acrescentamos ao relato um tom ligeiramente autoaprimorador, por assim dizer. Essa pequena distorção vai tão bem que, na oportunidade seguinte, adicionamos um adorno um pouco mais comovente; justificamos essas mentirinhas inofensivas como algo que torna a história melhor e mais clara. Mais cedo ou mais tarde, a maneira como nos lembramos do evento pode nos levar a uma grande distância do que realmente aconteceu.

Dessa forma, a memória torna-se nosso historiador pessoal e autojustificável, que convive conosco o tempo todo. De acordo com a descrição do psicólogo social Anthony Greenwald, o eu é regido por um "ego totalitário" que destrói de forma implacável as informações que não quer ouvir e, tal qual todos os líderes fascistas, reescreve a história do ponto de vista do vencedor.[2] Mas, enquanto um governante totalitário reescreve a história para enganar as gerações futuras, o ego totalitário reescreve a história para enganar a si mesmo. A história é escrita pelos vencedores, e, quando escrevemos nossas próprias histórias, temos os mesmos objetivos que os conquistadores de nações têm em mente: justificar nossas ações, assegurar uma imagem positiva e nos sentir bem em relação a nós mesmos e ao que fizemos ou deixamos de fazer. Se erros foram cometidos, a memória nos ajuda a lembrar que foram cometidos por outra pessoa. Se estivéssemos lá, teríamos sido apenas espectadores inocentes.

No nível mais simples, a memória suaviza as rugas da dissonância ao permitir que o viés de confirmação continue numa boa, nos fazendo esquecer seletivamente informações discrepantes, divergentes e refutatórias sobre crenças que prezamos. Se fôssemos seres perfeitamente racionais, tentaríamos nos lembrar de ideias inteligentes e sensatas e não nos daríamos ao trabalho de sobrecarregar nossa mente relembrando ideias tolas. Mas a teoria da dissonância prevê que, de maneira bastante conveniente, esqueceremos bons argumentos feitos por um oponente, assim como esquecemos argumentos tolos feitos pelo nosso próprio lado. Um argumento tolo em favor de nossa própria posição desperta dissonância porque suscita dúvidas sobre a sabedoria dessa posição ou a inteligência das pessoas que com ela concordam. Da mesma forma, o argumento sensato de um oponente desperta dissonância porque levanta a possibilidade de que o outro lado, Deus nos livre, possa estar certo ou ter razão em algo que devemos levar a sério. Como um argumento tolo do nosso lado e um bom argumento do lado do outro despertam dissonância, a teoria prevê que ou não aprenderemos bem esses argumentos ou rapidamente nos esqueceremos deles. Foi o que Edward Jones e Rika Kohler mostraram em um clássico experimento de 1958 sobre atitudes em relação à dessegregação na Carolina do Norte.[3] Cada lado tendia a se lembrar dos argumentos plausíveis que concordavam com a própria posição e dos argumentos implausíveis que concordavam com a posição oposta; cada lado esquecia os argumentos implausíveis na própria visão e os argumentos plausíveis para a oposição.

É claro que algumas memórias podem ser extraordinariamente detalhadas e precisas. Nós nos lembramos do nosso primeiro beijo e dos nossos professores favoritos. Nós nos lembramos de histórias de família, filmes, encontros, estatísticas de beisebol, humilhações e triunfos da infância. Nós nos lembramos dos eventos centrais de nossas histórias de vida. Mas, quando nos lembramos mal, nossos erros não são aleatórios. As distorções diárias da memória, que reduzem a dissonância, nos ajudam a dar sentido ao mundo e ao lugar que nele ocupamos, protegendo nossas decisões e crenças. A distorção é ainda mais robusta quando é motivada pela necessidade de mantermos a consistência do nosso autoconceito, pelo desejo de estarmos certos, pela necessidade de preservarmos a autoestima, de desculparmos falhas ou más decisões, ou de encontrarmos uma explicação – de preferência uma que esteja a salvo no passado – para problemas atuais.[4] Confabulação, distorção e esquecimento puro e simples são os soldados de infantaria da memória, e são convocados para a linha de frente quando o ego totalitário quer nos proteger da dor e do constrangimento de atitudes que são dissonantes com nossas autoimagens centrais: "Eu fiz *isso*?". É por isso que os pesquisadores da memória adoram citar Nietzsche: "'Eu fiz isso', diz minha memória. 'Eu não posso ter feito isso', diz meu orgulho, e permanece inflexível. Por fim, é a memória que cede".

Os vieses da memória

Um de nós (Carol) tinha um livro infantil favorito, *The Wonderful O*, de James Thurber, que ela se lembra de ter ganhado do pai quando ainda era bem pequena. "Um bando de piratas se apodera de uma ilha e proíbe os moradores de falar qualquer palavra ou usar qualquer objeto que contenha a letra *o*", recorda Carol. "Tenho uma nítida lembrança do meu pai lendo *The Wonderful O* para mim, e de nós rindo juntos ao pensar na tímida Ophelia Oliver dizendo seu nome sem a letra *o*. Eu me lembro de tentar corajosamente, junto com os ilhéus cativos, adivinhar qual era a quarta palavra com *o* que nunca deve ser perdida – depois de *love* (amor), *hope* (esperança) e *valor* (coragem), e dos palpites brincalhões do meu pai: Oreg*o*n? Orang*o*tango? Oftalmologista? E então, não muito tempo atrás, encontrei minha primeira edição de *The Wonderful O*. O livro foi publicado em 1957, um ano após a morte do meu pai. Incrédula e perplexa, fiquei encarando a data. Obviamente, outra pessoa me deu o livro, outra pessoa leu para mim, outra pessoa riu comigo sobre 'Phelia 'Liver, outra pessoa queria que eu entendesse que a quarta palavra com *o* era *freedom* (liberdade). Alguém que se perdeu em meio às minhas lembranças."

Essa pequena história ilustra três coisas importantes sobre a memória: é desorientador perceber que uma lembrança intensa, repleta de emoção e detalhes, está incontestavelmente errada; ter certeza plena e absoluta de que uma lembrança é exata não significa que ela seja de fato; e erros na memória corroboram nossos sentimentos e nossas crenças atuais. "Eu tenho um conjunto de crenças sobre meu pai", observa Carol, "o homem caloroso que ele era, o pai engraçado e dedicado que adorava ler para mim e me levar para vasculhar bibliotecas, o amante de jogos de palavras. Então, nada mais lógico que eu presumisse – não, que eu lembrasse – que era ele quem lia *The Wonderful O* para mim."

As metáforas da memória se encaixam na época em que vivemos e na tecnologia dos nossos tempos. Séculos atrás, os filósofos comparavam a memória a uma tabuinha de cera macia que preservaria qualquer coisa nela gravada. Com o advento da imprensa, as pessoas começaram a pensar na memória como uma biblioteca ou talvez um conjunto de arquivos; eventos e fatos poderiam ser armazenados para recuperação e consulta posterior, contanto que conseguíssemos encontrá-los no maldito catálogo de fichas. Com a invenção dos filmes e gravadores, as pessoas começaram a pensar na memória como uma câmera de vídeo, acionada no momento do nascimento. Hoje em dia, pensamos na memória em termos de computador e, embora alguns de nós desejem mais memória RAM, presumimos que quase tudo o que acontece conosco pode ser "salvo". Seu cérebro pode escolher não exibir todas essas memórias, mas elas estão lá, apenas esperando que você as acesse, as exiba na tela, pegue a pipoca e assista.

Essas metáforas da memória são populares, reconfortantes e equivocadas. As memórias não estão enterradas em algum lugar do cérebro feito ossos em um sítio arqueológico; você não pode desenterrá-las em perfeito estado de preservação. Não nos lembramos de tudo o que acontece conosco; selecionamos apenas os destaques, os "melhores momentos". Se não esquecêssemos, nossa mente não seria capaz de funcionar com eficiência, porque estaria abarrotada de lixo mental – a temperatura na quarta-feira passada, uma conversa chata no ônibus, o preço dos pêssegos no mercado ontem. Pouquíssimas pessoas têm uma condição que lhes permita lembrar quase tudo, desde um fato aleatório como o clima de 12 de março de 1997 até acontecimentos públicos e experiências pessoais, mas esse talento nem sempre é a bênção que pode parecer. Uma mulher com essa habilidade descreveu sua memória como "incessante, incontrolável e totalmente exaustiva" e "um fardo".[5] A poda criteriosa de memórias é, portanto, adaptável, e mesmo pessoas com memória extraordinária não estão "gravando" tudo o que acontece com elas como se fosse um registro em vídeo.

Além disso, resgatar uma memória não é como recuperar um arquivo ou reproduzir uma gravação; é como assistir a alguns quadros desconexos de um filme e então inferir como deve ter sido o restante da cena. Podemos reproduzir de cor e salteado poemas, piadas e outros tipos de informação, mas, quando nos lembramos de informações complexas, nós as moldamos para encaixá-las em uma linha narrativa.

Por ser reconstrutiva, a memória está sujeita à confabulação – no sentido de contar histórias fantasiosas como se fossem verdadeiras, confundir um evento que aconteceu com outra pessoa com um que aconteceu com você ou passar a acreditar que você se lembra de algo que nunca aconteceu. Ao reconstruir uma memória, as pessoas recorrem a muitas fontes. Quando você se lembra da sua festinha de aniversário de 5 anos de idade, pode ter uma lembrança inequívoca do seu irmão caçula enfiando o dedo no bolo e estragando tudo, mas você também incorporará informações que obteve mais tarde por meio de histórias de família, fotografias, vídeos caseiros e festas de aniversário que viu na televisão. Você entrelaça todos esses elementos em um único relato integrado. Se alguém hipnotizá-lo e o fizer regredir até sua festa de 5 anos, você contará uma história muito vívida sobre o evento, que parecerá tremendamente real para você, mas incluirá muitos detalhes que nunca aconteceram de fato. Depois de um tempo, você não será capaz de distinguir sua lembrança real de informações subsequentes que surgiram de outro lugar. Esse fenômeno é chamado de "confusão de fontes", também conhecido como o problema "onde foi que eu ouvi isso?".[6] Eu li, vi ou alguém me contou a respeito?

Mary McCarthy fez um brilhante uso de sua compreensão da confabulação em *Memórias de uma menina católica*, que é uma rara exceção à maneira como a maioria de nós conta nossas histórias. No final de cada capítulo, McCarthy submetia suas lembranças a evidências a favor ou contra elas, mesmo quando as evidências matavam uma boa história. No capítulo "Uma borboleta de lata", McCarthy relembra com profusão de detalhes a ocasião em que o tio Myers e a tia Margaret – os punitivos parentes que, após a morte do pai e da mãe da narradora, acolheram a ela e a seus irmãos – a acusaram de roubar o brinde (uma borboleta de lata pintada) que vinha na caixa de Cracker Jack* de seu irmão caçula. Ela não a havia roubado, e uma busca completa na casa não conseguiu encontrar a borboleta. Mas uma noite, depois do jantar, a borboleta foi descoberta sob a toalha da mesa de jantar, perto do lugar de Mary. O tio e a tia de Mary a espancaram furiosamente por esse suposto roubo: ele com uma correia, ela com uma escova de cabelos; mas o que havia acontecido com o brinquedo permaneceu um mistério. Anos depois, quando os irmãos já estavam crescidos e rememoravam a história juntos, começaram a falar sobre o temido tio Myers. McCarthy escreve: "Foi então que meu irmão Preston me contou que, na famosa noite da borboleta, vira o tio Myers entrar sorrateiramente na sala de jantar, vindo do escritório, e levantar a toalha de mesa, com a borboleta de lata na mão".

Fim do capítulo. Fabuloso! Um final dramático, narrado com brilhantismo. E então McCarthy acrescenta um posfácio. Enquanto escrevia a história, ela diz: "De repente me lembrei de que na universidade comecei a escrever uma peça sobre o assunto. Seria possível que tenha sido a professora a sugerir que fora o tio Myers quem colocara a borboleta em meu lugar à mesa? Sou quase capaz de ouvir sua voz: 'Deve ter sido seu tio!'". McCarthy ligou para os irmãos, mas nenhum deles se lembrou da versão dela dos eventos, incluindo Preston, que não guardava a lembrança de ter visto o tio Myers com a borboleta (ele tinha apenas 7 anos na

---

* Marca de pipocas e amendoim envoltos em açúcar caramelizado. [N. T.]

época do incidente) ou de ter afirmado que dissera isso na noite da visita da família. "O mais provável, parece-me", conclui McCarthy, "é que eu tenha fundido duas lembranças" – a história da borboleta desaparecida e a subsequente explicação da professora sobre o que poderia ter acontecido.[7] E isso fez sentido psicológico: o tio Myers ter plantado a borboleta sob a toalha de mesa estava em consonância com os sentimentos de McCarthy sobre a malevolência geral dele, e explicava ainda mais sua justa indignação com o fato de ter sido arbitrariamente punida.

No entanto, quando as pessoas escrevem suas memórias ou descrevem suas experiências passadas, quase nenhuma delas faz isso da maneira como Mary McCarthy fez. A maioria faz da maneira como contaria suas histórias a um terapeuta: "Doutor, o que aconteceu foi o seguinte...". Sua expectativa é a de que o ouvinte não diga: "Ah, é mesmo? Você tem certeza de que aconteceu desse jeito? Você tem certeza de que sua mãe odiava você? Você tem certeza de que seu pai era um brutamontes cruel? E, a propósito, já que estamos falando nisso, vamos examinar essas lembranças que você tem do seu horrível ex. Será que você não se esqueceu de algo que *você mesma* tenha feito que talvez tenha sido um pouco irritante – por exemplo, aquele caso extraconjugal que você justificou ter com o tal advogado de Bugtussle, Oklahoma?". Pelo contrário, contamos nossas histórias confiando que o ouvinte não as contestará, tampouco pedirá evidências refutatórias, o que significa que raramente temos incentivo para esquadrinhá-las quanto à precisão. Você tem lembranças de seu pai que são importantes para você e que representam o homem que ele era e o relacionamento que tinha com ele. O que você esqueceu? Você se lembra daquela ocasião em que foi desobediente e ele lhe deu um tapa, e até hoje você ainda sente raiva por ele não ter explicado por que o estava punindo. Mas será que você pode ter sido o tipo de criança para quem um pai não conseguia explicar as coisas porque você era impaciente e impulsivo e não ouvia? Quando contamos uma história, tendemos a nos deixar de fora: *Meu pai fez isso e aquilo por causa de quem ele era, não por causa do tipo de criança que eu era*. Essa é a autojustificação da memória. E é por isso que, quando descobrimos que uma lembrança está errada, nos sentimos atordoados, desorientados, como se o chão sob nossos pés tivesse se movido. Em certo sentido, de fato se moveu. Isso nos faz repensar nosso próprio papel na história.

Todo pai ou mãe tem sido um jogador relutante no jogo "nada está bom o bastante". Exija que sua filha faça aulas de piano, e mais tarde ela vai reclamar que você destruiu o amor dela pelo piano. Deixe sua filha desistir das aulas, já que ela não quer praticar, e mais tarde ela vai reclamar que você deveria tê-la forçado a continuar – ora, agora ela não sabe mais tocar piano. Exija que seu filho vá para a escola de hebraico à tarde, e ele vai culpar você por tê-lo impedido de se tornar outro craque do beisebol como Hank Greenberg. Permita que seu filho falte à escola de hebraico, e mais tarde ele vai culpar você por não se sentir mais conectado com sua ancestralidade judaica. Betsy Petersen produziu um encorpado lamento em seu livro de memórias *Dancing with Daddy* [Dançando com o papai], em que culpa o pai e a mãe por lhe pagarem aulas de natação, aulas de cama elástica, aulas de equitação e aulas de tênis, mas não aulas de balé. "A única coisa que eu queria eles não me deram", ela escreveu. Culpar o pai e a mãe é um modo popular e conveniente de autojustificação porque permite que as pessoas vivam de forma menos desconfortável com seus arrependimentos e suas imperfeições. Erros foram cometidos, mas apenas pelo meu pai e pela minha mãe. Não importa que eu aprontasse um escarcéu dos infernos por causa daquelas aulas ou teimosamente me recusasse a tirar proveito delas. A memória, portanto, minimiza nossa própria responsabilidade e exagera a dos outros.

De longe, as distorções e as confabulações mais importantes da memória são aquelas que servem para justificar e explicar nossa própria vida. A mente, como o órgão de criação de sentido, não interpreta nossas experiências como se fossem cacos de vidro separados; ela as reúne em um mosaico. Com a distância dos anos, vemos o padrão do mosaico. Parece tangível, imutável; não conseguimos imaginar como poderíamos reconfigurar essas peças em outro desenho. Mas é o resultado de anos contando nossa história, moldando-a em uma narrativa de vida que é repleta de heróis e vilões, um relato de como nos tornamos o que somos. Como essa narrativa é a maneira como entendemos o mundo e nosso lugar nele, ela é maior do que a soma de suas partes. Se ficar evidente que uma parte, uma lembrança, está errada, as pessoas têm de reduzir a dissonância resultante e até mesmo repensar a categoria mental básica: Você quer dizer que o Papai [a Mamãe] não era uma pessoa tão má [boa], afinal? Você está me dizendo que o Papai [a Mamãe] era um ser humano complexo? A narrativa de vida pode ser fundamentalmente verdadeira; seu pai ou sua mãe podem de fato ter sido odiosos ou santos. O problema é que, quando a narrativa se torna uma grande fonte de autojustificação, na qual a pessoa que narra a história confia para desculpar erros e falhas, a memória se distorce a seu serviço. O contador de histórias se lembra apenas dos exemplos que confirmam a malevolência do pai e da mãe e esquece instâncias dissonantes das boas qualidades do pai e da mãe. Com o tempo, conforme a história se cristaliza, fica mais difícil ver o pai e a mãe por inteiro – a mistura de bom e ruim, pontos fortes e falhas, boas intenções e erros infelizes.

As memórias criam nossas histórias, mas nossas histórias também criam nossas memórias. Tão logo formulamos uma narrativa, moldamos nossas memórias para se encaixarem nela. Em uma série de experimentos, Barbara Tversky e Elizabeth Marsh mostraram como nós "tecemos as histórias de nossa vida". Em um dos experimentos, as pessoas liam uma história sobre dois colegas de quarto, os quais faziam algo irritante e algo simpático. Em seguida, eram convidados a escrever uma carta sobre um dos colegas de quarto – ou uma carta de reclamação para o senhorio ou uma carta de recomendação para um clube social. Conforme escreviam, os participantes do estudo adicionavam detalhes e minúcias que não faziam parte da história original; se estivessem escrevendo uma carta de recomendação, poderiam acrescentar: "Rachel é esfuziante". Mais tarde, quando foram solicitados a relembrar a história original com a maior precisão possível, suas memórias tornaram-se tendenciosas na direção da carta que haviam escrito.[8] Eles se lembravam dos falsos detalhes que haviam adicionado e se esqueciam das informações dissonantes sobre as quais não haviam escrito.

A fim de mostrar como a memória muda para se ajustar às nossas histórias, os psicólogos estudam a evolução das memórias ao longo do tempo: se as lembranças que você tem sobre as mesmas pessoas se modificam, tornando-se positivas ou negativas a depender do que está acontecendo em sua vida agora, então o xis da questão é você, não são elas. Esse processo acontece tão gradualmente que pode ser um choque constatar que você um dia sentiu algo diferente. "Alguns anos atrás, encontrei um diário que eu mantinha na adolescência", uma mulher escreveu em carta à colunista de conselhos Dear Amy. "Estava repleto de insegurança e raiva. Fiquei chocada ao ler que já me senti assim. Considero meu relacionamento com minha mãe muito próximo e não me lembro de nenhum grande problema, embora o diário sugira o contrário."

O motivo pelo qual a autora dessa carta não se lembra de "nenhum grande problema" foi identificado em dois experimentos de Brooke Feeney e Jude Cassidy, que demonstraram como os adolescentes se lembram (mal) de brigas com o pai e a mãe. Os participantes – adolescentes acompanhados do pai e da mãe – foram ao laboratório e preencheram formulários enumerando típicos motivos de divergências – aparência pessoal, toque de recolher, brigas com irmãos, o de sempre. Em seguida, cada adolescente teve uma sessão de dez minutos com o pai e a mãe separadamente para debater e tentar resolver suas maiores áreas de desentendimento. Por fim, os adolescentes avaliaram seus sentimentos em relação ao conflito, à intensidade de suas emoções, suas atitudes em relação ao pai e à mãe e assim por diante. Seis semanas depois, os pesquisadores lhes pediram para relembrar e avaliar novamente o conflito e suas reações a ele. Os adolescentes que naquele momento se sentiam próximos do pai e da mãe lembravam-se da briga como um episódio menos intenso e conflituoso do que relataram na ocasião. Na lembrança dos adolescentes que no momento estavam se sentindo ambivalentes e distantes do pai e da mãe, o conflito foi um acontecimento mais raivoso e amargo do que eles julgaram na época.[9]

Assim como nossos sentimentos atuais sobre nosso pai e nossa mãe moldam nossas lembranças de como eles nos tratavam, nosso atual autoconceito afeta as lembranças de nossa própria vida. Em 1962, o jovem residente em psiquiatria Daniel Offer e seus colegas entrevistaram 73 rapazes sobre sua vida doméstica, sexualidade, religião, pai e mãe, disciplina parental e outros tópicos de forte carga emocional. Offer e seus colegas puderam entrevistar novamente quase todos esses sujeitos 34 anos depois, quando eles tinham 48 anos de idade, a fim de saber do que se lembravam. "Fato digno de nota", os pesquisadores concluíram, "a capacidade dos homens de adivinhar o que disseram sobre si mesmos na adolescência não foi muito melhor do que o puro acaso." A maioria dos que se lembravam de ter sido adolescentes ousados e extrovertidos aos 14 anos se descreviam como tímidos. Tendo vivido a revolução sexual das décadas de 1970 e 1980, os homens tinham a lembrança de serem muito mais liberais e aventureiros em termos de comportamento sexual do que de fato eram. Quase metade se recordava de que, quando adolescentes, acreditavam que ter relações sexuais ainda no ensino médio era aceitável, mas apenas 15% deles realmente pensavam assim com 14 anos. Os autoconceitos atuais dos homens turvavam suas memórias, harmonizando seus eus do passado com os do presente.[10]

As memórias são distorcidas em uma direção que as enriquece de várias maneiras. Homens e mulheres lembram-se de ter tido menos parceiros sexuais do que realmente tiveram; lembram-se de ter feito muito mais sexo com esses parceiros do que realmente fizeram; e se lembram de ter usado preservativos com mais frequência do que realmente usaram. As pessoas lembram-se também de ter votado em eleições nas quais não votaram; lembram-se de ter votado no candidato vencedor em vez de no político em quem de fato votaram; lembram-se de ter doado mais dinheiro para caridade do que realmente doaram; lembram-se de que seus filhos andaram e falaram mais cedo do que realmente... você entendeu a ideia.[11]

Uma avaliação crítica de como a memória funciona e por que ela amiúde comete erros pode nos ajudar a analisar melhor muitos casos frequentes de conflitos do tipo "ele disse/ela disse" em campi universitários e no noticiário. Não estamos nos referindo a condutas sexuais que são inequivocamente abusivas e baseadas em coação, mas à grande maioria que ocorre em uma zona cinzenta de interação humana. O impulso típico da opinião pública é ficar do lado de uma das partes e concluir que o outro lado está mentindo. Mas uma compreensão da memória e da autojustificação nos leva a uma perspectiva mais sutil: *uma pessoa não precisa estar mentindo para estar errada*.

Falha na comunicação sexual, abuso e assédio podem ocorrer com todos os casais, é claro – gays, heterossexuais, bissexuais, trans –, com muitos episódios de desavença. Mas casais heterossexuais frequentemente lutam com uma camada adicional de mal-entendidos causados por diferentes regras, normas e expectativas de gênero. Pesquisadores de relações sexuais costumam constatar que raramente as pessoas dizem de fato o que querem dizer no início de um encontro sexual, e muitas vezes não querem dizer o que dizem. Elas têm dificuldade de expressar o que não gostam, pois não querem ferir os sentimentos da outra pessoa. Elas podem pensar que querem ter relações sexuais e depois mudar de ideia. Talvez pensem que *não* querem ter relações sexuais e depois mudam de ideia. As pessoas estão, em suma, se envolvendo no que a psicóloga social Deborah Davis chama de "dança da ambiguidade". Como os sexólogos sabem, por meio de pesquisas e experiências clínicas, a maioria dos homens e das mulheres heterossexuais, mesmo os casais de longa data, comunicam seus desejos sexuais – incluindo o desejo de não fazer sexo – de forma indireta e ambígua, por meio de dicas, linguagem corporal, contato visual, "sondagem do terreno" e leitura de pensamentos (que é tão precisa quanto uma... leitura de pensamentos). Essa dança de ambiguidade beneficia a ambos os parceiros; por meio da imprecisão e da pouca assertividade, o ego de cada uma das partes é protegido, caso o outro diga "não". A pouca assertividade evita um bocado que sentimentos sejam feridos, mas também causa problemas: a mulher realmente acha que o homem deveria saber que ela queria que ele parasse, e o homem realmente acha que ela lhe deu consentimento.

Davis e seus colegas Guillermo Villalobos e Richard Leo sugeriram que a principal razão para muitas divergências de "ele disse/ela disse" não é que um lado esteja inventando uma alegação ou mentindo sobre uma negativa. Em vez disso, cada parceiro está fornecendo "testemunho honesto, mas falso" sobre o que aconteceu entre os dois.[12] Ambas as partes acreditam que estão dizendo a verdade, mas uma ou ambas podem estar erradas devido à falta de confiabilidade da memória – que é reconstrutiva por natureza e extremamente suscetível à sugestão –, e porque ambas as partes são motivadas a justificar suas ações. A autojustificação faz com que os indivíduos distorçam ou reescrevam suas lembranças para se amoldarem a sua visão de si mesmo, e é por isso que podem "lembrar" de ter dito coisas que só pensaram em dizer ou pretendiam dizer naquele momento. Como resultado, a mulher pode ter a lembrança equivocada de que disse coisas que pensou em dizer, mas no fim não disse para poder acabar com a situação, porque ela se vê como uma pessoa assertiva que saberia se defender. O homem pode se lembrar erroneamente de que tentou se certificar do consentimento da mulher (o que ele não fez), porque ele se vê como um cara decente que nunca estupraria uma mulher. Ela não está necessariamente mentindo; ela está se lembrando mal. Ele não está necessariamente mentindo; ele está se autojustificando.

Acrescente álcool a essa situação e você terá uma fogueira. De longe, o caminho mais vezes percorrido de interações sexuais desconfortáveis ou ambíguas que descambam em um falso testemunho honesto é o álcool – em especial álcool em quantidades que deixam os participantes bêbados feitos gambás ou a embriaguez que causa completos apagões nas pessoas, um problema epidêmico em campi universitários. O álcool não somente reduz as inibições, mas também prejudica de maneira significativa a interpretação cognitiva do comportamento de outra pessoa; homens bêbados são menos propensos a interpretar com precisão mensagens de não consentimento, e mulheres bêbadas transmitem sinais menos enfáticos de recusa. Acima de tudo, o álcool prejudica gravemente a memória de ambos os parceiros quanto ao que aconteceu entre eles. E, à medida que eles formam suas lembranças, a autojustificação as fossiliza.

Se uma lembrança é uma parte central da sua identidade, uma distorção autocentrada é ainda mais provável. Ralph Haber, renomado psicólogo cognitivo, gosta de contar a história de como ele escolheu fazer pós-graduação em Stanford a despeito das objeções da mãe. Na lembrança de Haber, sua mãe queria que ele continuasse os estudos na Universidade de Michigan, onde estaria perto de casa, mas ele optou por ir para longe e se tornar mais independente. "Na minha lembrança, quando Stanford me ofereceu uma vaga e uma bolsa, eu pulei de alegria, aceitei com entusiasmo e na mesma hora me preparei para rumar para o oeste. Já era! Negócio fechado!" Vinte e cinco anos depois, quando Haber regressou a Michigan para o aniversário de 80 anos da mãe, ela lhe entregou uma caixa de sapatos com cartas que eles haviam trocado ao longo dos anos. Ao ler as primeiras cartas que tirou da caixa, ele descobriu que tinha claramente decidido ficar em Michigan e rejeitar todas as outras ofertas. "Foi minha mãe", Haber nos contou, "que implorou com veemência para que eu mudasse de ideia" e fosse embora de casa. "Devo ter reescrito toda a história dessa escolha conflitante para que minha lembrança fosse condizente com o que eu realmente fiz ao deixar o abrigo da casa materna; condizente com a maneira como eu queria me ver – alguém capaz de ir embora de casa; e condizente com minha necessidade de uma mãe amorosa que me quisesse por perto." A especialidade profissional de Haber, a propósito, é a memória autobiográfica.

No caso de Ralph Haber, as distorções da memória preservaram seu autoconceito de sempre ter sido um espírito independente. Mas, para a maioria das pessoas, o autoconceito é baseado na crença em mudança, melhoria e crescimento. Para alguns de nós, baseia-se na crença de que mudamos por completo; na verdade, o eu passado parece uma pessoa completamente diferente. Depois que passam por uma conversão religiosa, sobrevivem a um desastre, sofrem com um câncer ou se recuperam de um vício, as pessoas amiúde se sentem transformadas; o eu anterior "não sou eu". Para pessoas que vivenciaram essas transformações, a memória ajuda a resolver a inconsistência entre seu eu passado e seu eu atual, literalmente mudando sua perspectiva. Quando as pessoas se lembram de ações que são dissonantes com sua visão atual de si mesmas – por exemplo, quando se pede a pessoas religiosas que se lembrem de momentos em que não compareceram a cultos e cerimônias aos quais julgavam que deveriam ter ido, ou quando pessoas antirreligiosas se lembram de ter comparecido a cerimônias religiosas –, elas visualizam a lembrança de uma perspectiva de terceira pessoa, como se fossem observadores imparciais. Mas, quando se lembram de ações que são compatíveis com sua identidade atual, contam uma história em primeira pessoa, como se estivessem olhando para seu antigo eu através dos próprios olhos.[13]

O que acontece, no entanto, se achamos que melhoramos, mas na verdade não mudamos nada? Novamente, a memória vem em nosso resgate. Em um experimento, Michael Conway e Michael Ross recrutaram 106 alunos de graduação para um programa de aprimoramento de habilidades de estudo que, como muitos programas desse tipo, prometia mais do que entregava. No início, os alunos classificaram suas habilidades de estudo e, em seguida, foram aleatoriamente designados ou para o curso ou para a lista de espera. O treinamento não teve absolutamente nenhum efeito sobre os hábitos de estudo ou sobre as notas. De que maneira, então, os alunos que fizeram o curso justificaram o desperdício de tempo e esforço? Três semanas depois, quando solicitados a relembrar com a maior precisão possível a autoavaliação inicial que haviam feito de suas habilidades, ficou evidente que eles tinham uma lembrança errônea de habilidades muito piores do que declararam no início, o que lhes permitiu acreditar que haviam melhorado quando, a bem da verdade, em nada haviam mudado. Seis meses depois, quando se pediu que relembrassem suas notas no curso, eles mais uma vez se lembraram de forma equivocada, acreditando que suas notas tinham sido maiores do que de fato foram. Os alunos que permaneceram na lista de espera para o programa de habilidades e não gastaram nenhum esforço, energia ou tempo, não sentiram dissonância cognitiva e não tinham nada para justificar. Sem a necessidade de distorcer suas lembranças, eles se recordavam com precisão de suas habilidades e notas recentes.[14]

Conway e Ross se referiram a essa distorção de memória egoísta como "obter o que você quer revisando o que você tinha". No palco maior da vida, é exatamente o que muitos de nós fazemos: lembramos incorretamente de nossa história como algo pior do que de fato foi, o que distorce nossa percepção acerca do quanto melhoramos, como estratégia para nos sentirmos melhor com nós mesmos agora.[15] Todos nós crescemos e amadurecemos, mas em geral não tanto quanto pensamos. Esse viés na memória explica por que cada um de nós sente que mudou profundamente, mas nossos amigos, inimigos e entes queridos são os mesmos velhos amigos, inimigos e entes queridos que sempre foram. Encontramos Harry na reunião do ensino médio e, enquanto ele está ocupado descrevendo o quanto aprendeu e cresceu desde a formatura, estamos concordando e dizendo a nós mesmos: "O mesmo Harry de sempre; um pouco mais gordo, um pouco mais careca".

Os mecanismos de autojustificação da memória seriam apenas mais um aspecto encantador e muitas vezes exasperante da natureza humana não fosse pelo fato de que vivemos nossa vida, tomamos decisões sobre as pessoas, formamos filosofias orientadoras e construímos narrativas inteiras com base em lembranças que muitas vezes estão completamente erradas. É bastante frustrante que tenham acontecido coisas das quais não nos lembramos; é assustador quando nos lembramos de coisas que nunca aconteceram. Muitas de nossas memórias equivocadas são benignas, no nível de quem leu *The Wonderful O* para nós na infância, mas, às vezes, elas têm consequências mais profundas, não apenas para nós mesmos, mas para nossa família, nossos amigos e a sociedade em geral.

Histórias verdadeiras de falsas memórias

Na Alemanha, em 1995, Binjamin Wilkomirski publicou *Fragmentos*, livro de memórias de suas horríveis experiências de infância nos campos de concentração de Majdanek e Birkenau. Relato das observações de uma criança pequena sobre as atrocidades nazistas, a sobrevivência ao extermínio, seu resgate e, depois da guerra, sua mudança para a Suíça, *Fragmentos* recebeu elogios extravagantes. Os críticos o compararam às obras de Primo Levi e Anne Frank. O crítico de *The New York Times* disse que o livro era "impressionante", e o *Los Angeles Times* o chamou de "um relato clássico em primeira mão do Holocausto". Nos Estados Unidos, *Fragmentos* recebeu o National Jewish Book Award de 1996 na categoria autobiografia e memórias, e a Associação Americana de Ortopsiquiatria concedeu a Wilkomirski sua honraria Hayman Award por estudo do Holocausto e do genocídio. Na Grã-Bretanha, o livro ganhou o Jewish Quarterly Literary Prize; na França, venceu o Prix Mémoire de la Shoah. O Museu Memorial do Holocausto dos Estados Unidos em Washington enviou Wilkomirski em uma excursão de arrecadação de fundos por seis cidades.

Acontece que *Fragmentos* era, de cabo a rabo, uma confabulação. No fim, ficou claro que seu autor, cujo nome verdadeiro era Bruno Grosjean, não era judeu e não tinha ascendência judaica. Ele foi um músico suíço nascido em 1941, filho de uma mulher solteira chamada Yvonne Grosjean, e que foi adotado vários anos depois por um casal suíço sem filhos, os Dössekker. Ele jamais pisou em um campo de concentração. Seu relato foi extraído de livros de história que ele havia lido, filmes que ele havia visto e de *O pássaro pintado*, de Jerzy Kosinski, romance surrealista sobre as brutais agruras de um menino em meio ao Holocausto.[16] (Ironicamente, mais tarde, revelou-se que era fraudulenta a afirmação de Kosinski de que seu romance continha um relato autobiográfico.)

Vamos saltar da Suíça para um abastado subúrbio de Boston, onde mora Will Andrews (esse foi o nome dado a ele pelo psicólogo que o entrevistou). Will é um homem bonito e articulado na casa dos 40 anos, é casado e feliz. Will acredita que foi abduzido por alienígenas e tem nítidas recordações de ter sido submetido a experimentos médicos, psicológicos e sexuais por pelo menos dez anos. Na verdade, afirma ele, sua guia alienígena engravidou dele, dando à luz gêmeos, agora com 8 anos de idade, que, ele diz com pesar, nunca verá, mas desempenham grande papel emocional em sua vida. Segundo Will, as abduções foram aterrorizantes e dolorosas, mas, no geral, ele está feliz por ter sido "escolhido".[17]

Esses dois homens são culpados de fraude? Bruno/Binjamin Grosjean/Dössekker/Wilkomirski inventou sua história para se tornar mundialmente famoso, e Will Andrews forjou memórias de ter sido abduzido por alienígenas para aparecer em programas de entrevistas em rede nacional de TV? Não achamos isso, e também não achamos que eles estivessem mentindo, assim como Tom

Brokaw não estava mentindo. Bem, então, esses homens são doentes mentais? De forma alguma. Eles levavam uma vida perfeitamente sensata e aceitável, funcional e dentro da normalidade, tinham bons empregos, cultivavam relacionamentos, pagavam suas contas. Na verdade, eles são representativos de uma legião de milhares e milhares de pessoas que passaram a ter lembranças de terríveis sofrimentos ocorridos na infância ou na idade adulta – experiências que, mais tarde ficou provado para além de qualquer dúvida razoável, jamais aconteceram. Psicólogos que submeteram muitos desses indivíduos a testes concluíram que eles não sofrem de esquizofrenia ou outros transtornos psicóticos. Seus problemas mentais, se tiverem algum, enquadram-se na faixa habitual de padecimentos humanos: depressão, ansiedade, transtornos alimentares, solidão ou anomia existencial.

Então, não, Wilkomirski e Andrews não são loucos, tampouco mentirosos embusteiros, mas suas memórias são falsas, e falsas por razões específicas e autojustificáveis. Suas histórias, tão diferentes à primeira vista, são ligadas por mecanismos psicológicos e neurológicos comuns, capazes de criar falsas memórias que, no entanto, parecem reais em termos de emoção e riqueza de nítidos detalhes. Essas memórias não se desenvolvem da noite para o dia, em um flash ofuscante. Elas levam meses, às vezes anos, para se desenvolver, e os estágios pelos quais emergem são agora bem conhecidos pelos cientistas psicológicos.

De acordo com o historiador suíço Stefan Maechler, que entrevistou Wilkomirski, seus amigos, parentes, sua ex-esposa e quase todos os outros conectados à história, a motivação de Bruno Grosjean não era interesse próprio deliberado, mas autopersuasão. Grosjean passou mais de vinte anos transformando-se em Wilkomirski; escrever *Fragmentos* foi o último passo de sua metamorfose em uma nova identidade, não o primeiro passo de uma mentira calculista. "Fitas de vídeo e relatos de testemunhas oculares das apresentações de Wilkomirski dão a impressão de um homem eufórico com a própria narrativa", Maechler escreveu. "Ele de fato floresceu em seu papel de vítima de campo de concentração, pois foi nele que ele finalmente se encontrou."[18] A nova identidade de Wilkomirski como sobrevivente do Holocausto deu a ele um robusto senso de significado e propósito, junto com a adoração e o apoio de inúmeros outros. De que outra forma ele conseguiria medalhas e convites para palestras? Não como um clarinetista de segunda categoria.

Binjamin Wilkomirski, também conhecido como Bruno Grosjean, passou os primeiros quatro anos sendo jogado de um lugar para outro. Sua mãe o via apenas de tempos em tempos, e por fim o abandonou de vez, colocando-o em um orfanato onde ele viveu até ser adotado pelos Dössekker. Na idade adulta, Wilkomirski decidiu que seus primeiros anos de vida eram a fonte de seus problemas atuais, e talvez fossem. Aparentemente, no entanto, uma história das mais triviais – nascer de uma mãe solo que não tinha condições de cuidar dele e no fim ser adotado por um casal bondoso, mas formal – não conseguia explicar suas dificuldades de forma suficientemente dramática. Mas e se ele não tivesse sido adotado, e sim resgatado após a guerra e trocado por uma criança chamada Bruno Grosjean no orfanato? "Por que outro motivo", seu biógrafo diz que Wilkomirski sentia, "ele teria os ataques de pânico que de repente o subjugavam? Ou o caroço disforme na parte de trás da cabeça e a cicatriz na testa? Ou os pesadelos que o atormentam constantemente?"[19]

Por que outro motivo? Ataques de pânico são uma resposta normal ao estresse por parte daqueles que são vulneráveis. Quase todo mundo tem caroços e cicatrizes de um tipo ou outro; na verdade, o próprio filho de Wilkomirski tem o mesmo caroço disforme no mesmo lugar, o que sugere uma resposta genética para esse mistério. Pesadelos são comuns na população em geral e, o que é surpreendente, não refletem necessariamente experiências reais. Muitos adultos e crianças traumatizados não têm pesadelos, e muitas pessoas sem traumas têm.

No entanto, Wilkomirski não estava interessado nessas explicações. Em uma busca de significado para sua vida, ele saiu de sua pirâmide ao decidir que encontraria a verdadeira razão para seus sintomas em seus primeiros quatro anos perdidos. No início, ele não se lembrava de nenhuma experiência traumática da infância, e, quanto mais ficava obcecado com suas memórias, mais evasivos seus primeiros anos pareciam. Ele começou a ler sobre o Holocausto, incluindo relatos de sobreviventes. E começou a se identificar com os judeus, colocando uma mezuzá na porta de casa e usando uma Estrela de Davi. Aos 38 anos, conheceu Elitsur Bernstein, psicólogo israelense que vivia em Zurique e que se tornaria o seu melhor amigo e conselheiro de suas jornadas de mergulho no passado.

Caçando suas memórias, Wilkomirski viajou a Majdanek com um grupo de amigos, incluindo os Bernstein. Quando lá chegaram, Wilkomirski chorou: "Eu vivia aqui! Era aqui que colocavam as crianças em quarentena!". O grupo visitou os historiadores no arquivo do campo de concentração, mas, quando Wilkomirski perguntou sobre a quarentena das crianças, riram dele. Crianças muito pequenas morriam de doença ou eram assassinadas, explicaram; os nazistas não tinham uma creche para elas em um alojamento especial. A essa altura, no entanto, Wilkomirski já havia avançado muito em sua busca de identidade para voltar atrás por causa das evidências de que ele estava errado, então sua reação foi reduzir a dissonância desconsiderando os historiadores: "Eles me fizeram parecer um estúpido. Foi uma coisa muito podre de se fazer", disse ele a Maechler. "A partir daquele momento, eu sabia que poderia me fiar mais na minha memória do que no que dizem os chamados historiadores, que em suas pesquisas nunca pensaram em crianças."[20]

O passo seguinte para Wilkomirski foi fazer terapia a fim de obter ajuda para seus pesadelos, temor e ataques de pânico. Ele encontrou uma analista psicodinâmica, Monika Matta, que analisou seus sonhos e trabalhou com técnicas não verbais, como desenho e outros métodos para aumentar a "consciência das emoções do corpo". Matta o incentivou a escrever suas memórias. Para pessoas que convivem com a lembrança constante de uma experiência traumática ou secreta, escrever pode realmente ser benéfico, permitindo, muitas vezes, que os sofredores vejam sua experiência sob uma nova luz e comecem a deixá-la para trás.[21] Mas, para aqueles que estão tentando se lembrar de algo que nunca aconteceu, escrever, analisar sonhos e desenhar figuras – técnicas que constituem a matéria-prima de muitos psicoterapeutas – são métodos que rapidamente confundem imaginação com realidade.

Elizabeth Loftus, uma das mais destacadas cientistas no campo da memória, chama esse processo de "inflação da imaginação", porque, quanto mais a pessoa imagina algo, mais convicta ela se torna de que a coisa realmente aconteceu – e mais provável é que incremente o suposto fato até convertê-lo em uma lembrança real, adicionando detalhes ao longo do tempo.[22] (Cientistas até rastrearam a inflação da imaginação no cérebro, usando ressonância magnética funcional para mostrar como ela opera em um nível neural.)[23] Giuliana Mazzoni e colegas pediram aos participantes do estudo que contassem um sonho e, em troca, deram a eles uma (falsa) análise de sonho "personalizada". Para metade dos participantes foi dito que o sonho significava que eles haviam sido acossados por um valentão antes dos 3 anos de idade, perderam-se em um lugar público ou passaram por um evento perturbador semelhante nos primeiros anos de vida. Na comparação com os sujeitos de controle, que não receberam essas interpretações, os sujeitos do sonho eram mais propensos a acreditar que a explicação do sonho realmente havia ocorrido, e cerca de metade deles produziu lembranças detalhadas da experiência. Em outro experimento, pediu-se aos participantes que se lembrassem de quando a enfermeira da escola tirou uma amostra de pele do dedo mindinho deles para realizar um teste nacional de saúde. (Tal teste não existia.) Simplesmente imaginar esse cenário improvável fez com que os participantes se tornassem mais convencidos de que havia acontecido com eles. E, quanto mais convictos ficavam, mais detalhes sensoriais adicionavam às suas falsas memórias ("o lugar tinha um cheiro horrível").[24] Além disso, os pesquisadores criaram inflação da imaginação indiretamente, apenas pedindo às pessoas que explicassem como um evento improvável *poderia* ter acontecido. A psicóloga cognitiva Maryanne Garry descobriu que, conforme as pessoas contam como um evento poderia ter acontecido, o evento começa a parecer real para elas. As crianças são especialmente vulneráveis a essa sugestão.[25]

Escrever transforma um pensamento fugaz em um fato da história e, para Wilkomirski, anotar as lembranças que tinha confirmou suas lembranças. "Minha doença me mostrou que era hora de eu escrever tudo para mim mesmo", disse Wilkomirski, "tal qual estava armazenado em minha memória, para rastrear cada indício até o fim."[26] Assim como em Majdanek ele repudiou os historiadores que contestaram sua lembrança, Wilkomirski rejeitou os cientistas que lhe disseram que a memória não funciona dessa maneira.

Enquanto *Fragmentos* estava em produção, o editor recebeu uma carta de um homem alegando que a história de Wilkomirski era falsa. Alarmado, o editor entrou em contato com Wilkomirski em busca de confirmação. Elitsur Bernstein e Monika Matta enviaram cartas de apoio. "Ao ler o manuscrito de Bruno, nunca tive dúvidas quanto à sua assim chamada 'autenticidade'", Bernstein escreveu ao editor. "Tomarei a liberdade de dizer que, em meu juízo, apenas alguém que passou por tais coisas poderia escrever sobre elas dessa maneira." Monika Matta, fazendo sua própria dança de autojustificação, também não teve dúvidas da autenticidade das memórias ou da identidade de Wilkomirski. Ela escreveu que Wilkomirski era um homem talentoso e honesto "que tinha uma memória de uma precisão extraordinária" e foi profundamente moldado por sua experiência de infância. Ela afirmou que tinha a esperança de que quaisquer "dúvidas absurdas pudessem ser dissipadas", porque a publicação do livro era muito importante para a saúde mental de Wilkomirski. Seu desejo era de que o destino não o alcançasse de forma tão pérfida, *"demonstrando-lhe mais uma vez que ele é um 'ninguém'"*.[27] Persuadido pelos depoimentos e pelas garantias dos especialistas, o editor lançou o livro no prazo previsto. O "ninguém" finalmente tornou-se alguém.

Certa noite, enquanto andava de bicicleta pela zona rural de Nebraska, Michael Shermer foi abduzido por alienígenas. Uma imensa nave espacial pousou, jogando-o para a beira da estrada. Alienígenas desceram da nave e o levaram a bordo por noventa minutos, após os quais ele não tinha mais lembranças do que havia acontecido. A experiência de Shermer não foi incomum; milhões de norte-americanos acreditam ter tido algum tipo de contato com óvnis ou alienígenas. Para alguns, isso acontece enquanto a pessoa dirige por longos e tediosos quilômetros com pouca mudança de cenário, geralmente à noite; a visão torna-se turva, a pessoa perde a noção do tempo e da distância, e depois se pergunta o que aconteceu durante os minutos ou as horas em que ficou fora de si. Algumas pessoas, entre elas pilotos de aeronave profissionais, veem luzes misteriosas pairando no céu. Para a maioria, a experiência ocorre na estranha névoa mental entre o sono e a vigília, quando vislumbram fantasmas, alienígenas, sombras ou espíritos em sua cama. Com frequência sentem paralisia, fisicamente incapazes de se mover.

O ciclista, o motorista e o dorminhoco estão no topo da pirâmide: algo inexplicável e alarmante aconteceu, mas o quê? Você pode viver sem saber por que acordou de mau humor hoje, mas não pode viver sem saber por que acordou com um diabinho sentado em sua cama. Se você é um cientista ou outro tipo de cético, fará algumas perguntas e aprenderá que há uma explicação reconfortante para esse evento assustador: durante o estágio mais profundo do sono, quando é maior a probabilidade de ocorrerem sonhos, parte do cérebro desliga os movimentos do corpo para que você não se jogue feito um maluco de um lado para o outro na cama enquanto sonha que está perseguindo tigres. Se você acordar desse estágio antes do seu corpo, ficará momentaneamente paralisado; se seu cérebro ainda estiver gerando imagens de sonho, você terá, por alguns segundos, um sonho acordado. É por isso que aquelas figuras na cama são oníricas, um pesadelo – você *está* sonhando, mas com os olhos abertos. A paralisia do sono, diz Richard J. McNally, cientista psicológico e médico clínico de Harvard que estuda memória e trauma, "não é mais patológica do que um soluço". É bastante comum, ele diz, "sobretudo para pessoas cujos padrões de sono foram interrompidos por *jet lag*, trabalho em turnos ou fadiga". Cerca de 30% da população já teve a sensação de paralisia do sono, mas apenas cerca de 5% tiveram também alucinações acordadas. Quase todo mundo que teve a experiência da paralisia do sono mais sonhos acordados relata que a sensação que essa combinação evoca é de terror.[28] De tão bizarra, ousamos dizer que é uma sensação alienígena.

Michael Shermer, um cético por disposição e profissão, entendeu quase imediatamente o que havia acontecido com ele: "Minha experiência de abdução foi desencadeada por extrema privação de sono e exaustão física", ele escreveu mais tarde.²⁹ "Eu tinha acabado de pedalar por 83 horas seguidas e 2.026 quilômetros nos primeiros dias da Race Across America transcontinental de 4.988 quilômetros sem escalas. Eu estava sonolentamente descendo a estrada quando meu *motorhome* de apoio piscou os faróis altos e parou ao lado, e minha equipe me implorou para fazer uma pausa e dormir um pouco. Naquele momento, uma lembrança distante da série de televisão *Os invasores*, dos anos 1960, foi inculcada em meu sonho acordado... De repente, os membros da minha equipe de apoio foram transfigurados em alienígenas."

Na verdade, pessoas como Shermer reagem a essa experiência sobrenatural dizendo: "Caramba, que sonho acordado estranho e assustador; o cérebro não é fascinante?". Mas Will Andrews e os mais de 3 milhões de outros americanos que acreditam ter tido algum tipo de encontro com extraterrestres saem da pirâmide em uma direção diferente. A psicóloga clínica Susan Clancy, que entrevistou centenas de crédulos, descobriu que o processo avança de forma constante à medida que a possibilidade de abdução alienígena parece cada vez mais crível. "Todos os sujeitos que entrevistei", ela escreve, "seguiram a mesma trajetória: depois que começaram a suspeitar de que tinham sido abduzidos por alienígenas, não havia como voltar atrás [...] Uma vez que a semente da crença foi plantada, uma vez que a abdução alienígena foi até mesmo cogitada, os abduzidos começavam a procurar por evidências confirmatórias. E, uma vez iniciada a busca, as evidências quase sempre apareciam."³⁰

O gatilho é a experiência assustadora. "Acordei no meio da noite e não conseguia me mexer", disse uma de suas entrevistadas. "Fiquei aterrorizada e pensei que havia um intruso na casa. Eu queria gritar, mas não conseguia emitir som algum. A coisa toda durou apenas um instante, mas foi o suficiente para que eu tivesse medo de voltar a dormir." Compreensivelmente, a pessoa quer entender o que aconteceu e procura uma explicação que também possa dar conta de outros problemas em andamento. "Tenho depressão desde sempre, desde que me entendo por gente", disse uma das pessoas no estudo de Clancy. "Tem algo muito errado comigo, e eu quero saber o que é." Outros relataram disfunções sexuais, batalhas contra o peso e experiências ou sintomas estranhos que os deixaram perplexos e preocupados: "Eu me perguntava por que meu pijama estava no chão quando eu acordava"; "Tenho tido muitos sangramentos nasais – e meu nariz nunca sangrava"; "Eu gostaria de saber como arranjei esses hematomas em forma de moeda nas minhas costas".³¹

Por que essas pessoas escolhem uma abdução alienígena para explicar seus sintomas e suas preocupações? Por que não consideram a possibilidade de explicações mais plausíveis, como "Porque eu estava com calor no meio da noite e tirei meu pijama" ou "Talvez esses sangramentos nasais sejam porque o tempo está horrivelmente seco – é melhor eu comprar um umidificador" ou "Talvez esteja na hora de eu me cuidar melhor"? Diante de todas as explicações disponíveis para problemas de sono, depressão, disfunção sexual e sintomas físicos de rotina, Clancy quis saber por que alguém escolheria a mais implausível, alegando lembrar-se de eventos que a maioria de nós julga impossíveis. As respostas estão, em parte, na cultura norte-americana e, em parte, nas necessidades e na personalidade dos *experienciadores*, o termo que muitos dos que acreditam ter sido abduzidos usam para descrever a si mesmos.

Os experienciadores acabam por acreditar que a abdução alienígena é uma explicação razoável para seus sintomas primeiro lendo histórias sobre isso e ouvindo depoimentos de crédulos. Quando uma história é repetida com bastante frequência, ela se torna tão familiar que destrói o ceticismo inicial de uma pessoa, mesmo que seja uma história tão improvável quanto persuadir as pessoas de que testemunharam uma possessão demoníaca quando crianças.³² Por anos, a história de abdução alienígena foi onipresente na cultura popular americana: em livros, em filmes, na televisão, em *talk shows*. Por sua vez, a história se encaixa nas necessidades dos experienciadores. Clancy descobriu que a maioria das pessoas cresceu em meio a crenças religiosas tradicionais, que mais cedo ou mais tarde elas rejeitam e substituem por uma ênfase do tipo Nova Era em canalização espiritual e práticas alternativas de cura. Isso as torna mais propensas do que outras pessoas à fantasia e à sugestão, e elas têm mais problemas com confusão de fontes, tendendo a embaralhar coisas que pensaram ou vivenciaram diretamente com histórias que leram ou ouviram na televisão. (Shermer, por sua vez, reconheceu que seus alienígenas tinham saído de uma série de televisão dos anos 1960.) Talvez o aspecto mais importante: a explicação da abdução traduz a intensidade emocional e a impactante importância dos assustadores sonhos dos experienciadores. Essa explicação parece real para eles, diz Clancy, de uma forma que a velha e trivial paralisia do sono não parece.

O "momento eureca!" que os experienciadores sentem no ajuste entre a explicação da abdução alienígena e seus sintomas é estimulante, assim como foi o ajuste que Wilkomirski encontrou entre a explicação do sobrevivente do Holocausto e as próprias dificuldades. A história da abdução ajuda os experienciadores a explicar seu sofrimento psicológico e também a evitar a responsabilidade por seus erros, arrependimentos e problemas. "Eu não podia ser tocada", relatou uma mulher a Clancy, "nem mesmo pelo meu marido, que é um homem doce e gentil. Imagine ter 45 anos e não saber o que era sexo bom! Agora entendo que está relacionado ao que os seres fizeram comigo. Desde muito nova eu fui um experimento sexual para eles." Todos os entrevistados de Clancy afirmaram que se sentiam mudados por causa de suas experiências, que haviam se tornado pessoas melhores, que a vida havia melhorado e, o mais pungente, que agora a vida tinha significado. Will Andrews disse: "Eu estava pronto para simplesmente desistir. Eu não sabia o que estava errado, mas sabia que faltava alguma coisa. Hoje, as coisas são diferentes. Eu me sinto ótimo. Eu sei que existe algo lá fora – muito maior, mais importante do que nós – e que por algum motivo eles escolheram fazer sua presença conhecida para mim. Eu tenho uma conexão com eles [...] Os seres estão aprendendo conosco e nós com eles e, finalmente, um novo mundo está sendo criado. E eu terei uma participação nisso, seja diretamente, seja por meio dos gêmeos". A esposa de Will (a que está neste planeta) nos forneceu um motivo adicional para a invenção de Will de uma progênie alienígena invisível quando, em tom lamentoso, perguntou a Clancy: "As coisas teriam sido diferentes se tivéssemos conseguido ter filhos?".[33]

No estágio final, depois de aceitarem a explicação de abdução alienígena para seus problemas e recuperarem as memórias, os experienciadores saem à procura de outras pessoas como eles e leem apenas relatos que confirmam sua nova explicação. Eles rejeitam com firmeza qualquer evidência que crie dissonância ou qualquer outra forma de entender o que aconteceu. Um dos entrevistados de Clancy afirmou: "Juro por Deus, se alguém mencionar paralisia do sono mais uma vez, eu vou vomitar. Havia algo no quarto naquela noite! Eu estava girando [...] Eu não estava dormindo. Eu fui levado".[34] Cada uma das pessoas que Clancy entrevistou estava ciente da explicação científica e a rejeitava furiosamente. Em Boston, anos atrás, ocorreu um debate entre McNally e John Mack, psiquiatra que aceitava como verdadeiras as histórias dos abduzidos.[35] Mack levou consigo uma experienciadora. A mulher ouviu o debate, incluindo a evidência de McNally sobre o fato de que as pessoas que acreditam terem sido abduzidas são propensas à fantasia e passam a interpretar erroneamente uma experiência comum de sono como um encontro com alienígenas. Durante a discussão que se seguiu, a mulher disse a McNally: "Você não entende; eu não acreditaria que fui abduzida se alguém conseguisse me dar uma explicação alternativa razoável". McNally rebateu: "Acabamos de fazer isso".

Ao final desse processo, estando na base da pirâmide a uma grande distância de céticos como Michael Shermer, os experienciadores internalizaram suas novas memórias falsas e agora não conseguem distingui-las das verdadeiras. Quando são levados ao laboratório e solicitados a descrever suas traumáticas abduções por alienígenas, suas intensificadas reações fisiológicas (por exemplo, frequência cardíaca e pressão arterial) são tão acentuadas quanto as de pacientes que sofrem de transtorno de estresse pós-traumático.[36] Eles passaram a acreditar nas próprias histórias.

Memórias falsas permitem que as pessoas se perdoem e justifiquem seus erros, mas, às vezes, a um preço alto: uma incapacidade de assumir a responsabilidade pela própria vida. Uma avaliação crítica das distorções da memória – e a percepção de que até mesmo as memórias mais intensas podem estar erradas – talvez estimule as pessoas a encarar com mais leveza suas lembranças, a abandonar a certeza de que suas memórias são sempre marcadas pela exatidão e a se desvencilhar do atraente impulso de usar o passado para justificar problemas do presente. Somos instruídos a tomar cuidado com o que desejamos porque pode se tornar realidade. Mas também devemos ter cuidado com quais lembranças selecionamos para justificar nossa vida, porque teremos de viver de acordo com elas.

Sem dúvida, uma das histórias mais poderosas que muitas pessoas desejam viver é a narrativa da vítima. Ninguém foi de fato abduzido por alienígenas (por mais que os experienciadores estejam dispostos a discutir ferozmente conosco), mas milhões sobreviveram a crueldades quando crianças: negligência, abuso sexual, alcoolismo do pai ou da mãe, violência, abandono, os horrores da guerra. Muitas pessoas se apresentaram para contar suas histórias: de que maneira lidaram com as atrocidades, como suportaram, o que aprenderam, como seguiram em frente. Histórias de trauma e transcendência são exemplos inspiradores de resiliência humana.[37]

É precisamente porque esses relatos são tão potentes em termos emocionais que milhares de pessoas foram atraídas para versões engendradas do tipo "eu também" deles. Alguns indivíduos alegaram ser sobreviventes do Holocausto, milhares alegaram ser sobreviventes de abdução alienígena e dezenas de milhares alegaram ser sobreviventes de incesto, estupro e outros traumas sexuais que supostamente estavam reprimidos na memória e só vieram à tona depois que iniciaram uma terapia já na idade adulta. Por que as pessoas alegariam lembrar-se de ter sofrido experiências angustiantes se não passaram de fato por elas, sobretudo quando essa convicção causa conflitos e rompimentos com familiares ou amigos? Ao distorcer as próprias memórias, essas pessoas podem obter o que querem revisando o que tinham, e o que elas querem é dar uma guinada na vida atual, seja uma vida sombria, seja uma vida meramente banal, transformando-a em uma deslumbrante vitória sobre a adversidade. Memórias de abusos e maus-tratos também as ajudam a resolver a dissonância entre "Eu sou uma pessoa inteligente e capaz" e "Minha vida está uma merda agora" com uma explicação que as faz se sentirem melhores em relação a si mesmas e tira de cena a responsabilidade: "Não é minha culpa que minha vida esteja uma merda e eu nunca consegui me tornar o cantor mundialmente famoso que eu poderia ter sido. Veja só as coisas horríveis que meu pai fez comigo". Ellen Bass e Laura Davis tornaram esse raciocínio explícito em *The Courage to Heal* [A coragem para curar], em que dizem aos leitores que não têm memória de abuso sexual na infância que, "na primeira vez que você se lembra do abuso sofrido ou reconhece seus efeitos, sente um alívio tremendo. Finalmente há uma razão para seus problemas. Há alguém, e algo, para culpar".[38]

Não é de admirar, então, que a maioria das pessoas que criam falsas memórias de sofrimentos a que foram submetidas nos primeiros anos de vida, como aquelas que acreditam terem sido abduzidas por alienígenas, se esforce sobremaneira para justificar e preservar as novas explicações. Vejamos a história de uma jovem chamada Holly Ramona, que, depois de um ano na faculdade, iniciou terapia para tratamento de depressão e bulimia. O terapeuta lhe disse que esses problemas comuns eram geralmente sintomas de abuso sexual na infância, o que Holly negou ter acontecido com ela. No entanto, com o tempo, a pedido do terapeuta e depois nas mãos de um psiquiatra que administrou amital sódico (popularmente chamado de "soro da verdade", o que é um equívoco), Holly lembrou-se de que, entre 5 e 16 anos, foi repetidamente estuprada pelo pai, que inclusive a teria forçado a fazer sexo com o cachorro da família. Indignado, o pai de Holly processou ambos os terapeutas por negligência médica e por "implantar ou reforçar na filha falsas memórias de que [ele] a havia molestado quando criança". O júri concordou, isentando o pai e declarando os terapeutas culpados.[39]

Essa decisão colocou Holly em um estado de dissonância que ela poderia resolver de duas maneiras: aceitar o veredito, reconhecer que suas memórias eram falsas, implorar o perdão do pai e tentar reconciliar a família, que foi dilacerada por conta de suas acusações. Ou rejeitar o veredito como uma farsa da justiça, convencer-se mais do que nunca de que seu pai havia abusado sexualmente dela e renovar seu comprometimento com a terapia de memória recuperada. A primeira opção, mudar de ideia e pedir desculpas, teria sido como dar meia-volta em um navio a vapor num rio estreito – sem muito espaço para manobrar e repleto de perigos em todas as direções. A segunda era de longe a escolha mais fácil por causa da necessidade de Holly de justificar o mal causado ao pai e ao resto da família. Muito mais simples manter a rota. E, de fato, Holly Ramona não apenas rejeitou veementemente o veredito, mas também decidiu fazer pós-graduação... para se tornar psicoterapeuta.

No entanto, de vez em quando alguém se dispõe a falar a verdade, mesmo quando a verdade atrapalha uma boa história autojustificável. Não é fácil, porque significa examinar com um olhar novo e cético uma memória reconfortante que até então norteou nossa vida, esquadrinhando-a de todos os ângulos para testar sua plausibilidade e, por maior que seja a dissonância resultante, abandoná-la. Durante toda a sua vida adulta, a escritora Mary Karr nutriu a lembrança de que, quando era uma adolescente inocente, foi abandonada pelo pai. Essa memória fez com que ela se sentisse uma heroica sobrevivente da negligência do pai. Mas, quando se sentou para escrever suas memórias, ela encarou a percepção de que a história não poderia ser verdadeira.

"Somente estudando eventos reais e questionando os próprios motivos é que as complexas verdades interiores emergirão da escuridão", ela escreveu.

Mas como uma memorialista poderia começar a desenterrar as verdades de sua vida com eventos falsos? Em certo ponto, escrevi uma cena de despedida para mostrar como meu pai inconsequente e beberrão me abandonou quando cheguei à puberdade. Quando eu realmente procurei as reminiscências adolescentes para provar isso, os fatos contaram uma história diferente: meu pai continuou a me buscar na escola na hora certa e a fazer meu café da manhã, a me convidar para viagens de caça e pesca. Era eu quem lhe dizia "não". Eu o deixei para ir ao México e à Califórnia com um bando de traficantes de drogas, e depois fui para a faculdade.

Isso foi muito mais triste do que o autorretrato cartunesco com o qual comecei. Se eu tivesse me apegado às minhas suposições, acreditando que meu drama vinha de obstáculos que nunca tive de superar – um retrato de mim mesma como uma mal-ajambrada sobrevivente de crueldades imerecidas –, eu jamais teria descoberto o que realmente aconteceu. É isso que eu quero dizer quando afirmo que Deus está na verdade.[40]

CAPÍTULO 4

BOAS INTENÇÕES, CIÊNCIA RUIM: O CICLO FECHADO DO JULGAMENTO CLÍNICO

> Não faz diferença o quanto o seu palpite é bonito. Não faz diferença o quanto você é inteligente ou qual é o seu nome – se discordar do experimento, está errado. E ponto-final.
>
> – *Richard Feynman, físico*

Se Holly Ramona sentiu dissonância quando o júri condenou seus terapeutas por implantar falsas memórias nela, como você imagina que os terapeutas dela se sentiram? Eles estariam inclinados a dizer: "Ah, querida Holly, pedimos desculpas por estarmos tão redondamente enganados em seu tratamento de depressão e transtornos alimentares. É melhor voltarmos para a faculdade e aprender um pouco mais sobre memória"? A resposta de outro psicoterapeuta é, a nosso ver, mais típica. Uma mulher a quem chamaremos de Grace entrou em terapia após ter um ataque de pânico. Ela não se dava bem com seu empregador homem e, pela primeira vez na vida, sentiu que estava em uma situação que não conseguia controlar. Mas, em vez de tratá-la para ataques de pânico ou ajudá-la a resolver a dificuldade do trabalho, a psicoterapeuta concluiu que os sintomas de Grace significavam que, na infância, ela havia sofrido abuso sexual do pai. A princípio, Grace aceitou a interpretação da terapeuta; afinal, ela era especialista nesses assuntos. Com o tempo, Grace, assim como Holly, passou a acreditar que de fato seu pai a havia molestado. Grace confrontou duramente o pai, cortou relações com ele, com a mãe e as irmãs e abandonou temporariamente o marido e o filho. No entanto, suas novas memórias nunca pareceram corretas, porque contradiziam a história geral do bom e amoroso relacionamento que ela mantinha com o pai. Um dia, ela disse à terapeuta que não acreditava mais que seu pai havia abusado sexualmente dela.

A terapeuta de Grace poderia ter aceitado o que sua paciente lhe disse e começado a trabalhar em cooperação com ela para encontrar uma explicação melhor para seus problemas. Ela poderia ter lido as pesquisas mais recentes mostrando qual abordagem terapêutica é o melhor método para tratar ataques de pânico. Ela poderia ter conversado sobre o caso com colegas para avaliar se estava negligenciando algum aspecto. A terapeuta de Grace, no entanto, não fez nenhuma dessas coisas. Quando Grace expressou dúvidas de que suas memórias recuperadas eram verdadeiras, a terapeuta respondeu:

"Você está mais doente do que nunca".[1]

Nas décadas de 1980 e 1990, as evidências cada vez mais frequentes de abuso sexual de crianças e mulheres desencadearam duas epidemias emocionais não intencionais, o que os cientistas sociais chamam de "pânicos morais". Uma delas foi o fenômeno da terapia de memória recuperada (TMR), na qual adultos entravam em terapia sem nenhuma lembrança de traumas da infância e saíam do tratamento convencidos de que tinham sido molestados sexualmente pelo pai ou pela mãe ou torturados em cultos satânicos, às vezes por anos a fio, sem estarem cientes disso na época e sem qualquer corroboração de irmãos, amigos ou médicos. Sob hipnose, essas pessoas alegavam, seus terapeutas as capacitaram a se lembrar das horríveis experiências que haviam sofrido quando ainda eram crianças, bebês de berço e, em alguns casos, até mesmo em vidas anteriores. Uma mulher relembrou que a mãe colocava aranhas em sua vagina. Outra disse que o pai a havia molestado dos 5 aos 23 anos, e chegou a estuprá-la poucos dias antes de seu casamento – memórias perdidas que ela reprimiu até iniciar a terapia. Outras alegaram ter sido vítimas de queimaduras, embora o corpo delas não tivesse marcas nem cicatrizes. Algumas disseram que haviam engravidado e sido forçadas a abortar, embora o corpo delas não mostrasse evidências de ter passado por uma gravidez. Aqueles que recorreram aos tribunais para processar os supostos abusadores puderam convocar testemunhas especialistas, muitas com impressionantes credenciais em psicologia clínica e psiquiatria, para testemunhar que essas memórias recuperadas eram evidências válidas de abuso.²

Se o trauma fosse especialmente horrível, os psiquiatras alegavam, a personalidade da vítima poderia se dividir em duas, três, dez ou cem identidades, fazendo com que sofresse de transtorno de personalidade múltipla (TPM). Antes de 1980 havia apenas um punhado de relatos desses casos, e geralmente alegavam-se duas personalidades. (No caso de "Eva", eram três faces.)* Então, em 1973, publicou-se *Sybil*. A paciente Sybil revelou ter dezesseis personalidades e se tornou um fenômeno nacional. O livro, baseado em um relato da psiquiatra de Sybil, Cornelia Wilbur, vendeu mais de 5 milhões de exemplares, e 40 milhões de americanos assistiram ao especial de televisão de duas partes de 1976, estrelado por Joanne Woodward e Sally Field. Em 1980, a Associação Americana de Psiquiatria (APA) deu seu aval oficial à síndrome ao tornar legítimo o diagnóstico de transtorno de personalidade múltipla, e os casos começaram, bem, a se multiplicar. De uma ponta à outra do país, abriram-se clínicas para tratar o número crescente de pacientes, e em meados da década de 1990 havia, segundo várias estimativas, mais de 40 mil pessoas que haviam feito terapia e acreditavam que tinham dezenas, até centenas, de "*alter egos*".³

O segundo pânico moral surgiu em decorrência de temores acerca do abuso sexual de crianças em creches. Em 1983, professores da Pré-Escola McMartin em Manhattan Beach, Califórnia, foram acusados de cometer atos hediondos com as crianças sob seus cuidados – por exemplo, torturá-las em rituais satânicos em câmaras subterrâneas, matar coelhos de estimação na frente delas e submetê-las à força a atos sexuais. Algumas das crianças disseram que os professores as levaram para voar em um avião. A promotoria não conseguiu convencer o júri de que as crianças haviam sido vítimas de abusos, mas o caso produziu uma saraivada de acusações similares contra professores de creches em todo o país. Bernard "Bee" Baran, um jovem gay em Massachusetts, foi a primeira pessoa injustamente condenada; ele passou 21 anos na prisão até que um novo julgamento o exonerou de culpa e ele recuperou a liberdade. O pai que iniciou as acusações contra Baran reclamou na creche de que "não queria

---

* Christine Sizemore, conhecida sob o pseudônimo de Eva, foi um caso psiquiátrico excepcional ocorrido na década de 1950, documentado no livro *As três faces de Eva* e adaptado para um premiado filme homônimo. Suas personalidades se alternavam entre "Eva White" e "Eva Black", com diferenças marcantes em termos de comportamento e características psicológicas; posteriormente, durante uma sessão hipnótica, emergiu uma terceira personalidade, "Jane", que combinava características das duas primeiras. [N. T.]

nenhuma bicha" ensinando seu filho, e sua esposa declarou em um depoimento que gays "não deveriam ter permissão para sair do armário em público".[4]

O caso de Baran foi logo seguido por acusações contra outros professores de jardins de infância e pré-escolas: os professores da Little Rascals Day Care, na Carolina do Norte; Kelly Michaels, em Nova Jersey; a família Amirault, em Massachusetts; Dale Akiki, em San Diego; Fran e Dan Keller, em Austin; Bruce Perkins, em Houston e supostas redes de abuso sexual em Jordan, Minnesota; Wenatchee, Washington; Niles, Michigan; Miami, Flórida; e dezenas de outras comunidades. As crianças contaram histórias bizarras. Algumas disseram ter sido atacadas por um robô, molestadas por palhaços e lagostas ou forçadas a comer um sapo. Um menino disse que foi amarrado nu a uma árvore no pátio da escola na frente de todos os professores e todas as outras crianças, embora ninguém tenha notado e nenhum outro aluno tenha confirmado o fato. Assistentes sociais e outros psicoterapeutas foram chamados para avaliar as histórias das crianças, fazer terapia com elas e ajudá-las a revelar o que de fato havia acontecido. Muitos desses profissionais testemunharam posteriormente no tribunal que, em seu parecer clínico, os professores da creche eram culpados.[5]

Para onde vão as epidemias quando morrem? Por que nos últimos tempos as celebridades não têm aparecido em programas de entrevistas para revelar suas memórias recuperadas de terem sido torturadas quando crianças? Onde estão todos os casos de transtorno de personalidade múltipla? Todos os pedófilos sádicos fecharam as creches? A maioria dos professores condenados pela justiça recorreu e foi libertada, mas muitos professores, pais e mães continuam detidos em presídios, estão confinados em prisão domiciliar ou fadados a viver como criminosos sexuais registrados. A vida de muitas pessoas foi destruída e inúmeras famílias jamais voltaram a se reunir. Mas casos de memórias recuperadas de abuso na infância ainda aparecem nos tribunais, no noticiário, em filmes.[6] Se examinarmos atentamente essas histórias, muitas delas envolvem um terapeuta que ajudou a pessoa a "recuperar" suas memórias.

Quanto ao TPM, as clínicas acabaram sendo fechadas por ações judiciais contra os psiquiatras que estavam induzindo pacientes vulneráveis a acreditar que tinham o transtorno, e o diagnóstico começou a desaparecer da cena cultural. Em 2011, a jornalista investigativa Debbie Nathan publicou uma biografia de Sybil mostrando que Cornelia Wilbur praticamente inventou toda a história para se promover e vender livros. Sybil não teve um trauma de infância que fez sua personalidade se fragmentar; ela gerou suas supostas personalidades em resposta a pressões, sutis e coercitivas, de Wilbur, a quem queria desesperadamente agradar – a psiquiatra ameaçava parar de dar a Sybil os medicamentos que prescrevia para ela e nos quais a paciente se viciou.[7]

Embora as epidemias tenham diminuído, as suposições que as desencadearam permanecem inseridas na cultura popular: se você foi submetido a repetidos traumas na infância, provavelmente reprimiu a memória disso. Se você reprimiu a memória disso, a hipnose pode recuperá-la para você. Se você está totalmente convencido de que suas memórias são verdadeiras, é porque elas são. Se você não tem memórias, mas apenas suspeitas de que sofreu abusos, provavelmente sofreu mesmo. Se você tem flashbacks repentinos ou sonhos sobre abuso, está descobrindo uma memória verdadeira. As crianças quase nunca mentem sobre questões sexuais. Fique atento aos sinais: se seu filho tem pesadelos, faz xixi na cama, quer dormir com uma luz acesa ou se masturba, pode ter sido molestado.

Essas crenças não brotaram da noite para o dia, feito cogumelos, no cenário cultural. Elas foram formuladas por profissionais de saúde mental que as disseminaram em conferências, em periódicos clínicos, na mídia e em livros best-sellers e que se promoveram como especialistas em diagnosticar abuso sexual infantil e determinar a validade de uma memória recuperada. Suas alegações foram baseadas, em grande parte, em persistentes ideias freudianas (e pseudofreudianas) sobre repressão, memória, trauma sexual e o significado dos sonhos, e na sua própria confiança em seus poderes clínicos de percepção e diagnóstico. Desde então, todas as alegações desses terapeutas passaram por um escrutínio científico. Todas elas estão erradas.

É doloroso admitir isto, mas, quando a história da escola McMartin chegou ao noticiário, nós dois, independentemente, estávamos inclinados a acreditar que os professores da pré-escola eram culpados. Sem saber os detalhes das acusações, aceitamos sem pensar o clichê "onde há fumaça, há fogo". Como cientistas, deveríamos ter mais bom senso e discernimento; muitas vezes, onde há fumaça, há apenas fumaça. Meses após o término do julgamento, quando a história completa foi divulgada – pormenores sobre a mãe com distúrbios emocionais que fez a primeira denúncia e cujas acusações tornaram-se cada vez mais ensandecidas, a ponto de até os promotores de justiça pararem de prestar atenção nela; sobre como ao longo de muitos meses as crianças foram coagidas a "contar tudo" por insistência de zelosos assistentes sociais empenhados em uma cruzada moral; sobre como as histórias das crianças foram ficando cada vez mais bizarras –, nós nos sentimos tolos e envergonhados por termos sacrificado nosso ceticismo científico no altar da indignação. Nossa credulidade inicial nos causou um bocado de dissonância, e ainda causa. Mas nossa dissonância não é nada comparada à das pessoas que estavam pessoalmente envolvidas ou que tomaram uma posição pública, incluindo os muitos psicoterapeutas, psiquiatras e assistentes sociais que se consideravam clínicos qualificados e defensores dos direitos das crianças.

Nenhum de nós gosta de saber que está errado, que nossas memórias são distorcidas ou fabricadas, ou que cometemos um erro profissional embaraçoso. Para pessoas que trabalham em qualquer profissão do ramo da saúde e buscam a cura para doenças, os riscos são particularmente altos. Se você tem um conjunto de crenças que orientam sua prática e descobre que algumas delas estão incorretas, deve ou admitir que estava errado e mudar seu enfoque ou rejeitar as novas evidências. Se os erros não forem muito ameaçadores para a visão que você tem de sua própria competência, e se você não tiver assumido publicamente uma posição defendendo-os, provavelmente mudará sua abordagem com entusiasmo, grato por ter uma melhor. Mas, se algumas dessas crenças equivocadas pioraram os problemas de seus pacientes, destruíram as famílias de seus pacientes ou enviaram pessoas inocentes para a prisão, então você, a exemplo do terapeuta de Grace, terá uma séria dissonância para resolver.

É o fenômeno Semmelweis que descrevemos na Introdução. Semmelweis descobriu que, quando seus estudantes de medicina lavavam as mãos antes de atender mulheres em trabalho de parto, menos mulheres morriam de febre puerperal. Por que os colegas de Semmelweis não disseram: "Ei, Ignaz, muito obrigado por encontrar a causa das mortes trágicas e desnecessárias de nossas pacientes"? Antes que pudessem aceitar sua intervenção simples e salvadora, esses médicos seriam obrigados a admitir que *eles* tinham sido a causa da morte de todas aquelas mulheres sob seus cuidados. Essa era uma constatação intolerável, pois ia direto ao cerne da visão dos médicos sobre si mesmos como especialistas e sábios curandeiros. E então eles disseram a Semmelweis, em essência, para dar o fora e levar consigo suas ideias estúpidas. Como a obstinada recusa em aceitar as evidências de Semmelweis – a menor taxa de mortalidade entre pacientes cujos médicos lavavam as mãos – aconteceu muito antes da era dos processos por negligência médica, podemos afirmar com segurança que eles estavam agindo por uma necessidade de proteger o próprio ego, não a renda. A medicina avançou desde a época deles, mas a necessidade de autojustificação não mudou.

Em sua maioria as ocupações são, em última análise, ainda que lentamente, autoaprimoradas e autocorrigidas. Se você é um médico no exercício da profissão hoje em dia, você lava as mãos e usa luvas, e, caso esqueça, seus colegas, enfermeiros ou pacientes vão lembrá-lo. Se você dirige uma empresa de brinquedos e comete um erro ao prever que sua nova linha de bonecas venderá mais que a Barbie, o mercado vai avisá-lo. Se você é um cientista que falsificou os dados sobre sua ovelha clonada e depois tentou enganar seus colegas, o primeiro laboratório que não conseguir replicar seus resultados correrá para dizer ao mundo inteiro que você é uma fraude. Se você é um psicólogo experimental e comete um erro na concepção de seu experimento ou em sua análise dos resultados, seus colegas e críticos estarão ansiosos para informar você, o restante da comunidade científica e todos os habitantes do ex-planeta Plutão. Naturalmente, nem todos os cientistas são científicos – isto é, têm a mente aberta e estão dispostos a abrir mão de suas fortes convicções ou admitir que conflitos de interesse podem manchar sua pesquisa. No entanto, mesmo quando um cientista individual não é autocorretivo, a ciência, no fim das contas, é.

As profissões de saúde mental são diferentes. Profissionais que atuam nessas áreas têm um amálgama de credenciais, treinamento e abordagens que muitas vezes guardam pouca relação entre si. Imagine que o conjunto de profissionais que atuam na área jurídica consistisse de pessoas que frequentaram uma faculdade de direito, estudaram diligentemente cada ramo da jurisprudência e passaram no exaustivo Exame de Ordem, bem como de pessoas que não fizeram nada além de pagar 78 dólares por um curso de fim de semana sobre etiqueta no tribunal, e você terá um vislumbre do problema. E qual tipo de advogado você gostaria que o defendesse?

Na profissão de psicoterapia, psicólogos clínicos são o equivalente mais próximo de advogados com formação tradicional. A maioria tem doutorado, e, se fizeram por merecer o diploma de uma grande universidade em vez do de uma fábrica de diplomas, têm conhecimento acerca de descobertas psicológicas básicas. Alguns fazem as próprias pesquisas para determinar os ingredientes de uma terapia bem-sucedida ou as origens de distúrbios emocionais. Mas, independentemente de fazerem ou não pesquisas pessoais, tendem a ser bem versados em ciência psicológica e sabem que tipo de terapia é comprovadamente mais eficiente para cada problema específico. Eles sabem que métodos cognitivos e comportamentais são os tratamentos psicológicos preferenciais para ataques de pânico, depressão, transtornos alimentares, insônia, raiva crônica e outros distúrbios emocionais. Esses métodos costumam ser tão eficazes quanto medicamentos, ou até mais eficazes.[8]

Em contrapartida, a maioria dos psiquiatras, que têm diploma de médico, aprendem sobre medicina e medicamentos, mas raramente aprendem muito sobre pesquisa básica em psicologia. Ao longo do século 20, eram sobretudo praticantes da psicanálise freudiana ou de uma de suas ramificações; era necessário ter um diploma de medicina para ser admitido em um instituto de formação psicanalítica. À medida que a popularidade da psicanálise minguava e o modelo biomédico de transtorno ganhava a batalha, a maioria dos psiquiatras começou a tratar pacientes com medicamentos em vez de qualquer forma de terapia da conversa. No entanto, mesmo que aprendam sobre o cérebro, ainda assim muitos psiquiatras não aprendem quase nada sobre causas não médicas de transtornos emocionais ou sobre a essência questionadora e cética da ciência. A antropóloga Tanya Luhrmann passou quatro anos estudando residentes em psiquiatria, participando de suas aulas e convenções, observando-os em clínicas e salas de emergência. Ela descobriu que não havia a expectativa de que os residentes lessem muito; esperava-se que eles absorvessem, sem debater ou questionar, as lições que lhes eram dadas. As palestras a que assistiam ofereciam habilidades práticas, e não substância intelectual; os palestrantes falavam sobre o que fazer na terapia em vez de sobre por que a terapia ajuda ou que tipo de terapia poderia ser melhor para determinado problema.[9]

Por fim, há muitas pessoas que praticam as muitas formas diferentes de psicoterapia. Algumas têm mestrado em psicologia, aconselhamento e acompanhamento psicológico ou serviço social clínico e são licenciadas em uma especialidade, como terapia de casal e terapia de família. Outras, no entanto, não têm formação específica em psicologia; algumas nem sequer têm um diploma universitário. A palavra *psicoterapeuta* é em larga medida desregulamentada; em alguns países, qualquer um pode dizer que é terapeuta sem ter formação em nada.

Nas últimas décadas, à medida que aumentou o número de profissionais de saúde mental de todos os tipos, a maioria dos programas de aconselhamento e acompanhamento psicológico e especialização em psicoterapia se separou de seus primos com formação científica em departamentos de psicologia universitários.[10] "Para que eu preciso saber estatísticas e pesquisas?", perguntam muitos formados nesses programas. "Preciso apenas saber como fazer terapia e, para isso, preciso sobretudo de experiência clínica." Em alguns aspectos, eles estão certos. Os terapeutas estão constantemente tomando decisões sobre o rumo do tratamento: o que pode ser benéfico agora? Que direção devemos seguir? Esse é o momento certo para arriscar contestar a história do meu paciente ou vou convidá-lo a se retirar? Tomar essas decisões requer experiência com a infinita variedade de peculiaridades e paixões da psique humana, esse poço de escuridão e amor.

Ademais, pela própria natureza, a psicoterapia é uma interação privada entre o terapeuta e o paciente. Na intimidade da sala de consulta ninguém está olhando por cima do ombro do terapeuta, ávido para atacar se ele fizer algo errado. No entanto, a privacidade inerente da interação significa que os terapeutas desprovidos de formação em ciência e de ceticismo não têm correções internas para os vieses cognitivos de autoproteção que afligem a todos nós. O que esses terapeutas veem confirma aquilo em que eles acreditam, e aquilo em que eles acreditam molda o que eles veem. É um ciclo fechado. Minha paciente melhorou? Excelente; o que eu fiz foi eficaz. Minha paciente permaneceu inalterada ou piorou? Isso é lamentável, mas ela é resistente à terapia e profundamente perturbada; além disso, às vezes a paciente tem que piorar antes de melhorar. Eu acredito que a raiva reprimida causa dificuldades sexuais? Se acredito, o problema de ereção do meu paciente deve ser reflexo de raiva reprimida contra a mãe ou a esposa. Eu acredito que o abuso sexual causa transtornos alimentares? Se sim, a bulimia da minha paciente deve significar que ela foi molestada quando criança.

Queremos deixar claro que alguns pacientes *são* resistentes à terapia e *são* de fato profundamente perturbados. Este capítulo não é uma acusação à terapia, assim como apontar os erros de memória não significa que toda memória é inconfiável ou que os conflitos de interesse entre cientistas significam que todos os cientistas fazem pesquisas maculadas. Nossa intenção é examinar os tipos de erro que podem resultar do ciclo fechado da prática clínica e mostrar como a autojustificação os perpetua.

Para qualquer pessoa que atua na prática privada, o ceticismo e a ciência são maneiras de sair do ciclo fechado. O ceticismo ensina os terapeutas a serem cautelosos sobre levar ao pé da letra o que seus pacientes lhes dizem. Se uma mulher diz que a mãe dela colocou aranhas em sua vagina quando ela tinha 3 anos de idade, o terapeuta cético pode sentir empatia sem acreditar que esse fato aconteceu literalmente. Se uma criança diz que os professores dela a levaram para voar em um avião repleto de palhaços e sapos, o terapeuta cético pode ficar encantado com a história sem acreditar que eles realmente fretaram um jatinho particular (ainda mais com o salário que ganham, imaginem). A pesquisa científica fornece aos terapeutas maneiras de melhorar sua prática clínica e evitar erros. Se você for usar a hipnose, é melhor saber que, embora ela possa ajudar os pacientes a aprender a relaxar, controlar a dor e parar de fumar, jamais deve ser usada para ajudar um paciente a recuperar memórias, porque o paciente disposto e sugestionável frequentemente criará uma memória que não é confiável.[11]

No entanto, hoje existem muitos milhares de psiquiatras, assistentes sociais, psicólogos e psicoterapeutas que vão para a prática privada sem ceticismo e sem evidências que os orientem. Paul Meehl, que alcançou grande renome como médico clínico e pesquisador científico, observou que, em seus tempos de estudante, o fator comum na formação de todos os psicólogos era "o comprometimento científico geral de não ser enganado e não enganar ninguém. Aconteceram algumas coisas no mundo da prática clínica que me preocupam a esse respeito. O ceticismo e a paixão de não ser enganado e não enganar ninguém não parecem ser uma parte tão fundamental do equipamento mental de todos os psicólogos como era há meio século [...] Ouvi falar de alguns depoimentos psicológicos em tribunais locais nos quais essa mentalidade crítica parece estar, em grande medida, ausente".[12]

Um exemplo do problema que Meehl temia é visível no depoimento de um destacado psiquiatra, Bessel van der Kolk, que com frequência testemunhava em nome de demandantes em ações judiciais de memória reprimida. Van der Kolk explicou que, como psiquiatra, tinha formação em medicina e residência em psiquiatria, mas nunca havia feito um curso de psicologia experimental.

PERGUNTA: O senhor tem conhecimento de alguma pesquisa sobre a confiabilidade ou validade do julgamento clínico ou prognósticos clínicos baseados em informações de entrevistas?
RESPOSTA: Não.
PERGUNTA: Qual é sua compreensão do atual termo "evidências refutatórias"?
RESPOSTA: Creio que isso se refira a evidências que refutam noções preciosas que as pessoas têm.
PERGUNTA: Qual é a evidência refutatória mais robusta que o senhor conhece para a teoria de que as pessoas são capazes de reprimir lembranças ou podem bloquear da consciência uma série de eventos traumáticos, armazená-los na memória e recuperá-los com alguma precisão anos depois?
RESPOSTA: Qual é a coisa mais forte que existe contra isso?
PERGUNTA: Sim. Qual é a evidência refutatória mais forte?
RESPOSTA: Realmente não consigo pensar em nenhuma boa evidência contra isso...

PERGUNTA: O senhor já leu alguma literatura sobre o conceito de falsas memórias por meio do uso de hipnose?
RESPOSTA: Não.
PERGUNTA: Há pesquisas sobre se, ao longo de um período de anos, os médicos clínicos desenvolvem um julgamento clínico mais preciso?
RESPOSTA: Não sei se há, na verdade...
PERGUNTA: Existe alguma técnica que o senhor utilize para distinguir memórias verdadeiras de falsas?
RESPOSTA: Todos nós, todos nós como seres humanos, somos continuamente confrontados com a questão de acreditar ou não nas coisas que alguém nos conta, e todos nós fazemos julgamentos o tempo todo. E existe uma coisa chamada consistência interna, e, se as pessoas lhe dizem algo com consistência interna e com o sentimento apropriado, você tende a acreditar que as histórias são verdadeiras.[13]

Na época desse depoimento, Van der Kolk não havia lido uma página sequer da volumosa literatura de pesquisa sobre falsas memórias ou sobre como a hipnose pode criá-las, tampouco estava ciente da falta de confiabilidade documentada de "prognósticos clínicos baseados em informações de entrevistas". Ele não havia lido nenhuma pesquisa que refutasse sua crença de que memórias traumáticas são, geralmente, reprimidas. No entanto, testemunhava com frequência e confiança em nome de demandantes em ações judiciais de memória reprimida. Como muitos clínicos, tem a convicção de que sabe quando um paciente está dizendo a verdade, se uma memória é verdadeira ou falsa, com base em sua experiência clínica; as pistas são se a história do paciente tem "consistência interna" e se o paciente relata a memória com a emoção apropriada – isto é, se o paciente realmente *sente* que a memória é verdadeira. O problema com esse raciocínio, no entanto, é que, como vimos no capítulo anterior, milhares de pessoas mentalmente saudáveis acreditam ter sido abduzidas por alienígenas e são capazes de relatar, com todo o sentimento apropriado, histórias com consistência interna dos bizarros experimentos que acreditam ter sofrido. Como observou o psicólogo pesquisador John Kihlstrom: "A fraqueza da relação entre precisão e confiança é um dos fenômenos mais bem documentados na centenária história da pesquisa de memória de testemunhas oculares",[14] mas Van der Kolk não sabia de uma descoberta que quase todos os alunos de graduação que cursaram Introdução à Psicologia saberiam.

À medida que se acumulavam evidências acerca da falibilidade da memória e as muitas confabulações de casos de memória recuperada, os defensores dessa noção não admitiram o erro; eles simplesmente mudaram a sua visão quanto ao mecanismo pelo qual memórias traumáticas são supostamente perdidas. Não é mais a repressão em ação, mas a dissociação; de alguma forma a mente separa a memória traumática e a expulsa para os subúrbios. Essa mudança permitiu que eles continuassem prestando depoimentos na condição de especialistas científicos – sem pestanejar e sem a menor inibição – em casos de memórias recuperadas.

Vejamos o depoimento de 2014 de Christine Courtois, psicóloga de aconselhamento que há mais de trinta anos atua como defensora da terapia de memória recuperada. (Seu consultório foi fechado em 2016.) Ela foi convocada como especialista em uma ação civil em nome de um demandante que alegou ter sido molestado quando menino pelo réu, mas que apenas recentemente viera a lembrar-se do abuso. Uma audiência pré-julgamento foi realizada para determinar se havia uma base científica crível para sua acusação. Em geral, há prescrição (ou lei da caducidade) em processos civis, incluindo casos de abuso infantil. Mas muitos tribunais decidiram que o relógio é parado na limitação de tempo se o autor do processo não tiver conhecimento do dano de que ele ou ela mais tarde venha a se lembrar. Os tribunais concordam que, quando uma pessoa está em coma, o relógio é parado no prazo prescricional, mas não há consenso sobre se as memórias reprimidas também param o relógio. A resolução repousa no mérito científico da alegação de que memórias traumáticas podem ser reprimidas ou dissociadas. Se puderem, então ações civis e criminais podem ser movidas dentro de certo período de tempo após o autor do processo *lembrar-se* de ter sido molestado, em vez de após o abuso em si. É por essa razão que, em tais casos, os advogados do autor do processo trazem as maiores armas clínicas que puderem encontrar para testemunhar sobre a existência de repressão – ou, hoje em dia, dissociação. Graças à enorme popularidade da neurociência e dos estudos do cérebro, esses especialistas, que por anos prestaram depoimentos sobre a existência de memórias reprimidas, agora acenam com vagas referências a partes do cérebro para corroborar sua nova crença na existência de memórias dissociadas, como pode ser visto no incoerente depoimento do dr. Courtois:

RESPOSTA: Que tem a ver com a inibição excessiva da resposta ao trauma de estresse no cérebro do indivíduo, e diferentes partes do cérebro acendem ou desligam e mostram uma resposta diferencial. Então, a parte dissociativa está relacionada à despersonalização, desrealização da experiência, e esse tipo de mecanismo tornaria mais fácil sequestrar essa informação. Aparentemente, ela não desaparece e fica acessível mais tarde, mas é sequestrada no cérebro.

Algumas pesquisas mostram também que o cérebro de crianças traumatizadas e o cérebro de crianças traumatizadas *versus* crianças que não são traumatizadas em virtude de sua experiência diferencial, que geralmente começa em uma idade muito jovem, são diferentes e o desenvolvimento cerebral é diferente, a função cerebral, a estrutura cerebral é diferente. O que pode ter implicações para a retenção de memória, codificação de memória, recuperação de memória mais tarde.[15]

Você está impressionado? Se está, você não é o único. Esse é o tipo de linguagem que parece séria e científica, mas, em uma inspeção mais detalhada, revela-se apenas linguagem empolada, jargão afetado e sem sentido. Diferentes partes do cérebro estão fazendo o quê? Quais partes? A estrutura cerebral é diferente em vítimas de trauma? Como? "Implicações para a retenção de memória" significa o quê, exatamente? "Sequestrada no cérebro"? Onde? Em um pequeno armário fora do corpo caloso? No artigo "The Seductive Appeal of Neuroscience Explanations" [O sedutor apelo das explicações da neurociência], Deena Weisberg e colegas demonstraram que, se você der a um grupo de leigos uma explicação direta de algum comportamento e a outro grupo a mesma explicação, mas com vagas referências ao cérebro ("varreduras cerebrais indicam" ou "sabe-se que o circuito cerebral do lobo frontal está envolvido"), as pessoas presumem que o último caso é mais científico – e, portanto, mais real. Muitas pessoas inteligentes, incluindo psicoterapeutas, são vítimas do sedutor apelo dessa linguagem, mas leigos não são chamados ao tribunal para tentar explicar o que isso significa.[16]

Ninguém está sugerindo que observadores da ONU perturbem a privacidade do encontro terapêutico ou que todos os terapeutas devam começar a fazer suas próprias pesquisas. Uma compreensão de como pensar de maneira científica pode não ajudar os terapeutas no processo subjetivo de ajudar um paciente que está buscando respostas para questões existenciais. Mas tem profunda importância que os terapeutas aleguem experiência e certeza em domínios nos quais suas opiniões clínicas não verificadas podem arruinar vidas. O método científico consiste no uso de procedimentos projetados para mostrar não que nossas previsões e hipóteses estão certas, *mas que podem estar erradas*. O raciocínio científico é útil para qualquer pessoa em qualquer trabalho porque nos faz encarar a possibilidade, até mesmo a terrível realidade, de que estávamos enganados. Ele nos força a confrontar nossas autojustificações e colocá-las em exposição pública para que outros as ataquem. Em sua essência, portanto, a ciência é uma forma de controle da arrogância.

O problema do golfinho benevolente

De tempos em tempos, circula no noticiário uma enternecedora reportagem sobre um marinheiro naufragado que estava prestes a se afogar em um mar turbulento. De repente, um golfinho apareceu ao seu lado e, gentilmente, mas com firmeza, escorou e empurrou o nadador em segurança até a praia. Os golfinhos devem realmente gostar de seres humanos, o suficiente para nos salvar da morte por afogamento! Mas espere um pouco – os golfinhos sabem que os humanos não nadam tão bem quanto eles? Eles têm mesmo a intenção de ser úteis? Para responder a essa pergunta, precisaríamos saber quantos marinheiros naufragados foram delicadamente empurrados por golfinhos para o mar aberto, mais *para longe* da costa, onde se afogam e desaparecem sem deixar vestígios. Não sabemos sobre esses casos, porque os nadadores não vivem para nos contar sobre suas experiências com golfinhos malévolos. Se tivéssemos essa informação, poderíamos concluir que os golfinhos não são nem benevolentes nem malévolos; eles estão apenas sendo brincalhões.

O próprio Sigmund Freud foi vítima do raciocínio falho do problema do golfinho benevolente. Quando seus colegas analistas questionavam sua noção de que todos os homens sofrem de ansiedade de castração (ou complexo de castração), ele se divertia à beça. Freud escreveu: "Ouvimos falar de analistas que se gabam de que, embora tenham trabalhado por dezenas de anos, nunca encontraram um sinal da existência do complexo de castração. Devemos abaixar a cabeça em reconhecimento... [dessa] peça de virtuosismo na arte de ignorar e errar".[17] Então, se os analistas veem ansiedade de castração em seus pacientes, Freud estava certo, e se eles não conseguem ver, estão "ignorando" isso, e Freud ainda está certo. Os próprios homens não são capazes de dizer se sentem ansiedade de castração, porque ela é inconsciente, mas, se negam que a sentem, estão em negação.

Que teoria fantástica! Não há como estar errada. Mas essa é a razão pela qual Freud, apesar de todas as suas observações esclarecedoras sobre a civilização e seus descontentamentos, não estava fazendo ciência. Para que qualquer teoria seja científica, ela deve ser declarada de tal forma que possa ser demonstrada como falsa e verdadeira. Se algum resultado confirmar sua hipótese de que todos os homens sofrem inconscientemente de ansiedade de castração (ou que o design inteligente, e não a evolução, é responsável pela diversidade das espécies, ou que sua vidente favorita teria previsto com precisão o 11 de Setembro se não estivesse tomando banho naquela manhã), suas crenças são uma questão de fé, não de ciência. Freud, no entanto, via a si mesmo como um cientista consumado. Em 1934, o psicólogo americano Saul Rosenzweig escreveu a Freud, sugerindo que submetesse suas afirmações psicanalíticas a testes experimentais. "A riqueza de observações confiáveis nas quais essas afirmações se baseiam as torna independentes de verificação experimental", Freud respondeu com arrogância. "Ainda assim, [os experimentos] não podem causar danos."[18]

Por causa do viés de confirmação, no entanto, a "observação confiável" não é confiável. A intuição clínica – "Eu sei quando vejo" – é o fim da conversa para muitos psiquiatras e psicoterapeutas, mas o início da conversa para o cientista: "Boa observação, mas o que exatamente você viu, e como você sabe que está certo?". Observação e intuição sem verificação independente são guias inconfiáveis; como moradores locais trapaceiros orientando incorretamente os turistas, eles, vez por outra, nos mandam na direção errada.

Embora hoje em dia existam poucos freudianos ortodoxos, há muitas escolas de terapia psicodinâmica, assim chamadas porque derivam da ênfase de Freud na dinâmica mental inconsciente. A maioria desses programas não está associada aos departamentos universitários de ciência psicológica (embora alguns ainda façam parte do treinamento para residentes psiquiátricos), e seus alunos aprendem pouco ou nada sobre métodos científicos ou mesmo sobre descobertas psicológicas básicas. E há ainda o sem-número de terapeutas não licenciados que não sabem muita coisa sobre teorias psicodinâmicas, mas que, mesmo assim, absorveram de forma acrítica a linguagem freudiana que permeia a cultura – noções de regressão, negação e repressão. O que une esses profissionais clínicos é sua equivocada confiança em seus próprios poderes de observação e no ciclo fechado que ela cria. Tudo o que eles veem confirma aquilo em que eles acreditam.

Um perigo do ciclo fechado é que ele torna os profissionais vulneráveis a falácias lógicas. Tenha em mente o famoso silogismo "Todos os homens são mortais; Sócrates é homem; logo, Sócrates é mortal". Até aqui, tudo bem. Mas só porque todos os homens são mortais, não se segue daí que todos os mortais sejam homens, e certamente não se conclui que todos os homens sejam Sócrates. No entanto, o movimento de recuperação da memória baseava-se na falácia lógica de que, se algumas mulheres que sofreram abusos sexuais na infância desenvolvem depressão, transtornos alimentares e ataques de pânico, então *todas* as mulheres que sofrem de depressão, transtornos alimentares e ataques de pânico devem ter sofrido abuso sexual. Consequentemente, muitos clínicos psicodinâmicos começaram a pressionar seus infelizes pacientes a vasculhar seu passado para encontrar evidências de respaldo de sua teoria. Porém, algumas pacientes negaram ter sido abusadas. O que fazer com essa resposta dissonante? A resposta veio na ideia de Freud de que o inconsciente reprime ativamente experiências traumáticas, sobretudo as de natureza sexual. Essa é a explicação! Isso elucida como Holly Ramona conseguiu esquecer que seu pai a estuprou durante onze anos.

Uma vez que esses clínicos se agarraram à repressão para explicar por que seus pacientes não se lembravam de traumáticos abusos sexuais, dá para ver por que alguns encontraram razões plausíveis para fazer o que fosse necessário no sentido de arrancar de lá aquela memória reprimida – na verdade, julgavam ter a justa obrigação profissional de agir assim. Como as negações do paciente são evidências ainda mais robustas de repressão, há a necessidade de métodos vigorosos. Se a hipnose não resolver, vamos tentar o amital sódico ("soro da verdade"), outra intervenção que serve apenas para relaxar uma pessoa e aumenta as chances de falsas memórias.[19]

Claro, muitos de nós intencionalmente evitamos memórias dolorosas recorrendo a distrações ou tentando não pensar nelas, e muitos de nós já tivemos a experiência de repentinamente relembrar uma memória embaraçosa, que julgávamos extinta havia muito, quando estamos em uma situação que a evoca. A situação fornece o que os cientistas da memória chamam de pistas de recuperação, sinais familiares que despertam a memória.[20]

Os terapeutas psicodinâmicos, no entanto, afirmam que a repressão é totalmente diferente dos mecanismos normais de esquecimento e recordação. Eles acham que isso explica por que uma pessoa pode esquecer anos e anos de experiências traumáticas – por exemplo, repetidos estupros. No entanto, em sua meticulosa revisão da pesquisa experimental e das evidências clínicas, apresentadas em seu livro *Remembering Trauma* [Relembrar o trauma], o psicólogo clínico Richard McNally conclui: "A noção de que a mente se protege reprimindo ou dissociando memórias de trauma, tornando-as inacessíveis à consciência, não passa de folclore psiquiátrico desprovido de suporte empírico convincente".[21] De maneira esmagadora, as evidências mostram exatamente o oposto. Para a maioria das pessoas que sofreram experiências traumáticas, o problema não é que elas as esquecem, mas que não conseguem esquecê-las; as memórias continuam se intrometendo.

Assim, as pessoas não reprimem a memória de terem sido torturadas na prisão, de estarem em combate ou de terem sido vítimas de um desastre natural (a menos que tenham sofrido danos cerebrais na ocasião), embora detalhes até mesmo dessas experiências horríveis estejam sujeitos a distorções ao longo dos anos, assim como ocorre com todas as lembranças. "Eventos verdadeiramente traumáticos – experiências aterrorizantes e que apresentam risco de vida – nunca são esquecidos, muito menos se forem repetidos", afirma McNally. "O princípio básico é: se o abuso foi traumático no momento em que ocorreu, é improvável que seja esquecido. Se foi esquecido, então é improvável que tenha sido traumático. E, mesmo que tenha sido esquecido, não há evidências de que tenha sido bloqueado, reprimido, selado e de que esteja inacessível atrás de uma barreira mental."

Obviamente, essa é uma informação que desmente os clínicos comprometidos com a crença de que pessoas que foram brutalizadas por anos reprimirão a memória. Se estivessem certos, decerto os sobreviventes do Holocausto seriam os principais candidatos à repressão. Mas, até onde se sabe, e como McNally documenta, nenhum sobrevivente do Holocausto esqueceu ou reprimiu o que aconteceu com eles. Os defensores da memória recuperada também têm uma resposta para essa evidência – eles a distorcem. Em um estudo realizado quarenta anos após a guerra, pediu-se a sobreviventes do Erika, um dos campos de concentração nazistas, que relembrassem as agruras que haviam sofrido lá. Quando suas lembranças atuais foram comparadas a depoimentos por eles fornecidos logo após a libertação, descobriu-se que os sobreviventes se lembravam com extraordinária precisão do que havia acontecido com eles. Qualquer observador neutro leria essa pesquisa e diria: "Que incrível! Eles foram capazes de se lembrar de todos esses detalhes mesmo depois de quarenta anos". No entanto, uma equipe de defensores da memória recuperada citou esse estudo como evidência de que "também houve relatos de amnésia para experiências de campos de concentração do Holocausto nazista". Esses relatos não eram nem sequer remotamente parecidos com amnésia. Alguns sobreviventes não conseguiram se lembrar de alguns eventos violentos entre muitos outros semelhantes, e alguns esqueceram certos detalhes, por exemplo, o nome de um guarda sádico. Isso não é repressão; é o esquecimento normal de pormenores que todos nós vivenciamos ao longo dos anos.[22]

Clínicos que acreditam na repressão a veem em todos os lugares, mesmo onde ninguém mais a vê. Mas, se tudo o que você observa em sua experiência clínica é evidência para corroborar suas crenças, o que você consideraria contraevidência? E se seu paciente não tiver memória de abuso, não porque a esteja reprimindo, mas porque nunca aconteceu? O que poderia tirá-lo do ciclo fechado? Para se proteger contra o viés de nossas próprias observações diretas, os cientistas inventaram o grupo de controle: o grupo que *não está* recebendo o novo método terapêutico, os pacientes que *não estão* recebendo o novo medicamento. A maioria das pessoas entende a importância dos grupos de controle em um estudo de eficácia de um novo medicamento, porque, sem um grupo de controle, você não pode dizer se a resposta positiva das pessoas se deve ao medicamento ou ao efeito placebo – a expectativa geral de que o medicamento as ajudará. Um estudo com mulheres que se queixavam de problemas sexuais descobriu que 41% afirmaram que a libido retornou depois que tomaram Viagra. O mesmo aconteceu, no entanto, com 43% do grupo de controle que tomou uma pílula de açúcar.[23] (Esse estudo mostrou de maneira cabal que o órgão mais responsável pela excitação sexual é o cérebro.)

É óbvio que, se você é um psicoterapeuta, não pode colocar aleatoriamente alguns de seus pacientes em uma lista de espera e dar a outros sua atenção séria; os primeiros encontrarão imediatamente outro terapeuta. Mas, se você não for treinado para estar ciente do problema do golfinho benevolente e se estiver absoluta e positivamente convencido de que suas opiniões estão certas e suas habilidades clínicas são inatacáveis, você corre o risco de cometer erros graves. Uma assistente social clínica explicou por que decidiu tirar uma criança da custódia da mãe: na infância, a mãe sofreu maus-tratos físicos, e "todos nós sabemos", afirmou a assistente social diante do juiz, que isso significa quase certamente que ela é uma mãe abusiva. Essa suposição do ciclo de abuso veio de observações de *casos de confirmação*: pais e mães abusivos, na prisão ou em terapia, relatando ter sofrido severos espancamentos ou abuso sexual pelo próprio pai e pela própria mãe. O que está faltando são os *casos de desconfirmação*, as crianças vítimas de abusos que na vida adulta não se tornam pais e mães abusivos. Elas são invisíveis para assistentes sociais e outros profissionais de saúde mental porque, por definição, não acabam na prisão ou em tratamento. Psicólogos pesquisadores que realizaram estudos longitudinais, acompanhando crianças ao longo do tempo, descobriram que, embora sofrer maus-tratos físicos na infância esteja associado a uma chance maior de se tornar um pai ou mãe abusivo, a grande maioria das crianças vítimas de abusos físicos – quase 70% – não repete as crueldades do pai e da mãe.[24]

Se você estiver fazendo terapia com uma vítima de maus-tratos parentais ou com um pai ou uma mãe abusivo, essas informações podem não ser relevantes para você. Mas, se você estiver em posição de fazer previsões que afetarão se, digamos, um pai ou uma mãe deve perder a custódia de um filho, sem dúvida são.

Da mesma forma, suponha que você esteja fazendo terapia com crianças que foram vítimas de violência sexual. Elas tocam seu coração, e você toma nota cuidadosa de seus sintomas: elas sentem medo, fazem xixi na cama, querem dormir com a luz acesa, têm pesadelos, se masturbam ou expõem seus genitais para outras crianças. Depois de algum tempo, usando esses sintomas como uma lista de verificação, você provavelmente ficará bastante confiante em sua capacidade de determinar se uma criança sofreu abuso sexual. Você pode dar a uma criança um boneco anatomicamente similar a ela para brincar, alegando que o que ela não é capaz de revelar em palavras pode ser revelado por meio de brincadeiras. Um de seus jovens pacientes enfia um pedaço de pau na vagina de uma boneca. Outro examina o pênis de um boneco, com uma concentração alarmante para uma criança de 4 anos.

Terapeutas sem treinamento específico para pensar de maneira científica provavelmente não especularão sobre os casos invisíveis – as crianças que eles não veem como pacientes. Eles provavelmente não pensarão em perguntar até que ponto são comuns os sintomas de urinar na cama, brincadeiras sexuais e medo na população geral de crianças. Quando os pesquisadores fizeram perguntas sobre isso, descobriram que crianças que não foram sexualmente molestadas também são propensas a se masturbar e ter curiosidade sexual; crianças com temperamento medroso também são propensas a fazer xixi na cama e ter medo do escuro.[25] Mesmo as crianças vítimas de abusos sexuais não apresentam nenhum conjunto previsível de sintomas, algo que os cientistas aprenderam apenas observando as reações das crianças ao longo do tempo, em vez de avaliá-las uma ou duas vezes em uma entrevista clínica. Uma revisão de 45 estudos que acompanharam crianças vítimas de abusos sexuais por até dezoito meses descobriu que, embora essas crianças inicialmente tivessem mais sintomas de medo e transferência sexual do que crianças que não sofreram violência sexual, "nenhum sintoma caracterizou a maioria das crianças que sofreram abuso sexual, [e] aproximadamente um terço das vítimas não apresentava sintomas [...] As descobertas sugerem a ausência de qualquer síndrome específica em crianças vítimas de abusos sexuais".[26]

Além disso, crianças que não sofreram abuso sexual não diferem de maneira significativa de crianças vítimas de violência sexual na forma como brincam com bonecos anatomicamente similares a elas; os genitais proeminentes são bastante interessantes. Algumas crianças fazem coisas bizarras, e isso não significa nada, exceto que os bonecos não são confiáveis como testes de diagnóstico.[27] Em um estudo encabeçado por dois célebres psicólogos do desenvolvimento, Maggie Bruck e Stephen Ceci, uma criança enfiou um pedaço de pau na vagina da boneca para mostrar ao pai e à mãe o que supostamente havia acontecido com ela durante um exame médico naquele dia.[28] O médico (gravado em vídeo) não fez nada disso, mas você pode imaginar o que sentiria se visse sua filha brincando com tamanha violência com a boneca e um psiquiatra lhe dissesse em tom solene que isso significa que ela havia sido estuprada. Você iria querer esfolar a pele do médico.

Muitos terapeutas se sentem extremamente confiantes em sua capacidade de determinar se uma criança sofreu abuso sexual porque, dizem eles, têm anos de experiência clínica para respaldar seus julgamentos. No entanto, diversos estudos mostram que sua confiança é injustificada. Em um importante estudo, o psicólogo clínico Thomas Horner e colegas examinaram as avaliações fornecidas por uma equipe de clínicos especialistas em um caso no qual um pai foi acusado de molestar sexualmente a filhinha de 3 anos de idade. Os especialistas revisaram transcrições, assistiram a entrevistas da criança e fitas de vídeo de interações entre o pai e a filha e examinaram os achados clínicos. Eles dispunham de informações idênticas, mas alguns se convenceram de que o abuso havia ocorrido, ao passo que outros estavam igualmente convencidos de que nunca havia acontecido. Em seguida os pesquisadores recrutaram 129 outros especialistas em saúde mental e pediram que avaliassem as evidências nesse caso, estimassem a probabilidade de a menina ter sido molestada pelo pai e fizessem uma recomendação sobre a custódia. Novamente, os resultados variaram da plena certeza de que a criança havia sido molestada à convicção de que não havia sido. Alguns queriam proibir o pai de voltar a ver a filha; outros queriam dar a ele a custódia total. Os especialistas propensos a acreditar que os abusos sexuais ocorrem de forma desenfreada nas famílias foram rápidos em interpretar evidências ambíguas de maneiras que corroboravam essa convicção; os céticos não fizeram isso. Para os especialistas céticos, afirmaram os pesquisadores, "acreditar é ver".[29]

Até o momento, centenas de estudos demonstraram a falta de confiabilidade das previsões clínicas. Essa evidência é uma notícia que cria dissonância para os profissionais de saúde mental cuja autoconfiança se baseia na crença de que suas avaliações especializadas são extremamente precisas.[30] Quando dissemos que a ciência é uma forma de controle da arrogância, é isso que queremos dizer.

"Acreditar é ver" foi o princípio que criou todos os escândalos das creches nas décadas de 1980 e 1990. Assim como no caso da Pré-Escola McMartin, cada um começou com uma acusação de um pai ou mãe perturbado ou homofóbico ou com os comentários fantasiosos de uma criança, que desencadearam uma investigação, que suscitaram pânico. Um menino de 4 anos, matriculado na Creche e Pré-Escola Wee Care em Nova Jersey, foi levado ao médico para uma medição da temperatura por via retal, e durante a consulta afirmou: "É isso que a minha professora [Kelly Michaels] faz comigo na escola".[31] A mãe do menino notificou a agência estadual de proteção à criança, que o levou ao gabinete de um promotor de justiça e lhe deu uma boneca anatômica para brincar. O menino inseriu o dedo no reto da boneca e disse que dois outros meninos também tiveram a temperatura medida dessa forma, por meio da inserção de um termômetro retal. Os pais e as mães de crianças na pré-escola foram instruídos a procurar sinais de abuso nos próprios filhos. Profissionais foram chamados para entrevistar as crianças, que em pouco tempo estavam alegando que Kelly Michaels havia lambido manteiga de amendoim de seus órgãos genitais, as havia feito beber sua urina e comer suas fezes, as havia estuprado com facas, garfos e brinquedos, entre outras barbaridades. Segundo o relato das crianças, esses atos ocorreram durante o horário escolar ao longo de um período de sete meses, embora nenhum menino ou menina jamais tenha reclamado, e os pais e as mães dos alunos, que podiam entrar e sair quando bem quisessem, jamais tenham testemunhado qualquer abuso ou notado qualquer problema nos filhos.

Kelly Michaels foi condenada por 115 acusações de abuso sexual e sentenciada a 47 anos de prisão. Ela foi libertada após cumprir cinco anos de pena, depois que um tribunal de segunda instância concluiu que o testemunho das crianças havia sido contaminado pela forma como foram entrevistadas. E como isso se deu? Com o viés de confirmação a todo vapor e sem as rédeas da cautela científica para contê-lo, combinação mortal que era a marca registrada das entrevistas com crianças em todos os casos envolvendo creches. Transcrevo aqui a maneira como Susan Kelley, enfermeira pediátrica que entrevistou crianças em vários desses casos, usou fantoches de Bert e Ernie para "ajudar" na lembrança delas:

KELLEY: Você quer contar pro Ernie?
CRIANÇA: Não.
KELLEY: Ah, vamos lá [*tom de súplica*]. Por favor, conta pro Ernie. Por favor, me conta. Por favor, me conta. Pra que assim eu possa ajudar você. Por favor... Você sussurra pro Ernie... Alguém já tocou em você ali? [*Apontando para a vulva de uma boneca.*]
CRIANÇA: Não.
KELLEY: [*Apontando para o traseiro da boneca.*] Alguém tocou no seu bumbum?
CRIANÇA: Não.
KELLEY: Você não vai contar pro Bert?
CRIANÇA: Eles não tocaram em mim!
KELLEY: Quem não tocou em você?
CRIANÇA: Minha professora não foi. Ninguém.
KELLEY: Alguma pessoa grande, algum adulto, tocou no seu bumbum ali?
CRIANÇA: Não.[32]

"Quem não tocou em você?" Estamos entrando no reino de *Ardil-22*, o estupendo romance de Joseph Heller, no qual o coronel de bigode grosso diz a Clevinger: "O que diabos você quis dizer quando afirmou que não poderíamos puni-lo?". Clevinger responde: "Eu não disse que não poderiam me punir, senhor". Coronel: "Quando você não disse que não poderíamos puni-lo?". Clevinger: "Eu nunca disse que não poderiam me punir, senhor".

Na época, os psicoterapeutas e assistentes sociais que eram chamados para entrevistar crianças acreditavam que crianças vítimas de abusos sexuais não contariam o que havia acontecido com elas a menos que fossem pressionadas com perguntas capciosas e persistentes, porque estavam assustadas ou envergonhadas. Na ausência de pesquisa, era uma suposição razoável e que, claramente, às vezes mostra-se verdadeira. Mas quando pressionar descamba para a coerção? Cientistas psicológicos realizaram experimentos para investigar vários aspectos da memória e do testemunho das crianças. De que maneira as crianças entendem o que os adultos lhes perguntam? Suas respostas dependem da idade, das habilidades verbais e dos tipos de perguntas que são feitas a elas? Em que condições as crianças estão inclinadas a dizer a verdade, e quando provavelmente serão sugestionáveis, propensas a dizer que algo aconteceu quando não aconteceu?[33]

Em um experimento com crianças em idade pré-escolar, Sena Garven e colegas usaram técnicas de entrevista baseadas nas transcrições reais de entrevistas com crianças no caso da McMartin. Um jovem visitou crianças na pré-escola onde estudavam, leu uma história para elas e distribuiu guloseimas. Ele não fez nada agressivo, inapropriado ou surpreendente. Uma semana depois, uma pesquisadora entrevistou as crianças sobre a visita do rapaz. A um grupo de crianças ela fez as perguntas iniciais, como "Ele empurrou a professora? Ele jogou um giz de cera em uma criança que estava falando?". Ela fez as mesmas perguntas a um segundo grupo de crianças, mas acrescentou as técnicas de influência que os interrogadores da McMartin utilizaram: ela contou às crianças o que outras crianças supostamente tinham dito, expressou decepção diante de respostas negativas e as elogiou por fazerem acusações. As crianças do primeiro grupo, que receberam apenas as perguntas iniciais, disseram "Sim, isso aconteceu" a cerca de 15% das falsas alegações sobre a visita do homem; não é uma porcentagem alta, tampouco é trivial. No segundo grupo, no entanto, aquele em que táticas de influência foram adicionadas, as crianças de 3 anos disseram "Sim, isso aconteceu" a mais de 80% das falsas alegações sugeridas a elas, e as de 4 a 6 anos disseram "sim" a cerca de metade das alegações. E esses resultados ocorreram após entrevistas que duraram apenas cinco a dez minutos; em investigações criminais reais, os entrevistadores amiúde questionam as crianças repetidamente ao longo de semanas e meses. Em um estudo semelhante, desta vez com crianças de 5 a 7 anos, os pesquisadores descobriram que poderiam facilmente influenciá-las a responder "sim" a perguntas absurdas, como "O Paco levou você pra voar em um avião?". O aspecto mais preocupante era que, em pouco tempo, muitas das declarações imprecisas das crianças se cristalizaram em memórias estáveis, mas falsas.[34]

Pesquisas como essa permitiram que psicólogos melhorassem seus métodos de entrevistar crianças. Seu objetivo é ajudar crianças que sofreram abusos sexuais a revelar o que aconteceu com elas, mas sem aumentar a sugestionabilidade de crianças que não sofreram abusos. Os cientistas mostraram que crianças menores de 5 anos geralmente não conseguem distinguir entre algo que lhes foi dito e algo que de fato lhes aconteceu. Se crianças em idade pré-escolar ouvirem adultos trocando boatos sobre algum evento, muitas delas mais tarde passarão a acreditar que realmente vivenciaram o evento.[35] Em todos esses estudos, a descoberta mais robusta é a de que os adultos são tremendamente propensos a contaminar uma entrevista quando já entram nela convencidos de que uma criança foi vítima de abusos sexuais. Quando isso acontece, há apenas uma "verdade" que eles estão preparados para aceitar ao pedir à criança que conte a verdade. Assim como Susan Kelley, eles nunca aceitam o *não* da criança; o *não* significa que a criança está negando, reprimindo ou com medo de contar. Não há o que a criança possa fazer para convencer o adulto de que não foi molestada.

Esse adulto pode até ser o pai ou a mãe da criança. Vinte e um anos após os julgamentos do caso McMartin, Kyle Zirpolo, que tinha sido uma das crianças que testemunharam contra os professores da pré-escola, pediu desculpas publicamente no jornal *Los Angeles Times*. Ele afirmou que, na época, sabia que estava mentindo, mas fez isso para agradar o padrasto, um policial afeito a punições, que estava convencido de que os professores da creche eram pedófilos. Nas palavras de Zirpolo:

> Mas ter mentido me incomodava bastante. Uma noite em especial se destaca na minha mente. Eu devia ter talvez 10 anos e tentei dizer à minha mãe que nada tinha acontecido. Eu me deitei na cama chorando histericamente – eu queria desabafar, contar a verdade a ela. Minha mãe continuou me pedindo para, por favor, contar a ela o que estava acontecendo. Eu disse que ela nunca acreditaria em mim. Ela insistiu: "Prometo que vou acreditar em você! Eu te amo tanto! Me diga o que está te incomodando!". Isso continuou por um longo tempo: eu lhe disse que ela não acreditaria em mim, e ela insistia em me assegurar que acreditaria em mim. Eu me lembro de finalmente dizer: "Nada aconteceu! Nada nunca aconteceu comigo naquela escola".
>
> Ela não acreditou em mim.[36]

Zirpolo achava que a mãe não conseguia aceitar a verdade – que ele *não* tinha sido sexualmente molestado –, porque, se acreditasse, "como [ela poderia] explicar todos os problemas da família?". Ela e o padrasto de Zirpolo nunca lhe deram ouvidos, disse ele, nunca expressaram alívio por ele não ter sido ferido, e nunca viram nenhum dos filmes ou leram nenhum dos livros que questionavam o tratamento que a promotoria deu ao caso.

Podemos entender por que tantas Susan Kelleys, promotores de justiça, pais e mães foram rápidos em presumir o pior; ninguém quer deixar um molestador de crianças sair impune. Por outro lado, ninguém deveria querer contribuir para a condenação de um adulto inocente. Hoje, informados por anos de pesquisa experimental com crianças, o Instituto Nacional de Saúde Infantil e Desenvolvimento Humano e alguns estados elaboraram novos protocolos-modelo para assistentes sociais, investigadores policiais e outros que realizam entrevistas com crianças.[37] Enfatizando os perigos do viés de confirmação, esses protocolos instruem os entrevistadores a testar a hipótese de possível abuso e não presumir que sabem o que aconteceu. As diretrizes reconhecem que a maioria das crianças revelará prontamente o abuso real, e algumas precisam de estímulo; as diretrizes alertam também contra o uso de técnicas conhecidas por produzir relatos falsos.

Essa mudança – da acrítica postura "acredite nas crianças" para a mais criteriosa "entenda as crianças" – reflete o reconhecimento de que os profissionais de saúde mental precisam pensar mais como cientistas e menos como ativistas; eles devem sopesar todas as evidências de forma justa e considerar a possibilidade de que suas suspeitas sejam infundadas. Caso contrário, não será feita justiça, mas autojustificação.

Ciência, ceticismo e autojustificação

Quando, em 1981, a psiquiatra Judith Herman publicou *Father-Daughter Incest* [Incesto pai-filha], os pacientes que ela descreveu lembravam-se muito nitidamente do que havia acontecido com eles. Na época, clínicas feministas como Herman estavam trabalhando para aumentar a conscientização pública sobre estupro, abuso infantil, incesto e violência doméstica. Elas não estavam alegando que suas pacientes haviam reprimido suas memórias; em vez disso, essas mulheres disseram que escolheram permanecer em silêncio porque se sentiam assustadas, envergonhadas e convencidas de que ninguém acreditaria nelas. No índice remissivo de *Father-Daughter Incest* não consta o verbete *repressão*. No entanto, em dez anos, Herman tornou-se uma defensora da memória recuperada; a primeira frase de seu livro de 1992, *Trauma and Recovery* [Trauma e recuperação], é: "A resposta comum às atrocidades é bani-las da consciência". Como Herman e outros clínicos experientes passaram de acreditar que experiências traumáticas raramente são esquecidas para acreditar que essa resposta era "comum"? Um passo de cada vez.

Imagine que você é um terapeuta que se importa profundamente com os direitos e a segurança de mulheres e crianças. Você se vê como um profissional hábil e compassivo. Você sabe o quanto tem sido difícil fazer com que os políticos e a opinião pública prestem atenção séria aos problemas de mulheres e crianças. Você sabe o quanto tem sido difícil para mulheres espancadas terem voz. Agora, você começa a ouvir sobre um novo fenômeno: na terapia, as mulheres estão subitamente recuperando memórias que reprimiram durante toda a vida, memórias de acontecimentos horríveis. Esses casos estão aparecendo em *talk shows*, nas conferências que você frequenta e em uma enxurrada de livros, em especial o popularíssimo *The Courage to Heal* [A coragem de curar] (1988). É verdade que as autoras do livro, Ellen Bass e Laura Davis, não têm formação específica em nenhum tipo de pesquisa psicológica ou psicoterapia, muito menos ciência, algo que elas admitiram com desembaraço. "Nada do que é apresentado aqui é baseado em teorias psicológicas", Bass explicou no prefácio, mas essa ignorância sobre a psicologia não as impediu de se definirem como curadoras e especialistas em abuso sexual, com base nos workshops que conduziam.[38] Elas forneceram uma lista de sintomas, qualquer um dos quais, afirmaram, sugere que uma mulher pode ter sido vítima de incesto, incluindo os seguintes: ela se sente impotente e desmotivada; ela tem um transtorno alimentar ou problemas sexuais; ela sente que, bem lá no fundo, há algo errado com ela; ela sente que tem de ser perfeita; ela se sente mal, suja ou envergonhada. Você é um terapeuta que trabalha com mulheres com alguns desses problemas. Você deve presumir que anos de incesto, reprimidos da memória, são a causa primária?

Lá está você, no topo da pirâmide, com uma decisão a tomar: aderir à moda e entrar na onda da memória recuperada ou ser cético. A maioria dos profissionais de saúde mental escolheu o último caminho e não seguiu adiante. Mas um grande número de terapeutas – entre um quarto e um terço, de acordo com várias pesquisas[39] – deu o primeiro passo na direção da crença e, diante do ciclo fechado da prática clínica, podemos notar como foi fácil para eles fazerem isso. A maioria não teve formação no espírito de ceticismo de "mostre-me os dados". Eles não sabiam sobre o viés de confirmação, então não lhes ocorreu que Bass e Davis estavam vendo evidências de incesto em qualquer sintoma que uma mulher tivesse e até mesmo no fato de que a mulher *não* tinha sintomas. Faltava-lhes uma avaliação profunda acerca da importância dos grupos de controle, então era improvável que se perguntassem quantas mulheres que *não* foram vítimas de violência sexual ainda assim tinham transtornos alimentares ou se sentiam impotentes e desmotivadas.[40] Elas não se deram ao trabalho de ponderar sobre quais outras razões além do incesto poderiam fazer com que suas pacientes tivessem problemas sexuais.

Até mesmo alguns profissionais céticos estavam relutantes em desacelerar o movimento dizendo qualquer coisa crítica sobre os colegas ou as mulheres que contavam suas histórias. É desconfortável – dissonante – perceber que alguns de seus colegas estão contaminando a profissão com ideias tolas ou perigosas. É constrangedor – dissonante – perceber que nem tudo o que mulheres e crianças dizem é verdade, sobretudo depois de todos os esforços para persuadir mulheres vitimizadas a falar e fazer o mundo reconhecer o problema do abuso infantil. Alguns terapeutas temiam que questionar publicamente a veracidade das memórias recuperadas minasse a credibilidade das mulheres que realmente foram molestadas ou estupradas. Alguns temiam que as críticas ao movimento da memória recuperada dariam munição e apoio moral a predadores sexuais e antifeministas. No começo, eles não tinham como prever que um pânico nacional sobre abuso sexual explodiria e que pessoas inocentes seriam levadas de roldão na busca pelos culpados. No entanto, ao permanecerem em silêncio enquanto isso acontecia, fomentaram a própria derrocada na pirâmide.

Qual é, hoje, o status da terapia da memória recuperada e sua suposição fundamental de que experiências traumáticas são geralmente reprimidas? À medida que casos sensacionalistas desapareceram da atenção pública, pode parecer que os problemas foram resolvidos, que a sanidade e a ciência prevaleceram. Todavia, como prevê a teoria da dissonância, uma vez que uma ideia incorreta tenha alcançado destaque, e sobretudo se essa ideia tiver causado danos generalizados, ela raramente desaparece. Ela fica à espreita, como a falsa crença de que as vacinas causam autismo, ressurgindo em qualquer oportunidade que permita que seus defensores aleguem que estavam certos o tempo todo. Processos judiciais ainda estão sendo movidos, e famílias ainda estão sendo desfeitas por pessoas que, na terapia, passaram a se lembrar de que foram vítimas de violência sexual ou outras formas de abusos e maus-tratos. A Associação Americana de Psiquiatria mudou o nome *transtorno de personalidade múltipla* para *transtorno dissociativo de identidade* (TDI). Uma associação profissional de psiquiatras e psicoterapeutas de trauma que há anos fomentam esse diagnóstico, sob ambos os rótulos, ainda concede seu prêmio Cornelia Wilbur por "contribuições clínicas excepcionais para o tratamento de transtornos dissociativos".

Um estudo de 2014 relatou que, "embora haja indícios de mais ceticismo hoje do que na década de 1990", a lacuna entre cientistas e profissionais praticantes ainda é "uma profunda divisão". Os pesquisadores coletaram amostras de muitos grupos de psicólogos e psicoterapeutas profissionais e descobriram que, quanto maior seu nível de formação científica, mais precisas eram suas convicções sobre memória e trauma. Entre os membros da Sociedade para uma Ciência da Psicologia Clínica, apenas 17,7% acreditavam que "memórias traumáticas costumam ser reprimidas". Entre psicoterapeutas gerais, esse número era de 60%; entre psicanalistas, 69%; e entre terapeutas de programação neurolinguística e hipnoterapeutas, 81% – quase a mesma porcentagem encontrada na população em geral.[41] "As guerras da memória não desapareceram", uma equipe de cientistas da memória escreveu em 2019. "Elas continuaram a perdurar e a contribuir para consequências potencialmente prejudiciais em contextos clínicos, legais e acadêmicos."[42]

Não é de admirar que essa lacuna persista, levando em conta o que seria necessário para que todos aqueles psicoterapeutas e psiquiatras que geraram a epidemia de casos de memória recuperada e personalidade múltipla subissem de volta na pirâmide. Alguns continuam fazendo o que vêm fazendo há anos, ajudando pacientes a descobrir memórias "reprimidas".[43] Outros abandonaram discretamente seu foco em memórias reprimidas de incesto como a principal explicação para os problemas de seus pacientes; para eles, isso saiu de moda, assim como décadas atrás saíram de moda a inveja do pênis, a frigidez e a insanidade masturbatória. Eles abandonam uma moda quando ela perde força e aderem ao modismo seguinte, e raramente se dão ao trabalho de questionar para onde foram todos os casos de incesto reprimido. Talvez tenham uma vaga noção de que há controvérsia, mas é mais fácil continuar com o que sempre fizeram e talvez adicionar uma técnica mais nova e seguir adiante. Alguns terapeutas se esqueceram do entusiasmo com que acreditavam em suposições e métodos de memória recuperada, e agora se veem como moderados no debate como um todo.

Sem dúvida, os profissionais que têm a maior dissonância a resolver são os psicólogos clínicos e psiquiatras que, para começo de conversa, mais ativamente alardearam as terapias de memória recuperada e de personalidade múltipla – e delas se beneficiaram. Muitos têm credenciais impressionantes. O movimento lhes proporcionou grande fama e sucesso. Eles eram palestrantes famosos em conferências profissionais. Eles eram (e ainda são) convocados aos tribunais para dar seu depoimento técnico sobre se uma criança foi vítima de abuso sexual ou se a memória recuperada do autor do processo judicial é confiável e, como vimos, geralmente faziam seus julgamentos com um elevado grau de confiança. À medida que começaram a se acumular as evidências científicas de que estavam errados, qual era a probabilidade de que prontamente encampariam os dados, gratos pelos estudos de memória e pelo testemunho de crianças que melhorariam sua prática? Fazer isso seria perceber que haviam prejudicado as mesmas mulheres e crianças que alegavam estar tentando ajudar. Para eles era muito mais fácil preservar seu comprometimento com suas posições, rejeitando a pesquisa científica como algo irrelevante para a prática clínica. E, uma vez dado esse passo autojustificável, não poderiam voltar atrás sem uma enorme dificuldade psicológica.

Hoje, estando na base da pirâmide, a quilômetros de distância em termos profissionais de seus colegas cientistas e tendo dedicado mais de duas décadas a promover uma forma de terapia que Richard McNally chama de "a pior catástrofe a se abater sobre o campo da saúde mental desde a era da lobotomia",[44] a maior parte dos clínicos de memória recuperada permanece tão comprometida quanto sempre com suas convicções, e continua a pregar o que vem praticando há muito tempo. Como esses profissionais reduziram sua dissonância?

Um método popular é minimizar a extensão do problema e os danos que ele causou. O psicólogo clínico John Briere, um dos primeiros adeptos da terapia de memória recuperada, enfim admitiu em uma conferência que o grande número de casos de recuperação de memória relatados na década de 1980 pode ter sido causado, pelo menos em parte, por terapeutas "excessivamente entusiasmados" que tentaram, de maneira inapropriada, "lipoaspirar memórias do cérebro de seus [pacientes]". Erros foram cometidos – por eles. Mas apenas alguns deles, ele se apressou em acrescentar. Memórias falsas recuperadas são raras, afirmou ele; memórias verdadeiras reprimidas são muito mais comuns.[45]

Outros reduzem a dissonância culpando a vítima. Colin Ross, psiquiatra que alcançou fama e fortuna alegando que memórias reprimidas de abuso causam transtorno de personalidade múltipla, no fim das contas concordou que "indivíduos sugestionáveis podem ter memórias elaboradas em sua mente em decorrência de técnica terapêutica ruim". Mas, como "a memória humana normal é bastante propensa a erros", ele concluiu que "falsas memórias são biologicamente normais e, portanto, não necessariamente culpa do terapeuta". Terapeutas não criam falsas memórias em seus pacientes, porque terapeutas são meramente "consultores".[46] Portanto, se um paciente vem com uma memória equivocada, a culpa é do paciente. (Colin Ross ganhou o prêmio Cornelia Wilbur em 2016.)

Os clínicos mais comprometidos do ponto de vista ideológico reduziram a dissonância matando o mensageiro. No final da década de 1990, quando psiquiatras e psicoterapeutas estavam sendo condenados por negligência médica por conta do uso de métodos coercitivos para gerar falsas memórias recuperadas e múltiplas personalidades, D. Corydon Hammond aconselhou assim os colegas clínicos reunidos em uma convenção: "Acho que é hora de alguém pedir uma temporada de caça a acadêmicos e pesquisadores. Sobretudo nos Estados Unidos e no Canadá, as coisas se tornaram tão extremas com acadêmicos apoiando posições extremas de falsa memória, que creio que chegou a hora de os clínicos começarem a apresentar acusações éticas por negligência científica contra pesquisadores e editores de periódicos – a maioria dos quais, eu destacaria, não tem seguro com cobertura para negligência".[47] Alguns psiquiatras e psicólogos clínicos seguiram o conselho de Hammond e enviaram cartas de assédio a pesquisadores e editores de periódicos, fizeram alegações espúrias de violações éticas contra cientistas que estudavam memória e testemunho de crianças e entraram com ações judiciais frívolas visando bloquear a publicação de artigos e livros críticos.[48] Nenhum desses esforços teve sucesso em silenciar os cientistas.[49]

Há uma última maneira de reduzir a dissonância: descartar toda essa pesquisa científica como parte de uma reação negativa contra crianças vítimas e sobreviventes de incesto. A seção final da terceira edição de *The Courage to Heal* é intitulada "Honrando a verdade: uma resposta à reação negativa". Não havia uma seção intitulada "Honrando a verdade: cometemos alguns erros imensos".[50]

Quase não existem psicoterapeutas que tenham praticado terapia de memória recuperada, tampouco especialistas em crianças responsáveis por enviar dezenas de Bernard Barans para a prisão, que tenham admitido estar errados. Dos poucos que reconheceram publicamente seus erros, no entanto, podemos ver o que foi necessário para tirá-los de seus casulos protetores de autojustificação. Para Linda Ross, foi sair do ciclo fechado das sessões de terapia privadas e se forçar a confrontar, pessoalmente, pais e mães cuja vida foi destruída pelas acusações de seus filhos adultos. Um de seus pacientes a levou a uma reunião de pais e mães acusados. Ross de súbito percebeu que uma história que parecia bizarra, mas possível quando seu paciente a contou na terapia, agora soava fantástica quando multiplicada por uma sala cheia de relatos semelhantes. "Eu dei muito apoio às mulheres e suas memórias reprimidas", disse ela, "mas nunca havia levado em consideração o significado dessa experiência para os pais e as mães. Agora eu ouvia o quanto isso era absolutamente ridículo. Um casal de idosos se apresentou, e a esposa me contou que a filha deles havia acusado o marido de assassinar três pessoas [...] A dor expressa no rosto desse pai e dessa mãe era tão óbvia. E o fio condutor era que suas filhas tinham ido para terapia [de memória recuperada]. Naquele dia não me senti muito orgulhosa de mim mesma ou da minha profissão."

Depois desse encontro, Ross disse que muitas vezes acordava no meio da noite "aterrorizada e angustiada" enquanto o casulo começava a se abrir. Ela se preocupava em ser processada na justiça, mas, na maioria das vezes, "só pensava naquelas mães e naqueles pais que queriam os filhos de volta". Em uma tentativa de desfazer os danos que havia causado, ela ligou para seus antigos pacientes, e mudou a maneira como praticava terapia. Em entrevista a Alix Spiegel no programa *This American Life* da National Public Radio (NPR),

Ross contou ter acompanhado uma de suas pacientes a uma reunião com o pai e a mãe da mulher, cuja casa havia sido desmantelada pela polícia tentando encontrar evidências de um cadáver, que, a filha alegou, foi trazido à sua memória na terapia.[51] Não havia cadáver nenhum, assim como não havia câmaras de tortura subterrâneas na Pré-Escola McMartin. "Então eu tive a chance de explicar a eles o papel que eu havia desempenhado", disse Ross. "E dizer a eles que eu entendia completamente que pelo resto da vida teriam dificuldade para encontrar um lugar onde pudessem me perdoar, mas que eu certamente estava ciente de que precisava do perdão deles."

No final da entrevista, Alix Spiegel disse: "Quase não existem pessoas como Linda Ross, terapeutas que se apresentaram para falar publicamente sobre a própria experiência, para admitir culpa ou tentar descobrir como isso aconteceu. Os especialistas, pela primeira vez, estão estranhamente em silêncio".

CAPÍTULO 5

LEI E DESORDEM

Acho que é muito difícil para qualquer promotor de justiça [reconhecer erros e] dizer: "Caramba, tiramos 25 anos da vida desse cara. Já chega".

– *Dale M. Rubin, advogado de Thomas Lee Goldstein*

Em 1980, Thomas Lee Goldstein, estudante universitário e ex-fuzileiro naval, foi condenado por um assassinato que não havia cometido, e passou os 24 anos seguintes na prisão. Seu único crime foi estar no lugar errado na hora errada. Embora Goldstein morasse perto da vítima do assassinato, a polícia não encontrou nenhuma evidência física ligando-o ao crime – nenhuma arma, nenhuma impressão digital, nenhum vestígio de sangue. Goldstein não tinha motivo para cometer o crime. Ele foi condenado pelo depoimento de um informante do presídio onde estava detido, um detento de nome improvável, Edward Fink, que havia sido preso 35 vezes, tinha três condenações por crimes graves, era viciado em heroína e testemunhou contra dez homens diferentes, afirmando em cada um dos casos que o réu lhe havia confessado enquanto dividiam a mesma cela. (Um psicólogo prisional descreveu Fink como "um vigarista que tende a lidar com os fatos como se fossem elásticos".) Fink mentiu sob juramento, negando que tivesse recebido a oferta de redução de pena em troca de seu depoimento. O único outro endosso da promotoria para seu caso foi uma testemunha ocular, Loran Campbell, que identificou Goldstein como o assassino depois que a polícia falsamente lhe assegurou que ele havia sido reprovado em um teste de detector de mentiras. Nenhuma das outras cinco testemunhas oculares identificou Goldstein, e quatro delas disseram que o assassino era "negro ou mexicano". Mais tarde, Campbell fez uma retratação de seu depoimento, alegando que estava "um pouco ansioso demais" para ajudar a polícia e disse o que eles queriam ouvir. Era tarde demais. Goldstein foi condenado a uma pena de 27 anos de prisão pelo assassinato.

Ao longo dos anos, cinco juízes federais concordaram que os promotores públicos negaram a Goldstein o direito a um julgamento justo ao não contarem à defesa sobre o acordo que haviam feito com Fink, mas ainda assim Goldstein permaneceu na prisão. Finalmente, em fevereiro de 2004, um juiz da Suprema Corte da Califórnia anulou o caso "em prol da justiça", citando a falta de evidências e a "natureza cancerosa" do processo – por ter sido baseado na confiança em um informante profissional que havia cometido perjúrio. Mesmo assim, os promotores de justiça do condado de Los Angeles se recusaram a reconhecer que talvez tivessem cometido um erro. Poucas horas após a decisão do juiz, eles entraram com novas acusações contra Goldstein, fixaram a fiança em 1 milhão de dólares e anunciaram que ele seria novamente julgado pelo assassinato. "Tenho plena convicção de que pegamos o cara certo", disse o promotor-adjunto Patrick Connolly. Dois meses depois, o gabinete da promotoria admitiu que não tinha uma acusação minimamente sólida contra Goldstein e lhe concedeu liberdade.

Na noite de 19 de abril de 1989, a mulher que veio a ser conhecida como "a corredora do Central Park" foi brutalmente estuprada e espancada. A polícia prendeu rapidamente cinco adolescentes hispânicos negros do Harlem que estavam no parque "aprontando selvagerias", atacando e agredindo aleatoriamente os transeuntes. A polícia, não sem razão, os viu como prováveis suspeitos do ataque à corredora e os manteve sob custódia e intenso interrogatório por catorze a trinta horas seguidas. Os adolescentes, com idades entre 14 e 16 anos, por fim confessaram o crime, mas fizeram mais do que admitir a culpa: relataram detalhes escabrosos do que tinham feito. Um deles demonstrou de que maneira havia arrancado a calça da corredora. Outro contou que a blusa dela foi cortada com uma faca e que um dos membros da gangue repetidamente golpeou sua cabeça com uma pedra. Outro expressou remorso por ter cometido seu "primeiro estupro", dizendo que se sentiu pressionado pelos demais, e jurou que nunca mais faria isso. Não havia nenhuma evidência física que vinculasse os adolescentes ao crime – sêmen, sangue e DNA não coincidiam com a cena do crime –, e a promotoria *sabia* que o DNA encontrado na vítima não correspondia ao de nenhum dos adolescentes. Mas as confissões dos meninos persuadiram a polícia, o júri, os especialistas forenses e a opinião pública de que os criminosos haviam sido capturados. Donald Trump gastou 80 mil dólares em anúncios de jornal pedindo que eles recebessem a pena de morte.[1]

No entanto, os adolescentes eram inocentes. Treze anos depois, um criminoso chamado Matias Reyes, preso por três estupros-roubos e um estupro-assassinato, admitiu que ele, e agindo sozinho, havia cometido o crime. Ele revelou detalhes de que ninguém mais sabia, e seu DNA correspondia ao DNA retirado do sêmen encontrado no corpo da vítima e em sua meia. O gabinete do promotor público de Manhattan, chefiado por Robert M. Morgenthau, investigou por quase um ano e não conseguiu encontrar nenhuma conexão entre Reyes e os meninos que foram condenados. "Se ao menos tivéssemos exames de DNA treze anos atrás", lamentou ele mais tarde. Seu gabinete apoiou a moção da defesa para anular as condenações dos meninos, e em 2002 a moção foi deferida. Demorou mais doze anos até que a cidade de Nova York, sem admitir erro, chegasse a um acordo com os "Cinco do Central Park", que receberam uma indenização de 41 milhões de dólares por seu período atrás das grades.

A decisão de Morgenthau foi criticada com furor pelos antigos procuradores do seu gabinete e pelos policiais que estiveram envolvidos na investigação original; eles se recusaram a acreditar que os rapazes eram inocentes.[2] Afinal, os jovens haviam confessado. A promotora do caso, Linda Fairstein, que era chefe da unidade de crimes sexuais do gabinete da promotoria, tivera êxito em muitos processos contra autores de crimes hediondos e não estava disposta a considerar que os "Cinco do Central Park" fossem inocentes. Ela estava tão empenhada em obter confissões forçadas dos adolescentes que mais tarde um juiz do tribunal de segunda instância a destacou em seu parecer, observando: "Preocupa-me um sistema de justiça criminal que tolera a conduta da promotora, Linda Fairstein, que deliberadamente arquitetou a confissão do jovem de 15 anos". Em 2004, dois anos depois que Matias Reyes foi identificado de forma inequívoca como o estuprador e depois que os cinco jovens foram libertados da prisão, Fairstein disse a um repórter que tinha certeza de que as condenações originais estavam corretas: "Nós, da equipe de acusação, sempre procuramos o sexto homem", afirmou ela. "Acho que [os cinco] foram libertados porque isso era politicamente conveniente."[3] Nem o documentário de Sarah e Ken Burns de 2012, *The Central Park Five*, nem a versão dramatizada e dirigida por Ava DuVernay em 2019, *Olhos que condenam*, a fizeram mudar de ideia. "A minissérie de Ava DuVernay os retrata, de forma errônea, como totalmente inocentes – e, no processo, me difama", Fairstein escreveu em um artigo de opinião para *The Wall Street Journal*.[4]

Fairstein se aposentou para escrever romances em que uma promotora intrépida ("uma versão mais jovem, mais magra e mais loira de mim mesma", disse ela) sempre consegue pegar seu cara – uma maneira criativa de reduzir a dissonância, de fato.

Em 1932, Edwin Borchard, professor de direito de Yale, publicou o livro *Convicting the Innocent: Sixty-Five Actual Errors of Criminal Justice* [Condenando os inocentes: 65 erros reais da justiça criminal]. Oito desses casos envolveram réus condenados por assassinato, embora a suposta vítima tenha aparecido mais tarde, viva e esbanjando saúde. Em tese, isso poderia ser uma prova bastante convincente de que a polícia e os promotores de justiça cometeram alguns erros gravíssimos, mas um promotor disse a Borchard: "Pessoas inocentes jamais são condenadas. Não se preocupe, isso nunca acontece [...] É uma impossibilidade física".

Então entrou em cena o DNA. Desde 1989, o primeiro ano em que um teste de DNA resultou na libertação de um prisioneiro inocente, a opinião pública tem se deparado repetidamente com evidências de que, longe de ser uma impossibilidade, condenar inocentes é muito mais comum do que temíamos. O Innocence Project, fundado por Barry Scheck e Peter J. Neufeld, mantém em seu site um registro continuamente atualizado das centenas de pessoas presas por assassinato ou estupro que foram inocentadas por testes de DNA; em 2019, o número era 365.[5]

Compreensivelmente, condenações injustas que são anuladas por evidências de DNA recebem um bocado de atenção pública. Mas, como veremos, as evidências de DNA nem sempre são relevantes; as pessoas podem ser condenadas injustamente por muitas razões, desde excesso de zelo e conduta imprópria por parte dos promotores de justiça até provas periciais de baixa qualidade científica e depoimentos falhos de testemunhas oculares. As estimativas da taxa de condenações falsas nos Estados Unidos variam de metade de 1% na extremidade inferior a 2% a 3% na extremidade superior. Samuel R. Gross, professor de direito e um dos maiores especialistas dos Estados Unidos em casos de exoneração de culpa, estimou a própria taxa de condenações injustas por crimes um pouco mais alta, de 1% a 5%. "Isso é muito ou pouco?", ele escreveu.

Depende do ponto de vista. Se apenas 1% das condenações por crimes graves são errôneas, isso significa que talvez 10 a 20 mil ou mais dos quase 2,3 milhões de detentos em presídios e cadeias americanos são inocentes. Se apenas ¹⁄₁₀ de 1% dos jatos para voos comerciais caísse logo após a decolagem, fecharíamos todas as companhias aéreas do país. Esse não é um risco que estamos preparados para correr, e acreditamos que sabemos lidar com esse tipo de problema. O número total de 10 mil a talvez 50 mil cidadãos presos injustamente é muito alto? Podemos fazer melhor? Como? Não há respostas óbvias. A boa notícia é que em sua grande maioria os réus criminais condenados nos Estados Unidos são culpados. A má notícia é que um número substancial não é.[6]

Em 2012, Gross e Rob Warden, diretor-executivo do Centro de Condenações Injustas da Faculdade de Direito da Universidade Northwestern, lançaram o Registro Nacional de Exonerações de Culpa, determinado por DNA e não DNA. Como seu site observa, "o Registro fornece informações detalhadas sobre todas as exonerações de culpa conhecidas nos Estados Unidos desde 1989 – casos em que uma pessoa foi injustamente condenada por um crime e posteriormente inocentada de todas as acusações com base em novas evidências de inocência. O Registro mantém também um banco de dados mais limitado de exonerações de culpa conhecidas antes de 1989". Em dois anos, constaram mais de 1.400 exonerações de culpa – mais de quatro vezes o número de pessoas inocentes libertadas por testes de DNA – e, em 2019, o número chegava a quase 2.500. O registro conta como exonerações de culpa os casos em que uma pessoa condenada por um crime é oficialmente inocentada com base em novas evidências de inocência. Excluem-se os muitos casos em que uma pessoa condenada por um crime é inocentada por razões que não envolviam "novas evidências de inocência". Portanto, como afirma o site, "As exonerações de culpa que conhecemos são apenas uma fração daquelas que ocorreram".[7]

Trata-se de uma informação desconfortavelmente dissonante para qualquer um que queira acreditar que o sistema funciona. Resolver esse problema já é bastante difícil para o cidadão comum, mas, se você é um participante do sistema judiciário, sua motivação para justificar os erros do sistema, sem falar nos próprios, será imensa. O psicólogo social Richard Ofshe, especialista em psicologia de falsas confissões, observou que condenar a pessoa errada é "um dos piores erros profissionais que se pode cometer – como um médico que amputa o braço errado do paciente".[8]

Suponha que você receba evidências de que fez o equivalente legal de amputar o braço errado: ajudou a mandar a pessoa errada para a prisão. O que você faz? Seu primeiro impulso será negar seu erro pela razão óbvia de proteger seu emprego, reputação e colegas. Além disso, se você soltar alguém que mais tarde comete um crime grave ou mesmo se você soltar alguém que é inocente, mas que foi erroneamente preso por um crime hediondo – por exemplo, abuso sexual de crianças –, a população indignada pode exigir sua cabeça.[9] Você tem muitos incentivos externos para negar que cometeu um erro, mas tem um incentivo interno ainda maior: você quer pensar em si mesmo como uma pessoa honrada e competente que jamais ajudaria a condenar o cara errado. Mas como você pode pensar que pegou o cara certo diante das novas evidências do contrário? Porque, você assegura a si mesmo, as evidências são péssimas, e olha, ele é um cara malvado; mesmo que não tenha cometido esse crime específico, ele sem dúvida cometeu outro. A alternativa, a de que você enviou um homem inocente para cumprir pena de prisão por quinze anos, é tão antitética à sua visão acerca de sua própria competência que você fará toda sorte de contorcionismos mentais para se convencer de que era impossível ter cometido tal erro.

A cada pessoa inocente libertada de anos de prisão por meio de testes de DNA, a opinião pública quase consegue ouvir as maquinações mentais de promotores de justiça, policiais e juízes ocupados resolvendo dissonâncias. Uma estratégia é alegar que a maioria desses casos não reflete *condenações* injustas, mas *absolvições* injustas: só porque um detento é exonerado de culpa não significa, invariavelmente, que ele ou ela seja inocente. E se a pessoa é de fato inocente, bem, é uma pena, mas condenações injustas são raríssimas, um preço razoável a pagar pelo excelente sistema que temos em vigor. O verdadeiro problema é que muitos criminosos se safam graças a detalhes técnicos ou escapam da justiça porque são suficientemente ricos para pagar por equipes de advogados de defesa. No dizer de Joshua Marquis, ex-promotor público do Oregon e defensor profissional do sistema de justiça criminal: "Os norte-americanos deveriam estar muito mais preocupados com os injustamente libertados do que com os injustamente condenados".[10] Quando o apartidário Centro para Integridade Pública publicou seu relatório de 2.012 casos documentados de conduta irregular de promotores de justiça que resultaram em condenações injustas, Marquis rejeitou os números e a implicação do relatório de que o problema poderia ser "epidêmico". Ele escreveu: "A verdade é que a melhor maneira de descrever essas condutas irregulares é episódica; são pouquíssimos casos, raros o suficiente para merecer atenção considerável tanto dos tribunais quanto da mídia".

Infelizmente, eles estão longe de ser raros. De acordo com o Centro de Integridade dos Promotores Públicos, criado em 2014, estimam-se 16 mil casos de desvios de conduta de promotores de justiça desde 1970; menos de 2% resultaram em qualquer punição para o promotor infrator. Uma análise abrangente de 707 casos de conduta ilícita confirmados na Califórnia de 1997 a 2009 mostrou que os tribunais anularam a condenação ou sentença ou declararam a nulidade de um julgamento em apenas cerca de 20% deles. E apenas 1% dos promotores de justiça que cometeram desvios de conduta recebeu reprimendas públicas pela ordem dos advogados de seu estado. O relatório concluiu que "os promotores de justiça continuam a se envolver em condutas ilícitas, às vezes repetidamente, quase sempre sem consequências. E a relutância dos tribunais em denunciar o desvio de conduta do promotor de justiça e a falha da ordem dos advogados do estado em puni-lo com rigor" permitem que os promotores escapem impunes – nos casos de falsa condenação de homens inocentes, às vezes literalmente se livram de acusação de assassinato.[11]

Essa evidência não desencoraja os defensores do status quo. Quando erros ou condutas irregulares ocorrem, afirmam eles, o sistema tem muitos procedimentos de autocorreção em vigor para consertá-los imediatamente. Na verdade, o que preocupa Marquis é que, se começarmos a mexer no sistema para reduzir a taxa de condenações injustas, acabaremos libertando muitas pessoas culpadas. Essa alegação reflete a lógica pervertida da autojustificação. Quando uma pessoa inocente é falsamente condenada, o *verdadeiro* culpado permanece nas ruas. "Sozinho em meio às profissões jurídicas", alegou Marquis, "a única fidelidade de um promotor de justiça é à verdade – mesmo que isso signifique torpedear o próprio caso da promotoria."[12] Esse é um admirável sentimento redutor de dissonância, que revela o problema subjacente mais do que Marquis é capaz de perceber. É precisamente por acreditar que estão buscando a verdade que os promotores de justiça não torpedeiam os próprios casos quando precisam; graças à autojustificação, eles raramente julgam que precisam.

Você não precisa ser um promotor público corrupto e calunioso para pensar dessa forma. Rob Warden observou dissonância em ação entre promotores de justiça que ele considera pessoas "fundamentalmente boas" e honradas, interessadas em fazer a coisa certa. Quando uma exoneração de culpa ocorreu, Jack O'Malley, o promotor do caso, continuou dizendo a Warden: "Como é possível? Como isso pode acontecer?", informou Warden a um repórter: "Ele não entendeu. Ele não entendeu. Ele realmente não entendeu. E Jack O'Malley era um bom homem". No entanto, os promotores de justiça não conseguem ir além de ver a si mesmos e aos policiais como mocinhos e aos réus como os vilões. "Você entra no sistema", disse Warden, "e se torna muito cínico. As pessoas mentem para você do começo ao fim. Então você desenvolve uma teoria do crime, e isso leva ao que chamamos de visão estreita. Anos depois, surgem evidências esmagadoras de que o sujeito era inocente. E você está sentado lá pensando: 'Espere aí um minuto. Ou essas evidências esmagadoras estão erradas ou eu estava errado – e eu não poderia estar errado, porque sou um cara legal'. Esse é um fenômeno psicológico que já vi várias vezes."[13]

Esse fenômeno é a autojustificação. Com frequência, enquanto nós dois líamos as pesquisas sobre condenações injustas na história dos Estados Unidos, víamos como a autojustificação pode aumentar a probabilidade de injustiça em cada etapa do processo, da detenção à condenação. A polícia e os promotores de justiça empregam métodos colhidos de uma vida inteira de experiência para identificar um suspeito e fundamentar uma acusação visando à condenação. Em geral, estão certos. Infelizmente, esses mesmos métodos aumentam os riscos de perseguir o suspeito errado, ignorando evidências que podem incriminar outra pessoa, o que reforça seu ferrenho comprometimento com uma decisão errada e, mais tarde, sua recusa em admitir o erro. À medida que o processo avança, os indivíduos enredados no esforço de condenar o suspeito original geralmente se tornam mais convictos de que pegaram o criminoso e mais empenhados em obter uma condenação. Assim que essa pessoa for para a cadeia, eles pensam, tal fato por si só justifica tudo o que fizeram para colocá-la ali. Além do mais, o juiz e o júri concordaram, não concordaram? A autojustificação não apenas coloca pessoas inocentes na prisão, mas também toma as providências para que elas permaneçam lá.

Os investigadores

Na manhã de 21 de janeiro de 1998, em Escondido, Califórnia, Stephanie Crowe, de 12 anos de idade, foi encontrada morta em seu quarto, vítima de esfaqueamento. Na noite anterior, os vizinhos ligaram para a emergência e relataram seus receios sobre um sem-teto que perambulava pela vizinhança e estava se comportando de forma estranha – um homem chamado Richard Tuite, que sofria de esquizofrenia e tinha um histórico de perseguir jovens mulheres e arrombar a casa delas. Mas os detetives de Escondido e uma equipe da Unidade de Análise Comportamental do FBI concluíram quase imediatamente que o assassinato foi obra de uma pessoa conhecida da menina. Eles sabiam que a maioria das vítimas de assassinato perde a vida nas mãos de alguém com quem tem relação de proximidade, não pela ação de intrusos loucos.

Por conseguinte, os detetives, principalmente Ralph Claytor e Chris McDonough, voltaram a atenção para o irmão de Stephanie, Michael, então com 14 anos. Michael, que estava doente e com febre, foi interrogado, sem o conhecimento do pai e da mãe, por três horas seguidas e, depois, por mais seis horas ininterruptas. Os detetives mentiram para o garoto: disseram ter encontrado o sangue de Stephanie no quarto dele, que nas mãos dela havia fios de cabelo dele, que somente alguém de dentro da casa poderia tê-la matado, porque todas as portas e janelas estavam trancadas, que havia sangue de Stephanie nas roupas dele e que ele havia falhado no analisador de estresse de voz computadorizado (trata-se de uma técnica pseudocientífica que supostamente identifica mentirosos medindo microtremores na voz das pessoas. Ninguém jamais demonstrou cientificamente a validade desse método[14]). Michael assegurou repetidas vezes que não tinha nenhuma lembrança do crime, e não forneceu detalhes – por exemplo, sobre onde colocou a arma do crime –, mas, por fim, confessou que havia matado a menina em um ataque de ciúme. Poucos dias depois a polícia prendeu também os amigos de Michael, Joshua Treadway e Aaron Houser, ambos de 15 anos. Joshua Treadway, após dois interrogatórios que duraram 22 horas, inventou uma rebuscada história de como os três conspiraram para assassinar Stephanie.

Na véspera do julgamento, em uma dramática reviravolta, descobriu-se sangue de Stephanie no moletom que Richard Tuite, o sem-teto, estava usando na noite do assassinato. Essa evidência forçou o promotor de justiça distrital Paul Pfingst a rejeitar as acusações contra os adolescentes, embora permanecesse convencido da culpa dos garotos, que afinal de contas haviam confessado, e, portanto, não indiciou Tuite. Claytor e McDonough, os detetives que perseguiram os garotos, jamais abandonaram a certeza de que haviam capturado os verdadeiros assassinos. Para justificar seus procedimentos e suas convicções, eles financiaram a publicação independente de um livro no qual alegaram que Richard Tuite era apenas um bode expiatório, um homem em situação de rua que tinha sido usado como um fantoche por políticos, imprensa, celebridades e advogados criminais e civis contratados pelas famílias dos meninos para "tirar a culpa de seus clientes e transferi-la para ele".[15]

Os adolescentes foram liberados, e o caso foi repassado a outro detetive do departamento, Vic Caloca. Apesar da oposição da polícia e dos promotores distritais, Caloca reabriu a investigação. Outros policiais pararam de falar com ele; um juiz o repreendeu por causar problemas; os promotores de justiça ignoraram seus pedidos de ajuda. Ele teve de obter uma ordem judicial para ter acesso às evidências que buscava em um instituto de criminalística. Caloca persistiu, e por fim compilou um relatório de trezentas páginas enumerando "especulações, erros de julgamento e evidências inconclusivas" utilizados no caso contra Michael Crowe e seus amigos. Como Caloca não fazia parte da equipe de investigação original e, portanto, não havia tirado conclusões precipitadas e equivocadas, para ele as evidências que implicavam Tuite não eram dissonantes. Eram simplesmente evidências.

Caloca passou por cima do gabinete do promotor de justiça local e levou as evidências ao gabinete do procurador-geral do estado da Califórnia em Sacramento. Lá, o procurador-geral assistente David Druliner concordou em iniciar a ação penal contra Tuite. Em maio de 2004, seis anos depois que os investigadores o descartaram como suspeito, concluindo que ele não passava de um ladrão sem-teto, Richard Tuite foi condenado pelo assassinato de Stephanie Crowe.* Druliner criticou fortemente a investigação inicial dos detetives de Escondido: "Eles seguiram uma direção completamente errada, em prejuízo de todos. A falta de foco no sr. Tuite – não conseguíamos entender isso".[16]

No entanto, agora o restante de nós consegue. Parece ridículo que os detetives não tenham mudado de ideia, ou pelo menos alimentado dúvidas por um momento, quando o sangue de Stephanie apareceu no suéter de Tuite. Porém, assim que se convenceram de que Michael e os amigos eram culpados, os detetives começaram a descer a pirâmide de escolhas, autojustificando cada solavanco até o ponto mais baixo.

Vamos começar do começo, com o processo inicial de identificação de um suspeito. Muitos detetives fazem exatamente o que o restante de nós tende a fazer na primeira vez que ouvimos falar de um crime – impulsivamente decidimos que sabemos o que aconteceu e então ajustamos as evidências para corroborar nossas conclusões, ignorando ou descartando evidências que as contradizem. Psicólogos sociais estudaram amplamente esse fenômeno colocando as pessoas no papel de jurados e observando quais fatores influenciam suas decisões. Em um experimento, falsos jurados ouviram a reconstituição gravada em áudio de um julgamento de assassinato real e em seguida disseram como teriam votado e por quê. Em vez de considerar e sopesar possíveis veredictos à luz das evidências, a maioria das pessoas imediatamente construiu uma história sobre o que havia acontecido e, a partir daí, conforme as evidências eram apresentadas durante a reconstituição do julgamento, aceitava apenas as evidências que embasavam sua versão preconcebida do acontecido. Aqueles que tiraram

---

* Em 2013, a condenação de Tuite foi anulada por conta de um pormenor técnico; em seu subsequente julgamento, o júri decidiu que o processo criminal era medíocre, e a acusação não conseguiu provar sua culpa além de qualquer dúvida razoável. [N. A.]

conclusões precipitadas logo de cara foram os mais confiantes em suas decisões e os mais propensos a justificá-las votando em um veredito extremo.[17] Isso é normal, e também alarmante.

Em seu primeiro interrogatório de um suspeito, os detetives tendem a tomar uma decisão rápida: esse sujeito é culpado ou inocente? Com o tempo e com a experiência, a polícia aprende a seguir certas pistas e rejeitar outras, até, mais cedo ou mais tarde, certificar-se da precisão de cada uma. A confiança dos investigadores é em parte resultado da experiência e em parte resultado de técnicas de treinamento que recompensam a velocidade e a certeza em vez da cautela e da dúvida. Jack Kirsch, ex-chefe da Unidade de Ciência Comportamental do FBI, disse a um entrevistador que policiais visitantes frequentemente abordavam os membros de sua equipe para discutir casos difíceis e lhes pediam conselhos. "Por mais improvisado que fosse, não tínhamos medo de falar de bate-pronto, sem papas na língua, e geralmente atingíamos nosso alvo", disse ele. "Fizemos isso milhares de vezes."[18]

Essa confiança geralmente é certeira, porque em geral a polícia está lidando com casos de confirmação, com pessoas que são culpadas. No entanto, também aumenta os riscos de rotular erroneamente os inocentes como culpados e, assim, fechar muito cedo a porta para outros possíveis suspeitos. Uma vez que essa porta se fecha, a mente também se fecha. Assim, os detetives nem sequer tentaram usar seu sofisticado analisador de voz em Tuite como fizeram com Crowe. O detetive McDonough explicou que "como Tuite tinha um histórico de doença mental e uso de drogas, e talvez ainda estivesse com sintomas de transtorno mental e usando drogas naquele momento, o teste de estresse de voz poderia não ser válido".[19] Em outras palavras: "Vamos usar nosso dispositivo não confiável apenas em suspeitos que já acreditamos serem culpados, porque o que quer que eles façam confirmará nossa crença; não o usaremos em suspeitos que acreditamos serem inocentes, porque de qualquer forma não funcionará com eles".

A decisão inicial sobre a culpa ou inocência de um suspeito parece óbvia e racional a princípio: o suspeito pode se encaixar em uma descrição fornecida pela vítima ou uma testemunha ocular, ou o suspeito pode se encaixar em uma categoria estatisticamente provável. Siga o rastro do amor e do dinheiro, e a força estará com você. Assim, na maioria dos casos de assassinato, o assassino mais provável é o namorado, amante, cônjuge, ex-cônjuge, parente ou beneficiário da vítima. O tenente Ralph M. Lacer estava, portanto, convencido de que uma estudante universitária sino-americana chamada Bibi Lee havia sido assassinada pelo namorado, Bradley Page, razão pela qual não deu continuidade ao depoimento de testemunhas oculares que viram um homem nas imediações da cena do crime empurrar uma jovem mulher "oriental" para dentro de uma van e arrancar com o carro.[20] Quando uma jovem é assassinada, disse Lacer, "a primeira pessoa que você vai procurar é o companheiro dela. Você não vai procurar um cara dirigindo uma van". No entanto, como observa o advogado Steven Drizin, "os familiares podem ser um ponto de partida legítimo para uma investigação, mas é apenas isso que eles são. Em vez de tentar provar que o assassinato foi intrafamiliar, a polícia precisa investigar todas as alternativas possíveis. Muitas vezes, os policiais não fazem isso".[21]

Uma vez que um detetive decide que encontrou o assassino, o viés de confirmação toma providências para que o principal suspeito se torne o único suspeito. E se acontecer de o principal suspeito ser inocente, azar – ele ainda está em apuros. Na Introdução, descrevemos o caso de Patrick Dunn, que foi detido no condado de Kern, Califórnia, acusado de assassinar a esposa. Nesse caso, a polícia escolheu acreditar no relato sem embasamento factual de um criminoso profissional sobre os eventos, que ratificava a teoria dos investigadores de que Dunn era culpado, em vez de acreditar nas declarações corroboradas de uma testemunha imparcial, que enfraqueciam sua teoria. Essa decisão foi inacreditável para o réu, que perguntou a seu advogado, Stan Simrin: "Mas eles não querem a verdade?". "Sim", disse Simrin, "e estão convencidos de que a encontraram. Eles acreditam que a verdade é que você é culpado. E agora farão o que for preciso para condenar você."[22]

Fazer o que for preciso para condenar alguém leva os policiais a ignorar ou desconsiderar evidências que exigiriam que mudassem de ideia em relação a um suspeito. Em casos extremos, pode levar policiais individualmente e até mesmo departamentos inteiros a ultrapassar os limites das ações legais e descambar para a ilegalidade. A Divisão Rampart do Departamento de Polícia de Los Angeles criou uma unidade antigangues cujos policiais – dezenas deles – foram acusados de fazer prisões falsas, cometer perjúrio em depoimentos e incriminar pessoas inocentes; anularam-se quase cem condenações obtidas por meio desses métodos ilícitos. E, em Nova York, uma investigação estadual descobriu que o Departamento de Polícia do condado de Suffolk havia arruinado uma série de casos importantes ao brutalizar suspeitos, instalar grampos telefônicos ilegais e perder ou falsificar provas cruciais.

Policiais corruptos como esses são feitos, não nascem. Eles são levados ladeira abaixo da pirâmide pela cultura do departamento de polícia e pela própria lealdade a seus objetivos pessoais. O professor de direito Andrew McClurg mapeou o processo que leva muitos policiais a se comportarem de maneiras que jamais imaginariam no início da carreira, quando eram novatos idealistas. A princípio, ser instigado a mentir no cumprimento de suas funções oficiais cria dissonância – "Estou aqui para defender a lei" *versus* "E aqui estou eu, violando eu mesmo a lei". Com o tempo, observa McClurg, eles "aprendem a sufocar sua dissonância sob um colchão protetor de autojustificação". Uma vez que os policiais passam a acreditar que mentir é defensável e até mesmo um aspecto essencial do trabalho, acrescenta McClurg, "sentimentos dissonantes de hipocrisia não surgem mais. O policial aprende a racionalizar a mentira como um ato moral, ou pelo menos como um ato não imoral. Assim, seu autoconceito como pessoa decente e honesta não é comprometido de maneira substancial".[23]

Digamos que você é um policial cumprindo um mandado de busca e apreensão em uma "biqueira", um lugar onde se vende crack. Você persegue um cara até o banheiro, esperando pegá-lo antes que ele jogue a droga e seu caso no ralo. Você chegou tarde demais. Lá está você, a mil por hora, adrenalina explodindo, você se colocou em perigo – e esse filho da puta vai escapar? Você entrou em uma biqueira, você e seu parceiro sabem o que está acontecendo, e esses canalhas vão ficar impunes? Eles vão conseguir um advogado esperto e sairão da cadeia em um piscar de olhos. Toda essa trabalheira danada, todo esse risco, todo esse perigo – por nada? Por que não tirar um pouco de cocaína do seu bolso, o material daquela apreensão feita horas antes, jogar no chão do banheiro e ferrar o criminoso com ela? Basta você alegar que "Um pouco daquele crack caiu do bolso do cara antes que ele pudesse dar a descarga".[24]

É fácil entender por que você faria isso, diante das circunstâncias. É porque você quer fazer seu trabalho. Você sabe que é ilegal plantar evidências, mas parece tão justificável. Na primeira vez que faz isso, você diz a si mesmo: *O cara é culpado!* Essa experiência tornará mais fácil para você fazer a mesma coisa de novo; na verdade, você terá uma forte motivação para repetir o comportamento, porque fazer de outra forma é admitir, mesmo que apenas para si mesmo, que estava errado na primeira vez que fez. Em pouco tempo, você está transgredindo as regras em situações mais ambíguas. Como a cultura policial geralmente endossa essas justificativas, fica ainda mais difícil para um policial individual resistir a violar (ou flexibilizar) as regras. Mais cedo ou mais tarde, muitos policiais darão os passos seguintes, fazendo proselitismo com outros policiais, persuadindo-os a se juntar a eles em alguma pequena e inocente transgressão de regras e evitando ou sabotando policiais que não compactuam – e que são um lembrete do caminho moral não trilhado.

E, de fato, a Comissão Mollen, criada em 1992 para investigar padrões de corrupção no Departamento de Polícia de Nova York, concluiu que a prática de falsificação policial de evidências é "tão arraigada e corriqueira em certos distritos que levou ao surgimento de uma palavra própria: em vez de depoimento, 'depoiminto'".[25] Nessas culturas policiais, o agente da lei tem o costume de mentir rotineiramente para justificar a incriminação de qualquer pessoa suspeita de portar drogas ou armas, declarando sob juramento no tribunal que interceptou um suspeito por ter passado no sinal vermelho, porque viu drogas trocando de mãos ou porque o suspeito deixou cair as drogas quando o policial se aproximou, o que lhe dá indícios suficientes de autoria e prova da materialidade do crime (causa provável) para deter e revistar o sujeito.* Norm Stamper, policial por 34 anos e ex-chefe do Departamento de Polícia de Seattle, escreveu que não há uma única grande força policial no país "que tenha escapado do problema: policiais, que prestaram juramento de defender a lei, [estão] apreendendo e se apropriando de drogas para uso próprio [e] plantando drogas em suspeitos".[26] A justificativa mais comum para mentir e plantar evidências é que o fim justifica os meios. Um policial disse aos investigadores da Comissão Mollen que estava "fazendo o trabalho de Deus". Outro disse: "Se vamos pegar esses caras, foda-se a Constituição". Quando um policial foi preso sob acusações de perjúrio, ele perguntou, incrédulo: "O que há de errado nisso? Eles são culpados".[27]

O que há de errado nisso é que não há nada que impeça os policiais de plantarem evidências e cometerem perjúrio para condenar alguém que eles acreditam ser culpado – mas que é inocente. Policiais corruptos são, sem dúvida, um perigo para a população, mas também são perigosos muitos dos policiais bem-intencionados que jamais sonhariam em levar uma pessoa inocente para a prisão. Em certo sentido, policiais honestos são ainda mais perigosos do que policiais corruptos, porque são muito mais numerosos e difíceis de detectar. O problema é que, uma vez que decidem sobre um provável suspeito, não acham

---

* A prática não muda, apenas as regras do que a polícia tem permissão ou proibição de fazer. Em julho de 2019, uma juíza de Nova York emitiu uma opinião contundente condenando a "onipresente" prática policial de alegar que "sentiram cheiro de maconha" para justificar uma abordagem e revista ilegais. "Chegou a hora de rejeitar a mentira de que a maconha emana de quase todos os veículos sujeitos a uma abordagem de trânsito", ela escreveu. Ver GOLDSTEIN, Joseph. Officers Said They Smelled Pot. A Judge Called Them Liars. *The New York Times*, 13 set. 2019. [N. A.]

possível que ele ou ela seja inocente. Portanto, tão logo elegem um suspeito, eles se comportam de maneiras que confirmam esse julgamento inicial de culpa, justificando as técnicas que empregam na convicção de que apenas pessoas culpadas serão vulneráveis a elas.

Os interrogadores

A prova mais robusta que um detetive pode produzir em uma investigação é uma confissão, pois é o que tem maiores probabilidades de convencer um promotor de justiça, o júri e o juiz da culpa de uma pessoa. Consequentemente, os interrogadores de polícia são treinados para obter essa confissão, mesmo que isso signifique mentir para o suspeito e usar, como um detetive orgulhosamente admitiu a um repórter, "truques e trapaças".[28] A maioria das pessoas fica surpresa ao saber que isso é totalmente legal. Os detetives sentem orgulho de sua capacidade de enganar um suspeito e induzi-lo a confessar; é uma marca de que aprenderam bem seu ofício. Quanto maior sua confiança, maior a dissonância que sentirão se forem confrontados com evidências de que estavam errados, e maior a necessidade de rejeitar essas evidências.

Induzir uma pessoa inocente a confessar é obviamente o erro mais perigoso que pode ocorrer em um interrogatório policial, mas a maioria dos detetives, promotores de justiça e juízes não acha que isso seja possível. "A ideia de que alguém pode ser induzido a fazer uma falsa confissão é ridícula", disse Joshua Marquis. "É a defesa baseada na fraudulenta alegação de insanidade mental [do nosso tempo]. É ciência espúria na sua pior versão."[29] A maioria de nós concorda, porque não conseguimos imaginar que admitiríamos ter cometido um crime se fôssemos inocentes. Nós protestaríamos. Nós ficaríamos firmes. Nós chamaríamos nosso advogado... não é? No entanto, a lista do Registro Nacional de prisioneiros inequivocamente exonerados de culpa observa que cerca de 13% a 15% confessaram crimes que não haviam cometido. Cientistas sociais e criminologistas analisaram muitos desses casos e fizeram pesquisas experimentais para demonstrar como isso pode acontecer.

A bíblia dos métodos de interrogatório é o livro *Criminal Interrogation and Confessions* [Interrogatório criminal e confissões], escrito por Fred E. Inbau, John E. Reid, Joseph P. Buckley e Brian C. Jayne. O escritório John E. Reid e Associados oferece programas de treinamento, seminários e vídeos sobre a técnica Reid de nove passos e, em seu site, afirma ter treinado mais de 500 mil agentes da lei nas formas mais eficazes de obter confissões. *Criminal Interrogation and Confessions* começa imediatamente tranquilizando os leitores de que "somos contrários ao uso de qualquer tática ou técnica de interrogatório capaz de fazer uma pessoa inocente confessar", embora alguns interrogatórios "exijam o uso de táticas e técnicas psicológicas que poderiam muito bem ser classificadas como 'antiéticas', se avaliadas em termos de comportamento social comum e cotidiano".[30]

> É nossa posição clara que a mera introdução de evidências fictícias durante um interrogatório não faria uma pessoa inocente confessar. É absurdo acreditar que um suspeito que sabe que não cometeu um crime daria mais peso e credibilidade a supostas evidências do que a seu próprio conhecimento de sua inocência. Nessas circunstâncias, *a reação humana natural* seria de raiva e desconfiança em relação ao investigador. O resultado final seria a resolução mais firme do suspeito de reiterar sua inocência.[31]

Errado. A "reação humana natural" geralmente não é raiva e desconfiança, mas confusão e desesperança – dissonância –, porque a maioria dos suspeitos inocentes confia que o investigador não mentirá para eles. O interrogador, no entanto, é tendencioso desde o início. Enquanto uma entrevista é uma conversa projetada para obter informações gerais de uma pessoa, um interrogatório é projetado para fazer um suspeito admitir a culpa. (O suspeito geralmente não tem consciência da diferença.) O manual afirma com todas as letras: "Realiza-se um interrogatório apenas quando o investigador está razoavelmente convencido da culpa do suspeito".[32] O perigo dessa atitude é que, uma vez que o investigador esteja "razoavelmente convencido", o suspeito não é capaz de rechaçar essa certeza. Pelo contrário, qualquer coisa que o suspeito faça, incluindo repetidas alegações de inocência, será interpretada como evidência de mentira, negação ou evasão da verdade. Os interrogadores são explicitamente instruídos a pensar dessa maneira. Eles são ensinados a adotar a atitude "Não minta; sabemos que você é culpado" e rejeitar as negações do suspeito. Já vimos esse ciclo de autojustificação antes, na forma como alguns terapeutas e assistentes sociais entrevistam crianças que eles acreditam terem sido sexualmente molestadas. Depois que se inicia um interrogatório como esse, não existe evidência refutatória.[33]

Os divulgadores da técnica Reid têm uma compreensão intuitiva de como funciona a dissonância (pelo menos em outras pessoas). Eles percebem que, se um suspeito tiver a chance de declarar sua inocência, terá firmado um comprometimento público, e mais tarde terá mais dificuldade para recuar e admitir a culpa. Louis Senese, vice-presidente do Reid e Associados, escreve: "Quanto mais o suspeito nega seu envolvimento, mais difícil torna-se para ele admitir que cometeu o crime". Precisamente – por causa da dissonância. Portanto, Senese aconselha os interrogadores a estarem preparados para as negações do suspeito e interrompê-las imediatamente. Os interrogadores, diz ele, devem ficar atentos a sinais não verbais de que o suspeito está prestes a negar a culpabilidade ("levantando a mão ou balançando a cabeça ou fazendo contato visual"), e se o suspeito perguntar diretamente "Posso dizer alguma coisa?", os interrogadores devem responder com um comando, usando o primeiro nome do suspeito ("Jim, espere um minuto"), e então retomar o interrogatório.[34]

A presunção de culpa do suspeito cria uma profecia autorrealizável. Torna o interrogador mais agressivo, o que, por sua vez, faz com que suspeitos inocentes se comportem de forma mais suspeita. Em um experimento, o psicólogo social Saul Kassin e colegas juntaram em pares indivíduos culpados ou inocentes de um roubo simulado e interrogadores que foram informados de que os suspeitos eram culpados ou inocentes. Havia, portanto, quatro combinações possíveis de suspeito e interrogador: você é inocente e ele acha que você é inocente; você é inocente e ele acha que você é culpado; você é culpado e ele acha que você é inocente; e você é culpado e ele acha que você é culpado. A combinação mais mortal, a que produziu o maior grau de pressão e coerção pelo entrevistador, foi a junção de um interrogador convencido da culpa de um suspeito e um suspeito que era de fato inocente. Nessas circunstâncias, quanto mais o suspeito negava a culpa, mais convencido o interrogador ficava de que o suspeito estava mentindo, aumentando a pressão de maneira compatível.

Kassin dá muitas palestras para detetives e policiais a fim de lhes mostrar como as técnicas de interrogatório que eles empregam podem sair pela culatra. Kassin diz que eles sempre fazem que sim com a cabeça como quem sabe das coisas, e concordam com ele que as falsas confissões devem ser evitadas. Mas, em seguida, imediatamente acrescentam que eles próprios nunca coagiram ninguém a fazer uma confissão falsa. "Como você sabe?", perguntou Kassin a um policial. "Porque eu nunca interrogo pessoas inocentes", disse o policial. Kassin descobriu que essa certeza de infalibilidade começa no topo. "Eu estava em uma conferência internacional de interrogatórios policiais em Quebec, em um painel de debates com Joe Buckley, presidente da Escola Reid. Após a apresentação de Buckley, alguém da plateia perguntou se ele estava preocupado que pessoas inocentes pudessem acabar confessando em resposta às suas técnicas. O filho da mãe disse com todas as letras; fiquei tão surpreso com sua demonstração aberta de tamanha arrogância que anotei a citação e a data em que ele disse: "Não, porque não interrogamos pessoas inocentes".[35] (Nisso ele ecoa as observações do procurador-geral de Ronald Reagan, Edwin Meese, que, em 1986, declarou: "Mas a questão é que não há muitos suspeitos que sejam inocentes de um crime. Isso é contraditório. Se uma pessoa é inocente de um crime, então ela não é suspeita".)

Na fase seguinte do treinamento, os detetives tornam-se confiantes em sua capacidade de ler as pistas não verbais do suspeito: contato visual, linguagem corporal, postura, gestos com as mãos e veemência nas negações. Se a pessoa não olhar diretamente nos seus olhos, o manual explica, esse é um sinal de mentira. Se a pessoa tiver uma postura arqueada (ou sentar-se com rigidez), isso é um sinal de mentira. Se a pessoa negar a culpa, isso é um sinal de mentira. No entanto, a técnica Reid aconselha os interrogadores a "negar contato visual com o suspeito". Negar a um suspeito o contato visual direto que eles próprios consideram evidência de inocência?

A técnica Reid é, portanto, um circuito fechado: como sei que um suspeito é culpado? Porque ele está nervoso e suando (ou controlado demais) e porque ele não me olha nos olhos (e eu não o deixaria fazer isso se ele quisesse). Então, meus parceiros e eu o interrogamos por doze horas usando a técnica Reid, e ele confessa. Portanto, como pessoas inocentes nunca confessam, sua confissão confirma minha crença de que estar nervoso e suando (ou controlado demais) e me olhar nos olhos (ou não) é um sinal de culpa. Pela lógica desse sistema, o único erro que o detetive pode cometer é não conseguir uma confissão.

O manual é escrito em um tom autoritário, como se fosse a voz de Deus revelando verdades irrefutáveis, mas, na realidade, ele falha no que diz respeito a ensinar a seus leitores um princípio fundamental do pensamento científico: a importância de examinar e descartar outras explicações possíveis para o comportamento de uma pessoa antes de decidir qual é a mais provável. Saul Kassin se envolveu em um caso militar no qual os investigadores interrogaram implacavelmente um réu contra o qual não havia provas concretas. (Kassin acreditava que o homem era inocente e, de fato, ele foi absolvido.) Quando um dos investigadores foi questionado sobre o motivo de ele perseguir o réu de maneira tão agressiva, ele disse: "Inferimos que ele não estava nos contando toda a verdade. Alguns exemplos de linguagem corporal são que ele tentou permanecer calmo, mas era evidente que ele estava nervoso, e toda vez que tentávamos fazer uma pergunta, seus olhos vagueavam e ele não fazia contato visual direto, e vez por outra ele agia de forma bastante eventual; em certo momento começou a chorar".

"O que ele descreveu", afirma Kassin, "é uma pessoa sob estresse." Os aprendizes da técnica Reid geralmente não aprendem que estar nervoso, inquieto, evitar contato visual e arquear o corpo desconfortavelmente podem ser sinais de algo diferente de culpa. Podem ser sinais de nervosismo, adolescência, normas culturais, deferência à autoridade – ou ansiedade causada por ser falsamente acusado.

Os defensores do manual alegam que seu método treina os investigadores para determinar se alguém está dizendo a verdade ou mentindo com um nível de precisão de 80% a 85%. Simplesmente não existe base científica para respaldar essa afirmação. Assim como no caso dos psicoterapeutas que analisamos no Capítulo 4, o treinamento não aumenta a precisão – aumenta a confiança das pessoas em sua precisão. Em um dos vários estudos que documentaram o fenômeno da falsa confiança, Kassin e a colega Christina Fong treinaram um grupo de estudantes na técnica Reid. Os estudantes assistiram aos vídeos de treinamento Reid, leram o manual e foram testados sobre o que aprenderam a fim de verificar o grau de entendimento. Em seguida, foram convidados a assistir a vídeos de pessoas sendo interrogadas por um policial experiente. Os suspeitos filmados eram culpados de um crime, mas negavam, ou negavam porque eram de fato inocentes. O treinamento não melhorou nem um pouco a precisão dos estudantes. Eles não se saíram melhor do que o acaso, mas se sentiram mais confiantes em suas habilidades. Ainda assim, eram apenas estudantes universitários, não profissionais. Então Kassin e Fong pediram a 44 detetives profissionais na Flórida e em Ontário, no Canadá, para assistir às fitas. Esses profissionais tinham em média quase 14 anos de experiência cada um, e dois terços tinham treinamento especial, muitos na técnica Reid. Tais quais os alunos, eles não se saíram melhor do que o acaso, mas estavam convencidos de que sua taxa de precisão beirava os 100%. A experiência e o treinamento deles não melhoraram seu desempenho. A experiência e o treinamento deles simplesmente aumentaram sua convicção de que isso aconteceu.[36]

No entanto, por que um suspeito inocente não continua negando a culpa? Por que o alvo não se enfurece com o interrogador, como o manual diz que qualquer pessoa inocente faria? Digamos que você é uma pessoa inocente chamada para interrogatório, talvez para "ajudar a polícia em sua investigação". Você não tem ideia de que é o principal suspeito. Você confia na polícia e quer ser útil. No entanto, depara-se com um detetive dizendo que suas impressões digitais estão na arma do crime. Que você foi reprovado em um teste de detector de mentiras. Que seu sangue foi encontrado na vítima ou que o sangue da vítima estava em suas roupas. Essas acusações criarão considerável dissonância cognitiva:

COGNIÇÃO 1:   Eu não estava lá. Eu não cometi o crime. Não tenho lembrança dele.
COGNIÇÃO 2:   Pessoas confiáveis e honradas em posição de autoridade me dizem que minhas impressões digitais estão na arma do crime, que o sangue da vítima estava na minha camisa e que uma testemunha ocular me viu em um lugar onde tenho certeza de que nunca estive.

Como você resolverá essa dissonância? Se você for suficientemente forte, se você for podre de rico ou se tiver experiência suficiente com a polícia para saber que está sendo incriminado, você dirá as quatro palavras mágicas: "Eu quero um advogado". Mas muitas pessoas acreditam que, por serem inocentes, não precisam de um advogado.[37] Acreditando como acreditam (erroneamente) que a polícia não tem permissão para mentir, essas pessoas ficam surpresas ao ouvir que há evidências contra elas. E que baita evidência condenatória: suas impressões digitais! O manual afirma que os "instintos de autopreservação de uma pessoa inocente durante um interrogatório" anularão qualquer coisa que um interrogador faça, mas, para pessoas vulneráveis, a necessidade de dar sentido ao que está acontecendo com elas sobrepuja até mesmo a necessidade de autopreservação.

BRADLEY PAGE: É possível que eu tenha feito essa coisa terrível e apagado da memória?
TENENTE LACER: Ah, sim. Isso acontece o tempo todo.

E agora a polícia oferece uma explicação que faz sentido, uma maneira de resolver sua dissonância: você não se lembra porque esqueceu; você estava bêbado e perdeu a consciência; você reprimiu a memória; você não sabia que tinha transtorno de personalidade múltipla, e uma de suas outras personalidades é a culpada. Foi o que os detetives fizeram em seus interrogatórios de Michael Crowe. Eles disseram ao rapaz que talvez existissem "dois Michaels", um bom e um mau, e que o Michael mau havia cometido o crime sem que o Michael bom sequer soubesse.

Mas Michael tinha 14 anos, você pode argumentar; não é de admirar que a polícia tenha conseguido assustá-lo e o induzido a confessar. É verdade que jovens e doentes mentais são especialmente vulneráveis a essas táticas, mas adultos saudáveis também são. Em um minucioso exame de 125 casos em que prisioneiros foram posteriormente exonerados de culpa apesar de terem feito falsas confissões, Steven Drizin e Richard Leo descobriram que mais da metade não era doente mental, deficiente mental ou menor de idade. Dos casos em que foi possível determinar a duração do interrogatório, mais de 80% dos falsos confessos foram interrogados por mais de seis horas seguidas, metade por mais de doze horas e alguns quase sem parar por dois dias.[38]

Foi o que aconteceu com os adolescentes detidos na noite do ataque à corredora do Central Park. Eles foram interrogados por muitas horas sem nenhum tipo de gravação eletrônica, mas posteriormente os promotores de justiça criaram vídeos de breves recapitulações das confissões de quatro dos cinco acusados. Quando cientistas sociais e acadêmicos jurídicos puderam examinar todas as evidências, e quando o gabinete do promotor de justiça distrital Robert Morgenthau reexaminou essas evidências com base na suposição de que os meninos poderiam ser inocentes em vez de culpados, a impactante persuasividade de suas confissões derreteu sob a luz. Suas declarações mostraram-se repletas de contradições, erros factuais, palpites e informações plantadas pelas perguntas enviesadas do interrogador.[39] E, ao contrário da impressão pública de que todos eles haviam confessado, na verdade nenhum dos réus jamais admitiu ter estuprado de fato a mulher que estava correndo no parque. Um disse que a "agarrou". Outro afirmou que "apalpou os seios dela". Um disse que "segurou e acariciou a perna dela". Na moção do promotor de justiça distrital para anular as condenações constava que "os relatos dados pelos cinco réus diferiam uns dos outros nos detalhes específicos de praticamente todos os principais aspectos do crime – quem iniciou o ataque, quem derrubou a vítima, quem a despiu, quem a golpeou, quem a segurou, quem a estuprou, quais armas foram usadas no ataque e em que momento na sequência de eventos o ataque ocorreu".[40]

Após longas horas de interrogatório, querendo nada mais do que poder ir embora para casa, o exausto suspeito aceita a explicação que os interrogadores oferecem como a única possível, a única que faz sentido. E confessa. Em geral, uma vez que a pressão acaba e o suspeito dorme uma noite, ele ou ela imediatamente retira a confissão. Será tarde demais.

Os promotores de justiça

No esplêndido filme *A ponte do rio Kwai*, Alec Guinness e seus soldados, prisioneiros britânicos dos japoneses na Segunda Guerra Mundial, recebem de seus captores a incumbência de construir uma ponte ferroviária que ajudará o esforço de guerra do inimigo. Guinness aceita a demanda como uma forma de criar unidade e restaurar o moral entre seus homens; porém, uma vez concluída a construção, a ponte torna-se *dele* – uma fonte de orgulho e satisfação.

Quando, no final do filme, Guinness encontra os fios que revelam que a ponte foi minada e percebe que os comandos Aliados planejam mandá-la pelos ares, sua primeira reação é, na verdade: "Vocês não podem fazer isso! É minha ponte. Como ousam destruí-la?!". Para o horror dos soldados que observam, ele tenta cortar os fios dos explosivos para proteger a obra. É somente no último momento que Guinness grita: "O que eu fiz?", dando-se conta de que estava prestes a sabotar o objetivo de vitória do próprio lado para preservar sua magnífica criação.

Da mesma forma, muitos promotores de justiça acabam dispostos a sabotar o objetivo de justiça do próprio lado a fim de preservar suas convicções e condenações. Quando os promotores públicos atuam em um julgamento, amiúde se veem no equivalente do mundo real de um experimento de justificação de esforço. Eles selecionaram esse caso entre muitos porque estão convencidos de que o suspeito é culpado e de que têm as evidências para condená-lo. Em geral, investem muitos meses de trabalho preparando-se para isso. Eles trabalharam em intensa colaboração com a polícia, testemunhas e a família despedaçada – e muitas vezes vingativa – da vítima. Se o crime despertou comoção pública, os promotores de justiça estão sob enorme pressão para obter rapidamente uma condenação. Quaisquer dúvidas que eles possam ter são soterradas na satisfação de sentir que estão representando as forças do bem contra um criminoso vil. E assim, com a consciência limpa, acabam dizendo a um júri: "Este réu é sub-humano, um monstro. Façam a coisa certa. Condenem-no". De tempos em tempos, eles se convencem tão completamente de que capturaram um monstro que, assim como a polícia, vão longe demais: instruem testemunhas, oferecem acordos a presidiários informantes ou deixam de dar à defesa todas as informações que são legalmente obrigados a fornecer.

Como, então, a maioria dos promotores de justiça reagirá quando, anos depois, o estuprador ou assassino condenado, ainda alegando inocência (o que, tenhamos em mente, muitos criminosos culpados fazem), exigir um teste de DNA? Ou argumentar que sua confissão foi resultado de coação? Ou produzir evidências sugerindo que o depoimento da testemunha ocular que levou à condenação estava errado? (Cerca de 75% de todas as exonerações de culpa por testes de DNA são casos que envolveram identificação equivocada por parte de testemunhas oculares.[41]) E se o réu não for um monstro, depois de todo o trabalho duro que a equipe jurídica fez para convencer a si mesma e ao júri de que ele é? A resposta dos promotores de justiça na Flórida é típica. Depois que, em um intervalo de quinze anos, mais de 130 prisioneiros ganharam a liberdade graças a testes de DNA, os promotores de justiça decidiram que responderiam preparando uma rigorosa contestação a novos casos semelhantes. O estuprador condenado Wilton Dedge teve de processar o Estado para que as evidências em seu caso fossem submetidas a novos testes, apesar das ferozes objeções dos promotores de justiça que alegaram que o interesse do Estado no encerramento do caso e os sentimentos da vítima deveriam sobrepujar as preocupações sobre a possível inocência de Dedge.[42] No fim, Dedge foi exonerado de culpa e libertado.

Que o encerramento do caso e os sentimentos da vítima devam impedir a justiça parece um argumento terrível por parte daqueles em quem confiamos para fornecer justiça, mas esse é o poder da autojustificação. Além disso, as vítimas não se sentiriam melhor se os verdadeiros criminosos fossem capturados e punidos? Os testes de DNA libertaram centenas de prisioneiros, e em geral o noticiário em todo o país inclui uma ou duas declarações dos promotores de justiça que os julgaram originalmente. Na Filadélfia, o então promotor de justiça distrital Bruce L. Castor Jr. se recusou a aceitar os resultados de um teste de DNA que isentava de culpa um homem que cumpria pena de prisão havia quinze anos. Quando os jornalistas lhe perguntaram de qual base científica ele dispunha para rejeitar o teste, o promotor respondeu: "Não disponho de base científica nenhuma. Eu sei porque confio no meu detetive e na minha confissão gravada".[43]

Como sabemos que essa despreocupada rejeição do teste de DNA é um sinal de autojustificação e não simplesmente uma avaliação honesta das evidências? É como o estudo de corridas de cavalos que descrevemos no Capítulo 1: depois de fazer suas apostas, você não quer cogitar nenhuma ideia que lance dúvidas sobre essa decisão. É por isso que os promotores de justiça interpretam as mesmas evidências de duas maneiras, a depender de *quando* são descobertas. No início de uma investigação, a polícia usa o DNA para confirmar a culpa de um suspeito ou descartar essa hipótese. Mas, quando se realizam os testes de DNA depois que um réu foi indiciado e condenado, em geral os promotores de justiça descartam os resultados do DNA por julgá-los irrelevantes, sem importância suficiente para a reabertura do caso. Michael McDougal, promotor de justiça do Texas, afirmou que o fato de o DNA encontrado em uma jovem vítima de estupro e assassinato não corresponder ao de Roy Criner, o homem condenado pelo crime, não significava que Criner fosse inocente. "Isso significa que o esperma encontrado nela não era dele", disse McDougal. "Isso não quer dizer que ele não a estuprou, não quer dizer que ele não a matou."[44]

Do ponto de vista técnico, McDougal está certo; Criner poderia ter estuprado a mulher no Texas e ejaculado em outro lugar – no Arkansas, talvez. Mas as evidências de DNA devem ser utilizadas da mesma forma sempre que aparecem; é a necessidade de autojustificação que impede a maioria dos promotores de justiça de fazer isso. O advogado de defesa Peter J. Neufeld diz que, em sua experiência, reinterpretar as evidências para justificar o veredito original é prática extremamente comum entre promotores de justiça e juízes. Durante um julgamento, a teoria do promotor é de que uma pessoa sozinha, o réu, capturou e estuprou a vítima. Se, depois que o réu for condenado, o teste de DNA o excluir como o autor do crime, os promotores de justiça milagrosamente surgem com outras teorias. Nossa favorita é o que Neufeld chama de teoria do "coejaculador não indiciado": o réu condenado segurou a mulher enquanto um segundo homem misterioso cometeu o estupro. De duas, uma: ou a vítima estava deitada ali, indefesa, e um predador masculino "surge do nada, vê uma oportunidade e a aproveita", como alegou um promotor;[45] ou o réu usou preservativo, e a vítima fez sexo consensual com outra pessoa pouco antes de ser estuprada. (Quando o caso de Roy Criner foi enviado ao Tribunal Criminal de Recursos do Texas, a juíza-chefe Sharon Keller decidiu que o DNA "mostrando que o esperma não era de um homem condenado por estupro não era determinante, porque ele poderia ter usado camisinha".) Se a vítima alegar que não teve relações sexuais nos três dias anteriores, os promotores de justiça apresentam a teoria – novamente, após o julgamento – de que ela está mentindo: ela não quer admitir que fez sexo ilícito, porque seu marido ou namorado ficaria zangado.

Em Rock Hill, Carolina do Sul, Billy Wayne Cope, um homem branco socialmente isolado, foi coagido a confessar o estupro e o assassinato de sua filha de 12 anos, embora nenhuma evidência física o vinculasse ao crime. Cope, um cristão renascido, pensou que a filha poderia ter morrido no Arrebatamento e, em dúvida, indagou-se lamentosamente se poderia tê-la matado num ataque de sonambulismo. Quando os testes de DNA retornaram, a polícia claramente identificou o culpado como um homem negro, um criminoso e estuprador em série chamado James Sanders, que sempre agiu sozinho. No entanto, os homens foram julgados juntos. "A única explicação lógica", declarou o promotor, "é que Billy Cope ofereceu a filha ao desfrute de seus prazeres perversos e aos de James Sanders, que tirou a vida dela. Eles fizeram isso juntos. Não existe outra explicação razoável."[46] Que tal a "explicação razoável" de que Billy Wayne Cope era inocente? Em 2014, a Suprema Corte da Carolina do Sul confirmou a sentença de prisão perpétua de Cope. Ele morreu na cadeia três anos depois, jurando inocência até o fim.

Autojustificações como essas criam uma tragédia dupla: mantêm pessoas inocentes na prisão e permitem que os culpados permaneçam livres. O mesmo DNA que exonera de culpa uma pessoa inocente pode ser usado para identificar o culpado, mas isso não acontece com tanta frequência quanto deveria.[47] A polícia e os promotores de justiça geralmente preferem dar o caso por encerrado para sempre, como se quisessem obliterar a silenciosa acusação do erro que cometeram.

Convicções e condenações precipitadas

> Se o sistema não é capaz de funcionar de forma justa, se o sistema não é capaz de corrigir os próprios erros e admitir que comete erros e dar às pessoas uma oportunidade [de corrigi-los], então o sistema está arruinado.
>
> – *Michael Charlton, o advogado especialista em recursos criminais que representou Roy Criner*

Todos os cidadãos têm direito a um sistema de justiça criminal que condene os culpados, proteja os inocentes e corrija seus erros com presteza. Jurisconsultos, acadêmicos do direito e cientistas sociais sugeriram vários remédios constitucionais e importantes melhorias graduais para reduzir o risco de falsas confissões, depoimentos de testemunhas oculares não confiáveis, "depoimintos" policiais e assim por diante.[48] Mas, do nosso ponto de vista, o maior impedimento para admitir e corrigir erros no sistema de justiça criminal é que a maioria de seus membros reduz a dissonância negando a existência de um problema. "Nosso sistema tem de criar essa aura de quase perfeição, de certeza de que não condenamos pessoas inocentes", disse o ex-promotor de justiça Bennett Gershman.[49] O benefício dessa certeza para policiais, detetives e promotores de justiça é que eles não passam noites sem dormir preocupados com a possibilidade de ter colocado na cadeia uma pessoa inocente. Mas algumas noites sem dormir são necessárias. A dúvida não é inimiga da justiça; o excesso de confiança é.

Atualmente, o treinamento profissional da maioria dos policiais, detetives, juízes e advogados quase não inclui informações sobre seus próprios vieses cognitivos; como corrigi-los, tanto quanto possível; e como administrar a dissonância que sentirão quando suas crenças encontrarem evidências que as desmintam. Pelo contrário, muito do que aprendem sobre psicologia vem de autoproclamados especialistas sem formação em ciência psicológica e que, como vimos, não os ensinam a ser mais precisos em seus julgamentos, apenas mais confiantes de que são precisos: "Uma pessoa inocente nunca confessaria". "Eu vi com meus próprios olhos; portanto, tenho certeza." "Eu sei quando alguém está mentindo; faço isso há anos." No entanto, esse tipo de certeza é a marca registrada da pseudociência. Cientistas de verdade falam na cuidadosa linguagem das probabilidades – "É lógico que pessoas inocentes podem ser induzidas a confessar, sob condições específicas; permita-me explicar por que eu acho que a confissão desse indivíduo provavelmente foi resultado de coação" –, e é por isso que o testemunho dos cientistas costuma ser exasperante. Muitos juízes, jurados e policiais preferem certezas à ciência. O professor de direito D. Michael Risinger e o advogado Jeffrey L. Loop lamentaram "a falha geral da lei em refletir praticamente qualquer um dos insights da pesquisa moderna sobre as características da percepção humana, cognição, memória, inferência ou decisão sob incerteza, seja na estrutura das próprias regras de evidência, seja nas maneiras pelas quais os juízes são treinados ou instruídos a aplicá-las".[50]

No entanto, o treinamento que fomenta as certezas da pseudociência em vez de uma sóbria e humilde avaliação de nossos vieses cognitivos e pontos cegos aumenta as chances de condenações injustas de duas maneiras. Em primeiro lugar, estimula os agentes da lei a tirar conclusões precipitadas. Um policial decide que um suspeito é o culpado e então fecha a porta para outras possibilidades. Sem ter todas as evidências, um promotor público decide impulsivamente instaurar um processo, sobretudo em casos sensacionalistas; ele anuncia a decisão à mídia e então acha difícil recuar quando as evidências subsequentes se mostram precárias. Em segundo lugar, uma vez que a ação criminal é ajuizada e se obtém uma condenação, os agentes da lei serão motivados a rejeitar qualquer evidência posterior da inocência do réu.

O antídoto para esses erros demasiado humanos é garantir que, nas academias de polícia e nas faculdades de direito, os aprendizes e estudantes aprendam sobre dissonância cognitiva e sobre a própria vulnerabilidade à autojustificação. Mark Godsey, professor de direito e ex-promotor de justiça que se tornou advogado de réus injustamente condenados, fez isso. Em seu livro *Blind Justice* [Justiça cega], ele descreveu sua perplexidade quando um dos informantes do departamento de polícia lhe disse que nunca havia confessado um crime anterior pelo qual havia sido condenado; o detetive havia fabricado a confissão. "Embora até hoje eu não saiba se o informante estava dizendo a verdade sobre a suposta confissão fabricada", Godsey escreveu, "sei que ignorei sua alegação por causa da dissonância cognitiva. Eu varri isso para debaixo do tapete mental porque não coincidia com minhas crenças sobre o sistema [...] Acreditamos em um delator quando ele nos dá informações que nos ajudam a mandar alguém para a prisão perpétua, mas, quando ele afronta nossas crenças básicas sobre o sistema, suas alegações são prontamente negadas como absurdas, sem um olhar mais atento."[51]

Esse é precisamente o tipo de habilidade de raciocínio que todos os participantes do sistema de justiça criminal precisam adquirir. Eles devem aprender a procurar o suspeito estatisticamente provável (um namorado ciumento) sem fechar a mente para o suspeito estatisticamente menos provável, se é para lá que algumas evidências levam. Eles precisam aprender que, mesmo que estejam confiantes de que podem dizer se um suspeito está mentindo, talvez estejam errados. Eles precisam aprender como e por que pessoas inocentes podem ser induzidas a confessar um crime que não cometeram e como distinguir confissões que provavelmente são verdadeiras daquelas que foram resultado de coação.[52] Eles precisam aprender que o popular método do perfilamento – que tem por objetivo estabelecer o perfil de um criminoso –, técnica adorada pelo FBI e um clássico de séries e programas de TV, carrega significativos riscos de erro por causa do viés de confirmação: quando os investigadores começam a procurar elementos de um crime que correspondam ao perfil de um suspeito, começam também a ignorar elementos que não correspondem. Em suma, os investigadores precisam aprender a encontrar outra porta quando percebem que estão batendo na porta errada.

O professor de direito Andrew McClurg iria mais longe no treinamento da polícia. Há muito tempo ele defende a aplicação de princípios de dissonância cognitiva para impedir que novatos extremamente motivados deem o primeiro passo na pirâmide em uma direção desonesta; a peça central de seu plano é invocar o próprio autoconceito como bons rapazes lutando contra o crime e a violência. Ele propõe um programa de treinamento de integridade para lidar com dilemas éticos, por meio do qual se incutiriam nos cadetes os valores de dizer a verdade e fazer a coisa certa como parte central de sua emergente identidade profissional. (Atualmente, na maioria das jurisdições, os policiais em treinamento têm uma noite ou algumas horas de instrução sobre como lidar com problemas éticos.) Uma vez que esses valores são rapidamente esmagados no trabalho por códigos morais concorrentes – "Não se dedura um colega policial"; "No mundo real, a única maneira segura de obter uma condenação é falsificar a verdade" –, McClurg propõe que os novatos sejam parceiros de mentores experientes e éticos que, à maneira dos patrocinadores dos Alcoólicos Anônimos, ajudariam os novatos a manter o comprometimento com a honestidade. "A única esperança de reduzir substancialmente as mentiras dos policiais é uma abordagem preventiva com o intuito de evitar que bons policiais se tornem maus policiais", argumenta ele. A teoria da dissonância cognitiva oferece "uma ferramenta potente, barata e inesgotável para atingir esse objetivo: o próprio autoconceito do policial".[53]

Uma vez que ninguém, por mais bem treinado ou bem-intencionado, é completamente imune ao viés de confirmação e aos próprios pontos cegos cognitivos, os mais renomados cientistas sociais que estudaram condenações injustas são unânimes em recomendar salvaguardas, por exemplo, a gravação eletrônica de todos os interrogatórios. Até 2019, apenas 26 estados mais o distrito de Columbia exigiam que a polícia gravasse eletronicamente os interrogatórios em alguns ou todos os crimes graves, embora apenas cinco estados estipulassem uma "preferência" pela gravação audiovisual.[54] Há muito tempo a polícia e os promotores de justiça resistem a essa exigência, temendo, talvez, as revelações embaraçosas e geradoras de dissonância que pode criar.

Ralph Lacer, um dos interrogadores de Bradley Page, justificou a posição da polícia contra vídeos alegando que uma gravação "é inibitória" e torna "difícil chegar à verdade".[55] Suponha, ele se queixou, que o interrogatório dure dez horas. O advogado de defesa fará o júri ouvir todas as dez horas de gravação em vez de apenas a confissão de quinze minutos, e o júri ficará confuso e sobrecarregado. No entanto, no caso de Page, o argumento da promotoria se baseou fortemente em um segmento da entrevista gravada em áudio que estava ausente. Lacer admitiu que havia desligado o gravador pouco antes de dizer as palavras que convenceram Page a confessar. De acordo com Page, durante esse segmento ausente, Lacer lhe pediu que imaginasse como ele *poderia* ter matado a namorada. (Essa é outra manobra recomendada pelos criadores da técnica Reid.) Page achou que estava sendo solicitado a construir um cenário imaginário para ajudar a polícia; ele ficou aturdido quando Lacer usou sua resposta como uma confissão legítima. O júri não ouviu o contexto completo – a questão que provocou a suposta confissão.

Na verdade, em jurisdições que registram interrogatórios, os departamentos de polícia passaram a ver com bons olhos a prática. O Centro de Condenações Injustas pesquisou 238 órgãos policiais que atualmente registram todos os interrogatórios de suspeitos de crimes graves e descobriu que quase todos os agentes da lei estavam entusiasmados. Vídeos feitos com um ângulo de câmera que inclui tanto o entrevistador quanto o entrevistado eliminam o problema de suspeitos que alteram os relatos, satisfazem aos jurados quanto a mostrar que a confissão foi obtida honestamente e permitem que especialistas independentes avaliem as técnicas que foram empregadas e determinem se alguma delas foi enganosa ou coercitiva.[56]

O Canadá e a Grã-Bretanha estão implementando essas reformas e instituindo outros procedimentos para minimizar as chances de condenações injustas. Uma alternativa à técnica coercitiva de Reid é o modelo PEACE (sigla em inglês para Preparação e Planejamento, Engajamento e Explicação, Relato, Encerramento, Avaliação), que é usado em todo o Reino Unido; variações dele estão sendo desenvolvidas nos Estados Unidos. Usuários da abordagem PEACE e métodos similares não presumem a culpa do suspeito, e o interrogatório não é abertamente confrontacional; a polícia não tem permissão para fiar-se em blefes e mentiras. O interrogatório é encarado como uma forma de obtenção de informações; o interrogador faz perguntas abertas em diferentes versões, buscando a história completa e abarcando muitas possibilidades. A suposição é de que suspeitos que estão mentindo têm uma "carga cognitiva"– causada pela tentativa de lembrar detalhes falsos – que é difícil de manter.[57]

Nos Estados Unidos, as muitas exonerações de culpa devido aos testes de DNA também estão, aos poucos, ensejando mudanças legais: melhor supervisão de laboratórios criminais, padrões mais rígidos para a identificação de testemunhas oculares, dando aos detentos (vários) graus de acesso a evidências de DNA e, em alguns estados, a criação de comissões para agilizar casos de condenação injusta e encontrar soluções. Essas comissões são quase invariavelmente compostas por promotores de justiça que não estavam envolvidos nos casos originais e, portanto, não têm dissonância para reduzir. Quando assumiu o cargo no Brooklyn, o promotor de justiça Kenneth Thompson ficou alarmado ao descobrir mais de cem alegações de condenações injustas; ele imediatamente criou uma unidade de revisão de condenações, com dez promotores de justiça que não fizeram outra coisa além de se concentrar nesses casos. O mesmo fez Craig Watkins, promotor de justiça em Dallas, que em 2007 fundou a Unidade para Integridade de Condenações, ampliada em 2017. Entre seus procedimentos está o teste sistemático de amostras de DNA que foram ignoradas em condenações; desde então, houve a absolvição de várias dezenas de prisioneiros. O Texas também aprovou um projeto de lei conhecido como "estatuto da ciência de má qualidade", que permite que um réu apresente um mandado de habeas corpus com base em novas evidências científicas indicando que as evidências utilizadas para sua condenação eram falsas, enganosas ou foram aplicadas de forma imprecisa. Já a Califórnia aprovou um projeto de lei que permite a pessoas condenadas contestarem o testemunho de especialistas apresentado contra elas no julgamento, seja porque esses especialistas posteriormente repudiaram seus depoimentos, seja porque se fiaram em métodos ou descobertas que mais tarde ficou comprovado que eram falhos. Essas reformas são essenciais e há muito esperadas.

Entretanto, de acordo com os estudiosos do direito e cientistas sociais Deborah Davis e Richard Leo, a aplicação da lei americana continua impregnada de suas tradições, incluindo a adesão à técnica Reid e procedimentos semelhantes, mantendo-se "a negação quase absoluta" do fato de que essas técnicas podem produzir falsas confissões e condenações injustas.[58] A quarta e quinta edições do Manual Reid incluem um desdenhoso aceno ao problema das falsas confissões, provavelmente para tranquilizar os leitores de que os autores estão cientes dos casos que viraram notícia. Mas é uma relutante e seletiva revisão das evidências, que contém muitos erros e não reconhece a extensão do problema, muito menos o papel da técnica Reid em criá-lo. Na definição de Richard Leo, o manual finge ser sensível ao problema das falsas confissões sem mudar uma vírgula sobre o método subjacente em si, e as pessoas que vão às suas aulas de treinamento relatam que os instrutores mal mencionam as falsas confissões.

Dois cientistas sociais que revisaram a pesquisa sobre a técnica Reid observaram que "a maioria dos detetives é inteligente, escrupulosa e comprometida com um resultado justo". Mas realizam seus interrogatórios de acordo com o treinamento que receberam, quase invariavelmente a técnica Reid, cujo "vasto edifício de pseudociência, desinformação, autoilusão e total engano não fomenta os objetivos do sistema de justiça criminal. Na década de 1950, a técnica Reid foi anunciada como uma grande melhoria em relação aos métodos bárbaros que substituiu. Essa justificativa deixou de ser aplicável décadas atrás".[59] Eric Shepherd, um dos psicólogos envolvidos na criação do PEACE, concorda. "A meu ver a técnica Reid era uma filha de seu tempo", disse ele a Douglas Starr, repórter da revista *The New Yorker*. "O que você vê agora é uma ação de retaguarda para defender o indefensável."[60]

A relutância do sistema de justiça criminal norte-americana em admitir falibilidade agrava as injustiças que ele cria. Muitos estados não fazem absolutamente nada pelas pessoas que foram exoneradas de culpa. Eles não fornecem nenhuma compensação pelos muitos anos de vida e pelo dinheiro que os condenados perderam. Nem sequer oferecem um pedido oficial de desculpas. De forma cruel, geralmente não apagam o registro de antecedentes criminais da pessoa absolvida, dificultando que ela consiga alugar um apartamento ou arranjar um emprego.

Do ponto de vista da teoria da dissonância, podemos entender por que as vítimas de condenações injustas são tratadas com tanta severidade. Tamanho rigor é diretamente proporcional à inflexibilidade do sistema. Se você sabe que erros são inevitáveis, não ficará surpreso quando eles acontecerem e terá planos de contingência a postos para lidar com a emergência e remediar os estragos. Mas, se você se recusa a admitir para si mesmo ou para o mundo que erros acontecem, então a exoneração de culpa daqueles que foram injustamente presos é uma gritante e humilhante evidência do quanto você está errado. Pedir desculpas a eles? Dar dinheiro a eles? Não diga tolices. Eles se safaram por um detalhe técnico. Ah, o detalhe técnico era DNA? Bem, eles eram culpados de outra coisa.

De vez em quando, um homem íntegro ou uma mulher íntegra se eleva acima do impulso comum de sacrificar a verdade a serviço da autojustificação: um policial denuncia a corrupção; um detetive reabre um caso que apenas aparentemente foi resolvido; um promotor público admite um erro judiciário. Thomas Vanes, advogado do estado de Indiana, foi promotor de justiça por treze anos. "Na época eu não me acanhava em buscar a pena de morte", ele escreveu.[61] "Quando os criminosos são culpados, eles merecem ser punidos." Mas Vanes aprendeu que erros foram cometidos e que ele também os havia cometido.

> Eu soube que um homem chamado Larry Mayes, a quem processei e condenei, cumpriu pena de mais de vinte anos por um estupro que não havia cometido. Como sabemos? Teste de DNA [...] Duas décadas depois, quando ele solicitou um novo teste de DNA naquele kit de estupro, ajudei a rastrear as evidências antigas, convencido de que os testes atuais acabariam com sua antiga alegação de inocência. Mas ele estava certo, e eu estava errado.

Fatos concretos sobrepujaram opinião e crença, como deveria acontecer. Foi uma lição de humildade, e nenhuma das racionalizações fáceis de alcançar (*eu estava apenas fazendo meu trabalho, foram os jurados que o condenaram, os tribunais de recursos mantiveram a condenação*) diminuiu por completo o senso de responsabilidade – moral, se não legal – que vem com a condenação de um homem inocente.

CAPÍTULO 6

ASSASSINO DO AMOR: AUTOJUSTIFICAÇÃO NO CASAMENTO

O amor [...] é a percepção extremamente difícil de que algo além de si mesmo é real.

– *Iris Murdoch, romancista*

Quando William Butler Yeats se casou em 1917, seu pai lhe escreveu uma calorosa carta de felicitações: "Creio que isso vai ajudar você em seu desenvolvimento poético. Ninguém, homem ou mulher, conhece de fato a natureza humana a menos que tenha vivido na escravidão do casamento, ou seja, o estudo forçado de uma criatura semelhante".[1] Os parceiros casados são forçados a aprender mais um sobre o outro do que jamais esperaram (ou talvez quisessem) saber. Com mais ninguém, nem mesmo com nossos filhos, filhas, pais ou mães, aprendemos tanto sobre os hábitos adoráveis e irritantes de outro ser humano, suas maneiras de lidar com frustrações e crises e seus desejos privados e apaixonados. No entanto, como John Butler Yeats bem sabia, o casamento também obriga os casais a se encararem, a aprenderem mais sobre si mesmos e sobre como se comportam com um parceiro íntimo do que jamais esperaram (ou talvez quisessem) saber. Nenhum outro relacionamento põe à prova de forma tão profunda a extensão de nossa própria disposição de sermos flexíveis e tolerantes, de aprender e mudar – se pudermos resistir ao fascínio da autojustificação.

Benjamin Franklin, que aconselhou: "Antes do casamento os olhos devem estar bem abertos; depois do casamento, semicerrados", entendeu o poder da dissonância nos relacionamentos. Os casais primeiro justificam sua decisão de ficar juntos e depois sua decisão de permanecer juntos. Quando você compra uma casa, começa imediatamente a reduzir a dissonância. Você conta aos amigos as coisas maravilhosas que ama na casa (a vista das árvores, o espaço, as antigas janelas originais) e minimiza as coisas que estão erradas nela (a vista do estacionamento, a cozinha apertada, as janelas velhas com correntes de ar). Nesse caso, a autojustificação fará com que você se sinta feliz com sua linda casa nova. Se, antes de você se apaixonar por ela, um geólogo lhe tivesse dito que o penhasco logo acima da casa era instável e poderia ceder a qualquer momento, você receberia de bom grado a informação e iria embora triste, mas não de coração partido. Porém, uma vez que você se apaixonou por sua casa, gastou mais do que realmente podia pagar para comprá-la e nela se instalou com seu relutante gato, você investiu muito, em termos emocionais e financeiros, para ir embora assim tão facilmente. Se, depois de estar na casa, alguém lhe disser que o penhasco logo acima é precário, esse mesmo impulso para justificar sua decisão pode mantê-lo lá por muito tempo. As pessoas que vivem em casas ao longo da praia em La Conchita, Califórnia, à sombra de penhascos que têm o hábito de desabar sobre elas durante as pesadas chuvas de inverno, vivem em dissonância constante, que elas resolvem dizendo: "Não vai acontecer de novo". Isso permite que permaneçam, até que aconteça de novo.

Um relacionamento com uma casa é mais simples do que um relacionamento com outro ser humano. Por um lado, é uma via de mão única, sem reciprocidade. A casa não pode culpar você por ser um mau dono ou por não a manter limpa, embora também não possa lhe dar uma boa massagem nas costas depois de um dia difícil. O casamento, no entanto, é a maior decisão de mão dupla da vida da maioria das pessoas, e os casais se empenham tremendamente em fazer a coisa funcionar. Uma quantidade moderada de redução da dissonância pós-casamento, de olhos semicerrados, em que os parceiros enfatizam o positivo e ignoram o negativo, permite que as coisas funcionem em harmonia. Mas o mecanismo idêntico permite que algumas pessoas permaneçam em casamentos que são o equivalente psicológico de La Conchita, à beira do desastre constante.

O que recém-casados delirantemente felizes têm em comum com casais infelizes que permaneceram juntos, em amargura ou cansaço, por muitos anos? Uma relutância em dar atenção a informações dissonantes. Muitos recém-casados, buscando a confirmação de que se casaram com a pessoa perfeita, ignoram ou descartam qualquer evidência que possa ser um sinal de alerta de problemas ou conflitos futuros: "Ele fecha a cara e fica de mau humor só de eu conversar com outro homem; que fofo, isso significa que ele me ama". "Ela é tão despreocupada e relaxada em assuntos domésticos; que charmosa, isso significa que ela me tornará menos compulsivo." Cônjuges infelizes que toleram há muito tempo crueldades, crises de ciúme ou humilhações um do outro também estão ocupados reduzindo a dissonância. Para evitar enfrentar a devastadora possibilidade de que investiram tantos anos, tanta energia, tantos argumentos em um esforço que fracassou para conseguir alcançar até mesmo uma coexistência pacífica, eles dizem algo como "Todos os casamentos são assim. De qualquer forma, não há nada que se possa fazer a respeito. Mas há uma porção de coisas boas. É melhor permanecer em um casamento difícil do que ficar sozinho".

A autojustificação não se importa se colhe benefícios ou causa estragos. Ela assegura a manutenção de muitos casamentos (para o bem ou para o mal) e despedaça outros (para o bem ou para o mal). Os casais começam alegremente otimistas, e, ao longo dos anos, alguns se moverão na direção de maior proximidade e afeição, outros na direção de maior distanciamento e hostilidade. Alguns casais encontram no casamento uma fonte de consolação e alegria, um lugar para reabastecer a alma, um relacionamento que lhes permite florescer como indivíduos e como casal. Para outros, o casamento torna-se uma fonte de brigas e discórdias, um lugar de estagnação, um relacionamento que esmaga sua individualidade e dissipa seu vínculo. Nosso objetivo neste capítulo não é sugerir que todos os relacionamentos podem e devem ser salvos, mas sim mostrar de que maneira a autojustificação contribui para esses dois resultados diferentes.

Alguns casais se separam por causa de uma revelação cataclísmica ou da violência contínua que um dos parceiros não consegue mais tolerar ou ignorar. Mas a maioria dos casais que se afastam faz isso lentamente, ao longo do tempo, em um padrão crescente de culpa e autojustificação. Cada parceiro se concentra no que o outro está fazendo de errado enquanto justifica as próprias preferências, atitudes e maneiras de fazer as coisas. Por sua vez, a intransigência mútua torna o outro lado ainda mais determinado a não ceder. Antes que o casal perceba, ambos assumiram posições polarizadas, cada um se sentindo certo e justo. A autojustificação fará com que o coração de cada um endureça contra as súplicas da empatia.

Para mostrar como esse processo funciona, vamos examinar o casamento de Debra e Frank, tirado do perspicaz livro *Diferenças reconciliáveis*, de Andrew

Christensen e Neil Jacobson.[2] A maioria das pessoas gosta de relatos de casamentos do tipo versão dela/versão dele (exceto quando se trata do próprio casamento), dando de ombros e concluindo que há dois lados em cada história. Achamos que a coisa é mais complexa que isso.

Esta é a versão de Debra sobre os problemas conjugais do casal:

> [Frank] simplesmente se arrasta pela vida, sempre cuidando dos negócios, preocupado em fazer seu trabalho, sem nunca mostrar muito entusiasmo ou dor. Ele diz que seu estilo mostra o quanto é emocionalmente estável. Eu digo que isso mostra que ele é passivo e entediado. De muitas maneiras eu sou exatamente o contrário: eu tenho muitos altos e baixos. Mas, na maior parte do tempo, sou cheia de energia, otimista, espontânea. É claro que, às vezes, eu fico chateada, irritada e frustrada. Ele diz que isso mostra minha imaturidade emocional, que "eu tenho muito que aprender pra amadurecer". Eu acho que isso simplesmente mostra que sou humana. [...]
>
> Lembro-me de um episódio que resume a maneira como eu vejo Frank. Nós saímos para jantar com um casal encantador que tinha acabado de se mudar para nossa cidade. [...] À medida que a noite avançava, eu me tornava mais e mais consciente de que eles levavam uma vida maravilhosa. Eles pareciam genuinamente apaixonados, embora estivessem casados havia mais tempo do que nós. Não importava o quanto o homem falava com a gente, ele sempre mantinha contato com a esposa: tocando-a, fazendo contato visual com ela, ou incluindo-a na conversa. E ele usava muito o "nós" para se referir aos dois. Observá-los me fez perceber que Frank e eu pouco nos tocamos, raramente olhamos um para o outro e participamos separadamente de uma conversa. [...] De qualquer forma, eu admito. Eu estava com inveja desse casal. [...] Eles pareciam ter tudo: família amorosa, bela casa, lazer, luxo. Que contraste com Frank e eu: batalhando, ambos com empregos de tempo integral, tentando poupar dinheiro, por vezes mal conseguindo pagar as contas. Eu não me importaria tanto, se ao menos nós trabalhássemos para isso *juntos*. Mas estamos tão distantes. [...]
>
> Quando chegamos em casa, comecei a expressar esses sentimentos. Eu queria reavaliar nossa vida, como uma maneira de nos aproximarmos. [...] Talvez nós não pudéssemos ser tão ricos como aquelas pessoas, mas não havia nenhuma razão pela qual não conseguíssemos ter a intimidade e o acolhimento que tinham. Como de costume, Frank não queria falar sobre isso. Quando ele disse que estava cansado e que queria ir para a cama, eu fiquei com raiva. Era sexta-feira à noite, e nenhum de nós tinha que levantar cedo no dia seguinte. A única coisa que estava nos impedindo de ficar juntos era a teimosia dele. Isso me deixou louca. Eu estava farta de ceder à sua necessidade de sono sempre que eu trazia à baila uma questão para discutir. Pensei: por que ele não pode ficar acordado só por mim, de vez em quando?

Eu não iria deixá-lo dormir. Quando ele apagou a luz, eu a acendi novamente. Quando ele se virou para ir dormir, eu continuei falando. Quando ele colocou um travesseiro sobre a cabeça, eu falei mais alto. Ele me disse que eu era infantil. Eu disse que ele era insensível. A coisa se intensificou e ficou feia. Sem violência, mas com muitas palavras que não deveriam ter sido ditas. Por fim ele foi para o quarto de hóspedes, trancou a porta por dentro e dormiu. Na manhã seguinte, ambos estávamos exaustos e distantes. Ele me criticou por ser tão irracional. O que provavelmente era verdade. De fato, eu perco a cabeça quando fico desesperada. Mas acho que ele usa essa acusação como uma forma de se justificar. É mais ou menos como "Se você é irracional, então eu posso descartar todas as suas queixas, e eu não tenho culpa".

Esta é a versão de Frank:

Debra nunca parece estar satisfeita. Eu nunca faço o suficiente, nunca dou o suficiente, nunca amo o suficiente, nunca compartilho o suficiente. O que quer que seja, eu não consigo fazer o bastante. Às vezes, ela me faz acreditar que eu realmente sou um marido ruim. Começo a ter a sensação de que eu a decepciono, que eu a deixo frustrada, não cumpro com minhas obrigações como um marido amoroso e solidário. Mas então dou a mim mesmo uma dose de realidade. O que eu fiz de errado? Eu sou um ser humano normal. As pessoas geralmente gostam de mim, me respeitam. Eu tenho um emprego respeitável. Eu não a traio nem minto para ela. Não sou um bêbado nem um viciado em jogatina. Sou razoavelmente bonito e sou um amante sensível. Eu até a faço rir muito. No entanto, não recebo dela um pingo de valorização – apenas reclamações de que não estou fazendo o suficiente.

Eu não sou afetado pelos eventos como Debra é. Os sentimentos dela são como uma montanha-russa: às vezes, para cima; às vezes, para baixo. Eu não posso viver assim. Meu estilo está mais para uma velocidade de cruzeiro, constante e agradável. Mas eu não menosprezo Debra por ser do jeito que ela é. Eu sou basicamente uma pessoa tolerante. As pessoas, incluindo os cônjuges, vêm em todas as formas e todos os tamanhos. Eles não são feitos sob medida para atender às nossas necessidades específicas. Então, eu não me ofendo com pequenos aborrecimentos; não me sinto compelido a falar sobre cada diferença ou desagrado; não sinto que cada área potencial de desacordo tenha que ser esmiuçada em detalhes. Eu apenas deixo as coisas acontecerem. Quando demonstro esse tipo de tolerância, espero que minha parceira faça o mesmo por mim. Quando ela não faz, fico furioso. Quando Debra pega no meu pé sobre cada detalhe que não se encaixa em sua ideia do que é certo, eu reajo fortemente. Minha calma desaparece e eu exploro.

Lembro-me de estar no carro com Debra depois de passarmos a noite com um casal atraente e impressionante que tínhamos acabado de conhecer. No caminho de volta para casa, fiquei me perguntando que tipo de impressão eu havia causado neles. Naquela noite eu estava cansado, longe do meu melhor. Às vezes, consigo ser inteligente e engraçado em um grupo pequeno, mas não naquela noite. Talvez eu estivesse me esforçando demais. Às vezes, imponho altos padrões a mim mesmo e fico desapontado comigo quando não consigo atingi-los.

Debra interrompeu minhas ruminações com uma pergunta aparentemente inocente: "Você percebeu o quanto aqueles dois estavam em sintonia um com o outro?". Agora eu sei o que está por trás desse tipo de pergunta – ou pelo menos aonde esse tipo de pergunta vai levar. Ela sempre leva de volta a nós, especificamente a mim. Mais cedo ou mais tarde, o cerne se torna "Nós dois não estamos em sintonia um com o outro", que é um código para "Você não está em sintonia comigo". Eu temo essas conversas que teimam em refletir sobre o que há de errado conosco como um casal, porque a verdadeira questão, que não é declarada nas conversas civilizadas que temos, mas é declarada sem rodeios nas incivilizadas, é: "O que há de errado com Frank?". Então, nessa ocasião eu evitei o assunto, respondendo que eles eram um casal legal.

Mas Debra não desistiu. Ela insistiu em avaliá-los em comparação a nós. Eles tinham dinheiro e intimidade. Nós não tínhamos nem um nem outro. Talvez não pudéssemos ser ricos, mas poderíamos pelo menos ser íntimos. Por que não conseguíamos ser íntimos? Significado: Por que *eu* não conseguia ser íntimo? Quando chegamos em casa, tentei aliviar a tensão dizendo que estava cansado e sugerindo que fôssemos para a cama. Eu *estava* realmente cansado, e a última coisa que eu queria era uma conversa dessas. Mas Debra foi implacável. Ela argumentou que não havia razão para não ficarmos acordados e discutir o assunto. Continuei com minha rotina da hora de dormir, dando a ela as respostas mais mínimas. Se ela não respeita meus sentimentos, por que eu deveria respeitar os dela? Ela falou comigo enquanto eu vestia meu pijama e escovava os dentes; ela nem sequer me deixou sozinho no banheiro. Quando enfim fui para a cama e apaguei a luz, ela a acendeu novamente. Eu me virei para dormir, mas ela continuou tagarelando. Qualquer um teria entendido a mensagem quando coloquei o travesseiro em cima da minha cabeça – mas não, ela o tirou. Nesse momento, perdi o controle. Eu disse a ela que ela era infantil, uma pessoa louca – não me lembro de tudo o que eu disse. Por fim, desesperado, fui para o quarto de hóspedes e tranquei a porta. De tão chateado, não consegui pegar no sono e passei a noite em claro. De manhã, ainda estava zangado com ela. Disse que ela era irracional. Pela primeira vez, Debra não tinha muito a dizer.

Você já escolheu um lado? Você acha que esse casal ficaria bem se ela parasse de tentar fazê-lo falar ou se ele parasse de se esconder debaixo do travesseiro, em sentido literal e figurativo? E qual é o maior problema deles: que eles têm temperamentos incompatíveis, que não se entendem, que estão irritados?

Todos os casais têm diferenças. Até gêmeos idênticos têm diferenças. Para Frank e Debra, assim como para a maioria dos casais, as diferenças são precisamente o motivo pelo qual eles se apaixonaram: ele achava que ela era ótima por ser sociável e extrovertida, um antídoto perfeito para sua natureza discreta e reservada; ela se atraiu por sua calma e tranquilidade imperturbáveis em meio às tempestades da vida. Todos os casais também têm conflitos, pequenos comportamentos irritantes que são divertidos para os observadores, mas dignos de guerra para os participantes (ela quer que a louça suja seja lavada imediatamente, e ele deixa a louça acumular na pia para lavar apenas uma vez por dia ou por semana), ou desentendimentos mais sérios sobre dinheiro, sexo, sogros ou qualquer uma das inúmeras outras questões. As diferenças não precisam causar hostilidades. Mas, uma vez que surge a discórdia, o casal explica isso como sendo um inevitável resultado de suas diferenças.

Além disso, Frank e Debra realmente entendem a própria situação. Eles concordam em relação a tudo o que aconteceu na noite da grande explosão: sobre o que a desencadeou, sobre como ambos se comportaram, sobre o que cada um queria do outro. Ambos concordam que se comparar com o novo casal os fez se sentirem infelizes e autocríticos. Concordam que ela é mais montanha-russa e ele mais plácido, uma queixa de gênero tão comum quanto ambrósia florescer no verão. Eles têm clareza sobre o que querem do relacionamento e o que sentem que não estão obtendo. Eles até são muito bons, talvez melhores do que a maioria, em entender o ponto de vista da outra pessoa.

Tampouco esse casamento está deteriorando porque Frank e Debra ficam zangados um com o outro. Casais bem-sucedidos têm conflitos e se enraivecem tanto quanto casais infelizes. Mas casais felizes sabem como administrar seus conflitos. Se um problema os está incomodando, eles conversam a respeito e resolvem o problema, deixam para lá ou aprendem a conviver com ele.[3] Casais infelizes se distanciam ainda mais por causa de confrontos raivosos. Quando Frank e Debra entram em uma briga, eles recuam para suas posições familiares, meditam e param de ouvir um ao outro. Se ouvem, não escutam. A atitude deles é: "Sim, sim, eu sei como você se sente quanto a isso, mas não vou mudar porque estou certo".

Para mostrar o que julgamos ser o problema subjacente de Frank e Debra, vamos reescrever a história daquele percurso de carro de volta para casa. Suponha que Frank tivesse previsto os medos e as preocupações de Debra, que a essa altura ele conhece muito bem, e expressado sua admiração genuína pela sociabilidade e desembaraço da esposa com novas pessoas. Suponha que, antecipando que ela compararia desfavoravelmente seu casamento com o relacionamento desse belo casal, ele dissesse algo como "Sabe, esta noite percebi que, embora não vivamos no luxo que eles vivem, eu tenho muita sorte por ter você". Suponha que Frank tivesse admitido francamente a Debra que estar com o novo casal o fez se sentir "decepcionado" sobre sua participação naquela noite, revelação que teria evocado preocupação e simpatia por parte dela. Por sua vez, suponha que Debra tivesse dado um curto-circuito em suas próprias ruminações de autopiedade e prestado atenção ao estado de espírito taciturno do marido, dizendo-lhe algo como "Querido, você não parecia muito legal hoje. Está se sentindo bem? Foi alguma coisa sobre aquele casal de que você não gostou? Ou estava apenas cansado?". Suponha que ela também tivesse sido honesta ao expressar o que não gosta em si mesma, por exemplo, sua inveja da riqueza do outro casal, em vez de expressar o que não gosta em Frank. Suponha que ela tivesse voltado a atenção para as qualidades que ama em Frank. Hummm, pensando bem, ele está certo sobre ser um "amante sensível".

Do nosso ponto de vista, portanto, mal-entendidos, conflitos, diferenças de personalidade e até mesmo brigas furiosas não são os assassinos do amor; a autojustificação é. A noite de Frank e Debra com o novo casal poderia ter terminado de forma bem diferente se ambos não estivessem tão ocupados inventando as próprias autojustificações e culpando o outro, e se tivessem pensado nos sentimentos um do outro primeiro. Cada um deles entende perfeitamente o ponto de vista do outro, mas a necessidade de autojustificação os impede de aceitar a posição do outro como legítima. Ela os motiva a enxergar o próprio caminho como o melhor caminho – na verdade, o único caminho razoável.

Não estamos nos referindo aqui ao tipo de autojustificação comum que todos nós tendemos a usar quando cometemos um erro ou discordamos sobre questões relativamente triviais, como quem deixou aberta a tampa do frasco de molho de salada ou quem esqueceu de pagar a conta de água ou quem se lembra com mais precisão de uma cena favorita de um filme antigo. Nessas circunstâncias, a autojustificação nos protege momentaneamente de nos sentirmos desajeitados, incompetentes ou desmemoriados. O tipo que é capaz de corroer um casamento, no entanto, reflete um esforço mais sério para proteger não *o que fizemos*, mas *quem somos*, e vem em duas versões: "Eu estou certo(a) e você está errado(a)" e "Mesmo que eu esteja errado(a), azar; é assim que eu sou". Frank e Debra estão em apuros porque começaram a justificar seus autoconceitos fundamentais, as qualidades sobre si mesmos que eles valorizam e não desejam alterar ou que acreditam ser inerentes à natureza deles. Eles não estão dizendo um ao outro: "Eu estou certo(a) e você está errado(a) em relação a essa lembrança". Eles estão dizendo: "Eu sou o tipo certo de pessoa e você é o tipo errado de pessoa. E porque você é o tipo errado de pessoa, não é capaz de apreciar e valorizar minhas virtudes; de forma insensata, você pensa até que algumas das minhas virtudes são falhas".

Assim, Frank se justifica ao ver suas ações como as de um marido bom, leal e estável – é quem ele é –, portanto ele acha que o casamento com Debra seria ótimo se ela parasse de importuná-lo para falar, se ela perdoasse suas imperfeições assim como ele perdoa as dela. Repare na linguagem que Frank utiliza: "O que eu fiz de errado?". "Eu sou um ser humano normal." Frank justifica sua falta de vontade de discutir assuntos difíceis ou dolorosos em nome de sua "tolerância" e sua habilidade de "simplesmente deixar as coisas acontecerem". De sua parte, Debra acha que sua expressividade emocional "simplesmente mostra que sou humana" – é quem ela é – e que o casamento com Frank seria ótimo se ele não fosse tão "passivo e entediado". Debra acertou ao observar que Frank justifica ignorar as exigências de comunicação da esposa atribuindo-as à natureza irracional dela. Mas Debra não vê que está fazendo a mesma coisa: ela justifica ignorar o desejo do marido de não falar atribuindo-os à natureza teimosa dele.

Todo casamento é uma história e, como todas as histórias, está sujeito às percepções e memórias distorcidas de seus participantes que preservam a narrativa tal qual cada lado a vê. Frank e Debra estão em um ponto de decisão crucial na pirâmide do casamento, e os passos que eles tomam para resolver a dissonância entre "Eu amo essa pessoa" e "Essa pessoa faz algumas coisas que estão me deixando louco" irão melhorar sua história de amor ou destruí-la. Eles terão que decidir como responder a algumas perguntas-chave sobre essas coisas malucas que o parceiro ou a parceira faz: Elas se devem a uma imutável falha de personalidade? Sou capaz de viver com elas? Elas são motivos para o divórcio? Podemos chegar a um acordo? Eu poderia – por mais que seja um pensamento impossível – aprender algo com meu parceiro, talvez melhorar minha maneira de fazer as coisas? E os dois terão que decidir como pensar sobre a própria maneira de fazer as coisas. Levando em consideração a forma como viveram consigo mesmos a vida inteira, "sua própria maneira" parece natural, inevitável. A autojustificação está impedindo ambos os parceiros de perguntar a si mesmos: Pode ser que eu esteja errado? Posso estar cometendo um erro? Sou capaz de mudar?

À medida que os problemas de Debra e Frank se acumulavam, cada um desenvolveu uma teoria implícita de como a outra pessoa estava destruindo o casamento. (Essas teorias são chamadas de "implícitas" porque as pessoas geralmente não sabem que as têm.) A teoria implícita de Debra é de que Frank é socialmente desajeitado e passivo; a teoria de Frank é de que Debra é insegura e não consegue aceitar a si mesma ou a ele como os dois são. O problema é que, uma vez que as pessoas desenvolvem uma teoria implícita, o viés de confirmação entra em ação e elas param de ver evidências que não se encaixam na teoria. Como observou o terapeuta do casal, Debra agora ignora ou minimiza todas as vezes que Frank não é desajeitado e passivo com ela ou com outras pessoas – as ocasiões em que ele foi engraçado e charmoso, as muitas vezes que ele se esforçou para ser solícito e útil. De sua parte, Frank agora ignora ou minimiza evidências da segurança psicológica de Debra, por exemplo, sua persistência e otimismo diante da decepção. "Um acha que o outro é culpado", observaram seus terapeutas, "e, portanto, eles se lembram de forma seletiva de partes da vida deles, enfocando as partes que corroboram seus próprios pontos de vista."[4]

Nossas teorias implícitas sobre por que nós e outras pessoas nos comportamos como nos comportamos vêm em uma de duas versões. Podemos dizer que é por causa de algo na situação ou no ambiente: "A caixa do banco gritou comigo porque ela está sobrecarregada de trabalho hoje; não há caixas suficientes para dar conta das filas". Ou podemos dizer que é porque algo está errado com a pessoa: "Aquela caixa do banco gritou comigo porque ela é simplesmente uma mulher mal-educada". Quando explicamos nosso comportamento, a autojustificação nos permite nos lisonjear: damos a nós mesmos crédito por nossas boas ações, mas atribuímos à situação a culpa pelas ações ruins. Quando fazemos algo que machuca outra pessoa, raramente dizemos: "Eu me comportei dessa maneira porque sou um ser humano cruel e sem coração". Dizemos: "Fui provocado; qualquer um faria o que eu fiz"; ou "Eu não tive escolha"; ou "Sim, eu disse algumas coisas horríveis, mas não fui *eu* – é que eu estava bêbado". No entanto, quando fazemos algo generoso, prestativo ou corajoso, não dizemos que agimos assim porque fomos provocados ou estávamos bêbados ou não tivemos escolha ou porque o cara no telefone nos induziu a doar dinheiro para a caridade por culpa. Fizemos uma coisa boa porque somos generosos e temos o coração aberto.

Nos relacionamentos bem-sucedidos, os parceiros estendem um ao outro as mesmas maneiras de pensar tolerantes e autocomplacentes que estendemos a nós mesmos: perdoam os erros um do outro atribuindo-os à situação, mas dão crédito um ao outro pelas coisas atenciosas e amorosas que ambos fazem. Se um parceiro faz algo impensado ou está mal-humorado, o outro tende a minimizar e desconsiderar isso como resultado de acontecimentos que não são culpa do parceiro: "Pobre homem, ele está sob um bocado de estresse"; "Eu posso entender por que ela gritou comigo; faz dias que ela está convivendo com uma dor incômoda nas costas". Mas, se um faz algo especialmente legal, o outro dá crédito à boa natureza inerente e à personalidade doce do parceiro: "Meu amor me trouxe flores sem motivo algum", uma esposa pode dizer, "ele é o cara mais carinhoso do mundo".

Enquanto nos relacionamentos felizes os parceiros dão um ao outro o benefício da dúvida, nos infelizes os parceiros fazem exatamente o oposto.[5] Se o parceiro ou a parceira faz algo legal, é por causa de um acaso temporário ou exigências situacionais e circunstanciais: "Sim, ele me trouxe flores, mas só porque todos os outros caras do escritório dele compraram flores para a esposa". Se o parceiro ou a parceira faz algo impensado ou irritante, no entanto, é por causa de suas falhas de personalidade: "Ela foi grosseira e gritou comigo porque é uma chata reclamona". Frank não diz que Debra fez uma *coisa* maluca, seguindo-o pela casa exigindo que ele falasse com ela, e não diz que ela agiu dessa forma porque estava se sentindo frustrada por sua recusa de falar com ela – ele a chama de *pessoa* louca. Debra não diz que Frank evitou conversar depois do jantar porque estava cansado e não queria encerrar a noite com um confronto – ela diz que ele é uma *pessoa* passiva.

Teorias implícitas têm consequências descomunais porque afetam, entre outras coisas, a forma como os casais brigam e até mesmo o próprio objetivo de uma discussão. Se um casal discute com base na premissa de que cada um é uma boa pessoa que fez algo errado, mas que pode ser corrigido, ou que fez alguma asneira ou enfiou os pés pelas mãos por causa de pressões situacionais momentâneas, há esperança de correção e comprometimento. Porém, mais uma vez, casais infelizes invertem essa premissa. Como cada parceiro é especialista em autojustificação, um culpa a falta de vontade do outro de mudar por falhas de personalidade, mas justifica a própria falta de vontade de mudar alegando tratar-se de virtude de personalidade. Se não quer admitir que estava errado ou modificar um hábito que incomoda ou angustia o parceiro ou a parceira, o outro diz: "Eu não posso evitar. É natural uma pessoa levantar a voz quando está com raiva. É assim que eu sou". Dá para ouvir a autojustificação nessas palavras porque, é claro, pessoas assim *podem* evitar. Elas evitam toda vez que não levantam a voz ao falar com um policial, com o chefe ou com um desconhecido irritante e gigante na rua.

No entanto, a pessoa que grita e alega "É assim que eu sou!" raramente está inclinada a estender a mesma justificativa autocomplacente ao parceiro ou parceira. Pelo contrário, ele ou ela provavelmente transformará isso em um insulto irritante: "É assim que você é – você é igual à sua mãe!". Geralmente, essa observação não se refere às sublimes habilidades da mãe na cozinha ou ao talento dela para dançar tango. Significa que, de um jeito irremediável, você é geneticamente idêntico à sua mãe, e não há nada que você possa fazer a respeito. E quando as pessoas sentem que não podem fazer nada a respeito, elas se sentem injustamente acusadas, como se estivessem sendo criticadas por serem baixinhas demais ou muito sardentas. A psicóloga social June Tangney descobriu que ser criticado por *quem você é*, em vez de *pelo que você fez*, evoca um profundo sentimento de vergonha e desamparo; faz com que a pessoa queira se esconder, sumir.[6] Como a pessoa envergonhada não tem para onde ir a fim de escapar do desolador sentimento de humilhação, Tangney descobriu que os cônjuges envergonhados tendem a revidar com raiva: "Você me faz sentir que fiz uma coisa horrível porque sou repreensível e incompetente. Já que não me acho repreensível e incompetente, você deve ser repreensível por me humilhar dessa forma".

Quando o estilo de briga de um casal se transforma em envergonhar e culpar um ao outro, o propósito fundamental das brigas mudou. Não é mais um esforço para resolver um problema específico ou mesmo fazer com que a outra pessoa modifique seu comportamento; é apenas para ferir, revidar, insultar, ganhar a discussão. É por isso que a vergonha leva a ferozes e renovados esforços de autojustificação, uma recusa em se comprometer e a emoção mais destrutiva que um relacionamento pode evocar: desprezo. Em seu inovador estudo com mais de setecentos casais que acompanhou ao longo de um período de anos, o psicólogo John Gottman descobriu que o desprezo – críticas misturadas com sarcasmo, xingamentos e zombaria – é um dos sinais mais fortes de que um relacionamento está em queda livre.[7] Gottman ofereceu o seguinte exemplo:

FRED:	Você pegou minha roupa na lavanderia?
INGRID *(Arremedando em tom de chacota)*:	"Você pegou minha roupa na lavanderia?" Pegue você sua maldita roupa na lavanderia. O que eu sou, sua empregada?
FRED:	Nem de longe. Se você fosse uma empregada, pelo menos saberia como limpar a casa.

Diálogos como esse, baseados em troca de ofensas e desdém, são devastadores porque destroem a única coisa que a autojustificação foi criada para proteger: de nos sentirmos com a autoestima alta, de sermos amados, de sermos pessoas boas e respeitadas. O desprezo é a definitiva revelação ao parceiro ou parceira de que "Eu não valorizo 'quem' você é". Acreditamos que o desprezo é um fator indicativo de divórcio não porque causa o desejo de separação, mas porque reflete os sentimentos de separação psicológica do casal. O desprezo surge somente após anos de brigas e discussões que continuam resultando, como para Frank e Debra, em mais uma tentativa malsucedida de fazer a outra pessoa comportar-se de forma diferente. É uma indicação de que o parceiro ou a parceira está jogando a toalha, pensando: "Não adianta esperar que você mude; afinal, você é igual à sua mãe". A raiva reflete a esperança de que um problema pode ser corrigido. Quando ela se extingue, deixa as cinzas do ressentimento e do desprezo. E o desprezo é o servo da desesperança.

O que vem primeiro, a infelicidade dos cônjuges um com o outro ou as maneiras negativas dos parceiros de pensar um sobre o outro? Estou infeliz com você por causa de suas falhas de personalidade, ou é a minha convicção de que você tem falhas de personalidade (em vez de perdoáveis peculiaridades e idiossincrasias ou pressões externas) que me deixa infeliz com você? Obviamente, isso é uma via de mão dupla. Mas, como a maioria dos novos parceiros não começa com um estado de espírito de reclamações e culpabilização, os psicólogos têm conseguido acompanhar os casais ao longo do tempo para ver o que coloca alguns deles, mas não outros, em uma espiral descendente. Eles constataram que maneiras negativas de pensar e atribuir culpa geralmente vêm primeiro e não estão relacionadas à frequência de episódios do casal ou aos sentimentos de depressão de qualquer uma das partes.[8] Parceiros felizes e infelizes simplesmente pensam de forma diferente sobre o comportamento um do outro, mesmo quando estão respondendo a situações e ações idênticas.

É por isso que acreditamos que a autojustificação é a principal suspeita no assassinato de um casamento. Cada parceiro resolve a dissonância causada por conflitos e irritações explicando o comportamento do cônjuge de uma maneira particular. Essa explicação, por sua vez, os coloca em um caminho pirâmide abaixo. Os parceiros que percorrem a rota da vergonha e da culpa acabarão mais cedo ou mais tarde reescrevendo a história do próprio casamento. Ao fazer isso, buscam evidências adicionais para justificar sua visão cada vez mais pessimista ou desdenhosa um do outro. Eles mudam de postura: se antes minimizavam os aspectos negativos do casamento, agora passam a enfatizá-los em demasia, buscando qualquer naco de evidência comprobatória que se encaixe em sua nova história. À medida que a nova história toma forma, com o marido e a esposa a ensaiando em âmbito privado ou com amigos solidários, os parceiros tornam-se cegos para as boas qualidades um do outro, aquelas que inicialmente fizeram com que se apaixonassem.

O ponto de inflexão em que um casal começa a reescrever sua história de amor, Gottman descobriu, é quando a "proporção mágica" cai abaixo de cinco para um: nos relacionamentos bem-sucedidos os casais têm uma proporção de cinco vezes mais interações positivas (por exemplo, expressões de amor, afeto e humor) do que negativas (por exemplo, expressões de aborrecimento e reclamações). Não importa se o casal é emocionalmente volátil e briga onze vezes por dia ou se é emocionalmente sereno e briga uma vez por década; é a proporção que importa. "Casais voláteis podem gritar e berrar muito, mas passam cinco vezes mais tempo do casamento sendo amorosos e fazendo as pazes", Gottman descobriu. "Casais mais quietos e evitativos podem não demonstrar tanta paixão quanto os outros tipos, mas também demonstram muito menos críticas e desprezo – a proporção ainda é de cinco para um."[9] Quando a proporção é de cinco para um ou melhor que isso, qualquer dissonância que surja é geralmente reduzida em uma direção positiva. A psicóloga social Ayala Pines, em um estudo sobre desgastes no casamento, relatou que uma mulher feliz no casamento – a quem ela chamou de Ellen – reduziu a dissonância causada pela decepção com o marido por não lhe dar um presente de aniversário. "Eu queria que ele tivesse me dado algo – qualquer coisa –, eu disse isso a ele, como se estivesse contando a ele todos os meus pensamentos e sentimentos", relatou Ellen a Pines. "E enquanto eu fazia isso, estava pensando em como é maravilhoso poder expressar abertamente todos os meus sentimentos, mesmo os negativos [...] Os sentimentos negativos restantes eu descartei, águas passadas."[10]

Quando a proporção positivo-negativo muda para esses sentimentos negativos, no entanto, os casais resolvem a dissonância *causada pelos mesmos eventos* de uma forma que aumenta seu distanciamento um do outro. Pines relatou a maneira como uma mulher infeliz no casamento, Donna, reagiu ao mesmo problema que aborreceu Ellen: nenhum presente de aniversário do marido. Enquanto Ellen decidiu aceitar que o marido jamais se tornaria o Bill Gates das doações domésticas, Donna interpretou de modo bem diferente o comportamento do parceiro:

Uma das coisas que realmente cimentaram minha decisão de me divorciar foi meu aniversário, que é um dia simbólico para mim. Recebi um telefonema às seis da manhã, de um primo que vive na Europa, me parabenizando. De um lado estava alguém a milhares de quilômetros de distância que se deu ao trabalho. Do outro, ele, sentado lá e ouvindo, e não me desejou feliz aniversário [...] E de repente eu percebi, sabe, que há todas as pessoas que me amam, e uma pessoa que não me estima. Ele não me valoriza, ele não me ama. Se me amasse, não me trataria do jeito que me tratou. Ele teria vontade de fazer algo especial para mim.

É inteiramente possível que o marido de Donna não a ame e não a valorize. E não temos a versão dele da história sobre o presente de aniversário; talvez ele tenha tentado dar presentes a ela por anos a fio, mas ela jamais gostou de qualquer um deles. O mais provável, porém, é que a maioria das pessoas não decide se divorciar por causa da falta de um presente de aniversário. Como Donna decidiu que o comportamento do marido não é apenas imutável, mas intolerável, ela agora interpreta tudo o que ele faz como uma inequívoca evidência de que "ele não me valoriza, ele não me ama". Donna realmente levou o viés de confirmação mais longe do que a maioria dos cônjuges: ela contou a Pines que sempre que seu marido a fazia se sentir deprimida e chateada, registrava anotações em um "livro do ódio". Seu livro do ódio lhe deu todas as provas de que precisava para justificar sua decisão de se divorciar.

Quando o casal chega a esse ponto tão crítico, os parceiros começam a revisar também suas lembranças. Agora, o incentivo para ambos os lados não é descartar as coisas negativas como "águas passadas", mas estimulá-las a borbulhar para a superfície. Distorções de acontecimentos passados – ou amnésia completa – entram em ação para confirmar a suspeita de ambos de que se casaram com um completo desconhecido, e não exatamente uma pessoa das mais agradáveis ou cativantes. A psicóloga clínica Julie Gottman trabalhou na terapia com um casal raivoso. Quando ela lhes perguntou "Como vocês dois se conheceram?", a esposa respondeu com desdém: "Na escola, onde erroneamente pensei que ele era inteligente".[11] Nessa reviravolta da memória, ela anuncia que não cometeu um erro ao escolhê-lo; quem cometeu o erro foi ele, ao enganá-la acerca de sua inteligência.

"Descobri que nada prevê o futuro de um casamento com tanta precisão quanto a forma como um casal reconta o passado em comum", observa John Gottman.[12] Reescrever a história começa antes mesmo de um casal perceber que o casamento está em perigo. Gottman e sua equipe realizaram extensas e meticulosas entrevistas com 56 casais e conseguiram acompanhar 47 deles três anos depois. Na época da primeira entrevista, nenhum dos casais havia planejado se separar, mas os pesquisadores conseguiram prever com 100% de precisão os sete casais que se divorciaram. (Dos quarenta casais restantes, os pesquisadores previram que 37 ainda estariam juntos, ainda uma taxa de precisão impressionante.) Durante a primeira entrevista, esses sete casais já tinham começado a reformular sua história, oferecendo um relato desanimador, com detalhes confirmatórios para se encaixar, dizendo a Gottman que se casaram não porque estavam apaixonados e não suportavam ficar separados um do outro, mas porque o casamento parecia "natural, o passo seguinte". O primeiro ano, os casais divorciados agora relembravam, foi repleto de desilusões e decepções. "Muitas coisas deram errado, mas não lembro quais eram", disse um futuro ex-marido. Casais felizes, no entanto, chamavam as mesmas dificuldades de "momentos difíceis" e as viam orgulhosamente como desafios aos quais haviam sobrevivido com humor e afeto.

Graças ao poder revisionista da memória para justificar nossas decisões, quando muitos casais se divorciam, não conseguem mais se lembrar de por que se casaram. É como se tivessem feito uma lobotomia não cirúrgica que extirpou as lembranças felizes de como cada parceiro se sentia em relação ao outro. Repetidas vezes ouvimos pessoas dizerem: "Uma semana após o casamento eu já sabia que tinha cometido um erro terrível". "Mas por que vocês tiveram três filhos e ficaram juntos pelos 27 anos seguintes?" "Ah, não sei; eu simplesmente me senti na obrigação, eu acho."

Obviamente, algumas pessoas tomam a decisão de se separar como resultado de uma lúcida ponderação acerca dos benefícios e problemas atuais; contudo, para a maioria, é uma decisão carregada de revisionismo histórico e redução de dissonância. Como sabemos? Porque mesmo quando os problemas permanecem os mesmos, as justificativas mudam assim que uma ou ambas as partes decidem ir embora. Durante o tempo em que os casais escolhem permanecer em um relacionamento que está longe de seu ideal, eles reduzem a dissonância de maneiras que respaldam sua decisão: "Não é tão ruim assim". "A maioria dos casamentos é pior que o meu – ou certamente não é melhor." "Ele esqueceu meu aniversário, mas faz muitas outras coisas que me mostram que me ama." "Temos problemas, mas no geral eu a amo." Quando um ou ambos os parceiros começam a pensar em divórcio, no entanto, seus esforços para reduzir a dissonância agora justificarão a decisão de romper. "Este casamento é realmente muito ruim." "A maioria dos casamentos é melhor que o meu."

"Ele esqueceu meu aniversário, e isso significa que ele não me ama." E o impiedoso comentário dito por muitos cônjuges que partem depois de 20 ou 30 anos: "Eu nunca amei você".

A crueldade desta última mentira em particular é proporcional à necessidade da pessoa de justificar seu comportamento. Cônjuges que deixam um casamento por claras razões externas – digamos, porque um parceiro é física ou emocionalmente abusivo – não sentirão necessidade de autojustificação adicional. Tampouco aqueles raros casais que se separam em completa amizade ou que mais cedo ou mais tarde restauram sentimentos calorosos de amizade após a dor inicial da separação. Eles não sentem urgência em difamar o antigo parceiro ou parceira ou esquecer tempos mais felizes, porque são capazes de dizer: "Não deu certo", "Nós apenas nos distanciamos" ou "Éramos tão jovens quando nos casamos, não tínhamos discernimento". Mas, quando o divórcio é penoso, grave e custoso, e sobretudo quando um dos parceiros quer a separação e o outro não, ambos os lados sentirão um amálgama de emoções dolorosas. Além da raiva, angústia, mágoa e pesar que quase invariavelmente acompanham o divórcio, esses casais também sentirão a dor da dissonância. Essa dissonância, e a maneira como muitas pessoas escolhem resolvê-la, é uma das principais razões para a vingatividade pós-divórcio.

Se você é a pessoa que está sendo deixada, pode sofrer a brutal dissonância – do tipo que esmaga o ego – de "Eu sou uma boa pessoa e sempre fui um parceiro incrível" e "Minha parceira está me deixando. Como isso é possível?". Ao ser abandonado, talvez você conclua que não é uma pessoa tão boa quanto julgava, ou que é uma boa pessoa, mas foi um parceiro muito ruim; porém, poucos de nós escolhemos reduzir a dissonância açoitando nossa autoestima. É muito mais fácil reduzir a dissonância fustigando o parceiro ou a parceira – digamos, concluindo que o seu parceiro ou a sua parceira é uma pessoa difícil e egoísta, mas você não tinha percebido isso completamente até agora.

Se você é a pessoa que está indo embora, também tem dissonância para reduzir, para justificar a dor que está infligindo a alguém a quem amou. Como você é uma boa pessoa, e uma boa pessoa não machuca outra, seu parceiro deve ter merecido sua rejeição, talvez até mais do que você tinha consciência. Observadores de casais em processo de divórcio geralmente ficam perplexos com o que parece ser uma vingança irracional por parte da pessoa que iniciou a separação; o que eles observam é a redução da dissonância em ação. Uma amiga nossa, lamentando o divórcio do filho, disse: "Eu não entendo a minha nora. Ela trocou meu filho por outro homem que a adora, mas ela não se casa com ele nem trabalha em tempo integral só para que meu filho tenha que continuar pagando pensão alimentícia. Meu filho teve que aceitar um emprego do qual não gosta para atender às exigências dela. Considerando que foi ela quem tomou a decisão de ir embora e que ela tem outro relacionamento, a maneira como trata meu filho parece inexplicavelmente cruel e vingativa". Do ponto de vista da nora, no entanto, seu comportamento em relação ao ex é perfeitamente justificável. Se ele fosse um cara tão bom assim, ela ainda estaria com ele, não é mesmo? Portanto, como ele não foi uma pessoa boa o suficiente para aceitar um emprego de que não gostava de modo que ela pudesse viver no estilo que queria, ela o obrigará a fazer isso *agora*. Bem feito para ele!

Mediadores de divórcio, e qualquer outra pessoa que tenha tentado ser útil para amigos enredados na agônica guerra do divórcio, viram esse processo de perto. Os mediadores Donald Saposnek e Chip Rose descreveram a "tendência de um cônjuge de lançar uma imagem difamada ao outro – por exemplo: 'Ele é um bêbado fraco e violento' ou 'Ela é uma mentirosa hipócrita, egoísta e patológica em quem nunca se pode confiar'. Essas caracterizações intensamente negativas e polarizadas que casais em divórcios conflituosos fazem um do outro tornam-se reificadas e imutáveis ao longo do tempo".[13] A razão pela qual fazem isso é que, uma vez que um casal começa a reduzir a dissonância trilhando a rota de preservação do ego calcada na difamação do ex-parceiro ou ex-parceira, eles precisam continuar justificando sua posição. Assim, brigam por cada centavo a que uma das partes "tem direito" e a outra "não merece", negando ou controlando furiosamente questões de custódia e os direitos de visita do ex ou da ex porque, veja bem, o ex ou a ex é uma pessoa terrível. Nenhuma das partes se detém no meio do discurso para ponderar sobre se a conduta terrível do ex ou da ex pode ser resultado da situação terrível, muito menos para refletir sobre se a conduta terrível do ex ou da ex talvez seja uma resposta ao próprio comportamento terrível. Cada ação que um parceiro toma evoca uma retaliação autojustificada do outro, e *voilà*, ambos percorrem um caminho de animosidade recíproca e cada vez mais intensa. Cada parceiro, tendo induzido o outro a se comportar mal, usa esse mau comportamento tanto para justificar sua própria retaliação quanto para comprovar as qualidades inerentemente "más" do ex ou da ex.

No momento em que esses casais buscam a mediação, eles já despencaram bastante na pirâmide. Don Saposnek nos disse que, nas mais de 4 mil mediações de guarda que supervisionou, "eu *nunca* presenciei sequer uma em que um pai ou uma mãe tenha dito: 'Sabe de uma coisa? Eu realmente acho que ela deveria ficar com a guarda, já que ela é realmente melhor do que eu e as crianças são mais próximas dela'. Em todas as reuniões de mediação de guarda, quase sempre há um impasse bilateral de 'Por que eu sou melhor na criação dos filhos, e sou o mais merecedor de ficar com eles'. Um nunca dá ao outro nenhuma migalha de reconhecimento, e, mesmo quando ambos admitem espontaneamente os próprios atos de retaliação, sempre justificam: 'Ele bem que mereceu, depois do que fez – destruiu nossa família!'. Os acordos que chegam a firmar são invariavelmente algum tipo de transigência que cada um vivencia como 'Desisti da minha posição porque me senti coagido', 'Estou exausto de lutar', ou 'Fiquei sem dinheiro para a mediação... mesmo sabendo que sou melhor na criação dos filhos'".

A teoria da dissonância nos levaria a prever que são as pessoas com a maior ambivalência inicial sobre sua decisão de se divorciar – ou que sentem a maior culpa por conta de sua decisão unilateral – que têm a maior urgência para justificar sua decisão de ir embora. Por sua vez, o parceiro consternado ou a parceira desolada sente uma desesperada urgência de justificar qualquer retaliação como vingança por ter recebido um tratamento tão cruel e injusto. À medida que ambas as partes apresentam lembranças confirmatórias e todos aqueles horríveis exemplos recentes do mau comportamento do ex ou da ex para corroborar suas novas versões da história, o ex ou a ex passa por um processo de completa vilanização. A autojustificação é a rota pela qual a ambivalência se transforma em certeza, a culpa em raiva. A história de amor tornou-se um livro de ódio.

Nossa colega Leonore Tiefer, psicóloga clínica, nos contou sobre um casal de trinta e tantos anos, casado havia uma década, que ela atendeu em terapia. Eles não conseguiam tomar uma decisão quanto a ter filhos, porque ambos queriam ter certeza antes mesmo de tratarem do assunto um com o outro. Eles não conseguiam tomar uma decisão sobre como equilibrar sua exigente carreira profissional com suas atividades em conjunto, porque ela julgava perfeitamente aceitável e justificável trabalhar o quanto quisesse. Eles não conseguiam resolver as brigas causadas pela bebedeira dele, porque ele se achava no direito de beber o quanto quisesse. Os dois tinham tido um caso extraconjugal, que ambos justificavam como uma resposta ao caso extraconjugal do outro.

No entanto, seus problemas normais, embora difíceis, não foram o motivo que condenou esse casamento; a culpa foi de suas obstinadas autojustificações.

"Eles não sabem do que abrir mão para serem um casal", disse Tiefer. "Cada um quer fazer o que se sente no direito de fazer, e eles não são capazes de debater as questões importantes que os afetam como um par. E enquanto ficarem zangados um com o outro, eles não precisam debater esses assuntos, porque a conversa talvez exija que realmente se comprometam ou levem em consideração o ponto de vista um do outro. Eles têm uma tremenda dificuldade com empatia, e cada um se sente completamente convencido de que o comportamento do outro é menos sensato do que o seu. Então, trazem à tona velhos ressentimentos para justificar sua posição atual e sua falta de vontade de mudar ou perdoar."

Em contrapartida, os casais que crescem juntos ao longo dos anos descobriram uma maneira de viver com um mínimo de autojustificação, o que é outra maneira de dizer que são capazes de colocar a empatia pelo parceiro ou pela parceira à frente da defesa do próprio território. Nos relacionamentos bem-sucedidos e estáveis os casais conseguem ouvir as críticas, preocupações e sugestões um do outro sem se defender. Em nossos termos, eles são capazes de ceder, apenas o suficiente, à desculpa autojustificável "Esse é o tipo de pessoa que eu sou". Eles reduzem a dissonância causada por pequenas irritações ignorando-as, e reduzem a dissonância causada por seus erros e grandes problemas resolvendo-os.

Entrevistamos vários casais que estão juntos há muitos anos, o tipo de casal que Frank e Debra admiravam, e que, a julgar pelos próprios relatos, têm um casamento excepcionalmente unido e afetuoso. Não perguntamos a eles: "Qual é o segredo do seu longevo casamento?", porque as pessoas raramente sabem a resposta; elas dirão algo banal ou inútil, como "Nós nunca fomos para a cama com raiva" ou "Nós temos em comum o amor pelo golfe". (Muitos casais felizes vão para a cama com raiva porque preferem não ter uma discussão quando estão mortos de cansaço, e muitos casais felizes não compartilham os mesmos hobbies e interesses.) Em vez disso, perguntamos a esses casais, na verdade, como, ao longo dos anos, eles reduziram a dissonância entre "Eu amo essa pessoa" e "Essa pessoa faz algumas coisas que estão me deixando louco".

Uma resposta especialmente esclarecedora veio de um casal que chamaremos de Charlie e Maxine, casados há mais de quarenta anos. Como todos os casais, eles têm muitas pequenas diferenças que poderiam facilmente descambar para coisas irritantes, mas passaram a aceitar a maioria delas como fatos da vida, em relação aos quais não vale a pena ficar de mau humor. Charlie diz: "Eu gosto de jantar às cinco; minha esposa gosta de comer às oito; nós chegamos a um meio-termo – comemos às cinco para as oito da noite". O importante sobre esse casal é sua forma de lidar com os problemas grandes. Quando se apaixonaram, aos vinte e poucos anos, Charlie se sentiu atraído pela serenidade na alma de Maxine, que ele achou irresistível; ela era, na definição dele, um oásis em um mundo tumultuado. Já Maxine se atraiu pela intensa energia de Charlie, que ele aplicava em todas as atividades, desde planejar as férias perfeitas até escrever a frase perfeita. Mas a qualidade ardorosa que Maxine apreciava em Charlie quando estava vinculada a amor, sexo, viagens, música e filmes era alarmante para ela quando estava ligada a explosões de raiva. Quando Charlie se zangava, ele gritava e esmurrava a mesa, algo que ninguém na família dela jamais havia feito. Poucos meses após o casamento, Maxine lhe disse, às lágrimas, que esses acessos de raiva a estavam assustando.

O primeiro impulso de Charlie foi se justificar. Ele não achava que levantar a voz fosse uma característica exatamente desejável, mas via isso como algo que fazia parte de quem ele era, um aspecto de sua autenticidade. "Meu pai gritava e dava socos na mesa", alegou ele. "Meu avô gritava e batia na mesa! É meu direito! Não posso fazer nada a respeito. É o que um homem faz. Você quer que eu seja como aqueles caras bundas-moles que estão sempre falando sobre seus 'sentimentos'?" Assim que parou de gritar e refletiu sobre como seu comportamento estava afetando Maxine, Charlie percebeu que poderia de fato mudar isso e, devagar e com firmeza de propósito, reduziu a frequência e a intensidade de seus ataques de raiva. Mas Maxine também teve que mudar; ela teve que parar de justificar sua crença de que todas as formas de raiva são perigosas e ruins. ("Na minha família, ninguém nunca expressou raiva. Portanto, essa é a única maneira certa de ser.") Quando fez isso, Maxine foi capaz de aprender a distinguir sentimentos de raiva legítimos de maneiras inaceitáveis de expressá-los (por exemplo, bater em mesas), e, nesse caso específico, de maneiras não construtivas de *não* expressá-los, por exemplo, chorar e se encolher de medo – seu próprio hábito "imutável".

Ao longo dos anos, surgiu um problema diferente, que se desenvolveu lentamente, como acontece com muitos casais que dividem as tarefas com base na noção de quem é melhor nelas. O lado negativo da serenidade de Maxine era a falta de assertividade e o medo do confronto; ela nunca sonharia em reclamar de uma refeição ruim no restaurante ou de um produto defeituoso numa loja. E então sempre cabia a Charlie devolver a cafeteira que não funcionava, ligar para o serviço de atendimento ao cliente e registrar uma reclamação ou lidar pessoalmente com o senhorio que não consertava o encanamento da casa. "Você é muito melhor nisso do que eu", dizia ela, e, como Charlie de fato era, ele fazia tudo. Com o tempo, no entanto, Charlie se cansou de assumir essa responsabilidade e começou a ficar irritado com o que agora via como passividade de Maxine. "Por que sou sempre eu quem lida com esses confrontos desagradáveis?", indagou ele a si mesmo.

Ele estava em um ponto de tomar uma decisão. Poderia ter deixado passar, dizendo que era assim que ela era, e continuado a fazer todo o trabalho sujo. Em vez disso, Charlie sugeriu que talvez fosse hora de Maxine aprender a ser mais assertiva, habilidade que seria útil para ela em muitos contextos, não apenas no casamento. Inicialmente, Maxine respondeu alegando: "É assim que eu sou, e você sabia disso quando se casou comigo. Além disso, não é justo mudar as regras depois de todos estes anos". Conforme conversaram mais, ela conseguiu ouvir a preocupação dele sem deixar que o barulho da autojustificação atrapalhasse. Assim que isso aconteceu, ela foi capaz de compreender os sentimentos dele e entender por que ele achava que a divisão do trabalho havia se tornado injusta. Ela percebeu que suas opções não eram tão limitadas quanto sempre havia presumido. Ela fez um curso de treinamento em assertividade, diligentemente colocou em prática o que aprendeu, aprendeu a defender melhor seus direitos e, em pouco tempo, estava desfrutando da satisfação de falar o que pensava de uma forma que em geral dava resultados. Charlie e Maxine deixaram claro que ele não se transformou em um cordeiro e ela não se transformou em um leão; personalidade, passado, genética e temperamento limitam o quanto alguém pode mudar.[14] Mas ambos se mexeram. Nesse casamento, a assertividade e a expressão construtiva de raiva não são mais habilidades polarizadas, dele e dela.

Nos bons casamentos, um confronto, divergências de opinião, hábitos conflitantes e até mesmo brigas furiosas podem aproximar o casal, ajudando cada parceiro a aprender algo novo e forçando os dois a examinar suas suposições acerca de suas habilidades ou limitações. Nem sempre é fácil fazer isso. Deixar de lado as autojustificações que encobrem nossos erros, que protegem nossos desejos de fazer as coisas do jeito que queremos e que minimizam as mágoas que infligimos àqueles a quem amamos pode ser embaraçoso e doloroso. Sem autojustificação, podemos ficar emocionalmente nus, desprotegidos, à deriva em um mar de arrependimentos e perdas.

Por mais doloroso que seja deixar de lado a autojustificação, o resultado nos ensina algo profundamente importante sobre nós mesmos e pode trazer a paz da clareza de visão e da autoaceitação. Aos 65 anos de idade, a escritora e ativista feminista Vivian Gornick escreveu um ensaio de deslumbrante honestidade sobre seus esforços ao longo da vida para equilibrar trabalho e amor e levar uma vida baseada em princípios igualitários exemplares em ambas as áreas. "Eu escrevi muitos textos sobre viver sozinha porque não conseguia entender por que eu *estava* vivendo sozinha", Gornick resumiu. Durante anos, sua resposta, a resposta de tantas em sua geração, foi o machismo: homens com uma educação patriarcal estavam forçando mulheres fortes e independentes a escolher entre a carreira e o relacionamento. Essa resposta não está errada; o machismo afundou muitos casamentos e abriu buracos em inúmeros outros que mal conseguem se manter à tona. Mas, por fim, Gornick entendeu que não era a resposta completa. Olhando para trás, sem o conforto das autojustificações com as quais estava familiarizada, ela foi capaz de ver o próprio papel na determinação do rumo de seus relacionamentos, percebendo "que grande parte da minha solidão era autoinfligida, tendo mais a ver com minha personalidade raivosa e autodividida do que com machismo".[15]

Ela escreveu:

> A realidade era que eu estava sozinha não por causa da minha diretriz política, mas porque não sabia como viver de forma decente com outro ser humano. Em nome da igualdade, eu atormentava todos os homens que me amavam até que eles decidiam ir embora: eu os questionava em tudo, nunca deixava nada passar, os responsabilizava de maneiras que nos exauriam. Havia, é claro, mais do que um grão de verdade em tudo o que eu dizia, mas esses grãos, por mais numerosos, não precisavam ter se tornado o monte de areia que, por amor, esmagava a vida.

CAPÍTULO 7

MÁGOAS, RUPTURAS E GUERRAS

> São orgulhosos e teimosos; da cólera no afogo surdos são como o mar, ardem qual fogo.
>
> – *William Shakespeare*, A tragédia do rei Ricardo II

Um ano depois de confessar seu caso extraconjugal, Jim sentiu que não havia trégua na raiva de Karen. Mais cedo ou mais tarde, todas as conversas do casal voltavam para sua pulada de cerca. Karen o vigiava feito um falcão, e, quando ele encontrava seu olhar, a expressão dela estava cheia de suspeita e dor. Ela não conseguia perceber que tinha sido apenas um pequeno erro da parte dele? Jim estava longe de ser a primeira pessoa no planeta a cometer tal deslize. Afinal de contas, ele tinha sido honesto o suficiente para admitir a aventura amorosa, e forte o suficiente para dar fim à história. Ele pediu desculpas e repetiu mil vezes que a amava e que não queria se separar. Ela não era capaz de entender isso? Será que ela não conseguia apenas se concentrar nas partes boas do casamento e superar esse revés?

Karen achou que a atitude de Jim beirava o inacreditável. Aparentemente ele esperava receber elogios por ter confessado o caso e por terminá-lo, em vez de uma saraivada de críticas por ter sido adúltero, para começo de conversa. Ele não conseguia entender isso? Ele não conseguia simplesmente se concentrar na dor e na angústia dela e parar de tentar se justificar? Além disso, ele nunca nem sequer pediu desculpas. Bem, ele disse que sentia muito, mas isso era patético. Por que ele não era capaz de fazer um pedido de desculpas genuíno e sincero? Karen não precisava que ele se prostrasse de joelhos; queria apenas que ele soubesse como ela se sentia e reparasse o erro.

No entanto, Jim estava com tremendas dificuldades para consertar o erro e fazer as pazes que Karen queria por causa da intensa raiva que ela estava sentindo, o que suscitava nele a vontade de retaliar. A mensagem que ele ouvia na raiva de Karen era "Você cometeu um crime horrível" e "Você é menos que humano por ter feito o que fez comigo". Profundamente arrependido por tê-la machucado, Jim daria o mundo inteiro para fazê-la se sentir melhor, mas não julgava que tinha cometido um crime hediondo ou que era desumano, e o tipo de pedido de desculpas rastejante e humilhante que ela parecia querer não era o tipo que ele estava disposto a dar. Então, em vez disso, Jim tentou convencê-la de que o caso não era sério e que a outra mulher pouco significava para ele. Karen, no entanto, interpretava as tentativas de Jim de explicar o caso extraconjugal como um esforço para invalidar seus sentimentos. A mensagem que ela ouvia na reação dele era "Você não deveria ficar tão chateada; eu não fiz nada tão ruim assim". Os esforços de Jim para se explicar enfureciam Karen ainda mais, e a raiva dela tornava mais e mais difícil para ele ter empatia pelo sofrimento dela e responder a isso.[1]

A última batalha na terrível guerra familiar pela vida e pela morte de Terri Schiavo hipnotizou milhões de americanos. O pai e a mãe de Terri, Robert e Mary Schindler, estavam lutando ferozmente contra seu marido, Michael Schiavo, pelo controle de sua vida, ou do que restava dela. "É quase inacreditável, considerando a colossal distância entre eles agora, que o marido, o pai e a mãe de Terri Schiavo já compartilharam uma casa, uma vida, um objetivo", um jornalista escreveu. Mas não é inacreditável para os estudiosos da autojustificação. No início do casamento de Terri e Michael, o casal e o pai e a mãe dela estavam bem próximos no topo da pirâmide. Michael chamava os sogros de "Mamãe e Papai". Os Schindler pagavam o aluguel do casal em seus primeiros anos de dificuldades. Quando Terri Schiavo sofreu um grave dano cerebral em 1990, os Schindler se mudaram para a casa da filha e do genro para juntos cuidarem dela, e foi o que fizeram por quase três anos. E, então, a raiz de muitas desavenças – dinheiro – foi plantada. Em 1993, Michael Schiavo ganhou um caso de negligência médica contra um dos médicos de Terri e recebeu 750 mil dólares de indenização pelos cuidados dela e 300 mil dólares pela perda da companhia da esposa. Um mês depois, o marido e o pai e a mãe de Terri brigaram por causa do montante. Michael Schiavo disse que a discórdia começou quando seu sogro perguntou quanto dinheiro ele, Robert, receberia do acordo de negligência médica. Os Schindler disseram que a briga era motivada pela divergência quanto ao tipo de tratamento com o qual gastar o dinheiro; o pai e a mãe queriam terapia intensiva e experimental, ao passo que o marido queria dar a ela apenas cuidados básicos.

O acordo foi a gota d'água, forçando os pais e o marido de Terri a tomar uma decisão sobre como gastar o montante e quem merecia o dinheiro, porque cada lado se sentia legitimamente no direito de dar a palavra final na hora de tomar as decisões sobre a vida e a morte de Terri. Consequentemente, Michael Schiavo bloqueou por um breve período o acesso dos Schindler aos registros médicos da esposa; o pai e a mãe de Terri tentaram afastar Michael do papel de tutor. Ele ficou ofendido pelo que viu como um grosseiro esforço do sogro para reivindicar parte do dinheiro do acordo; o pai e a mãe de Terri ficaram ofendidos por aquilo que entendiam como motivos egoístas de Michael para se livrar da esposa.[2] A essa altura o país inteiro testemunhava o derradeiro e furioso confronto dessa família, uma batalha jurídica inflamada pela mídia e por políticos oportunistas, e cujas posições reciprocamente intransigentes pareciam totalmente irracionais e insolúveis.

Em janeiro de 1979, o xá do Irã, Mohamed Reza Pahlavi, diante de uma crescente insurreição pública contra ele, fugiu do Irã para a segurança no Egito, e duas semanas depois o país acolheu o retorno de seu novo líder fundamentalista islâmico, o aiatolá Ruhollah Khomeini, que o xá havia enviado para o exílio mais de uma década antes. Em outubro, o governo Carter relutantemente permitiu que o xá deposto fizesse uma breve parada nos Estados Unidos por motivos humanitários, para tratamento de um câncer. Khomeini acusou o governo norte-americano de ser o "Grande Satã", incitando os iranianos a se manifestarem contra os Estados Unidos e Israel, os "inimigos do islã". Milhares atenderam ao seu chamado e se reuniram em frente à embaixada americana em Teerã. Em 4 de novembro, várias centenas de estudantes iranianos tomaram o prédio principal da embaixada, capturaram a maioria dos ocupantes e mantiveram 52 funcionários da sede diplomática como reféns pelos 444 dias seguintes. Os captores exigiram que o xá fosse extraditado ao Irã para julgamento, junto com os bilhões de dólares que alegaram que ele havia roubado do povo iraniano.

A crise dos reféns no Irã foi o 11 de Setembro de seu tempo; de acordo com um historiador, recebeu mais cobertura na televisão e na imprensa do que qualquer outro evento desde a Segunda Guerra Mundial. Ted Koppel informava a nação sobre os (não) acontecimentos de cada dia em um novo programa noturno, *America Held Hostage* [Os Estados Unidos feitos de refém], que se tornou tão popular que, quando a crise acabou, continuou como *Nightline*. Os americanos ficaram fascinados pela história, furiosos com as ações e as exigências dos iranianos. Então, eles estavam furiosos com o xá; mas por que diabos estavam furiosos conosco?

Até aqui, falamos sobre situações nas quais, sem dúvida, erros foram cometidos – distorções de memória, convicções equivocadas, práticas terapêuticas mal encaminhadas. Passamos agora para o território muito mais espinhoso de traições, desavenças e hostilidades violentas. Nossos exemplos vão das brigas familiares às Cruzadas, de maldades rotineiras a torturas sistemáticas, de deslizes de conduta no casamento a escaladas de guerra. Esses conflitos entre amigos, primos e países podem diferir profundamente em causa e forma, mas são tramados com o único e tenaz fio da autojustificação. Ao puxar esse fio condutor, não queremos ignorar a complexidade do tecido ou sugerir que todas as vestimentas são iguais.

Às vezes, ambos os lados concordam sobre quem é o culpado, como ocorreu com Jim e Karen; Jim não tentou transferir a culpa, como poderia ter feito alegando que Karen o levou a ter um caso extraconjugal por ser uma esposa ruim. E, às vezes, é muito óbvio quem é o culpado, mesmo quando o culpado está ocupado negando com uma ladainha de desculpas e autojustificações. Pessoas escravizadas não são parcialmente culpadas pela escravidão, crianças não instigam pedófilos, mulheres não pedem para ser estupradas, os judeus não foram responsáveis pelo Holocausto.

Queremos iniciar, no entanto, com um problema mais comum: as muitas situações em que não está claro quem é o culpado, "quem começou isso", ou mesmo "quando isso começou". Todas as famílias têm histórias para contar sobre afrontas, insultos, desprezos e mágoas imperdoáveis e desavenças sem fim: "Ela não foi ao meu casamento e nem mandou um presente". "Ele roubou minha herança." "Quando meu pai ficou doente, meu irmão desapareceu completamente e eu tive que cuidar dele sozinho." Em uma desavença, ninguém vai admitir que mentiu, roubou ou trapaceou sem provocação; somente uma pessoa má faria isso, assim como somente um filho desnaturado abandonaria um pai necessitado. Portanto, cada lado justifica a própria posição alegando que o outro lado é o culpado; cada um está simplesmente respondendo à ofensa ou provocação, como qualquer pessoa sensata e moral faria. "É isso mesmo, pode apostar que eu fiz questão de não ir ao seu casamento, e onde você estava sete anos atrás, enquanto eu passava por aquele término desastroso e você desapareceu?" "Claro, eu peguei algum dinheiro e posses do patrimônio do papai e da mamãe, mas não foi roubo – você começou isso há quarenta anos quando foi fazer faculdade e eu não." "O papai gosta mais de você do que de mim, ele sempre foi hipercrítico comigo, então é justo você cuidar dele agora."

Na maior parte das desavenças, cada lado acusa o outro de ser inerentemente egoísta, teimoso, malvado e agressivo, mas a necessidade de autojustificação supera os traços de personalidade. Muito provavelmente, os Schindler e Michael Schiavo não tinham índole obstinada ou irracional. Em vez disso, seu comportamento obstinado e irracional em relação uns aos outros foi o resultado de doze anos de decisões (Lutar ou ceder? Resistir ou chegar a um acordo?), autojustificações subsequentes e outras ações concebidas para reduzir a dissonância e a ambivalência. Uma vez que ficaram presos em suas escolhas, não conseguiram encontrar um caminho de volta. Para justificar sua decisão inicial e compreensível de manter a filha viva, o pai e a mãe de Terri viram a necessidade de justificar suas próximas decisões de mantê-la viva a todo custo. Incapazes de aceitar a evidência de que ela estava com morte cerebral, o pai e a mãe de Terri justificaram suas ações acusando Michael de ser um marido controlador, um adúltero e possivelmente um assassino que queria que Terri morresse porque ela se tornara um fardo. Para justificar sua decisão igualmente compreensível de deixar a esposa em estado vegetativo morrer naturalmente, Michael também se viu em uma linha de ação da qual não poderia voltar atrás. Nessa sequência de ações, ele acusou o pai e a mãe de Terri de serem manipuladores oportunistas da mídia que lhe estavam negando o direito de manter sua promessa a Terri de que não a deixaria viver dessa maneira. Os Schindler estavam com raiva porque Michael Schiavo não os ouvia nem respeitava suas crenças religiosas. Michael Schiavo estava com raiva porque os Schindler levaram o caso aos tribunais e à opinião pública. Cada lado considerava que o outro estava se comportando de forma ofensiva; cada lado se sentiu profundamente traído pelo outro. Quem começou o confronto final sobre o controle da morte de Terri? Cada lado diz que foi o outro. O que transformou o impasse em um imbróglio inegociável e insolúvel? A autojustificação.

Quando os estudantes iranianos fizeram aqueles funcionários da embaixada dos Estados Unidos de reféns em 1979, o evento pareceu um ato de agressão sem sentido, um acontecimento inesperado da perspectiva dos americanos, que a seu ver foram atacados sem provocação por um bando de iranianos loucos. Mas, para os iranianos, foram os norte-americanos que começaram, porque as forças de inteligência dos Estados Unidos apoiaram um golpe em 1953 que destituiu o líder carismático e democraticamente eleito do país, Mohamed Mossadegh, e instalou o xá. Em uma década, muitos iranianos foram ficando ressentidos com o acúmulo de riqueza do xá e a influência ocidentalizante dos Estados Unidos. Em 1963, o xá reprimiu uma revolta fundamentalista islâmica liderada por Khomeini e enviou o clérigo para o exílio. À medida que a oposição ao governo do xá aumentava, ele permitiu que sua polícia secreta, o SAVAK, reprimisse os dissidentes, alimentando uma raiva ainda maior.

Quando a crise dos reféns teve início? Foi quando os Estados Unidos apoiaram o golpe contra Mossadegh? Foi quando continuaram a fornecer armas ao xá? Foi quando fizeram vistas grossas às crueldades cometidas pelo SAVAK? Foi quando permitiram a entrada do xá nos Estados Unidos para tratamento médico? Começou quando o xá exilou Khomeini ou quando o aiatolá, após seu retorno triunfante, viu uma chance de consolidar seu poder elegendo os Estados Unidos como o foco das frustrações da nação? Começou durante os protestos na embaixada, quando estudantes iranianos se permitiram ser massa de manobra política de Khomeini? A maioria dos iranianos escolheu respostas que justificavam sua raiva dos Estados Unidos, e a maioria dos norte-americanos escolheu respostas que justificavam sua raiva do Irã. Cada lado se convenceu de que era a parte prejudicada e, consequentemente, tinha o direito de retaliar. Quem começou a crise dos reféns? Cada lado diz que foi o outro. O que transformou o impasse em um imbróglio inegociável e insolúvel? A autojustificação.

De todas as histórias que as pessoas constroem para justificar a vida que levam, seus amores e suas derrotas, aquelas que elas tecem para justificar ser o instigador ou a vítima de injustiças ou danos são as mais irresistíveis e têm as consequências de maior alcance. Nesses casos, as marcas registradas da autojustificação transcendem os antagonistas específicos (amantes, pais e mães e filhos, amigos, vizinhos ou nações) e suas brigas específicas (uma infidelidade sexual, uma herança familiar, uma quebra de confiança, uma divisa de propriedade ou uma invasão militar). Todos nós fizemos algo que deixou os outros com raiva de nós, e todos nós fomos incitados à raiva por algo que os outros fizeram conosco. Todos nós, intencionalmente ou não, machucamos outra pessoa que sempre nos considerará o vilão, o traidor, o canalha. E todos nós sentimos a aguda dor de ser a vítima de um ato de injustiça, cuidando de uma ferida que parece nunca cicatrizar por completo. O aspecto excepcional sobre a autojustificação é que ela nos permite mudar de um papel para o outro e voltar novamente em um piscar de olhos, sem aplicar o que aprendemos de um papel para o outro. Sentir-se vítima de injustiça em determinada situação não nos torna menos propensos a cometer uma injustiça contra outra pessoa, tampouco nos torna mais simpáticos às vítimas. É como se houvesse uma parede de tijolos entre esses dois conjuntos de experiências, bloqueando nossa capacidade de ver o outro lado.

Uma das razões para essa parede de tijolos é que a dor sentida é sempre mais intensa do que a dor infligida, mesmo quando a quantidade real de dor é idêntica. O velho ditado popular "pimenta nos olhos dos outros é refresco" – a perna quebrada do outro cara é trivial; minha unha quebrada é algo gravíssimo – acaba sendo uma descrição precisa de nosso circuito neurológico. Neurologistas ingleses observaram duplas de pessoas em um experimento de "revide na mesma moeda". Cada par foi conectado a um mecanismo que exercia pressão em seus dedos indicadores, e os participantes foram instruídos a aplicar no dedo do parceiro a mesma força que tinham acabado de sentir. Eles não conseguiam fazer isso de forma justa, embora se esforçassem muito. Toda vez que um parceiro sentia a pressão, retaliava com uma força consideravelmente maior, e pensava estar aplicando a mesma pressão que havia recebido. Os pesquisadores concluíram que a intensificação da dor é "um subproduto natural do processamento neural".[3] Isso ajuda a explicar por que dois garotos que começam a trocar socos no braço como uma brincadeira logo se engalfinham em uma briga furiosa. E explica por que duas nações se encontram em uma espiral de retaliação: "A punição deles não está do mesmo tamanho da ofensa. Eles não pegaram um olho por um olho, pegaram um olho por um dente. Temos que nos vingar – vamos pegar uma perna". Cada lado justifica suas ações como a mera tentativa de igualar o placar.

O psicólogo social Roy Baumeister e colegas demonstraram como a autojustificação funciona suavemente para minimizar quaisquer sentimentos ruins que possamos ter como causadores de danos e para maximizar quaisquer sentimentos de virtude e justeza moral que temos como vítimas.[4] Eles pediram a 63 pessoas que fornecessem relatos autobiográficos de alguma "história de vítima", um episódio em que alguma outra pessoa as deixou irritadas ou magoadas, e uma "história de autor de danos", alguma ocasião em que as próprias ações deixaram outra pessoa zangada. Os pesquisadores não empregaram o termo *autor do dano* em seu sentido criminal comum, para descrever um indivíduo que pratica um delito ou é realmente culpado de um crime ou outra transgressão, e nesta seção também não empregaremos; a exemplo deles, usaremos o termo para fazer referência a qualquer um que cometeu uma ação que tenha prejudicado, magoado ou ofendido outra pessoa.

De ambas as perspectivas, os relatos envolveram a conhecida ladainha de promessas e compromissos quebrados; violação de regras, descumprimento de obrigações, quebras de expectativas; infidelidade sexual; traição de segredos; tratamento injusto; mentiras; e conflitos por dinheiro e bens materiais. Observe que não se tratou de um estudo do tipo "ele disse"/"ela disse", do tipo que conselheiros matrimoniais e mediadores apresentam quando descrevem seus casos; em vez disso, foi um estudo do tipo ele-disse-isto-e-ele-disse-aquilo, no qual todos relataram uma experiência de estar em cada um dos lados. O benefício desse método, os pesquisadores explicaram, é que "descarta explicações que tratam vítimas e autores de danos como diferentes tipos de pessoas. Nossos procedimentos indicam como pessoas comuns se definem como vítimas ou autores de danos – isto é, de que maneira constroem narrativas para dar sentido às suas experiências em cada um desses papéis". Novamente, diferenças de personalidade nada têm a ver com isso. Pessoas doces e gentis são tão propensas quanto as rabugentas a serem vítimas ou autoras de danos e a se justificarem de maneira correspondente.

Quando construímos narrativas que "fazem sentido", no entanto, fazemos isso de forma egoísta. Os autores de danos são motivados a reduzir sua culpabilidade moral; as vítimas são motivadas a maximizar sua inocência moral. Dependendo de em qual lado do muro estamos, distorcemos sistematicamente nossas lembranças e nossos relatos do fato a fim de produzir a máxima consonância entre o que aconteceu e como nos vemos. Ao identificar essas distorções sistemáticas, os pesquisadores mostraram como os dois antagonistas percebem e entendem erroneamente as ações um do outro.

Em suas narrativas, os autores de danos recorreram a diferentes maneiras de reduzir a dissonância causada pela percepção de que fizeram algo errado. A primeira, naturalmente, foi dizer que não fizeram nada de errado: "Eu menti para ele, mas foi apenas para proteger os sentimentos dele". "Sim, eu peguei aquela pulseira da minha irmã, mas originalmente era minha, de qualquer forma." Apenas alguns autores de danos admitiram que seu comportamento era imoral ou deliberadamente prejudicial ou maldoso. A maioria alegou que seu comportamento ofensivo era justificável, e alguns deles, os pesquisadores acrescentaram em tom gentil, "foram bastante insistentes nesse quesito". Quase todos os autores de danos relataram que as coisas que fizeram, pelo menos em retrospecto, foram sensatas e aceitáveis, suas ações podem ter sido lamentáveis, mas eram compreensíveis diante das circunstâncias.

A segunda estratégia foi admitir o erro, mas desculpá-lo, justificá-lo ou minimizá-lo. "Eu sei que não deveria ter dado aquela pulada de cerca, acabei transando com outra pessoa, mas, diante da imensidão do universo, que mal isso fez?" "Pode ter sido errado pegar a pulseira de diamantes da mamãe quando ela estava de cama, mas ela gostaria que a joia ficasse comigo. E, além disso, minhas irmãs ganharam muito mais coisas do que eu." Mais de dois terços dos autores de danos alegaram circunstâncias externas ou atenuantes para o que fizeram – "Eu também sofri maus-tratos quando criança"; "Tenho passado por muito estresse ultimamente" –, mas as vítimas não estavam inclinadas a dar aos seus autores essas explicações de perdão. Quase metade dos autores de danos disse que "não conseguiu evitar" o que aconteceu; simplesmente agiu por impulso, sem pensar. Outros tiraram o corpo fora e transferiram a responsabilidade, alegando que a vítima os havia provocado ou era parcialmente responsável.

A terceira estratégia, quando os autores de danos foram inequivocamente pegos em flagrante delito, com a boca na botija, e de nada adiantava negar ou minimizar a responsabilidade, foi admitir que tinham feito algo errado e depois tentar se livrar do episódio o mais rapidamente possível. Quer aceitassem a culpa ou não, em sua maioria os autores de danos, ansiosos para exorcizar seus sentimentos de culpa dissonantes, deixavam o ocorrido de escanteio. Os autores de danos eram muito mais propensos do que as vítimas a descrever o episódio como um incidente isolado que agora estava liquidado e resolvido, que não era típico deles, que não teve consequências negativas duradouras e que certamente não teve implicações para o presente. Muitos até contaram histórias com finais felizes que forneceram uma reconfortante sensação de encerramento, algo no estilo "está tudo bem agora, não houve danos ao relacionamento; na verdade, hoje somos bons amigos".

As vítimas, por sua vez, tinham uma visão bastante diferente das justificativas dos autores de danos, que podem ser resumidas como: "Ah, é? Nenhum dano? Bons amigos? Conte essa pra outro!". Os autores de danos podem ser motivados a superar rapidamente o episódio e encerrá-lo, mas as vítimas têm memória de longa duração; um acontecimento que é trivial e esquecível para os primeiros pode ser uma fonte de raiva ao longo da vida inteira para os últimos.

Apenas uma das 63 histórias de vítimas descreveu o autor como alguém que tinha justificativas para se comportar como se comportou e fazer o que fez, e nenhuma julgou que as ações dos autores de danos "não poderiam ter sido evitadas". Assim, a maioria das vítimas relatou consequências negativas duradouras da ruptura ou briga. Mais da metade afirmou que houve sérios danos no relacionamento. As vítimas relataram hostilidade contínua, perda de confiança, sentimentos negativos não resolvidos ou até mesmo o fim da antiga amizade, o que aparentemente por negligência não contaram ao autor.

Ademais, enquanto os autores de danos achavam que seu comportamento fazia sentido na época, muitas vítimas afirmaram que não conseguiam entender as intenções dos autores de danos, mesmo muito tempo depois do episódio. "Por que ele *fez* isso?" "O que ela estava *pensando*?" A incompreensibilidade dos motivos do autor é um aspecto central da identidade da vítima e da história dela. "Ele não só fez aquela coisa terrível; ele nem sequer entende que *foi* uma coisa terrível!" "Por que ela não consegue admitir que foi malvada comigo?"

Uma razão pela qual ele não entende e ela não consegue admitir é que os autores de danos estão preocupados em justificar o que fizeram, mas outra razão é que eles de fato não sabem como a vítima se sente. Muitas vítimas inicialmente sufocam a raiva, cuidando das feridas e pensando sobre o que fazer. Elas ruminam sobre sua dor ou seus ressentimentos por meses a fio, às vezes por anos e às vezes por décadas. Um homem que conhecemos nos contou que, depois de dezoito anos de casamento, sua esposa anunciou "do nada, no café da manhã", que queria o divórcio. "Tentei descobrir o que eu tinha feito de errado, e disse a ela que queria consertar as coisas, mas havia dezoito anos de bolas de poeira acumuladas debaixo da cama." Essa esposa ficou pensando com seus botões ao longo de dezoito anos; os iranianos ficaram ruminando por 26 anos. Quando muitas vítimas conseguem expressar sua dor e raiva, sobretudo em relação a episódios que os autores deram por encerrados e esqueceram, os autores de danos ficam perplexos. Não é de espantar que a maioria tenha pensado que a raiva de suas vítimas era uma reação exagerada, embora poucas vítimas se sentissem assim. As vítimas pensam: "Reação exagerada? Mas pensei nisso por meses antes de falar. Considero isso uma reação insuficiente!".

Algumas vítimas justificam seus longevos sentimentos de raiva e sua relutância em se desvencilhar dela porque a raiva é em si uma retribuição, uma forma de punir o autor da ofensa, mesmo quando o autor da ofensa quer consertar o estrago e fazer as pazes, já saiu de cena há muito tempo ou já morreu. Em *Grandes esperanças*, Charles Dickens nos deu a assombrosa figura da srta. Havisham, que, tendo sido abandonada no dia do casamento, sacrifica o resto da vida para se tornar uma vítima profissional, envergando uma ira hipócrita e seu vestido de noiva amarelado, empenhada em criar sua pupila Estella para se vingar dos homens. Muitas vítimas são incapazes de resolver seus sentimentos porque continuam arrancando a casca da ferida, perguntando-se repetidamente: "Como uma coisa tão ruim pode ter acontecido comigo, uma boa pessoa?". Essa talvez seja a pergunta mais dolorosa e dissonante que enfrentamos em nossa vida. É a razão da existência dos inúmeros livros que oferecem conselhos espirituais ou psicológicos para ajudar as vítimas a encontrar o encerramento – e a consonância.

Sejam Jim e Karen, Michael Schiavo e seus sogros, seja a crise dos reféns no Irã, o abismo entre autores de danos e vítimas pode ser visto na maneira como cada lado conta a mesma história. Os autores de danos, sejam indivíduos, sejam nações, escrevem versões da história nas quais seu comportamento foi justificado e provocado pelo outro lado; seu comportamento foi sensato e relevante; se eles cometeram erros ou foram longe demais, pelo menos tudo acabou bem no longo prazo; e agora, de qualquer forma, tudo ficou no passado. Nos relatos que tendem a escrever sobre a mesma história, as vítimas descrevem as ações do autor como arbitrárias e sem sentido, ou então intencionalmente maldosas e brutais; na versão das vítimas, a própria retaliação foi impecavelmente apropriada e teve motivos justificados do ponto de vista moral; no fim das contas, nada deu certo nem ficou melhor. Na verdade, tudo deu errado e ficou pior, e ainda estamos irritados com isso.

Assim, os americanos que vivem no norte e no oeste do país aprendem sobre a Guerra Civil como uma questão de história antiga: "Nossas bravas tropas da União forçaram o Sul a abandonar a feia instituição da escravidão; derrotamos o traidor Jefferson Davis, e os estados da nação permaneceram unidos (Vamos apenas colocar um véu sobre nossa própria cumplicidade como autores de danos e instigadores da escravidão; isso foi naquela época.)". Mas a maioria dos sulistas brancos conta uma história diferente, em que a Guerra Civil está viva e forte; aquela época é *agora*: "Nossas bravas tropas confederadas foram vítimas de nortistas gananciosos e brutais que derrotaram nosso nobre líder Jefferson Davis, destruíram nossas cidades e tradições e ainda estão tentando destruir os direitos de nossos estados. Não há nada de 'unidos' entre nós, sulistas, e vocês, malditos ianques; continuaremos hasteando nossa bandeira confederada, muito obrigado, essa é a nossa história". A escravidão pode até ter ido embora – o vento a levou –, mas os rancores não. É por isso que a história é escrita pelos vencedores, mas são as vítimas que escrevem as memórias.

Quem começou isso?

Um dos redutores de dissonância mais eternamente populares, praticado por todos, de crianças a tiranos, é "Foi o outro cara quem começou". Até Hitler disse que eles começaram, com "eles" sendo as nações vitoriosas da Primeira Guerra Mundial que humilharam a Alemanha com o Tratado de Versalhes e os "vermes" judeus que estavam arruinando a Alemanha por dentro. O problema é: até onde você quer voltar no tempo para mostrar que foi o outro cara quem começou? Como sugere nosso exemplo inicial da crise dos reféns no Irã, as vítimas têm memória de longa duração e podem recorrer a episódios reais ou imaginários do passado recente ou distante para justificar seu desejo de retaliar agora. Nos séculos de guerra entre muçulmanos e cristãos, conflito que ora cozinha em fogo brando, ora entra em erupção, quem são os autores de danos e quem são as vítimas? Não há uma resposta simples, mas vamos examinar como cada lado justificou suas ações.

Após o 11 de Setembro, George Bush anunciou que estava lançando uma cruzada contra o terrorismo, e a maioria dos americanos acolheu de bom grado a metáfora. No Ocidente, o termo *cruzada* tem conotações positivas, associadas aos mocinhos – o time de futebol americano da Faculdade Holy Cross chama-se "Cruzados", e a dupla dinâmica Batman e Robin é conhecida como "os cruzados encapuzados". As Cruzadas históricas reais no Oriente Médio começaram há mais de mil anos e terminaram no final do século 13; poderia existir algo mais encerrado e superado do que isso? Não para a maioria dos muçulmanos, que ficaram enfurecidos e alarmados com o uso que Bush fez do termo. Para eles, as Cruzadas criaram sentimentos de perseguição e vitimização que persistem até o presente. A Primeira Cruzada de 1095, durante a qual os cristãos captura-ram Jerusalém controlada pelos muçulmanos e massacraram impiedosamente quase todos os seus habitantes, bem poderia ter ocorrido no mês passado, de tão vívida que é na memória coletiva.

Com efeito, as Cruzadas deram aos cristãos europeus licença para mas-sacrar centenas de milhares de muçulmanos "infiéis". (Milhares de judeus também foram massacrados enquanto os peregrinos marchavam pela Europa até Jerusalém, razão pela qual alguns historiadores judeus chamam as Cruzadas de "o primeiro Holocausto".) Do ponto de vista atual do Ocidente, as Cruzadas foram lamentáveis, mas, como todas as guerras, produziram benefícios em todos os lugares; por exemplo, as Cruzadas abriram as portas para acordos culturais e comerciais entre o Ocidente cristão e o Oriente muçulmano. Alguns livros chegam até mesmo a argumentar que os cristãos estavam apenas defendendo a si mesmos e a seus interesses das guerras santas que motivaram a invasão muçulmana de países anteriormente cristãos. A capa do *Manual politicamente incorreto do Islã e das Cruzadas*, de Robert Spencer, afirma de forma ousada: "As Cruzadas foram conflitos defensivos". Então, os cristãos não eram os autores de danos que tantos muçulmanos pensam que eram. Eles eram as vítimas.

Quem *eram* as vítimas? Depende de quantos anos, décadas e séculos você leva em conta. Em meados do século 10, mais de cem anos antes do início das Cruzadas, metade do mundo cristão havia sido conquistada por exércitos árabes muçulmanos: a cidade de Jerusalém e países nos quais o cristianismo havia sido estabelecido por séculos, incluindo Egito, Sicília, Espanha e Turquia. Em 1095, o papa Urbano II convocou a aristocracia francesa a travar uma guerra santa contra todos os muçulmanos. Uma peregrinação para reconquistar Jerusalém daria às cidades europeias uma oportunidade de estender suas rotas comerciais; organizaria a recém-abastada aristocracia guerreira e mobilizaria os camponeses em uma força unificada; e aglutinaria o mundo cristão, que havia sido dividido em duas facções, a oriental e a romana. O papa garantiu às suas tropas que matar um muçulmano era um ato de penitência cristã. Qualquer um que morresse em batalha, o papa prometeu, contornaria milhares de anos de tortura no purgatório e iria diretamente para o céu. Esse incentivo para gerar mártires que morrerão em nome de sua causa soa familiar? Tem tudo, menos as virgens.

A primeira Cruzada foi um enorme êxito em termos econômicos para os cristãos europeus; inevitavelmente, instigou os muçulmanos a organizar uma resposta. No final do século 12, o general muçulmano Saladino já havia recapturado Jerusalém e retomado quase todos os Estados que os cruzados conquistaram. (Saladino assinou um tratado de paz com o rei Ricardo I da Inglaterra em 1192.) Portanto, as Cruzadas, por mais brutais e sangrentas, foram precedidas e seguidas por conquistas muçulmanas. Quem começou?

Da mesma forma, as cruentas batalhas entre israelenses e palestinos têm a própria ladainha de causas originais. Em 12 de julho de 2006, militantes do Hezbollah sequestraram dois reservistas israelenses, Ehud Goldwasser e Eldad Regev. Israel retaliou, lançando foguetes contra áreas controladas pelo Hezbollah no Líbano, matando muitos civis. O historiador Timothy Garton Ash, observando as retaliações subsequentes de ambos os lados, escreveu: "Quando e onde essa guerra começou?". Terá começado em 12 de julho, ou um mês antes, quando bombas israelenses mataram sete civis palestinos? Antes, em janeiro, quando o Hamas venceu as eleições palestinas? Em 1982, quando Israel invadiu o Líbano? Em 1979, com a revolução fundamentalista no Irã?

Em 1948, com a criação do Estado de Israel? A própria resposta de Garton Ash para "O que começou isso?" é o virulento antissemitismo europeu dos séculos 19 e 20, que incluiu *pogroms* russos, turbas francesas vociferando "Abaixo os judeus!" no julgamento do capitão Alfred Dreyfus e o Holocausto. A "rejeição europeia radical" dos judeus, ele escreve, produziu as forças motrizes do sionismo, da emigração judaica para a Palestina e da criação do Estado de Israel:

> Enquanto criticamos a maneira como os militares israelenses estão matando civis libaneses e observadores da ONU em nome de resgatar Ehud Goldwasser (e destruir a infraestrutura militar do Hezbollah), devemos nos lembrar de que tudo isso quase certamente não estaria acontecendo se alguns europeus não tivessem tentado, algumas décadas atrás, remover qualquer um que se chamasse Goldwasser da face da Europa – se não da Terra.[5]

E Garton Ash estava empurrando a data de início para trás apenas alguns séculos. Outros a deslocariam para trás alguns milênios.

Uma vez que as pessoas se comprometem com uma opinião sobre "quem começou isso?", seja lá o que for "isso" – uma briga de família ou um conflito internacional –, elas se tornam menos capazes de aceitar informações que são dissonantes com suas posições. Tão logo decidem quem é o autor e quem é a vítima, sua capacidade de empatia com o outro lado é enfraquecida, até mesmo destruída. Em quantas discussões você já se envolveu que terminaram com um irrespondível "Mas e quanto a...?"? Assim que você descreve as atrocidades que um lado cometeu, alguém protesta: "Mas e quanto às atrocidades do outro lado?".

Todos nós somos capazes de entender por que as vítimas gostariam de retaliar. Mas a retaliação geralmente faz com que os autores de danos originais minimizem a gravidade e o dano das ações de seu lado e reivindiquem para si o manto de vítimas, acionando desse modo um ciclo de opressão e vingança. "Toda revolução bem-sucedida", observou a historiadora Barbara Tuchman, "enverga, com o tempo, as vestes do tirano que ela depôs." Por que não? Os vencedores, antigas vítimas, julgam ter justificativas para isso.

Agentes do mal

A primeira fotografia que vi do especialista Charles A. Graner e da soldado raso Lynndie R. England apontando o polegar para cima atrás de uma pilha de suas vítimas nuas [na prisão de Abu Ghraib], foi tão chocante que por alguns segundos pensei que se tratava de uma montagem [...] Havia algo familiar naquela despreocupação alegre, naquele triunfo descarado por ter infligido sofrimento a outros humanos. E então eu me lembrei: a última vez que eu tinha visto essa conjunção de elementos foi em fotografias de linchamentos.[6]

– *Luc Sante, escritor*

Às vezes, pode ser difícil definir o bem, mas o mal tem seu odor inconfundível: toda criança sabe o que é dor. Portanto, cada vez que deliberadamente infligimos dor a outra pessoa, sabemos o que estamos fazendo. Estamos fazendo o mal.[7]

– *Amós Oz, romancista e crítico social*

Charles Graner e Lynndie England acreditavam que estavam "fazendo o mal" enquanto deliberadamente infligiam dor e humilhação a seus prisioneiros iraquianos e riam deles? Não, não acreditavam, e é por isso que Amós Oz estava errado. Oz não contava com o poder da autojustificação: "Nós somos boas pessoas. Portanto, se deliberadamente infligimos dor a outro, o outro deve ter merecido. Portanto, não estamos fazendo o mal, muito pelo contrário. Estamos fazendo o bem". De fato, a pequena porcentagem de pessoas que não podem ou não querem reduzir a dissonância dessa forma paga um alto preço psicológico em culpa, angústia, ansiedade, pesadelos e noites insones, como analisaremos mais profundamente no próximo capítulo. A dor de viver com horrores que você cometeu, mas não consegue aceitar em termos morais, é lancinante, e é por isso que a maioria das pessoas buscará qualquer justificativa disponível para amenizar a dissonância.

Se os mocinhos justificam as coisas ruins que fazem, os bandidos se convencem de que são os mocinhos. Durante seu julgamento de quatro anos por crimes de guerra, crimes contra a humanidade e genocídio, Slobodan Milošević, o "açougueiro dos Bálcãs", justificou sua política de limpeza étnica que resultou na morte de mais de 200 mil croatas, muçulmanos bósnios e albaneses. Em seu julgamento, Milošević afirmou e repetiu várias vezes que não era responsável por essas mortes; os sérvios foram vítimas de propaganda muçulmana. Guerra é guerra; ele estava apenas respondendo à agressão que *eles* cometeram contra os sérvios inocentes. Riccardo Orizio entrevistou outros sete ditadores impiedosos, incluindo Idi Amin, Jean-Claude "Baby Doc" Duvalier, Mira Marković (a "Bruxa Vermelha", esposa de Milošević) e Jean-Bédel Bokassa da República Centro-Africana (conhecido por seu povo como o "ogro de Berengo"). Todos alegaram que qualquer coisa que tivessem feito – torturar ou assassinar seus oponentes, bloquear eleições livres, matar seus cidadãos de fome, saquear a riqueza de sua nação, lançar guerras genocidas – foi para o bem do país. A alternativa, reiteraram, era caos, anarquia e derramamento de sangue. Longe de se verem como déspotas, eles viam a si mesmos como patriotas abnegados.[8] "O grau de dissonância cognitiva envolvido em ser uma pessoa que oprime as pessoas por amor a elas", Louis Menand escreveu, "está resumido em um cartaz que Baby Doc Duvalier colocou no Haiti. Ele dizia: 'Eu gostaria de comparecer perante o tribunal da história como a pessoa que fundou irreversivelmente a democracia no Haiti'. E estava assinado: 'Jean-Claude Duvalier, presidente vitalício'."[9]

No capítulo anterior, vimos em menor escala como casais em processo de divórcio geralmente justificam a mágoa que infligem um ao outro. No horripilante cálculo do autoengano, porque nossas vítimas mereciam o que receberam, nós as odiamos ainda mais do que antes de machucá-las, o que por sua vez nos faz infligir ainda mais dor a elas. Experimentos já confirmaram muitas vezes esse mecanismo. Em um experimento sob a batuta de Keith Davis e Edward Jones, estudantes assistiram a um colega ser entrevistado e, em seguida, por instrução dos experimentadores, tiveram de dizer ao estudante-alvo que o achavam superficial, indigno de confiança e sem graça. Como resultado dessa avaliação um tanto desagradável, os participantes conseguiram se convencer de que a vítima realmente merecia suas críticas e o acharam menos atraente do que antes de ferir seus sentimentos. A mudança de opinião ocorreu mesmo sabendo que o outro estudante não havia feito nada para merecer suas críticas e que eles estavam simplesmente seguindo as instruções do experimentador.[10]

Todas as vítimas são iguais aos olhos do autor? Não; elas diferem em seu grau de desamparo. Suponha que você seja um fuzileiro naval em um combate corpo a corpo contra um soldado inimigo armado. Você o mata. Você sente muita dissonância? Provavelmente não. A experiência pode ser desagradável, mas não gera dissonância e não precisa de justificativa adicional: "Era ele ou eu... Eu matei um inimigo... Estamos nesta para vencer... Não tenho escolha aqui". Mas, agora, suponha que você esteja em uma missão para incendiar uma casa que lhe disseram que contém soldados inimigos. Você e sua equipe destroem o lugar e então descobrem que explodiram uma residência de velhos, crianças e mulheres. Sob essas circunstâncias, quase todos os soldados tentarão reduzir a dissonância que sentem por ter matado civis inocentes, e a maneira principal será vilipendiar e desumanizar suas vítimas: "Idiotas estúpidos, eles não deveriam estar lá... Eles provavelmente estavam ajudando o inimigo... Todas essas pessoas são vermes, escória, sub-humanos". Ou, como afirmou o general

William Westmoreland sobre o elevado número de vítimas civis durante a Guerra do Vietnã: "Os orientais não colocam o mesmo preço alto na vida que um ocidental. A vida é abundante. No Oriente a vida é barata".[11]

A teoria da dissonância, portanto, prevê que, quando as vítimas estão armadas e são capazes de revidar, os autores de danos sentirão menos necessidade de reduzir a dissonância menosprezando-as do que quando suas vítimas estão indefesas. Em um experimento de Ellen Berscheid e colegas, os participantes foram levados a acreditar que estariam aplicando um choque elétrico doloroso em outra pessoa como parte de um teste de aprendizado. Metade foi informada de que mais tarde os papéis seriam invertidos, para que a vítima estivesse em posição de retaliar. Como previsto, os únicos participantes que depreciaram as vítimas foram aqueles que acreditavam que elas eram indefesas e não seriam capazes de responder na mesma moeda.[12] Essa foi precisamente a situação das pessoas que participaram do experimento de obediência de Stanley Milgram em 1963, descrito no Capítulo 1. Muitos dos que obedeceram às ordens do experimentador de aplicar o que julgavam ser quantidades perigosas de descarga elétrica em um aprendiz justificaram suas ações culpando a vítima. No dizer do próprio Milgram, "Muitos sujeitos desvalorizam duramente a vítima *como uma consequência* de agir contra ela. Comentários como 'Ele era tão burro e teimoso que merecia levar um choque' eram comuns. Uma vez tendo agido contra a vítima, esses sujeitos acharam necessário vê-la como um indivíduo indigno, cuja punição tornou-se inevitável por suas próprias deficiências de intelecto e caráter".[13]

As implicações desses estudos são ameaçadoras, pois mostram que as pessoas não realizam atos de crueldade e saem ilesas. O sucesso em desumanizar a vítima praticamente garante uma continuação ou mesmo uma escalada da crueldade: configura-se uma cadeia infinita de violência, seguida por autojustificação (na forma de desumanização e culpabilização da vítima), seguida por ainda mais violência e desumanização. Combine autores de danos autojustificadores e vítimas indefesas, e você tem uma receita para a escalada da brutalidade. Essa brutalidade não se limita a indivíduos brutais – isto é, sádicos ou psicopatas. Ela pode ser – e geralmente é – cometida por indivíduos comuns, pessoas que têm filhos e cônjuges, pessoas "civilizadas" que gostam de música e de comida e de fazer amor e de fofocar tanto quanto qualquer outra pessoa. Essa é uma das descobertas mais bem documentadas da psicologia social, mas também é a mais difícil para muitas pessoas aceitarem por causa da enorme dissonância que produz: "O que eu posso ter em comum com assassinos e torturadores?".

É muito mais reconfortante acreditar que eles são maus e acabar com eles.[14] Não ousamos deixar um lampejo de sua humanidade entrar, porque isso pode nos forçar a encarar a verdade assustadora do formidável personagem do cartunista Walt Kelly, Pogo, que disse a famosa frase: "Nós conhecemos o inimigo, e ele somos nós".

Se os autores de danos forem vistos como um de nós, no entanto, muitas pessoas reduzirão a dissonância saindo em sua defesa ou minimizando a seriedade ou ilegalidade de seus atos, qualquer coisa que faça suas ações parecerem fundamentalmente diferentes do que o inimigo faz. Eles presumem que apenas vilões como Idi Amin ou Saddam Hussein torturariam seus inimigos. Mas, como John Conroy mostrou em *Unspeakable Acts, Ordinary People* [Atos inomináveis, pessoas comuns], não são apenas os interrogadores em países antidemocráticos que violam as proibições das Convenções de Genebra contra "os atentados à vida e à integridade física, em particular o homicídio sob todas as formas, as mutilações, os tratamentos cruéis, torturas e suplícios [...] as ofensas à dignidade das pessoas, sobretudo os tratamentos humilhantes e degradantes". Em sua investigação de casos documentados de abuso de prisioneiros, Conroy descobriu que quase todos os oficiais militares ou policiais que ele entrevistou, fossem britânicos, sul-africanos, israelenses ou americanos, justificavam suas práticas afirmando, com efeito, "Nossa tortura nunca é tão severa e letal quanto a tortura deles":

> Bruce Moore-King [da África do Sul] me disse que, quando administrava tortura elétrica, nunca atacava os genitais, como torturadores em outros lugares costumam fazer [...] Hugo Garcia me disse que os torturadores argentinos eram muito piores do que os uruguaios. Omri Kochva me garantiu que os homens do batalhão de Natal não tinham descido ao nível dos norte-americanos no Vietnã [...] Os britânicos se confortavam com a racionalização de que seus métodos não eram nada comparados ao sofrimento infligido pelo IRA. Os israelenses regularmente argumentam que seus métodos empalidecem em comparação à tortura empregada pelos Estados árabes.[15]

Quanto aos americanos: as fotos de soldados americanos humilhando e torturando suspeitos de terrorismo na prisão de Abu Ghraib, no Iraque, causaram repulsa mundial. Investigações imparciais da Cruz Vermelha, Anistia Internacional e Human Rights Watch revelaram que interrogadores norte-americanos e seus aliados estavam usando privação de sono, isolamento prolongado, tortura por afogamento simulado, humilhação sexual, hipotermia induzida, espancamentos e outros métodos cruéis em suspeitos de terrorismo, não apenas em Abu Ghraib, mas também na baía de Guantánamo e em *"black sites"* (centros de detenção clandestinos) em outros países. Em 2014, um relatório da Comissão de Inteligência do Senado confirmou que o uso de tortura pela CIA era mais generalizado e brutal do que o Congresso ou o público tinham sido levados a acreditar.[16]

Como os criadores das diretrizes políticas da CIA e aqueles que as executaram reduziram a dissonância causada pela informação de que os Estados Unidos vinham sistematicamente violando as Convenções de Genebra? A primeira maneira é dizer que, se nós fizermos isso, não é tortura. "Nós não torturamos", disse George W. Bush. "Usamos um conjunto alternativo de procedimentos." A resposta de Dick Cheney* ao relatório do Senado de 2014, antes mesmo de lê-lo, foi: "Está repleto de baboseiras". Quando Chuck Todd entrevistou Cheney no programa de TV *Meet the Press*, Todd insistentemente pediu que ele definisse *tortura*. "Há uma noção de que de alguma forma existe equivalência moral entre o que os terroristas fazem e o que nós fazemos", respondeu Cheney. "E isso é absolutamente inverídico. Fomos muito cuidadosos para não chegar ao ponto da tortura. O Senado achou adequado rotular seu relatório de *tortura*. Mas trabalhamos duro para ficar longe dessa definição."

Todd o pressionou: Bem, então, qual é essa definição? "Alimentação retal forçada" não é tortura? Irritado, Cheney respondeu: "Eu já disse o que se enquadra na definição de tortura. É o que dezenove caras armados com passagens aéreas e estiletes fizeram a 3 mil norte-americanos no 11 de Setembro". Todd persistiu: Que tal Riyadh al-Najjar, que foi algemado pelos pulsos a uma barra elevada de modo que não conseguiu abaixar os braços por 22 horas por dia durante dois dias consecutivos – enquanto usava uma fralda e não tinha acesso ao banheiro? Que tal Abu Zubaydah, que ficou confinado por onze dias e duas horas em uma caixa do tamanho de um caixão com 53 centímetros de largura, 76 centímetros de profundidade e 76 centímetros de altura? Isso não é tortura, disse Cheney; essas eram técnicas aprovadas. "Mas o relatório planta alguma semente de dúvida no senhor?", perguntou Todd. "Absolutamente não", rebateu Cheney.[17]

Uma segunda maneira de reduzir a dissonância é dizer que, se nós torturamos alguém, há justificativas para isso. Os prisioneiros em Abu Ghraib mereciam tudo o que receberam, disse o senador James Inhofe de Oklahoma, porque "são assassinos, são terroristas, são insurgentes. Muitos deles provavelmente têm

---

* Secretário de Defesa dos Estados Unidos de 1989 a 1993 e vice-presidente do país de 2001 a 2009. [N. T.]

sangue americano nas mãos". Aparentemente ele não tinha conhecimento do fato de que a maioria dos prisioneiros tinha sido detida por razões arbitrárias ou crimes de menor monta e nunca foi formalmente acusada. De fato, vários oficiais de inteligência militar disseram à Comissão Internacional da Cruz Vermelha que entre 70% e 90% dos detidos iraquianos tinham sido presos por engano.[18]

A justificação universal para a tortura é a desculpa da bomba-relógio. Nas palavras do colunista Charles Krauthammer: "Um terrorista plantou uma bomba nuclear na cidade de Nova York. Ela explodirá em uma hora. A explosão matará 1 milhão de pessoas. Você captura o terrorista. Ele sabe onde a bomba está. Ele se recusa a falar. Pergunta: Se você tem a menor convicção de que pendurar este homem pelos polegares lhe dará a informação para salvar 1 milhão de pessoas, você tem permissão para fazer isso?". Sim, diz Krauthammer, e não apenas você tem permissão, é seu dever moral.[19] Você não tem tempo para ligar para o pessoal das Convenções de Genebra e perguntar se está tudo bem; você fará o que puder para que o terrorista lhe diga a localização da bomba.

Nesses termos, a maioria dos americanos pode deixar de lado seus escrúpulos morais e decidir que vale a pena torturar uma pessoa para salvar 1 milhão de vidas. O problema com essa linha de raciocínio é que sua justificativa pragmática não se sustenta: sob tortura, suspeitos dirão *qualquer coisa*. Segundo um editorial: "A tortura é uma maneira terrível de fazer exatamente o que o governo usa para justificá-la – obter informações precisas. Séculos de experiência mostram que as pessoas dirão a seus algozes o que eles querem ouvir, seja confessar bruxaria em Salem, admitir tendências contrarrevolucionárias na Rússia soviética ou inventar histórias sobre o Iraque e a Al Qaeda".[20] De fato, o relatório da Comissão de Inteligência do Senado confirmou que nenhuma informação obtida por meio da tortura de detentos provou ser útil para capturar ou matar qualquer terrorista, incluindo Osama bin Laden. Pior ainda: a desculpa de "salvar vidas" é utilizada mesmo quando não há tique-taque e não há bomba. A ex-secretária de Estado Condoleezza Rice, em uma visita à Alemanha na qual foi pressionada por protestos de líderes europeus sobre a prática norte-americana de tortura em suspeitos de terrorismo mantidos em prisões secretas, negou que as forças de segurança de seu país recorressem a qualquer forma de tortura. Em seguida, acrescentou que seus críticos deveriam perceber que os interrogatórios desses suspeitos produziram informações que "impediram ataques terroristas e salvaram vidas inocentes – na Europa e nos Estados Unidos".[21] Ela parecia despreocupada com o fato de que esses interrogatórios também tivessem arruinado vidas inocentes. Relutantemente, Rice admitiu que "erros foram cometidos" quando os Estados Unidos sequestraram um cidadão alemão inocente suspeito de terrorismo e o submeteram a um tratamento severo e degradante ao longo de cinco meses.

Uma vez que a tortura é justificada em um caso, é mais fácil justificá-la em outros: "Vamos torturar não apenas esse filho da puta que temos certeza de que sabe onde está a bomba, mas também esse outro filho da puta que *talvez saiba* onde está a bomba, e também esse outro filho da puta que pode ter alguma informação geral que, quem sabe, possa ser útil daqui a cinco anos, e também esse outro cara que talvez seja um filho da puta, mas não temos certeza". William Schulz, diretor da Anistia Internacional, observou que, de acordo com confiáveis organizações de direitos humanos israelenses, palestinas e internacionais, de 1987 a 1993 os israelenses utilizaram métodos de interrogatório que constituíam tortura. "Embora originalmente justificado com base na descoberta de 'bombas-relógio'", disse ele, "o uso de tais métodos de tortura tornou-se rotina."[22] Um sargento da 82ª Divisão Aerotransportada do Exército americano descreveu como esse processo aconteceu no tratamento de detentos iraquianos:

> "Maníacos Assassinos" foi o apelido que nos deram em nosso campo de detenção [...] Quando [os detentos] chegavam, era como um jogo. Você sabe, até onde você consegue fazer esse cara ir antes que ele desmaie ou simplesmente desmorone. De posições de estresse a mantê-los acordados por dois dias seguidos, privando-os de comida, água, o que quer que fosse [...] O pessoal da inteligência nos informava de que esses caras eram maus, mas às vezes eles estavam errados.[23]

"Às vezes, eles estavam errados", diz o sargento, mas ainda assim nós os maltratávamos da mesma maneira.

O debate sobre tortura concentrou-se corretamente em sua legalidade, moralidade e utilidade. Como psicólogos sociais, queremos acrescentar uma preocupação adicional: o que a tortura faz ao autor individual e aos cidadãos comuns que a aceitam. A maioria das pessoas quer acreditar que seu governo está trabalhando em seu benefício, que sabe o que está fazendo e que está fazendo a coisa certa. Portanto, se o governo decidir que a tortura é necessária na guerra contra o terrorismo, a maioria dos cidadãos, para evitar dissonância, concordará. No entanto, com o tempo, é assim que a consciência moral de uma nação se deteriora. Assim que dão o primeiro e pequeno passo para fora da pirâmide na direção de justificar o abuso e a tortura, as pessoas estão a caminho de endurecer o coração e a mente de maneiras que talvez nunca sejam desfeitas. O patriotismo acrítico, aquele que reduz a dissonância causada pela informação de que o governo – e sobretudo seu partido político – fez algo imoral e ilegal, lubrifica a descida da pirâmide.

Observamos com tristeza e alarme essa descida. Em dezembro de 2014, após a divulgação do relatório de inteligência do Senado, uma pesquisa nacional do Centro de Pesquisas Pew descobriu que 51% de todos os americanos ainda concordavam que o uso de tortura pela CIA era "justificado" e mais da metade ainda acreditava erroneamente que os métodos de interrogatório da CIA tinham ajudado a impedir ataques terroristas. A pesquisa mostrou também que essa questão, como tantas outras em que os dois partidos majoritários dos Estados Unidos chegavam a um consenso, ganhou a dimensão de uma questão partidária: 76% de todos os republicanos disseram que os métodos de interrogatório da CIA pós-11 de Setembro eram justificados, ao passo que apenas 37% dos democratas achavam isso.[24] Mas a tortura nem sempre foi uma questão partidária; afinal, foi Ronald Reagan quem assinou a Convenção das Nações Unidas contra a Tortura em 1988. E, embora Barack Obama tenha proibido o uso de "técnicas de interrogatório aprimoradas", ele fez vistas grossas para a conduta de seu antecessor. "Nós torturamos alguns *caras*", disse ele, suavizando a feiura da ação ao utilizar um termo, ousamos dizer, "popular". Ele apoiou os esforços da CIA para censurar partes do relatório e se recusou a responsabilizar quaisquer autores de tortura ou as diretrizes políticas que a permitiram.

"Sem um reconhecimento mútuo dos erros cometidos e alguma forma de responsabilização, pode ser difícil evitar outro retrocesso em direção à tortura", diz o cientista político Darius Rejali. "Nada prevê o comportamento futuro tanto quanto a impunidade passada."[25] A impunidade, por sua vez, recompensa a autojustificação, não apenas nos autores de danos, mas também na nação que os isenta de culpa.

No entanto, alguns políticos resistiram à tentação de justificar as ações da CIA, e um deles, o senador republicano John McCain, foi especialmente eloquente: "Às vezes, a verdade é um osso duro de roer, um remédio amargo, mas o povo americano tem direito a ele mesmo assim":

> Eles têm de saber quando os valores que definem nossa nação são intencionalmente desprezados por nossas políticas de segurança, mesmo aquelas políticas que são conduzidas em segredo. Eles devem ser capazes de fazer julgamentos

esclarecidos sobre se essas diretrizes políticas e o pessoal que as apoiou tinham justificativas em comprometer nossos valores; se serviram a um bem maior; ou se, como eu acredito, mancharam nossa honra nacional, causaram muito dano e pouco bem em termos práticos. Quais foram as diretrizes políticas? Qual foi seu propósito? Elas o alcançaram? Elas nos tornaram mais seguros? Menos seguros? Ou não fizeram diferença? O que elas significaram em termos de ganhos? O que elas significaram em termos de custos? O povo americano precisa das respostas para essas perguntas...

[O uso da tortura] foi vergonhoso e desnecessário [...] Mas, no fim das contas, o fracasso da tortura em servir ao seu propósito pretendido não é a principal razão para se opor ao seu uso. Eu sempre disse, e sempre defenderei, que essa questão não diz respeito a nossos inimigos; diz respeito a nós. Diz respeito a quem éramos, a quem somos e a quem aspiramos ser. Diz respeito a como nos representamos para o mundo.[26]

Verdade e reconciliação

Na nossa versão favorita de uma antiga parábola budista, vários monges estão retornando ao seu monastério após uma longa peregrinação. Eles caminham por altas montanhas e vales baixos, honrando seu voto de silêncio fora do monastério. Um dia, chegam a um caudaloso rio às margens do qual se deparam com uma bela jovem. Ela se aproxima do monge mais velho e diz: "Perdoe-me, Roshi, mas você faria a gentileza de me carregar pelo rio? Eu não sei nadar, e se eu ficar aqui ou tentar atravessar sozinha, certamente morrerei". O velho monge abre um caloroso sorriso e diz: "Claro que vou ajudar você". Em seguida, ele ergue a mulher e a coloca nas costas e a carrega pelo rio. Do outro lado, ele delicadamente a coloca no chão. Ela agradece e parte, e os monges continuam sua jornada sem palavras.

Após mais cinco dias de árdua viagem, os monges chegam ao monastério e, nesse momento, voltam-se, furiosos, contra o ancião. "Como você pôde fazer isso?", eles o repreendem. "Você quebrou seus votos! Você não só falou com aquela mulher, você a tocou! Você não só a tocou, você a carregou nas costas!"

O ancião responde: "Eu só a carreguei pelo rio. Vocês a estão carregando faz cinco dias".

Os monges carregaram a mulher no coração por vários dias; alguns autores e vítimas carregam seus fardos de culpa, tristeza, raiva e vingança por anos a fio. O que é necessário fazer para colocar de lado esses pesados fardos? Qualquer um que tenha tentado intervir entre casais ou nações em guerra sabe o quanto é dolorosamente difícil para ambos os lados abandonar a autojustificação, sobretudo depois de anos de luta defendendo uma posição e se deslocando mais para baixo na pirâmide, longe do comprometimento e do denominador comum. Os mediadores e negociadores, portanto, têm dois desafios: persuadir os autores a reconhecer e expiar o dano que causaram, e persuadir as vítimas a renunciar ao impulso de vingança, ao mesmo tempo que reconhecem e se compadecem do dano que sofreram.

Em seu trabalho com casais casados nos quais um dos parceiros havia ferido ou traído profundamente o outro, os psicólogos clínicos Andrew Christensen e Neil Jacobson descreveram três possíveis maneiras de sair do impasse emocional. Na primeira, o autor unilateralmente deixa de lado os próprios sentimentos e, percebendo que a raiva da vítima encobre um enorme sofrimento, responde a esse sofrimento com remorso genuíno e desculpas sinceras. Na segunda, a vítima unilateralmente se desapega de suas repetidas acusações raivosas – afinal, ela já deixou bem claro seu ponto de vista – e expressa dor em vez de raiva, uma resposta que pode fazer o autor se sentir empático e atencioso em vez de defensivo. "Qualquer uma dessas ações, se tomadas unilateralmente, é difícil e, para muitas pessoas, impossível", afirmam Christensen e Jacobson.[27] A terceira maneira, eles sugerem, é a mais difícil, porém a mais esperançosa para uma resolução de longo prazo do conflito: ambos os lados abandonam suas autojustificações e concordam com as medidas que podem tomar juntos para seguir em frente. Se for apenas o autor que pede desculpas e tenta expiar, isso talvez não seja feito de maneira honesta ou de uma forma que amenize e propicie um encerramento ao sofrimento da vítima. Mas, se for apenas a vítima que deixa para lá e perdoa, pode ser que o autor não tenha incentivo para mudar e, portanto, tende a continuar se comportando de forma injusta ou insensível.[28]

Christensen e Jacobson estavam falando de dois indivíduos em conflito. Mas sua análise, em nossa opinião, aplica-se também a conflitos de grupo, em que a terceira via não é apenas a melhor; é a única. Na África do Sul, o fim do apartheid poderia facilmente ter deixado um legado de raiva autojustificável por parte dos brancos que apoiavam o status quo e os privilégios que isso lhes conferia, e de fúria autojustificável por parte dos negros que tinham sido suas vítimas. Foi necessária a coragem de um homem branco, Frederik de Klerk, e de um homem negro, Nelson Mandela, para evitar o banho de sangue que vem na esteira da maioria das revoluções e para criar as condições que tornaram possível que seu país avançasse como uma democracia.

De Klerk, que havia sido eleito presidente em 1989, sabia que uma revolução violenta era quase inevitável. A luta contra o apartheid estava se intensificando; as sanções impostas por outros países vinham tendo um significativo impacto na economia do país; os apoiadores do banido Congresso Nacional Africano tornavam-se cada vez mais violentos, matando e torturando pessoas suspeitas de colaboração com o regime branco. De Klerk poderia ter apertado o laço instituindo políticas ainda mais repressivas na desesperada esperança de preservar o poder branco. Em vez disso, ele revogou a proibição do CNA e libertou Mandela da prisão em que passara 27 anos. De sua parte, Mandela poderia ter permitido que sua raiva o consumisse; ele poderia ter saído do cárcere com uma determinação de vingança que muitos teriam considerado inteiramente legítima. Em vez disso, renunciou à raiva em prol do objetivo ao qual havia dedicado sua vida. "Se você quer fazer as pazes com seu inimigo, você tem que trabalhar com seu inimigo", disse Mandela. "Aí ele se torna seu parceiro." Em 1993, ambos os homens dividiram o prêmio Nobel da Paz, e no ano seguinte Mandela foi eleito presidente da África do Sul.

Praticamente o primeiro ato da nova democracia foi o estabelecimento da Comissão da Verdade e Reconciliação (TRC, na sigla em inglês), presidida pelo arcebispo Desmond Tutu. (Também foram criadas três outras comissões, sobre violações de direitos humanos, anistia e reparação e reabilitação.) O objetivo da TRC era dar às vítimas de brutalidade um fórum no qual seus relatos seriam ouvidos e validados, no qual sua dignidade e seu senso de justiça seriam restaurados, e no qual poderiam expressar suas queixas cara a cara com os próprios autores de danos. Em troca da anistia, os autores de danos tinham de admitir o mal que haviam causado, incluindo tortura e assassinato. A comissão enfatizou a "necessidade de compreensão, mas não de vingança, uma necessidade de reparação, mas não de retaliação, uma necessidade de *ubuntu* [humanidade para com os outros], mas não de vitimização".

Os objetivos da TRC eram inspiradores, se não totalmente honrados na prática. A comissão produziu resmungos, zombarias, protestos e raiva. Muitas vítimas negras do apartheid, a exemplo da família de Stephen Biko, ativista que foi assassinado na prisão, ficaram furiosas com os dispositivos legais de anistia aos autores de danos. Muitos autores de danos brancos não se desculparam de forma nem sequer remotamente parecida com verdadeiros sentimentos de remorso, e muitos apoiadores brancos do apartheid não estavam interessados em ouvir as transmissões das confissões de seus pares. Nem de longe a África do Sul se tornou um paraíso; o país ainda sofre com a pobreza e elevadas taxas de criminalidade. No entanto, a explosão de violência prevista não ocorreu. Quando o psicólogo Solomon Schimmel viajou para lá e entrevistou pessoas de todo o espectro político e cultural para seu livro sobre vítimas de injustiça e atrocidades, sua expectativa era ouvir descrições de raiva e desejo de vingança. Mas "o que mais me impressionou no geral", relatou ele, "foi a extraordinária ausência de rancor e ódio evidente entre negros e brancos, e o esforço concentrado para criar uma sociedade na qual a harmonia racial e a justiça econômica prevalecerão".[29]

Entendimento sem vingança e reparação sem retaliação são possíveis somente se estivermos dispostos a parar de justificar nossa própria posição. Muitos anos após a Guerra do Vietnã, o veterano William Broyles Jr. viajou de volta ao país asiático para tentar resolver seus sentimentos acerca dos horrores que tinha visto lá e dos que ele próprio cometera. Broyles foi porque, ele mesmo disse, queria encontrar seus antigos inimigos "como pessoas, não abstrações". Em um pequeno vilarejo que fez as vezes de acampamento de base da Marinha, ele conheceu uma mulher que fez parte do Exército vietcongue. Enquanto conversavam, Broyles se deu conta de que o marido dela havia sido morto em combate exatamente no momento em que ele e seus homens estavam patrulhando. "Pode ser que eu e meus homens tenhamos matado seu marido", disse Broyles. Ela cravou os olhos nele e disse com firmeza: "Mas isso foi durante a guerra. Agora a guerra acabou. A vida continua".[30] Mais tarde, Broyles refletiu sobre sua visita de cura ao Vietnã:

> Eu costumava ter pesadelos. Desde que voltei daquela viagem, não tive mais nenhum. Talvez isso pareça pessoal demais para respaldar conclusões mais amplas, mas me diz que, para acabar com uma guerra, você tem que retornar aos mesmos relacionamentos pessoais que teria com as pessoas antes dela. Você faz a paz. Nada é constante na história.

CAPÍTULO 8

DESAPEGAR E ASSUMIR A CULPA

> Um homem viaja por muitos quilômetros para consultar o guru mais sábio do mundo. Quando lá chega, ele pergunta ao grande homem: "Ó, sábio guru, qual é o segredo de uma vida feliz?".
> "Sensatez", responde o guru.
> "Mas, ó, sábio guru", diz o homem, "como eu consigo ter bom senso?"
> "Insensatez", diz o guru.

À medida que percorremos a trilha da autojustificação por territórios da família, memória, terapia, lei, preconceito, conflito e guerra, vêm à tona duas lições fundamentais da teoria da dissonância: primeiro, a capacidade de reduzir a dissonância nos ajuda de inúmeras maneiras, preservando nossas convicções, confiança, decisões, autoestima e bem-estar; segundo, essa capacidade pode nos colocar em sérios apuros. As pessoas seguirão linhas de ação autodestrutivas para proteger a sabedoria de suas decisões iniciais. Elas tratarão ainda mais duramente aqueles que as machucaram, porque se convencem de que suas vítimas merecem. Elas se aferrarão a procedimentos ultrapassados e, às vezes, prejudiciais em seu trabalho. Elas apoiarão torturadores e tiranos que estiverem do lado certo – ou seja, o delas. Pessoas inseguras em suas crenças religiosas podem sentir o impulso de silenciar e assediar aqueles que delas discordam, porque a mera existência desses pessimistas desperta a dolorosa dissonância da dúvida.

Mas há outro lado da dissonância: a dor que as pessoas sentem quando *não conseguem* permitir que a autojustificação apague a memória dos danos que causaram, dos erros que cometeram, das decisões que saíram pela culatra. Essa incapacidade de desapegar pode deixar uma indelével marca de arrependimento e culpa, que em casos extremos resulta em desespero, depressão ou alcoolismo. Nos soldados, chamamos esses sintomas de transtorno de estresse pós-traumático (TEPT). "Como um soldado justifica tirar vidas humanas diante das vigorosas sanções contra esse ato que provavelmente influenciaram sua criação?", perguntaram o psicólogo Wayne Klug e colegas em seu estudo sobre veteranos do Iraque. "Sua luta subsequente com culpa, tristeza e dissonância cognitiva sugere uma acusação moral da guerra?"[1]

O psiquiatra Jonathan Shay, que trata militares com transtorno de estresse pós-traumático, observou que alguns veteranos sofrem "dor moral" contínua por assassinatos que julgam ter violado seu código ético, mesmo que o assassinato tenha sido uma parte inevitável da guerra: "Isso ocorre quando você fez algo no momento em que seus superiores lhe disseram que você tinha de fazer, e acreditava, de maneira verdadeira e honrada, que você tinha de fazer, mas que, no entanto, violou seus próprios comprometimentos éticos", diz ele. "Existe uma linha nítida entre assassinato e assassinato legítimo, e isso significa tudo para eles [...] Eles odeiam quando matam alguém que não precisavam matar. É uma cicatriz na alma."[2]

A arte de viver com dissonância gira em torno tanto de lidar com as cicatrizes na alma quanto de evitá-las. Assim como Odisseu (Ulisses) teve que conduzir seu navio por entre os míticos monstros marinhos homéricos Cila e Caríbdis – personificações de bancos de areia rochosos e de um redemoinho no estreito de Messina, ambos perigosos para os marinheiros –, então devemos encontrar um caminho entre a Cila da autojustificação cega de um lado e, de outro, a Caríbdis da autoflagelação implacável. Esse meio-termo é mais complexo do que nos livrarmos imediatamente das responsabilidades com uma defesa rápida – "O que mais eu poderia ter feito?" ou "É culpa do outro cara" ou "Eu estava apenas obedecendo a ordens" ou "Eu não estava errado no ponto principal; apenas em alguns detalhes" ou "Podemos deixar isso para trás e voltar aos negócios?". Essa tática não vai funcionar, nem com os outros e nem conosco. É importante permanecermos comprometidos e assumirmos a responsabilidade por um tempo, sofrermos alguma angústia, confusão e desconforto no caminho para entender o que deu errado. Só então podemos avaliar o que temos que fazer para consertar as coisas.

Esse processo foi certamente difícil para Linda Ross, a psicoterapeuta que praticou terapia de memória recuperada até perceber o tamanho do seu equívoco; para Grace, cujas falsas memórias recuperadas destruíram sua família por anos; para Thomas Vanes, o promotor público que descobriu que um homem que ele havia condenado por estupro e passou vinte anos na prisão era inocente;

para Vivian Gornick, que tardiamente reconheceu o papel que ela própria teve em seu longo histórico de relacionamentos fracassados; para os casais e líderes políticos que mais cedo ou mais tarde conseguem se libertar das espirais de raiva e retaliação. E é certamente mais difícil sobretudo para aqueles cujos erros profissionais custaram a vida de amigos e colegas de trabalho.

N. Wayne Hale Jr. era o gerente de integração de lançamentos da NASA em 2003, quando sete astronautas morreram na explosão do ônibus espacial *Columbia*. Em um e-mail público aos membros do programa do ônibus espacial, Hale assumiu total responsabilidade pelo desastre:

> Eu tive a oportunidade e a informação e falhei em fazer uso delas. Não sei o que uma investigação ou um tribunal de justiça diria, mas estou condenado no tribunal da minha própria consciência a ser culpado de não ter impedido o desastre do *Columbia*. Poderíamos discutir os detalhes: em atenção, incompetência, distração, falta de convicção, falta de entendimento, falta de coragem, preguiça. O ponto crucial é que não consegui entender o que me foi dito; não consegui cumprir meu papel e ser relevante. Portanto, não procurem mais; sou eu o culpado por permitir o desastre do *Columbia*.[3]

Esses indivíduos corajosos nos levam diretamente ao cerne da dissonância e sua ironia mais íntima: a mente quer se proteger da dor da dissonância com o bálsamo da autojustificação, mas a alma quer confessar. Para reduzir a dissonância, a maioria de nós coloca uma enorme quantidade de energia mental e física para nos proteger e escorar nossa autoestima quando ela afunda sob a percepção de que fomos tolos, crédulos, enganados, corruptos ou, de alguma outra forma, humanos. E, no entanto, na maior parte do tempo, todo esse investimento de energia é surpreendentemente desnecessário. Linda Ross ainda é uma psicoterapeuta – e uma profissional melhor agora. Thomas Vanes ainda atua como advogado, talvez mais ponderado. Grace recuperou o pai e a mãe. William Broyles encontrou a paz. N. Wayne Hale foi promovido a gerente do programa de ônibus espaciais da NASA no Centro Espacial Johnson, cargo que ocupou até sua aposentadoria.

A necessidade de reduzir a dissonância é um mecanismo mental universal, mas, como essas histórias ilustram, isso não significa que estamos condenados a ser controlados por ela. Os seres humanos podem não estar ansiosos para mudar, mas temos a capacidade de mudar, e o fato de que muitas de nossas ilusões de autoproteção e pontos cegos são incorporados à maneira como o cérebro funciona não é justificativa para não tentar. O cérebro é projetado para defender nossas crenças e convicções? Tudo bem – o cérebro também quer que nos empanturremos de açúcar, mas a maioria de nós aprende a comer vegetais. O cérebro é projetado para nos fazer explodir de raiva quando achamos que estamos sendo atacados? Tudo bem – mas a maioria de nós aprende a contar até dez e encontrar alternativas para dar uma surra de porrete em alguém. Uma avaliação de como a dissonância funciona, em nós mesmos e nos outros, nos proporciona algumas maneiras de anular nosso comportamento inato ou geneticamente determinado. E nos protege daqueles que não conseguem. Ou não querem.

Erros foram cometidos – por eles

> Esses dois cavalheiros não mereciam o que aconteceu, e nós somos responsáveis. Eu sou responsável.
>
> – CEO *da Starbucks, Kevin Johnson, depois que dois homens afro-americanos foram presos enquanto esperavam por um amigo numa cafeteria Starbucks*

Imagine, por um momento, como você se sentiria se seu parceiro, seu filho adulto, seu pai ou sua mãe dissessem: "Eu quero assumir a responsabilidade pelo erro que cometi; nós brigamos sobre isso o tempo todo, e agora percebo que você estava certo(a), e eu estava errado(a)". Ou se seu empregador começasse uma reunião anunciando: "Quero ouvir todas as objeções possíveis a esta proposta antes de prosseguirmos com ela – todos os erros que podemos estar cometendo". Ou se você ouvisse um promotor público dizer em uma entrevista coletiva: "Cometi um erro horrendo. Não consegui reabrir um caso em que novas evidências mostraram que eu e meu gabinete enviamos um homem inocente para a prisão. Pedirei desculpas e repararemos o dano, mas isso não é o suficiente. Também reavaliarei nossos procedimentos para reduzir a probabilidade de que novamente uma pessoa inocente venha a ser condenada".

Como você se sentiria em relação a essas pessoas? Você perderia o respeito por elas? Provavelmente, se forem seus amigos ou parentes, você se sentirá aliviado e encantado. "Meu Deus, Harry realmente admitiu que cometeu um erro! Que cara generoso!" Você não está sozinho. Em um estudo, foi solicitado a 556 pessoas que lessem um cenário hipotético em que um pedestre foi ferido por um ciclista em alta velocidade. Orientou-se a cada um que imaginasse que era a parte lesada e que negociaria um acordo com o ciclista. Em uma versão da situação hipotética, o pedestre não recebeu nenhum pedido de desculpas; em outra, um pedido de desculpas empático ("Sinto muito que você tenha se machucado.

Espero realmente que você se sinta melhor logo"); e, em uma terceira, um pedido de desculpas de aceitação de responsabilidade ("Sinto muito que você tenha se machucado. A culpa pelo acidente foi inteiramente minha. Eu estava indo exageradamente rápido e não prestei atenção, e, quando dei por mim, já era tarde"). Os participantes que receberam o pedido de desculpas de aceitação de responsabilidade avaliaram o ciclista de forma mais positiva, mostraram-se mais propensos a perdoá-lo e mais propensos a aceitar um acordo razoável.[4]

Se a pessoa que admite seus erros ou os danos que causou for um líder empresarial ou político, você provavelmente se sentirá seguro de que está nas mãos capazes de alguém com grandeza suficiente para fazer a coisa certa, que é aprender com a coisa errada. O último presidente norte-americano a dizer ao país que havia cometido um erro que teve consequências desastrosas foi John F. Kennedy, em 1961. Ele confiou nas informações e nos relatórios de inteligência falhos de seus principais conselheiros militares, que lhe asseguraram que, tão logo tropas norte-americanas invadissem Cuba na Baía dos Porcos, o povo cubano se insurgiria e, feliz da vida, derrubaria Fidel Castro. A invasão foi um desastre, mas Kennedy aprendeu com isso. Ele reorganizou seu sistema de inteligência e decidiu que dali por adiante não mais aceitaria de forma acrítica as alegações de seus conselheiros militares, mudança que o ajudou a conduzir o país com êxito durante a subsequente crise dos mísseis cubanos. Após o fiasco da Baía dos Porcos, Kennedy declarou: "Esta administração pretende ser franca acerca de seus erros. Pois, como um homem sábio disse certa vez, 'Um erro não se torna um engano até que você se recuse a corrigi-lo.' [...] Sem debate, sem críticas, nenhuma administração e nenhum país podem prosperar – e nenhuma república pode sobreviver". A responsabilidade definitiva pelo fracasso da invasão da Baía dos Porcos foi, disse o presidente, "minha, e somente minha". Como resultado dessa admissão, a popularidade de Kennedy disparou.

Esse episódio parece história antiga, não é? Imagine um presidente que pede desculpas e ganha respeito e admiração por fazer isso! O jurista acadêmico Cass Sunstein descobriu em seus estudos que, hoje em dia, muitas pessoas consideram que "desculpas são coisa de perdedores". Os pedidos de desculpas podem sair pela culatra, porque, se não gostarmos da pessoa que se desculpa, interpretaremos suas palavras como indício de fraqueza ou incompetência.[5] Além disso, em um clima nacional no qual os "infratores" *devem* admitir erros, expressar remorso e prometer arrependimento sob pena de perder seu emprego, seu papel em um programa de TV ou sua carreira acadêmica, os próprios pedidos de desculpas tornaram-se polarizados e politizados. Quando eles são importantes e quando não são? E quais são os comportamentos que exigem pedidos de desculpas? Muitas pessoas ficam consternadas em igual medida tanto com pedidos de desculpas forçados por ações que elas pessoalmente consideram incensuráveis quanto com a ausência de pedidos de desculpas por comportamentos que consideram repreensíveis.

Seja qual for o erro, pecado ou engano, os pedidos de desculpas falham quando os ouvintes sabem que a pessoa tem que dizer *alguma coisa* a fim de tranquilizar a opinião pública, mas a declaração parece estereotipada e obrigatória (e geralmente é mesmo, tendo sido engendrada por um publicitário ou alguém dos recursos humanos). Isso é um claro sinal de que a pessoa que tenta se desculpar não acredita realmente que seu pedido de desculpas seja justificado e autojustificável. A maioria de nós não fica impressionada quando autoridades oferecem a forma de um pedido de desculpas sem sua essência, dizendo basicamente: "Eu não fiz nada de errado, mas aconteceu debaixo do meu nariz, então, bem, acho que vou assumir a responsabilidade".[6] Não nos deixamos persuadir quando os CEOS se desculpam com vagas encenações e artifícios enganosos, como no caso do pedido de desculpas sem desculpas da Apple quanto ao desempenho das baterias do iPhone. "Temos ouvido o feedback de nossos clientes sobre a maneira como lidamos com o desempenho de iPhones com baterias mais antigas e a forma como comunicamos esse processo", afirmou a empresa. "Sabemos que alguns de vocês acham que a Apple os decepcionou. Pedimos desculpas." Lisa Leopold, que estudou a linguagem dos pedidos de desculpas, indagou qual era de fato o motivo que levou a Apple a se desculpar: as baterias de baixo desempenho, seu processo de comunicação ruim ou pelos sentimentos de seus clientes?[7]

Quando são irrefutáveis as evidências de irregularidades, a opinião pública anseia por ouvir as autoridades confessarem, sem evasivas ou enrolação, admissão de culpa seguida de: "E farei o meu melhor para garantir que isso não aconteça novamente". Daniel Yankelovich, respeitado sociólogo e analista de opinião pública, relatou que, embora as pesquisas revelem que a população tem uma permanente desconfiança das principais instituições do país, logo abaixo desse cinismo está uma "fome genuína" por honestidade e integridade. "As pessoas querem que as organizações operem de forma transparente", diz ele, "mostrem uma face humana ao mundo exterior, ajam de acordo com os próprios padrões de comportamento professados e demonstrem comprometimento com a sociedade em geral."[8]

Um exemplo dessa fome está por trás do movimento no sistema de saúde para incentivar médicos e hospitais a admitir e corrigir seus erros. Tradicionalmente, a maioria dos médicos tem sido inflexível em sua recusa em admitir erros em diagnósticos, procedimentos ou tratamentos, com base na autojustificação de que isso estimularia uma avalanche de processos por negligência médica. Eles estão errados. Estudos de hospitais em todo o país descobriram que, na verdade, os pacientes são menos propensos a mover ações judiciais quando os médicos admitem e se desculpam por erros e quando se implementam mudanças para que futuros pacientes não sejam prejudicados da mesma forma. "Ter certeza de que isso não vai acontecer novamente é muito importante para os pacientes, mais do que muitas pessoas dos serviços de saúde parecem reconhecer", afirma Lucian Leape, médico e professor de política de saúde na Escola de Saúde Pública de Harvard. "Isso dá sentido ao sofrimento dos pacientes."[9]

A segunda autojustificação dos médicos para não revelar erros é que isso arruinaria sua aura de infalibilidade e onisciência, o que, eles afirmam, é essencial para o consentimento e a confiança de seus pacientes. Eles estão errados em relação a isso também. Amiúde, a imagem de infalibilidade que muitos médicos tentam cultivar sai pela culatra, parece arrogância e até mesmo crueldade. "Por que eles não podem simplesmente me dizer a verdade e se desculpar?", lamentam os pacientes e suas famílias. O médico Atul Gawande escreveu com eloquência sobre "o problema da arrogância" que acomete muitos médicos, sua incapacidade de admitir que não são capazes de curar tudo, de falar diretamente com os pacientes, de aceitar as próprias limitações.[10] Na verdade, quando médicos competentes confessam seus erros, ainda são vistos como profissionais competentes, mas também como seres humanos capazes de errar. Richard A. Friedman resumiu lindamente as dificuldades e os benefícios de assumir: "Como todo médico, cometi muitos erros ao longo do caminho". Em um caso, ele não foi capaz de prever uma interação medicamentosa potencialmente perigosa, sua paciente acabou na UTI e quase morreu. "Nem preciso dizer que fiquei perturbado com o que aconteceu", disse Friedman. "Eu não tinha certeza do que deu errado, mas senti que era minha culpa, então pedi desculpas à paciente e sua família. Eles ficaram abalados e zangados, e naturalmente culparam a mim e ao hospital [...] mas no final decidiram que foi um erro médico infeliz, porém 'honesto', e não tomaram nenhuma ação legal." A revelação da falibilidade humaniza os médicos e constrói confiança, concluiu Friedman. "No final, a maioria dos pacientes perdoará seu médico por um erro da cabeça, mas raramente por um erro do coração."[11]

As pessoas que ouvem uma admissão honesta de erro não são as únicas que se beneficiam. Quando somos forçados a encarar nossos próprios erros e assumir a responsabilidade por eles, o resultado pode ser uma experiência estimulante e libertadora. O consultor de gestão Bob Kardon nos contou sobre a ocasião em que comandou um seminário na conferência do Conselho Nacional de Associações Sem Fins Lucrativos. O seminário intitulava-se, simplesmente, "Erros", e contou com a participação de vinte líderes de associações estaduais. Kardon lhes disse que a única regra básica para a sessão era que cada participante tinha que contar sobre um erro que havia cometido em seu papel de liderança e não tentar limpar a própria barra discorrendo sobre como corrigiu o erro – ou se esquivou da responsabilidade pelo equívoco. Ele não permitiu que justificassem o que tinham feito. "Em outras palavras, fiquem com o erro", Kardon os instruiu:

> Sentados em círculo, à medida que ouvíamos cada depoimento, a magnitude dos erros aumentava. Quando chegamos à metade do caminho, os executivos estavam admitindo erros de grande magnitude – por exemplo, deixar de enviar a tempo uma solicitação de subsídio, o que custou à organização centenas de milhares de dólares em receitas perdidas. Os participantes muitas vezes mostravam-se desconfortáveis em passar tempo na companhia do erro e tentavam contar uma história redentora sobre um êxito ou recuperação da gafe. Eu aplicava as regras básicas e interrompia essas tentativas individuais de livrar a cara e manter o prestígio. Meia hora depois do início da sessão, gargalhadas encheram o recinto, aquele riso quase histérico de liberação de um grande fardo. Ficou tão estridente que os participantes de outros seminários vieram à nossa sessão para ver qual era a causa do alvoroço.

O exercício de Kardon ilumina quão difícil é dizer: "Cara, eu fiz uma cagada", sem o pós-escrito protetor da autojustificação – dizer "Eu pisei na bola na cara do gol sem goleiro" em vez de "Eu pisei na bola e errei o gol porque o sol estava nos meus olhos" ou "porque um passarinho passou voando" ou "porque estava ventando" ou "porque um torcedor me chamou de idiota". Um amigo que voltava de um dia de aulas de um curso de reciclagem no trânsito nos contou que, enquanto os participantes se revezavam nos relatos das infrações que os obrigaram a ir até lá, ocorreu uma coincidência milagrosa: nenhum deles havia infringido a lei e nenhum merecia ter a habilitação cassada! Todos tinham justificativas para excesso de velocidade, ignorar um sinal de pare, furar o sinal vermelho ou fazer um retorno ilegal. Ele ficou tão consternado (e se divertiu tanto) com a ladainha de desculpas esfarrapadas que, quando chegou sua vez, teve vergonha de ceder ao mesmo impulso. Ele disse: "Eu não obedeci a uma placa de pare. Eu estava completamente errado e fui pego". Houve um momento de silêncio, e então a sala explodiu em aplausos por sua franqueza.

São inúmeros os bons motivos para admitir erros, a começar pelo simples fato de que você provavelmente será descoberto de qualquer maneira – por sua família, sua empresa, seus colegas, seus inimigos, seu biógrafo. Porém, há motivos mais positivos para assumi-los. As outras pessoas gostarão mais de você. Alguém pode ser capaz de ajudá-lo a consertar sua trapalhada; seu erro pode inspirar outra pessoa a encontrar soluções. As crianças perceberão que todos erram de vez em quando e que até os adultos precisam dizer "Me desculpe". E, se você puder admitir um erro quando ele for do tamanho de uma noz, será mais fácil repará-lo do que se você esperar que adquira o tamanho de uma árvore, com raízes profundas e vastas.

No ambiente de trabalho, é possível organizar as instituições de modo que recompensem admissões de erros como parte da cultura organizacional, em vez de uma estrutura que torne desconfortável ou profissionalmente arriscado para as pessoas assumirem os erros. Essa reestruturação, naturalmente, deve vir de cima. Os consultores organizacionais Warren Bennis e Burt Nanus contam uma história sobre o lendário Thomas Watson, fundador da IBM, que ele comandou com uma inspiradora liderança por mais de quarenta anos. "Um promissor executivo novato da IBM se envolveu em um empreendimento arriscado para a empresa e nessa aposta acabou perdendo mais de 10 milhões de dólares", eles escreveram. "Foi um desastre. Quando Watson chamou o executivo a seu escritório, o jovem, muito nervoso, deixou escapar: 'Acho que o senhor quer a minha carta de demissão, não?'. Watson respondeu: 'Você não pode estar falando sério. Acabamos de gastar 10 milhões educando você!'."[12]

A teoria da dissonância demonstra por que não podemos ficar de braços cruzados esperando que as pessoas se transformem em Thomas Watson ou tenham conversões morais, transplantes de personalidade, súbitas mudanças de mentalidade ou novos lampejos que as farão empertigar-se, tomar vergonha na cara, admitir os erros e fazer a coisa certa. A maioria dos seres humanos e instituições fará tudo o que estiver ao seu alcance para reduzir a dissonância de maneiras que lhes sejam favoráveis, que lhes permitam justificar seus erros, deixar as coisas como estão e tocar a vida adiante normalmente. Eles não serão gratos pela evidência de que seus métodos de interrogatório condenaram pessoas inocentes à prisão perpétua. Eles não vão nos agradecer por lhes apontar que seu estudo de algum novo medicamento, em cujo desenvolvimento investiram milhões, tem uma falha fatal. E por mais que façamos isso com extrema habilidade ou delicadeza, até mesmo as pessoas que nos amam profundamente não acharão engraçado quando corrigirmos suas lembranças mais queridas e egocêntricas... com fatos.

Como a maioria de nós não se autocorrige automaticamente, e uma vez que nossos pontos cegos nos impedem de saber quando precisamos fazer isso, procedimentos externos devem estar em vigor para corrigir os erros que os seres humanos inevitavelmente cometerão e para reduzir as chances de erros futuros. Em hospitais de todo o país, na verdade no mundo inteiro, a simples exigência de que médicos e enfermeiros cumpram todos os pontos das listas de verificação de etapas prescritas, que devem ser seguidas em cirurgias, procedimentos de pronto-socorro e cuidados pós-operatórios, reduziu as taxas normais de erro humano e mortalidade.[13] No domínio jurídico, vimos que a gravação eletrônica obrigatória de todos os interrogatórios forenses é um corretivo óbvio e relativamente barato para o viés de confirmação; qualquer viés ou coerção que se insinue pode ser avaliado posteriormente por observadores independentes. Esse é o impulso para o movimento de equipar policiais e seus veículos com câmeras, o que pode ajudar a resolver divergências quando os policiais são acusados de uso excessivo de força. No entanto, mesmo a existência de câmeras em cada carro, poste de luz, celular ou acopladas aos uniformes dos policiais não resolverá totalmente o problema. Como "acreditar é ver", as pessoas podem assistir aos mesmos vídeos dos mesmos eventos – como as dezenas de assassinatos de afro--americanos pela polícia que estimularam o movimento *Black Lives Matter* (Vidas negras importam) – e sair com uma noção totalmente diferente do que viram e de quem foi a culpa. A morte por estrangulamento de Eric Garner em Staten Island, que perdeu a vida ofegando "Não consigo respirar" ao ser asfixiado sob a chave de braço de um policial; o tiro de um policial que matou Michael Brown em Ferguson, Missouri; o tiro de um policial que matou Tamir Rice, garoto de 12 anos que brandia uma pistola de brinquedo em um parque de Cleveland; o tiro de um policial que tirou a vida de Philando Castile em seu carro; a agonia de Castile foi transmitida ao vivo por sua namorada – muitos viram esses episódios como inequívocos exemplos de brutalidade policial excessiva e gratuita; outros os viram como comportamento policial aceitável.

Não é apenas com o potencial preconceito policial que precisamos nos preocupar; também há o viés processual (tendenciosidade dos promotores de justiça). Ao contrário dos médicos, que podem ser processados judicialmente por negligência médica se amputarem o braço errado, os promotores públicos geralmente têm imunidade a processos civis e na prática não estão sujeitos a nenhuma revisão judicial. A maioria de suas decisões ocorre fora do escrutínio público, porque 95% dos casos que a polícia entrega ao gabinete da promotoria jamais chegam a um júri. Mas poder sem responsabilização é uma receita para o desastre em qualquer arena, e, no sistema de justiça criminal, essa combinação permite que indivíduos e até mesmo departamentos inteiros façam qualquer coisa para ganhar, a autojustificação facilitando o caminho.[14] (Por essa razão, o Centro de Integridade dos Promotores Públicos, mencionado no Capítulo 5, é um passo importante na direção certa.) Quando promotores de justiça distritais se empenham ativamente para libertar um preso considerado inocente (em vez de aceitar com relutância uma medida liminar para tanto), geralmente é porque, a exemplo de Robert Morgenthau, que reabriu o caso da corredora do Central Park, não eram os promotores originais e, portanto, não precisam de autojustificação. É por isso que comissões independentes devem ter poderes para investigar acusações de corrupção em um departamento ou determinar se devem ou não reabrir um caso. Seus membros não devem ter conflitos de interesse, nenhuma decisão para justificar, nenhum comparsa para proteger e nenhuma dissonância para reduzir.

Poucas organizações, no entanto, acolhem de bom grado supervisão e correção externas. Se aqueles que ocupam posições de poder preferem manter a todo custo seus pontos cegos, então os conselhos de revisão imparciais devem melhorar sua visão – contra sua vontade, se for o caso. Revistas científicas e médicas, cientes das máculas na pesquisa quando há conflitos de interesse em jogo, e tendo sido enganadas por alguns pesquisadores que falsificaram dados, estão instituindo medidas mais robustas para reduzir as chances de publicação de pesquisas enviesadas, corruptas ou fraudulentas. Muitos cientistas estão exigindo maior transparência no processo de revisão, a mesma solução buscada por reformadores do sistema de justiça criminal. A suprema correção para a estreiteza de visão que aflige a todos nós mortais é mais luz.

Erros foram cometidos – por mim

> Nos Estados Unidos considera-se prejudicial à saúde lembrar dos erros, sinal de neurose pensar sobre eles, sintoma de psicose debruçar-se sobre eles.
>
> – *Lillian Hellman, dramaturga*

O beisebol, um de nossos passatempos nacionais, difere da sociedade que o gerou de uma maneira crucial: fica de olho em seus erros e os rastreia atentamente. O placar de cada partida de beisebol, desde as ligas infantis até a liga profissional, consiste em corridas, rebatidas e erros. Erros não são desejáveis, mas todos os fãs do esporte e jogadores entendem que são inevitáveis. Erros são inerentes ao beisebol, assim como na medicina, nos negócios, na ciência, no direito, no amor e na vida. Mas, antes de lidarmos com eles, precisamos primeiro reconhecer que os cometemos.

Se abrir mão da autojustificação e admitir erros é tão benéfico para a mente e para os relacionamentos, por que mais de nós não fazemos isso? Se ficamos tão gratos aos outros quando fazem isso, por que não fazemos isso com mais frequência? Na maior parte do tempo não fazemos isso porque, como vimos, nem sequer temos consciência de que precisamos fazer. A autojustificação ronrona automaticamente, logo abaixo da consciência, protegendo-nos da percepção dissonante de que fizemos algo errado. "Erro? Que erro? Eu não cometi erro nenhum... A árvore pulou na frente do meu carro... E do que eu tenho que me desculpar, afinal? Não é minha culpa."

Então, o que exatamente devemos fazer em nossa vida cotidiana? Convocar uma junta de análise técnica externa composta por primos e parentes para julgar todas as brigas familiares? Filmar todos os interrogatórios a que os pais e mães submetem seus filhos adolescentes? Em nossos relacionamentos privados, estamos por conta própria, e isso exige alguma autoconsciência. Assim que entendemos como e quando precisamos reduzir a dissonância, podemos nos tornar mais vigilantes em relação ao processo e, muitas vezes, cortá-lo pela raiz, antes de deslizarmos muito para baixo na pirâmide. Ao examinarmos nossas ações de forma crítica e imparcial, como se estivéssemos observando outra pessoa, temos uma chance de romper o ciclo de ação, o que é seguido de autojustificação, o que é seguido de ação mais comprometida. Podemos aprender a colocar um pequeno espaço entre o que sentimos e a maneira como respondemos, inserir um momento de reflexão e pensar se realmente queremos comprar aquela canoa em janeiro, se realmente queremos injetar dinheiro bom atrás de dinheiro ruim, se realmente queremos manter uma opinião que não seja restringida por fatos.

Os cientistas sociais estão descobrindo que, uma vez que as pessoas se tornam cientes de seus vieses e preconceitos, passam a saber como eles funcionam e prestam atenção consciente a eles – na verdade, uma vez que os trazem à consciência e dizem: "Aí está você, seu pequeno desgraçado" –, elas adquirem maior poder para controlá-los. Tenha em mente o viés que discutimos no Capítulo 1, o realismo ingênuo: o viés de acreditar que vemos as coisas com lucidez e, portanto, não temos vieses. Esse viés é o principal impedimento para negociações entre quaisquer dois indivíduos ou grupos em conflito que veem as coisas de forma totalmente diferente. Em um estudo com israelenses judeus e israelenses palestinos, torná-los cientes do realismo ingênuo e de como ele opera foi o suficiente para levar até mesmo os participantes mais agressivos a *ver o viés em si mesmos* e se tornarem mais abertos a ver o ponto de vista do outro lado.[15] Não somos ingênuos; percebemos que será necessário mais do que essa modesta intervenção para resolver o conflito do Oriente Médio. Mas o xis da questão é que as pessoas são educáveis sobre seus vieses e sobre dissonância também.

Em 1985, o primeiro-ministro israelense Shimon Peres foi jogado em dissonância por uma ação tomada por seu aliado e amigo Ronald Reagan. Peres estava irritado porque Reagan aceitou um convite para fazer uma visita de Estado ao cemitério militar Kolmeshöhe, na cidade alemã de Bitburg, a fim de simbolizar a reconciliação pós-guerra de Estados Unidos e Alemanha. Como 49 oficiais nazistas da Waffen-SS foram enterrados lá, o anúncio da visita enfureceu os sobreviventes do Holocausto e muitos outros. Reagan, no entanto, não recuou de sua decisão de visitar o cemitério. Quando os jornalistas perguntaram a Peres o que ele achava da atitude de Reagan, Peres não condenou Reagan pessoalmente tampouco minimizou a seriedade da visita a Bitburg. Em vez disso, Peres tomou um terceiro rumo e disse: "Quando um amigo comete um erro, continua sendo um amigo, e o erro continua sendo um erro".[16]

Reflita por um momento sobre os benefícios de ser capaz de separar pensamentos dissonantes com a mesma lucidez de Peres: as pessoas podem permanecer fervorosamente comprometidas com sua nação, religião, partido político e família, ao mesmo tempo que discordam de ações, decisões ou medidas que consideram inapropriadas, equivocadas ou imorais. As amizades são preservadas, não terminam num ataque de fúria enquanto as pessoas estão bufando de raiva; os erros não são descartados como atos desimportantes, mas são devidamente criticados, e seus autores, responsabilizados, mesmo que sejam amigos. Em um vídeo do YouTube de 2017, a atriz e comediante Sarah Silverman falou diretamente sobre a dissonância que sentia sobre a má conduta sexual do comediante Louis CK, seu querido amigo havia 25 anos: "Preciso abordar o elefante se masturbando na sala", ela começou. O movimento Me Too estava em seu ápice, disse ela, e ficaríamos sabendo de coisas ruins sobre as pessoas de quem gostávamos – e as pessoas que amávamos. "Eu amo Louis, mas Louis fez essas coisas. Ambas as declarações são verdadeiras. Então continuo me perguntando: podemos amar alguém que fez coisas ruins? [...] Estou ao mesmo tempo muito zangada pelas mulheres às quais ele fez mal e pela cultura que permitiu isso, e também triste, porque ele é meu amigo." Era vital, ela concluiu, responsabilizar as pessoas por suas ações. E também era crucial apoiar e ajudar os amigos que amávamos.

A terceira linha de ação de Peres também pode nos ajudar a lidar com o eterno dilema de como responder à informação de que um artista amado ou admirado é, ou foi, um filho da puta, um racista, um antissemita, um homofóbico, um pedófilo, um assediador sexual ou um indivíduo desprezível de alguma outra forma na vida privada. O documentário *Leaving Neverland* [Deixando Neverland], de 2019, descreveu os relacionamentos de longa data de Michael Jackson com dois meninos, que sofreram abusos sexuais do cantor desde os 7 e 10 anos, respectivamente. O filme devastou e dividiu a legião de fãs de Jackson. Um lado reduziu a dissonância negando as alegações, difamando os homens dignos de confiança que contaram sua história e defendendo com unhas e dentes a inocência de Jackson; chegaram a pagar pela veiculação de anúncios na imprensa, criticaram com estardalhaço o filme da HBO e, em alguns casos, ameaçaram os envolvidos na produção; os homens que alegaram ter sofrido abuso sexual foram alvo de um processo judicial por "manchar a memória de Jackson".[17] As pessoas do outro lado reduziram a dissonância jurando que nunca mais ouviriam as músicas de Jackson ou tentando apagar seu legado da cultura pop; *Os Simpsons* retiraram do ar um episódio que tinha um personagem dublado por Jackson, e a Louis Vuitton removeu de sua coleção algumas peças inspiradas no cantor.

Amanda Petrusich, crítica musical e ardorosa admiradora de Jackson, escreveu: "É reconhecidamente difícil, ao assistir *Leaving Neverland*, ter em mente duas ideias contraditórias, mas igualmente imperativas: que devemos acreditar nas vítimas e que os acusados são inocentes até que se prove o contrário. A primeira é extremamente crucial se quisermos proteger os desprivilegiados de abusos flagrantes de poder. A segunda continua sendo o ponto crucial do sistema de justiça criminal dos Estados Unidos. Essas duas ideias podem coexistir?".[18]

Bem, sim, elas sem dúvida coexistem, mas uma compreensão da dissonância mostra por que essa coexistência é amiúde tão difícil. Petrusich afirmou: "Neste momento a sensação é que elas têm que fazer isso [coexistir], o que significa que vez por outra somos obrigados a fazer escolhas pessoais sobre como aceitamos ou rejeitamos as informações que temos à disposição". A biógrafa Margo Jefferson fez exatamente isso. Em uma introdução atualizada ao seu livro *Para entender Michael Jackson*, ela escreveu: "Há muito tempo vimos que ele poderia ser extremamente charmoso e generoso. Agora, vimos também que ele era calculista, egoísta e assolado por demônios. Não podemos apagar ou ignorar isso. Só podemos aceitar, reconhecer o que isso desperta em nós – desespero, tristeza, raiva, compaixão – e tentar transformar isso em sabedoria".[19]

Quando a dissonância é causada por algo que nós mesmos fizemos, é ainda mais vital ter em mente a terceira via de Peres: articular as cognições e mantê-las separadas. "Quando eu, uma pessoa decente e inteligente, cometo um erro, continuo sendo uma pessoa decente e inteligente, e o erro continua sendo um erro. Agora, como eu posso remediar o que fiz?" Ao identificar as duas cognições dissonantes que estão causando sofrimento, muitas vezes podemos encontrar uma maneira de resolvê-las de maneira construtiva ou, quando isso não é possível, podemos aprender a conviver com elas até termos mais informações. Quando ouvimos no noticiário algo sobre uma alegação sensacionalista, sobretudo envolvendo sexo, podemos resistir ao impulso emocional de nos atirar da pirâmide em apoio indignado ao acusado ou ao acusador. Em vez de encaixar a história em uma estrutura ideológica – "Crianças nunca mentem"; "Acredite nos sobreviventes, mesmo que não se lembrem de nada"; "Todos os homens que moram em repúblicas estudantis são estupradores" –, podemos fazer algo mais difícil e radical: esperar pelas evidências. Se não agirmos assim, e, em vez disso, tomarmos partido de maneira impulsiva, será difícil aceitar essa evidência mais tarde se ela sugerir que estávamos errados, como aconteceu no caso da Pré-escola McMartin (em que, a nação descobriu mais tarde, crianças foram pressionadas a fazer acusações cada vez mais absurdas de abusos) ou no "Caso de lacrosse de Duke" (no qual, a nação descobriu mais tarde, as alegações de estupro de uma stripper contra um grupo de jogadores da equipe de lacrosse da Universidade Duke eram falsas, e o promotor público foi destituído do cargo por conduta imprópria). Podemos tentar equilibrar simpatia e ceticismo. E então podemos aprender a manter nossas conclusões com leveza, com leveza suficiente para que possamos nos desapegar delas se a justiça exigir que façamos isso.

Ter a consciência de que estamos em um estado de dissonância também pode nos ajudar a fazer escolhas mais precisas, inteligentes e conscientes, em vez de deixarmos que mecanismos automáticos de autoproteção resolvam nosso desconforto a nosso favor. Suponha que uma colega de trabalho desagradável e agressiva tenha acabado de fazer uma sugestão inovadora em uma reunião de grupo. Você poderia dizer a si mesmo: "Uma idiota ignorante como ela não poderia ter uma boa ideia sobre nada", e criticar duramente a sugestão dela, porque afinal você não gosta muito da mulher (e, você mesmo admite, disputa com ela a aprovação do seu gerente). Ou você poderia dar a si mesmo algum espaço para respirar e perguntar para si mesmo: "Será que a ideia dela pode ser inteligente? Como eu me sentiria se a ideia viesse do meu aliado neste projeto?". Se for uma boa ideia, você pode apoiar a proposta da colega de trabalho, mesmo que continue a não gostar dela pessoalmente. Você mantém a mensagem separada do mensageiro. Dessa forma, podemos aprender a mudar de ideia antes que nosso cérebro congele nossos pensamentos em padrões consistentes.

A consciência plena de como a dissonância opera é, portanto, o primeiro passo para controlar seus efeitos. Mas dois impedimentos psicológicos permanecem. Um é a crença de que os erros são evidências de incompetência e estupidez; o outro é a crença de que nossos traços de personalidade, incluindo a autoestima, são arraigados e imutáveis. Pessoas que têm essas duas ideias geralmente receiam admitir os erros porque os consideram evidências de que são idiotas, burros como uma porta; elas não conseguem separar o erro de sua identidade e autoestima. Embora a maioria dos norte-americanos saiba que deve dizer "Aprendemos com nossos erros", no fundo não acredita nisso nem sequer por um minuto. Para essa fatia da população, cometer erros significa ser burro. Essa convicção é precisamente o que impede essas pessoas de aprender com seus erros.

Cerca de 25% de toda a população adulta norte-americana já foi enganada por algum tipo de golpe ou outro, alguns deles bobos, outros sérios: "Você ganhou uma Mercedes novinha, e nós a entregaremos a você na sua casa assim que nos enviar primeiro o imposto sobre esse valor"; "Estamos oferecendo moedas de ouro que você pode comprar por um décimo do valor de mercado"; "Essa cama milagrosa vai curar todas as suas doenças, de dores de cabeça a artrite"; "Seu sobrinho (ou neto) está em apuros médicos em um porto estrangeiro e precisa do seu dinheiro agora". Norte-americanos de todas as idades perdem milhões de dólares em fraudes de telemarketing, mas os idosos são o grupo mais atingido e perdem várias vezes mais dinheiro que os jovens em um sem-número de golpes.

Os vigaristas conhecem tudo a respeito de dissonância e autojustificação. Eles sabem que, quando pessoas que se consideram inteligentes e capazes se deparam com a evidência de que gastaram milhares de dólares em um golpe de assinatura de revistas (sim, isso ainda existe nos Estados Unidos) ou foram atraídas para um romance on-line com um Romeu (ou Julieta) de mentira, ainda que sedutores, poucos reduzirão a dissonância chegando à conclusão de que não são muito inteligentes nem muito capazes. Em vez disso, muitos justificarão ter gastado essa dinheirama desembolsando *ainda mais* dinheiro para recuperar seus custos irrecuperáveis – suas perdas. Essa maneira de resolver a dissonância protege a autoestima, mas praticamente garante a vitimização posterior: "Se eu assinar *mais* revistas, vou ganhar o grande prêmio", dizem; ou "Sei que é improvável nos apaixonarmos por e-mail, mas estou enviando dinheiro pra ajudar você a vir pra cá, porque a química que existe entre nós é real"; ou "Aquelas pessoas gentis e atenciosas que me fizeram a oferta de investimento nunca me enganariam e, além disso, anunciam na rádio cristã". Algumas pessoas mais velhas são vulneráveis à redução da dissonância nessa direção porque muitas delas já se preocupam com a possibilidade de estar perdendo sua competência e também seu dinheiro. E não querem dar aos filhos crescidos motivos para assumir o controle de sua vida.

Entender o funcionamento da dissonância nos ajuda a repensar nossas próprias trapalhadas, e também é uma habilidade útil para ajudar amigos e parentes a saírem das enrascadas deles. Muitas vezes, com as melhores intenções, fazemos exatamente o que certamente pioraria as coisas: enchemos o saco, acossamos, damos sermões, intimidamos, imploramos ou ameaçamos. Anthony Pratkanis, psicólogo social que investigou atos ardilosos com golpistas que atacam idosos, coletou histórias de partir o coração de familiares implorando a parentes vítimas de fraudes: "Mas você não vê que o cara é um ladrão e que a oferta é um golpe? Você está sendo enganado!". "Ironicamente, essa tendência natural de dar sermão talvez seja uma das piores coisas que um membro da família ou amigo pode fazer", diz Pratkanis. "Um sermão só faz a vítima se sentir mais na defensiva, e a empurra ainda mais para as garras do criminoso fraudador." Qualquer um que entenda de dissonância sabe o porquê. Gritar "O que você estava *pensando*?" sairá pela culatra porque significa "Olha, você é uma pessoa *burra!*". Essas acusações fazem com que vítimas já envergonhadas se retraiam ainda mais e se fechem em copas, recusando-se a contar a alguém o que estão fazendo. E o que estão fazendo é investir mais dinheiro ou comprar mais revistas, porque agora realmente têm um incentivo para recuperar as economias da família, mostrar que não são burras ou senis e provar que o que estavam pensando era perfeitamente sensato.[20]

Portanto, diz Pratkanis, antes que uma vítima de golpe recue do precipício, ela precisa se sentir respeitada e apoiada. Parentes e amigos prestativos podem ouvir o que a pessoa tem a dizer e, sem fazer críticas, incentivá-la a falar sobre seus valores e sobre como esses valores influenciaram o que aconteceu. Em vez de perguntar em tom irritado: "Como você pôde ter dado ouvidos àquele canalha?", diga: "Me conte o que o atraiu naquele cara que fez você confiar nele". Os golpistas tiram proveito das melhores qualidades das pessoas – gentileza, educação e desejo de honrar seus compromissos, retribuir um presente ou ajudar um amigo. Elogiar a vítima por ter esses excelentes valores, diz Pratkanis, mesmo que tenham colocado a pessoa em maus lençóis numa situação específica, compensará sentimentos de insegurança e incompetência.

A associação entre erros e burrice está tão arraigada na cultura norte-americana que pode ser chocante saber que nem todas as culturas a compartilham. Na década de 1970, os psicólogos Harold Stevenson e James Stigler se interessaram pela lacuna de desempenho em matemática entre crianças asiáticas e norte-americanas: no quinto ano do ensino fundamental, a sala de aula japonesa com a menor pontuação superava a sala de aula norte-americana com a maior pontuação. Para descobrir o porquê, Stevenson e Stigler passaram a década seguinte comparando salas de aula do ensino fundamental nos Estados Unidos, na China e no Japão. A epifania dos pesquisadores ocorreu quando observaram um garoto japonês pelejar com a tarefa de desenhar cubos em três dimensões no quadro-negro. O garoto continuou tentando por 45 minutos, cometendo repetidos erros, enquanto Stevenson e Stigler ficavam cada vez mais ansiosos e constrangidos por ele. No entanto, o próprio garoto estava completamente tranquilo, e os espantados observadores norte-americanos se perguntavam por que se sentiam pior do que ele. "Nossa cultura impõe um grande custo psicológico a quem comete um erro", afirmou Stigler, "ao passo que, no Japão, não parece ser assim. No Japão, erros, enganos, confusões [são] apenas uma parte natural do processo de aprendizagem."[21] (Por fim, o menino dominou o problema dos cubos, para a alegria dos colegas de classe.) Os pesquisadores descobriram também que pais, mães, professores e crianças norte-americanos eram muito mais propensos do que seus análogos japoneses e chineses a acreditar que a habilidade matemática é inata; se você a tem, não precisa trabalhar duro, e, se não a tem, não faz sentido tentar. Em contrapartida, a maioria dos asiáticos considera o sucesso em matemática como uma conquista em qualquer outro domínio; é uma questão de persistência e trabalho duro. Claro que a pessoa cometerá erros ao longo do caminho; é assim que se aprende e melhora.

Cometer erros é essencial para a educação de cientistas e artistas iniciantes de todos os tipos; eles devem ter a liberdade de experimentar, tentar uma ideia, fracassar, tentar outra ideia, correr riscos, estar dispostos a obter a resposta errada. Um exemplo clássico, ensinado a crianças norte-americanas em idade escolar e ainda presente em várias versões em muitos sites inspiradores, é a resposta de Thomas Edison a seu assistente (ou a um repórter), que perguntou a Edison sobre os 10 mil experimentos fracassados em seu esforço para criar a primeira lâmpada incandescente. "Eu não fracassei", disse ele ao assistente (ou repórter). "Descobri, com sucesso, 10 mil maneiras que não funcionam."

A maioria das crianças norte-americanas, no entanto, não têm a liberdade de brincar, experimentar e estar errada de dez maneiras diferentes, muito menos de dez mil. O foco em provas e testes constantes, decorrente do justificável desejo de medir e padronizar as realizações das crianças, intensificou o medo que elas têm do fracasso. Obviamente é importante que as crianças aprendam a ter sucesso, mas é também importante que aprendam a não temer o fracasso. Quando crianças ou adultos temem o fracasso, eles temem o risco. Eles não podem se dar ao luxo de estar errados.

A pesquisa da psicóloga Carol Dweck sugere uma razão para as diferenças culturais que Stevenson e Stigler observaram: crianças norte-americanas geralmente acreditam que cometer erros repercute pessimamente em suas habilidades inatas. Nos experimentos de Dweck, algumas crianças foram elogiadas por seus esforços em dominar um novo desafio; outras foram elogiadas por sua inteligência e habilidade ("Você é um gênio nato da matemática, Johnny!"). Muitas das crianças que foram elogiadas por seus esforços, mesmo quando não acertavam, acabaram tendo um desempenho melhor e gostaram mais do que estavam aprendendo do que as crianças que receberam elogios por suas habilidades naturais. Elas também eram mais propensas a considerar erros e críticas como informações úteis que as ajudariam a melhorar. Por outro lado, as crianças elogiadas por sua habilidade natural eram mais propensas a se importar mais em passar uma impressão de competência do que com o que estavam realmente aprendendo.[22] Elas ficavam na defensiva se não se saíssem bem ou cometessem erros, e essa reação as preparava para um ciclo autodestrutivo: então, se não se saíssem bem em termos de resolver a dissonância resultante ("Eu sou inteligente e ainda assim estraguei tudo"), elas simplesmente perdiam o interesse no que estavam aprendendo ("Eu poderia fazer isso se quisesse, mas não quero").

É uma lição para todas as idades: a importância de ver os erros não como falhas pessoais a serem negadas ou justificadas, mas como inevitáveis aspectos da vida que nos ajudam a melhorar nosso trabalho, tomar melhores decisões, crescer e amadurecer.

Entender como a mente anseia por consonância e rejeita informações que questionam nossas crenças, decisões ou preferências não apenas nos ensina a nos abrir à possibilidade de erro, mas também nos ajuda a abrir mão da necessidade de estarmos certos. A confiança é uma boa e útil qualidade; nenhum de nós gostaria de se consultar com um médico que estivesse sempre chafurdando na incerteza e não conseguisse decidir como tratar nossa doença, mas queremos um que tenha a mente aberta e esteja disposto a aprender. Tampouco a maioria de nós desejaria viver sem paixões ou convicções, que dão à nossa vida significado e cor, energia e esperança. Mas uma necessidade inflexível de ter razão inevitavelmente produz presunção e sentimento de superioridade moral. Quando a confiança e as convicções não têm o fermento da humildade, da aceitação da falibilidade, as pessoas podem facilmente cruzar a linha da autoconfiança saudável para a arrogância. Neste livro, conhecemos muitos que ultrapassaram esse limite: os psiquiatras que têm plena certeza de que conseguem dizer se uma memória recuperada é válida; os médicos e juízes que têm certeza de que estão acima de conflitos de interesse; os policiais que têm certeza de que sabem dizer se um suspeito está mentindo; os promotores de justiça que têm certeza de que condenaram o culpado; os maridos e as esposas que têm certeza de que sua interpretação dos acontecimentos é a correta; as nações que têm certeza de que sua versão da história é a única.

Todos nós teremos decisões difíceis a tomar em algum momento da vida; nem todas serão corretas, e nem todas serão sábias. Algumas são complicadas, com consequências que nunca poderíamos ter previsto. Se pudermos resistir à tentação de justificar nossas ações de forma rígida e excessivamente confiante, podemos deixar a porta aberta para a empatia e um reconhecimento da complexidade da vida, incluindo a possibilidade de que o que era certo para nós pode não ter sido certo para os outros. "Eu sei como são decisões difíceis", diz uma mulher a quem chamaremos de Janine.

> Quando resolvi deixar meu marido depois de vinte anos, essa decisão foi acertada para uma das minhas filhas – que me disse: "Por que você demorou tanto?" –, mas um desastre para a outra; ela ficou com raiva de mim por anos. Trabalhei duro em minha mente e em meu cérebro para resolver esse conflito e justificar o que fiz. Culpei minha filha por não aceitar e entender meus motivos. No final da minha ginástica mental, eu tinha me transformado em Madre Teresa e minha filha, em uma pirralha malcriada, egoísta e ingrata. Mas, com o tempo, não consegui continuar assim. Senti falta dela. Eu me lembrei de sua doçura e compreensão, e percebi que ela não era uma pirralha mimada, mas uma criança que tinha sido devastada pelo divórcio. E então finalmente me sentei para conversar com ela. Eu disse a ela que, embora ainda estivesse convencida de que o divórcio havia sido a decisão certa para mim, agora entendia o quanto isso a tinha magoado. Eu disse a ela que estava disposta a ouvir. Ela me propôs: "Mamãe, vamos ao Central Park fazer um piquenique e conversar, do jeito que a gente fazia quando eu era criança?". E nós fomos, e esse foi o início da nossa reconciliação. Hoje em dia, quando me sinto efusivamente entusiasmada por estar 100% certa sobre uma decisão que outros questionam, eu a examino novamente, só isso.

Janine não teve de admitir que cometeu um erro; ela não cometeu um erro em termos da própria vida. Mas teve de deixar de lado sua necessidade de insistir que sua decisão foi a certa para as filhas. E ela precisou ter compaixão pela filha que ficou magoada por sua ação.

Ato 2: A árdua jornada para a autocompaixão

Na vida dos norte-americanos não existem segundos atos.

– F. Scott Fitzgerald

Certa tarde, Elliot entrou em um animado debate com seu amigo David Swanger, um poeta renomado, sobre o famoso aforismo de F. Scott Fitzgerald.

"Significa que não temos segundas chances", disse Swanger. "Não conseguimos nos recuperar de um fracasso precoce. É por isso que toda vez que um político, atleta ou outra figura pública levanta, sacode a poeira e dá a volta por cima, algum comentarista usa o sucesso dessa pessoa para refutar a citação."

"Os norte-americanos não vão ao teatro?", rebateu Elliot. "Numa peça tradicional há *três* atos. A citação de Fitzgerald não trata de segundas chances – é muito mais interessante do que isso. Além disso, o próprio Gatsby é o melhor exemplo na literatura norte-americana de um homem que se reinventa. Você não acha que F. Scott Fitzgerald entendia de retornos bem-sucedidos?"

"Bem, esse é o significado comum", alegou Swanger.

"Mas, em qualquer peça clássica, é no segundo ato que a ação acontece", argumentou Elliot. "Na vida, assim como numa peça teatral, você não pode pular do primeiro ato para o terceiro. Nós pulamos o Ato 2 por nossa conta e risco, pois é quando passamos pela turbulência de confrontar nossos demônios – o egoísmo, a imoralidade, os pensamentos assassinos, as escolhas desastrosas –, para que, quando entramos no Ato 3, tenhamos aprendido algo. Fitzgerald estava nos dizendo que os norte-americanos tendem a ignorar o Ato 2; eles não querem passar pela dor que a autodescoberta exige."

Quando Elliot começou a lecionar, em 1960, ele usou a observação de Fitzgerald para formular um argumento que nós dois agora consideramos a peça central de nossas concepções sobre viver com dissonância. O Ato 1 é a configuração: o problema, o conflito que o herói enfrenta. O Ato 2 é a luta, na qual o herói se engalfinha com traições, perdas ou perigos. O Ato 3 é a redenção, a resolução, na qual o herói emerge vitorioso ou sucumbe, derrotado.[23] Em suas palestras, Elliot usou *A morte do caixeiro-viajante*, a peça norte-americana por excelência, para ilustrar a noção de Fitzgerald de que os norte-americanos pulavam a parte sobre a luta. O irmão mais velho de Willy Loman, Ben, o tio impressionantemente rico de Biff e Happy, representa o "sonho norte-americano".

WILLY (*para seus filhos*): Meninos! Meninos! Prestem atenção: este é seu tio Ben, um grande homem! Conte a eles como você fez, Ben!
BEN: Muito bem, meninos, quando eu tinha 17 anos entrei na selva e, quando eu tinha 21, saí dela. E, juro por Deus, eu estava podre de rico!
WILLY (*aos meninos*): Estão vendo o que eu vivo dizendo? As coisas mais extraordinárias podem acontecer!

"O que diabos aconteceu na selva?", perguntava Elliot a seus alunos. "É aí que está a história! Esse é o segundo ato! Como Ben fez isso? Como ele resolveu seus problemas? *Como* ele ficou rico? Ele ajudou pessoas? Ele matou pessoas? Ele mentiu, roubou, trapaceou? O que ele aprendeu, e foi uma lição que ele agora pode dar aos sobrinhos?"

Quando nós dois estávamos escrevendo a primeira edição deste livro, discordamos quanto a debater o outro lado da dissonância, o sofrimento que ela cria em pessoas que não conseguem nem se justificar nem se perdoar pelos danos que causaram ou pelas más decisões que tomaram. Elliot se opôs a que falássemos muito sobre autoperdão, pois tinha a preocupação de que as pessoas perderiam o sentido do segundo ato. "Não quero que as pessoas provoquem um curto-circuito no processo", explicou ele. "Não basta dizer: 'Ei, eu fiz uma coisa ruim e não vou fazer de novo. Acho importante perdoar a mim mesmo'. Sim, é importante, mas o objetivo não é usar a autocompaixão como um esparadrapo para cobrir a ferida em vez de tomar medidas ativas para sua cura. As pessoas podem se confessar, de maneira religiosa ou pública, e admitir que fizeram uma coisa ruim e se arrependem, mas isso não fará a mínima diferença se elas não *entenderem* o que foi essa coisa ruim e *entenderem* que não a farão de novo."

Em suma, há uma grande diferença entre autocompaixão superficial e autocompaixão conquistada. Essa distinção é especialmente importante hoje em dia, porque nos últimos anos tem havido um crescente movimento na psicologia positiva enfatizando os benefícios emocionais, cognitivos e até motivacionais da autocompaixão. Quem poderia criticar esse brilhante conceito? No entanto, ele é mais complexo do que parece à primeira vista, e é fácil simplificá-lo demais a ponto de torná-lo uma palavra da moda.

Os psicólogos Laura King e Joshua Hicks argumentam que a maturidade depende da capacidade do adulto de confrontar objetivos perdidos, ou possíveis eus perdidos, e reconhecer arrependimentos e tristezas por estradas não percorridas ou sonhos não realizados. "Possíveis eus perdidos", eles escrevem, "representam a memória da pessoa de um eu que ela teria buscado 'se ao menos'" – se ao menos meu filho não tivesse síndrome de Down, se ao menos eu tivesse conseguido ter filhos, se ao menos meu parceiro não tivesse me deixado depois de vinte anos. Refletir sobre essas expectativas perdidas representa custos para a felicidade – em nossos termos, gera uma dolorosa dissonância –, mas, King e Hicks acrescentam, "esse trabalho, a articulação do que poderia ter sido, pode ter benefícios em termos da complexidade da sensibilidade de uma pessoa e, talvez, do próprio significado da felicidade em si. O fato de que há valor na perda é mais do que um lugar-comum. Embora possa ser um instinto peculiarmente norte-americano buscar o positivo em qualquer acontecimento negativo, defendemos a noção de que a luta ativa e autorreflexiva para ver o lado positivo é um ingrediente-chave da maturidade".[24] Exatamente: maturidade significa uma *luta ativa e autorreflexiva* para aceitar a dissonância que sentimos sobre esperanças que não realizamos, oportunidades que deixamos passar, erros que cometemos, desafios que não conseguimos enfrentar, todas as coisas que mudaram nossa vida de maneiras que não poderíamos prever.

E, para fazer isso, devemos aplicar a nós mesmos a mesma compaixão que estenderíamos aos outros. King e Hicks descobriram que as pessoas em sua amostra que tinham o menor bem-estar psicológico percebiam seus eus anteriores como "tolos", "equivocados" ou "burros" e não conseguiam ver benefícios ou ganhos na perda de seus sonhos. Aqueles com o maior bem-estar, no entanto, conseguiram adotar o que os pesquisadores descrevem como "uma perspectiva incomumente brutal sobre um antigo eu": "Devo dizer que eu era uma idiota?", indagou uma mulher. "Eu não fazia ideia de qual era a vida com a qual eu estava sonhando." No entanto, agora ela é capaz de olhar para trás e ver aquele eu perdido com compaixão, um eu que pode ser desculpado por sua ingenuidade. Os adultos mais felizes e maduros eram aqueles que conseguiam abraçar as perdas da vida e transformá-las em fontes de profunda gratidão – não com chavões ou o otimismo da síndrome de Poliana, dizem os pesquisadores, mas descobrindo os aspectos genuinamente positivos de sua vida multifacetada.

Como, no entanto, podemos nos perdoar por ações que consideramos imperdoáveis? Causar a morte de uma pessoa inocente é o erro mais extremo que podemos cometer; nas palavras de Jonathan Shay, deixa uma "cicatriz na alma". Vejamos as histórias de dois homens que buscaram tratar essa cicatriz de diferentes maneiras.

Quando tinha 19 anos, Reggie Shaw estava enviando mensagens de texto no celular enquanto dirigia seu SUV a caminho do trabalho e, distraído, cruzou a faixa amarela que delimitava as pistas; Shaw perdeu o controle do veículo, que acertou em cheio um carro que vinha na direção oposta, matando o motorista e o passageiro. Por dois anos, até o julgamento por homicídio culposo, Reggie Shaw negou qualquer culpa. Então ele ouviu o depoimento de cientistas descrevendo a psicologia da distração – como o cérebro responde à demanda por atenção dividida, o quanto o uso do celular é um elemento reforçador, como isso prejudica a percepção precisa do perigo; em suma, como a tecnologia pode, nas palavras de um especialista, causar "sequestro neurológico". Quanto mais Reggie aprendia sobre a ciência e confrontava as outras evidências que indiscutivelmente o condenavam, afirma Matt Richtel, que escreveu um livro sobre o caso, "mais ele se transformava em um fanático contra o uso de celulares ao volante". Reggie foi condenado a apenas uma breve passagem na prisão e à prestação de serviços comunitários, mas a sentença que ele impôs a si mesmo foi muito mais severa. Desde então, Reggie conta sua história para qualquer um que queira ouvir, incluindo alunos do ensino médio, atletas, formuladores de políticas públicas e legisladores. Ele abre suas palestras assim: "Estou aqui por um motivo. É para que vocês olhem bem para mim... e digam: 'Eu não quero ser esse cara'". O promotor de justiça que abriu o caso contra Reggie disse a Richtel: "Eu nunca vi alguém tentar se redimir tanto quanto Reggie Shaw. Ponto-final. Fim da história". O juiz acrescentou: "Ele fez mais para efetuar mudanças do que qualquer outra pessoa".[25]

Algumas pessoas não querem que a cicatriz na alma se cure. Elas veem isso como um lembrete do que fizeram, um protesto contra a apatia ou o esquecimento. Um dos exemplos mais tocantes que encontramos foi um ensaio de Eric Fair, que atuou como interrogador sob contrato no Iraque em 2004 em Abu Ghraib. Dez anos depois, ele estava dando aulas de escrita numa universidade. "O nome do curso, 'Escrevendo a guerra', me impedia de me afastar muito das memórias que me assombraram na última década", ele escreveu. "Eu torturei. Abu Ghraib domina cada minuto de cada dia para mim." E então ele mostrou a seus alunos as icônicas fotografias dos detentos torturados. "Enquanto eu olhava para aqueles rostos inexpressivos, percebi que poderia me permitir sentir uma poderosa sensação de alívio", disse Fair. "Abu Ghraib desaparecerá. Minhas transgressões serão esquecidas. Mas somente se eu permitir."

Eric Fair não tem intenção de permitir. Depois de confessar ao Comando de Investigação Criminal do Exército dos Estados Unidos, ele continuou falando sobre suas ações para qualquer público que o convidasse. "Eu disse tudo o que havia para dizer. Não é difícil fingir que a melhor coisa a fazer é deixar tudo para trás."[26]

> Naquele dia eu fiquei diante dos alunos tentado a deixar a apatia suavizar as dolorosas verdades da história. Eu não precisava mais assumir o papel do antigo interrogador em Abu Ghraib. Eu era professor na Universidade Lehigh. Eu podia corrigir textos e dizer coisas inteligentes na sala de aula. Meu filho podia ir de ônibus para a escola e conversar com os amigos sobre o trabalho do pai. Eu era alguém de quem se orgulhar. Mas não sou. Eu fui um interrogador em Abu Ghraib. Eu torturei.

Fair escolhe não reduzir a dissonância sobre suas ações em Abu Ghraib, deixando tudo para trás e justificando o que ele fez como algo que tinha de fazer, sob ordens, como parte de seu trabalho. Em vez disso, ele escolheu dar testemunho da história, das partes mais feias da psique humana. Ele quer lembrar seus alunos de que "este país nem sempre é motivo de orgulho". Ele não quer esquecer. Ele não quer se perdoar. Essa é sua escolha moral.

No entanto, parece-nos que Eric Fair está no meio de seu Ato 2 pessoal, não por se envolver em autoflagelação repetida ou sem propósito, mas por estar *lutando com seus demônios*. Ao revelar para diversas turmas de estudantes o que fez em Abu Ghraib, Eric Fair está trabalhando para chegar a uma resolução, na qual ele não precisa esquecer o que fez, mas na qual a memória não domina "cada minuto de cada dia". Suas próprias palavras iluminam a maneira como ele pode chegar lá: "Eu torturei", diz ele. Ele não diz "Eu sou um torturador". Dessa forma, separa seu comportamento de sua identidade, e essa habilidade é o que, em última análise, permite que as pessoas vivam com um comportamento que agora condenam. O filho de Fair talvez não se orgulhe do que o pai fez no Iraque, mas certamente pode se orgulhar da honestidade corajosa e da determinação do pai em reparar os danos – começando por ensinar à família, aos alunos e aos concidadãos a lição que ele sofreu para aprender.

Todos nós podemos levar esse entendimento para nossa vida privada: é possível separar algo que fizemos de quem somos e de quem queremos ser. Nossos eus passados não precisam ser um projeto para nossos eus futuros. O caminho para a redenção começa com o entendimento de que a pessoa que somos *inclui* o que fizemos, mas também o *transcende*, e o veículo para transcendê-lo é a autocompaixão.

Chegar à verdadeira autocompaixão é um processo; não acontece da noite para o dia. Não significa esquecer o dano ou o erro, como em "Ah, bem, sou basicamente uma pessoa boa e generosa, então vou me tratar com gentileza e seguir em frente". Não; você pode ser uma pessoa boa e generosa, mas você é alguém que cometeu um ato gravemente prejudicial. Isso faz parte de você agora, de quem você é. Mas não precisa ser você todo. Não precisa definir você – a menos que você continue justificando esse ato sem pensar.

No capítulo anterior, analisamos a resposta da nação à acusação que a Comissão de Inteligência do Senado fez à CIA por brutalidade, práticas de tortura e conduta mentirosa em seu programa de técnicas de "interrogatório aprimorado". Em vez de exigir o trabalho duro de reformar a CIA, muitos membros do Congresso e comentaristas políticos foram rápidos em dizer, com efeito, que esse era o Ato 1. Foi o que fizemos depois do 11 de Setembro. Está no nosso passado. O que está feito está feito. Os erros não podem ser corrigidos agora; estamos no Ato 3. Ninguém ilustrou essa atitude melhor do que a comentarista da Fox News Andrea Tantaros. "Os Estados Unidos da América são incríveis", disse ela. "*Nós* somos incríveis. Mas tivemos essa discussão. Encerramos o assunto. A razão pela qual eles [os membros da Comissão de Inteligência do Senado] querem a discussão não é para mostrar o quanto somos incríveis. É para nos mostrar como não somos incríveis. Eles se desculparam por algo."[27] (Ela trata desdenhosamente a tortura como *algo*?) Ora, se Andrea Tantaros entendesse que o país precisa passar um pouco de tempo no Ato 2, isso seria incrível.

A dissonância pode ser intrínseca, mas a maneira como pensamos sobre os erros não é. Após o desastroso banho de sangue no episódio da Carga de Pickett na Batalha de Gettysburg, na qual mais da metade de seus 12.500 homens da infantaria foi massacrada por soldados da União, o general confederado Robert E. Lee disse: "Tudo isso foi minha culpa. Pedi a meus homens mais do que poderia".[28] Lee foi um general formidável, que cometeu um trágico erro de cálculo, mas esse erro não fez dele um líder militar incompetente. Se Robert E. Lee pôde assumir a responsabilidade por uma ação que custou milhares de vidas, certamente todas aquelas pessoas no curso de reciclagem de trânsito podem admitir que passaram no sinal vermelho.

Existem alguns Robert E. Lee em nossas Forças Armadas modernas. O tenente-general aposentado Daniel Bolger, que comandou tropas no Iraque e no Afeganistão entre 2005 e 2013, publicou um mea-culpa. "Pela mão do inimigo, instigado pela minha ignorância, minha arrogância e as inexoráveis fortunas da guerra", ele escreveu, "perdi oitenta homens e mulheres sob meu comando, e tive mais de três vezes esse número de feridos. Todas essas mortes são, assim como Robert E. Lee disse em Gettysburg, culpa minha":

> Na condição de generais, não conhecíamos nosso inimigo – nunca o definimos com clareza, nunca concentramos nossos esforços e ficamos muito bons em criar novos oponentes mais rapidamente do que conseguíamos lidar com os antigos [...] recuamos não em uma, mas em duas lutas contrainsurgentes longas e indecisas para as quais nossas forças eram inadequadas. Repetidamente, quando eu e meus colegas generais vimos que nossas estratégias não estavam funcionando, deixamos de reconsiderar nossas suposições básicas. Não questionamos nossa compreensão falha de nosso inimigo ou de nós mesmos [...] Enfim, toda a coragem e habilidade do mundo não seriam capazes de superar a ignorância e a arrogância. Como general, errei. E fiz isso na companhia de meus pares.[29]

A disposição do general Bolger de encarar a imensa magnitude do desastre que os Estados Unidos desencadearam no Oriente Médio é inspiradora. Porém, assim como a vida de Vivian Gornick poderia ter sido muito mais feliz se ela não tivesse esperado até os 65 anos de idade para reconhecer o papel que desempenhou em seus relacionamentos fracassados, temos o direito de desejar que o general Bolger e seus colegas oficiais tivessem falado antes. O agravamento dos desastres poderia ser evitado se nossos líderes políticos e militares pudessem mudar de direção quando a trilha que percorrem está indo para um precipício. O general Bolger deixa a solução da "guerra contra o terror" para a próxima geração de líderes militares, quando, diz ele, os militares norte-americanos "olharem para si mesmos de forma intransigente" após os fracassos no Vietnã. "Boas e más ideias, lições aprendidas, reaprendidas e desaprendidas – todas merecem escrutínio e discussão completos", ele escreve. Sim, merecem. Mas é tarde; possivelmente tarde demais. Não podemos continuar lutando a guerra passada, muito menos a guerra perdida. O que é necessário é compreender em profundidade não apenas do que deu errado naquela época, mas também do que está dando errado agora, para melhor nos prepararmos para o que *poderia dar errado* com as decisões atuais. Precisamos de uma estratégia Eisenhower.

Em junho de 1944, Dwight Eisenhower, comandante supremo das forças Aliadas na Europa, teve de tomar uma decisão militar crucial. Ele sabia que a invasão da Normandia seria, nas melhores circunstâncias, custosa, e as circunstâncias estavam longe de ser ideais. Se a invasão fracassasse, milhares de soldados morreriam na empreitada, e a humilhação da derrota desmoralizaria os Aliados e animaria as potências do Eixo. No entanto, Eisenhower estava preparado para assumir total responsabilidade pelas consequências possivelmente catastróficas de sua decisão de seguir em frente. Ele escreveu um pequeno discurso que planejava divulgar caso a invasão desse errado. O texto, na íntegra, dizia:

> Nossos desembarques na área de Cherbourg-Havre falharam em ganhar uma posição satisfatória, e as tropas foram retiradas. Minha decisão de atacar nesse momento e lugar foi baseada nas melhores informações disponíveis. As tropas de soldados, a Força Aérea e a Marinha fizeram tudo o que a bravura e a devoção ao dever poderiam fazer. Se alguma culpa ou falha é atribuída à tentativa, é somente minha.[30]

Após escrever essa nota, Eisenhower fez uma pequena, mas crucial mudança. Ele riscou o final da primeira frase – "as tropas foram retiradas" – e substituiu essa construção na voz passiva por "e eu retirei as tropas". A eloquência desse *eu* ecoa ao longo das décadas.

Na análise final, o caráter de uma nação e a integridade de um indivíduo não dependem de estar livre de erros. Dependem do que fazemos depois de cometer o erro. O poeta Stephen Mitchell, em sua interpretação poética do *Dao De Jing* do filósofo chinês Laozi (também conhecido como Lao-Tzu e Lao-Tze), escreve:

> Uma grande nação é como um grande homem:
> quando ele comete um erro, ele percebe.
> Tendo percebido, ele admite.
> Tendo admitido, ele corrige.
> Ele considera aqueles que apontam seus defeitos
> como seus professores mais benevolentes.

CAPÍTULO 9

DISSONÂNCIA, DEMOCRACIA E O DEMAGOGO

Quem mente para si mesmo e dá ouvidos à própria mentira chega a um ponto em que não distingue nenhuma verdade nem em si, nem nos outros e, portanto, passa a desrespeitar a si mesmo e aos demais. Sem respeitar ninguém, deixa de amar e, sem ter amor, para se ocupar e se distrair entrega-se a paixões e a prazeres grosseiros e acaba na total bestialidade em seus vícios, e tudo isso movido pela contínua mentira para os outros e para si mesmo.

– *Fiódor Dostoiévski*, Os irmãos Karamázov

24 de dezembro de 2019

Caro leitor: A melhor maneira de definir este capítulo é como um trabalho em andamento. Originalmente, decidimos concluir esta edição do livro com um capítulo sobre Donald Trump, porque nenhuma aplicação da teoria da dissonância é mais importante do que entender como sua presidência ampliou ainda mais o que parece ser um intransponível abismo entre partidos políticos, amigos e membros da mesma família. Infelizmente, leva meses para um manuscrito finalizado tornar-se um livro, e é por isso que, quando você ler isto, saberá muito mais sobre Trump e seu destino do que sabemos agora no final de 2019 (o que, para você, talvez pareça uma vida atrás).

Não temos ideia do que será de Trump, dada a volatilidade de sua personalidade e de sua presidência. Uma Câmara dos Deputados extremamente dividida aprovou dois artigos de impeachment contra ele: por abuso do poder de seu cargo ao pressionar uma potência estrangeira, a Ucrânia, a interferir em nossas eleições desenterrando sujeira sobre seu rival político Joe Biden; e por obstrução do Congresso, ao se recusar a cooperar com as audiências do Congresso e permitir que importantes assessores testemunhassem. Nas audiências da Comissão de Inteligência da Câmara, embaixadores, funcionários do Conselho de Segurança Nacional e membros do Departamento de Estado e do Serviço Exterior testemunharam que Trump havia feito exatamente o que foi acusado de fazer e que todos em seu círculo íntimo sabiam disso. Como a teoria da dissonância cognitiva previa, os republicanos – que de forma unânime opuseram-se à resolução sobre o impeachment e não contestaram os fatos apresentados – chamaram as audiências de "farsa" e "golpe".

Alguns de nossos amigos e colegas pensaram que éramos loucos por tentar escrever qualquer coisa sobre o cenário político atual, já que tudo o que escrevêssemos estaria desatualizado depois de um dia, uma semana, um mês, um ano. Como disse um amigo: "Ele pode ser removido do cargo, reeleito, derrotado, começar uma guerra com o Irã, causar uma guerra civil aqui – quem é capaz de saber?".

Nós não somos, é claro. Mas, como cientistas sociais, temos muito a dizer sobre como o estudo de caso de Donald Trump lança luz sobre uma questão maior – o fenômeno Trump. Em 2016, 63 milhões de norte-americanos votaram nele, alguns com desbragado entusiasmo, outros com desconfiança e dúvida, todos esperando que ele fosse o presidente certo para atender às suas necessidades políticas, econômicas e emocionais – que ele manteria as fábricas funcionando e faria acordos com países estrangeiros para beneficiar a economia, e que uma administração de profissionais manteria sob controle seus excessos pessoais. A esmagadora maioria dos apoiadores de Trump, tendo firmado esse compromisso inicial com ele por meio de seus votos, permanece leal a ele apesar da dissonância gerada por seu comportamento cada vez mais abominável, desmedido e errático, sua ladainha de mentiras e sua retórica inflamatória e divisiva. Neste capítulo, portanto, enfocaremos não apenas Trump, mas também seus inabaláveis seguidores; mostraremos como suas crescentes autojustificações podem corroer a alma de uma nação e suas instituições fundamentais. Como a teoria da dissonância também preveria, apenas uma minoria dos apoiadores de Trump mudou de ideia em relação a ele, e acreditamos que é crucial entender como e por que eles mudaram, diante dos custos pessoais, profissionais e psicológicos que muitos deles pagaram.

Vamos começar com uma história que pode servir de parábola para os nossos tempos. É um relato sobre um homem basicamente decente que, com as melhores intenções, concordou em endossar os excessos políticos de um líder poderoso para atingir os fins humanitários que buscava. Como essa decisão poderia dar errado? Mas deu. Um passo de cada vez.

A maioria das pessoas sabe sobre o papa Pio XII e sua colaboração com os nazistas durante a Segunda Guerra Mundial. Menos pessoas sabem sobre a conexão entre seu antecessor, o papa Pio XI, que foi eleito pontífice em 1922, e Benito Mussolini, que se tornou o primeiro-ministro italiano naquele mesmo ano. Pio XI e Mussolini tinham pouco em comum além de um incisivo antissemitismo católico italiano, e eles se encontraram apenas uma vez nos dezessete anos entre a eleição do papa e sua morte. Mussolini não era amigo da Igreja católica; na juventude, era chamado de *mangiaprete* (devorador de padres), e mais tarde seus esquadrões fascistas atacavam regularmente sacerdotes cristãos e aterrorizavam membros da Ação Católica, rede de clubes religiosos de jovens. Desde a criação da Itália como um Estado-nação em 1861, o país enfatizou valores liberais e seculares, e o papa temia que Mussolini continuasse seus ataques à Igreja. Pio XI não era fascista, no entanto; em 1926, ele instituiu uma proibição à participação católica na Action Française, movimento de direita protofascista encabeçado pelo principal antissemita da França.

Em seu livro ganhador do prêmio Pulitzer, *O papa e Mussolini*, David Kertzer detalha as táticas pelas quais Mussolini triunfou sobre a Igreja.[1] Sabendo que a aprovação do Vaticano desempenharia importante papel na legitimação de seu violento regime fascista, Mussolini, tão logo se tornou primeiro-ministro, começou a cortejar sistematicamente o papa para seu lado. No primeiro discurso ao seu novo parlamento, prometeu construir um Estado católico condizente com uma nação católica e pediu a ajuda de Deus – algo que nenhum líder havia feito desde a fundação da nação. Pio XI se sentiu um tanto mais tranquilo, mas ainda estava apreensivo. Kertzer escreve: "Se pudesse ter certeza de que Mussolini trabalharia para restaurar a influência da Igreja na Itália, o pontífice não insistiria em mostrar ressentimento por seu passado anticlerical [...] Sem alimentar a ilusão de que Mussolini adotasse pessoalmente valores católicos ou se importasse com qualquer outra coisa que não o próprio enaltecimento, Pio XI até se disporia a pensar num acordo pragmático se pudesse ter certeza de que Mussolini honraria suas promessas".[2] O primeiro passo.

Mussolini começou a provar que era um bom católico. Ele ordenou que seu gabinete se ajoelhasse em oração no altar do Soldado Desconhecido em Roma. Ele batizou os filhos e a esposa (que desprezava a Igreja católica). Ele pagou pela restauração de igrejas que haviam sido danificadas na Grande Guerra. Ele exigiu que crucifixos fossem colocados em tribunais, hospitais e salas de aula. Ele, o antigo *mangiaprete*, criminalizou os insultos aos padres. Por meio de decretos, determinou que todas as escolas de ensino fundamental deveriam ensinar a religião católica. Ele encampou a guerra do papa para erradicar a "heresia", proibindo livros protestantes, uma biografia de Cesare Borgia e jornais que o Vaticano considerava ofensivos. Mussolini garantiu a Pio XI que não faria nada aos judeus que a Igreja já não tivesse feito. E foi assim que o papa, satisfeito em atingir os fins religiosos que o Vaticano queria, sufocou quaisquer preocupações sobre os meios fascistas de Mussolini de afirmar o poder. O segundo passo, e Pio XI foi fisgado.

Enquanto isso, Mussolini continuou a endossar extraoficialmente a violência cometida por seus apoiadores contra a Ação Católica. Esses grupos de jovens eram caros ao coração de Pio XI, pois, segundo Kertzer, o papa via seus membros como "tropas terrestres para a recristianização da sociedade italiana". O papa ficou indignado com esses ataques, mas Mussolini "estava acostumado a tirar vantagem da violência e convenceu o pontífice de que era o único homem na Itália capaz de manter os arruaceiros sob controle".[3] Os culpados raramente eram presos, muito menos punidos.

Em 1929, o Vaticano e o Estado italiano assinaram acordos oficiais. Pio XI ficou feliz porque, entre outros presentes à Igreja, os acordos especificavam que a religião católica era "a única religião do Estado". Mussolini ficou feliz porque os acordos silenciaram quaisquer católicos que acreditassem ou esperassem que o papa se oporia ao regime fascista. Mussolini agora não enfrentava nenhuma oposição significativa, e seu desejo por adulação aumentou. Em pouco tempo, ele estava exigindo que as crianças em idade escolar rezassem para ele, *Il Duce*, e oferecessem a vida a ele e não a Deus – um ato de verdadeira heresia da perspectiva da Igreja, mas o papa não protestou. Padres e bispos de todo o país foram convocados para celebrar a política agrícola de Mussolini e, temendo ofendê-lo, partiram, marchando por Roma para depositar coroas de flores não em santuários católicos, mas em monumentos fascistas. Os padres foram obrigados a aplaudir a entrada de Mussolini em uma cerimônia pública e rezar por bênçãos sobre ele. Em 1935, Mussolini até induziu Pio XI a abençoar sua invasão genocida da Abissínia (hoje Etiópia) chamando-a de "guerra santa"; cem mil soldados italianos foram enviados para a batalha, à guisa de distração dos problemas econômicos da Itália.

Ao longo da década de 1930, o papa lutou para justificar os benefícios que a Igreja estava obtendo de Mussolini, apesar de seu crescente alarme diante da ascensão do nazismo, que trazia a reboque um virulento antissemitismo. O papa não estava preocupado com uma "ameaça judaica" na Itália; ele estava muito mais preocupado com a ameaça nazista na Europa. Para impedir que o papa se manifestasse contra o antissemitismo, Mussolini o convenceu de que a versão italiana era diferente da versão nazista e, além disso, Mussolini assegurou que não trataria os judeus de forma mais cruel e bárbara do que a própria Igreja fazia. Consequentemente, o papa começou a distinguir entre "bom fascismo", que reconhecia os direitos da Igreja, e "mau fascismo", que não reconhecia. Em 1937, Kertzer escreve, Mussolini se gabou ao ministro das Relações Exteriores alemão sobre como tinha sido fácil manipular a Igreja. Apenas permita a educação religiosa nas escolas, aconselhou ele. É verdade que houve um pequeno problema com os grupos da Ação Católica, mas ele rapidamente colocou o Vaticano na linha. Bastou conceder "pequenos favores ao alto clero", citando como exemplo a distribuição de bilhetes de trem gratuitos e a concessão de deduções de impostos.

Em meados da década de 1930, o papa não conseguia mais viver com o precário equilíbrio entre meios e fins que ele havia criado para si mesmo. Peter Eisner, autor de A última cruzada do Papa, escreveu: "O papa percebeu que hoje eram os judeus, mas depois seriam os católicos e, por fim, o mundo. Ele podia ver nos noticiários de cada dia que os nazistas não parariam e não se contentariam com nada menos do que a dominação mundial".[4] Pio XI conseguiu o apoio de um jesuíta norte-americano que escrevera sobre racismo, pedindo-lhe para redigir uma encíclica papal condenando publicamente Hitler, Mussolini e seu objetivo de exterminar todos os judeus. Em seu leito de morte, o papa rezou para viver mais alguns dias de modo que pudesse fazer um discurso com a, ousamos dizer, mensagem verdadeiramente cristã ansiando ver o dia em que finalmente "todos os povos, todos os países, todas as raças se juntassem e todos do mesmo sangue no vínculo comum da grande família humana" se unissem na única "verdadeira Fé". O papa também planejou condenar "a proibição de casamentos entre arianos e não arianos". Era tarde demais. Ele morreu no dia seguinte, sem fazer o discurso.

Seu sucessor, Eugenio Pacelli, que em breve se tornaria o papa Pio XII, ordenou ao secretário do pontífice que juntasse todas as anotações e os materiais escritos que Pio produzira enquanto preparava seu discurso e instruiu a gráfica do Vaticano, que já tinha o texto pronto e impresso para distribuição aos bispos, a destruir todas as cópias. Isso o diretor da gráfica fez, assegurando a Pacelli que "não sobrou nem uma vírgula".* O novo papa, relatou o núncio papal a Mussolini, falava "com muita simpatia pelo fascismo e com sincera admiração

---

* Vinte anos depois, após a morte do papa Pio XII, o papa João XXIII divulgou trechos do discurso, eliminando passagens críticas ao regime fascista. O texto completo só foi divulgado em 2006. [N. A.]

pelo *Duce*". Quase imediatamente, Pio XII suspendeu a proibição de católicos se juntarem à Action Française.

Ao contar a história do papa Pio XI, não pretendemos sugerir que Donald Trump seja Benito Mussolini. Mas os dois homens têm algo importante em comum: exibem todas as características clássicas de um demagogo, a começar pelas qualidades de grandiosidade e uma insaciável necessidade de elogios. Ambos cortejaram seus adversários naturais com bajulações, recompensas e alguns mimos para atingir seus objetivos. Um e outro se apresentaram como o único líder capaz de resolver os problemas da nação – "Ninguém conhece o sistema melhor do que eu", disse Trump ao aceitar a nomeação de seu partido, "e é por isso que eu, sozinho, posso consertá-lo". Os demagogos prosperam e florescem tirando proveito do raciocínio e das autojustificações dos indivíduos dispostos a deixar de lado suas objeções morais em troca de vantagem política. E, acima de tudo, os demagogos tiram vantagem de preconceitos e da ignorância da população, fomentando raiva e ódio à custa de argumentos racionais.

Os norte-americanos têm plena consciência dos demagogos mais mortíferos do século 20 – Hitler, Stálin, Mussolini –, mas há muito tempo aturamos nossa cota de exemplos locais. O historiador Robert Dallek argumenta que os demagogos norte-americanos – notadamente Huey Long, governador da Louisiana na década de 1930; Joseph McCarthy, senador de Wisconsin na década de 1950; e George Wallace, governador do Alabama na década de 1960 – "podem ser vistos como predecessores da ascensão de Trump ao poder político".[5] Mas nenhum desses homens alcançou a presidência do país.

Os demagogos, por definição, precisam de multidões adoradoras, e as criam utilizando o método atemporal de instigar o medo. Em seu discurso de nomeação na Convenção Nacional do Partido Republicano, Trump ofereceu uma ladainha de coisas a temer: crimes violentos, imigrantes ilegais, "homens, mulheres e crianças brutalmente dizimados" por terroristas, a crescente taxa de criminalidade (uma mentira; em todo o país, a criminalidade vem diminuindo há décadas) e os "danos e a destruição" que assolam nossas cidades. "Tenho uma mensagem para todos vocês", disse ele. "O crime e a violência que hoje afligem nossa nação logo chegarão ao fim. A partir de 20 de janeiro de 2017, a segurança será restaurada." Como? Ele faria isso – sozinho. "Visitei os trabalhadores demitidos das fábricas e as comunidades esmagadas por nossos acordos comerciais horríveis e injustos", declarou Trump. "Esses são os homens e as mulheres esquecidos do nosso país. Pessoas que trabalham duro, mas não têm mais voz. *Eu sou sua voz*."

Os demagogos geralmente vicejam semeando a divisão, a desunião e a dissensão entre os cidadãos e incitando a criação de bodes expiatórios e a violência, e nenhum presidente norte-americano antes de Trump fomentou o pensamento "nós contra eles" em um grau tão extremo, muito menos endossou tacitamente a violência de "nós" contra "eles". Ele se refere à imprensa livre, a base de uma democracia, como um "inimigo do povo", o que levou alguns de seus apoiadores – aparentemente achando engraçado – a usar camisetas que dizem CORDA. ÁRVORE. JORNALISTA. É NECESSÁRIO MONTAR. E então há sua constante investida contra os imigrantes, esses "bandidos" e "animais" que estão "invadindo" nosso país. "Como paramos essa gente? É impossível", indagou Trump em um comício na Flórida em maio de 2019. Alguém na multidão gritou: "Atire neles". A plateia de milhares de apoiadores aplaudiu. Trump sorriu e brincou: "Somente na região do Panhandle do Texas você pode fazer uma declaração dessas e se safar". Dois meses depois, um supremacista branco assassinou vinte pessoas em El Paso a fim de deter a "invasão hispânica no Texas".[6]

A eleição de um demagogo para a Casa Branca tem sido, sem dúvida, a maior ameaça interna à nossa democracia desde a Guerra Civil, e justificar o comportamento de Trump requer muito mais contorcionismos do que apoiar a desastrosa Guerra do Iraque de George Bush. Embora ninguém seja capaz de prever o resultado para esse demagogo em particular, a história nos dá uma boa ideia do que acontece com uma nação que cai sob o domínio de um: não acaba bem. A ascensão de qualquer demagogo nunca acontece da noite para o dia e nunca é o resultado de uma eleição. Ocorre por causa da lenta mudança de crenças e valores que segue cada decisão autojustificável que os cidadãos tomam. Um passo de cada vez.

A pirâmide de escolhas, de novo

A metáfora norteadora deste livro é a pirâmide de escolhas: assim que tomam uma decisão, seja ela racional, seja impulsiva, as pessoas mudam suas atitudes para se ajustar a essa escolha e começam a minimizar ou descartar qualquer informação que sugira que escolheram a opção errada. Em geral, na política, as pessoas deixam que sua identidade partidária tome as decisões por elas, e é por isso que a maioria dos eleitores sente pouca dissonância em apoiar o candidato que comanda seu próprio partido – "Eu sou um republicano [ou democrata]; é quem eu sou e em quem eu voto". Mas o que acontece quando esse candidato tem convicções ou se comporta de maneiras que antes seriam anátemas para esses eleitores?

Houve uma época em que os republicanos eram virulentamente anticomunistas e consideravam a antiga União Soviética um "Império do Mal" (termo cunhado por Ronald Reagan) e a Rússia um inimigo ideológico do capitalismo, e não toleravam nenhuma crítica da "esquerda radical" ao FBI ou à CIA. Como foi que tantos republicanos passaram a tolerar a aconchegante e conveniente amizade de um presidente norte-americano com Vladimir Putin, e por que não conseguem ficar furiosos com as evidências da intromissão da Rússia em uma eleição presidencial dos Estados Unidos? Como foi possível mudarem de seu endosso ao slogan da Guerra Fria "Melhor morto do que vermelho" para proclamar "Melhor morto do que democrata"? Como tantos esqueceram que foi Richard Nixon quem assinou o Clean Air Act* e decidiram apoiar um partido que quer desmantelar todas as proteções ambientais? Como tantos ficaram em silêncio enquanto o demagogo rugia?

Por ocasião da eleição presidencial em 2016, os cidadãos norte-americanos dispunham de muitas informações sobre Donald Trump: sua promessa de controlar as supostas hordas de estupradores mexicanos e outros criminosos que inundavam ilegalmente o país; seus insultos direcionados a minorias étnicas, pessoas com deficiência e mulheres; sua falsa alegação de ter problemas nos pés para evitar ser convocado durante a Guerra do Vietnã; seu longo histórico de se recusar a pagar as empreiteiras contratadas por seu trabalho; suas falências e reiteradas recusas em divulgar suas declarações de imposto de renda (mentindo que não podia porque estava sendo auditado, o que a Receita Federal norte-americana diz ser um absurdo); sua história de décadas de discriminação contra afro-americanos que trabalhavam para ele ou tentavam alugar apartamentos em seus prédios; os casos extraconjugais que acabaram com seus casamentos; as acusações de inúmeras mulheres por conduta sexual inapropriada; e o vulgar comentário que fez a Billy Bush, apresentador do programa *Access Hollywood*, de que, "Quando você é uma estrela, pode fazer qualquer coisa [com as mulheres] – agarrá-las pela xoxota". Qualquer *um* desses fatos já teria condenado as chances de um candidato, mas Trump prosperou, aparentemente para sua própria surpresa: "Eu poderia ficar parado no meio da Quinta Avenida e atirar em alguém e ainda assim não perderia nenhum eleitor, ok? É, tipo, inacreditável". Não é inacreditável, é claro, para quem entende dissonância cognitiva.

---

* Lei do ar limpo, que estabeleceu um arcabouço de regulamentações federais para o controle da poluição do ar. [N. T.]

Quase todas as pessoas pegas contando uma mentira, cometendo um erro ou enredadas numa dança de hipocrisia sentem uma aguda dissonância e são motivadas a fazer contorcionismos para se safar disso com uma enxurrada de autojustificações. Mas Trump sempre foi imperturbável precisamente porque não sente dissonância quando é pego em flagrante. Sentir dissonância requer a capacidade de sentir vergonha, culpa, empatia e remorso, e ele não tem essa capacidade. As únicas justificativas que ele sente necessidade de dar são alegações de que pode fazer o que quiser porque é "um gênio muito estável" e entende mais do que qualquer pessoa sobre qualquer coisa. Ele nunca pode aprender com os próprios erros porque se convence de que nunca comete nenhum – ele corta a dissonância na hora, e nunca permite que ela entre em seu cérebro. Ele é o vigarista por excelência, alguém para quem mentir é uma segunda natureza. É apenas o que você faz. Se os idiotas acreditam em você, isso é problema deles.[7]

Então imagine que você está em 2016, um republicano ou democrata de longa data que não suporta Hillary Clinton, diante de um candidato diferente de qualquer outro que já ocupou o cargo mais alto do país. Você está no ápice da pirâmide enfrentando uma decisão. Para qual lado você pula? Você vota em Trump com entusiasmo porque, como disse um dos admiradores trumpistas: "Ele fala com o coração e diz o que pensa", e o que ele diz é o que você sente? Você vota nele porque, sendo um republicano de longa data, você sabe que ele seguirá a agenda republicana, mesmo que venha com algumas falhas de caráter que você teria odiado em um democrata? Você vota em Trump porque, embora não goste de sua vulgaridade, casos sexuais e preconceitos, ele compartilha sua posição sobre alguma questão que você defende com veemência, como aborto, imigração ou Israel? Você tapa o nariz e vota nele, seja qual for sua lealdade partidária, porque pelo menos ele não é a "Hillary corrupta", slogan que a campanha de Trump repetiu em discursos e anúncios do Facebook durante meses?* Você vota nele porque, francamente, você se sente zangado e assustado com todas as mudanças que vê ao seu redor, incluindo grupos étnicos desconhecidos ganhando terreno político e deteriorando as condições em sua cidade natal? Não vota nele de jeito nenhum?

Muitas vezes é difícil lembrar que, durante as primárias de 2016, a maioria dos eleitores republicanos preferiu qualquer um dos outros dezessete

---

* Um anúncio apresentava o slogan "Hillary corrupta" com a imagem de um par de algemas no lugar da letra "o"; e, é claro, durante seus comícios Trump se deleitava com os repetidos cânticos de "Prendam ela!". [N. A.]

candidatos que esperavam pela nomeação. (Na primeira rodada das primárias, por exemplo, apenas cerca de um terço dos eleitores apoiou Trump, e dois terços favoreceram os outros candidatos.[8]) Nunca houve um típico "eleitor de Trump", embora mais tarde assim parecesse para muitos observadores. Os eleitores de Trump divergiam em uma variedade de questões, incluindo impostos, direitos, imigração, raça, casamento gay, igualdade de gênero e outros temas sociais, e muitos já haviam votado em Barack Obama. Apesar das dúvidas dos republicanos e dos sentimentos diversos sobre Trump *antes* da eleição, no entanto, seu apoio a Trump *após* sua eleição cresceu e raras vezes titubeou. Em meados de 2019, quase 90% dos republicanos aprovaram o desempenho de Trump no cargo, embora 65% também tenham dito que consideravam sua conduta "antipresidencial".

Como uma pessoa justifica o apoio a um presidente antipresidencial? Fácil. Se você estava em cima do muro em relação a Trump, é provável que debande para o lado dele agora, porque, afinal de contas, você votou nele, e, se você votou nele, quer que seu voto seja condizente com seus sentimentos em relação a ele hoje. No entanto, seu cunhado continua repetindo que a eleição de Trump foi um desastre, e onde você estava com a cabeça para fazer uma coisa dessas? Graças aos vieses cognitivos que asseguram que as pessoas vejam o que querem ver e busquem confirmação daquilo em que já acreditam, você agora, pós-eleição, está motivado a se concentrar nas coisas das quais gosta nele e descartar as coisas das quais não gosta. Você acompanha com mais frequência os programas de rádio e TV de Sean Hannity, que garante que você fez a coisa certa. Além disso, de qualquer forma você nunca deu muita bola ao seu cunhado. Assim, você minimiza qualquer desconforto que possa sentir por ter tomado a decisão errada.

Vamos começar, então, com os apoiadores que originalmente sentiram considerável dissonância em relação a votar em Trump, mas votaram mesmo assim – e depois se viram trabalhando duro para justificar essa decisão. (E não vamos esquecer as autojustificações dos 48% dos eleitores habilitados para votação que não se deram ao trabalho de votar, aqueles que alegaram: "Meu voto não faz diferença" ou "Estou cansado de votar no 'dos males o menor'".) Demagogos vêm e vão, mas as autojustificações são eternas.

Saindo da pirâmide: "Os democratas são piores"

Pouco depois de Trump anunciar sua candidatura à presidência, o movimento Trump Nunca, encabeçado por Mitt Romney e outros republicanos de proa, tentou vigorosamente frustrar sua nomeação. Quando ficou claro que haviam fracassado e que Trump seria de fato o indicado do partido, alguns, com destaque para o renomado colunista conservador George Will, imediatamente saíram da pirâmide ao anunciar em caráter oficial seu desligamento das hostes republicanas. "Este não é meu partido", disse Will, acrescentando que dali em diante não seria mais filiado. "Deem um jeito de ele perder", aconselhou seus colegas conservadores.

Outro republicano do *establishment*, Ari Fleischer, ex-secretário de imprensa de George W. Bush, ficou em dúvida sobre o que fazer. A princípio, declarou: "Há muita coisa em Donald Trump de que eu não gosto, mas, entre Hillary e Trump, sempre votarei em Trump, faça chuva ou faça sol". Conforme a campanha avançava, ele mudou de ideia, e chegou a escrever um artigo de opinião – publicado no jornal *The Washington Post* duas semanas antes da eleição – afirmando que Trump "desviou-se imprudentemente do caminho, ao atacar um juiz norte-americano por sua herança mexicana, ao criticar a família de um herói de guerra, ao questionar a legitimidade do processo eleitoral e ao levantar dúvidas sobre seu julgamento".[9] Fleischer decidiu deixar seu voto em branco.

A grande maioria dos republicanos, mesmo os oponentes mais barulhentos de Trump, não seguiu esses exemplos de deixar o partido ou não votar. Quase todos os políticos, o que é compreensível, criticam seus adversários nas primárias, às vezes de forma áspera e, às vezes, com elegância, mas no fim das contas acabam apoiando o indicado do partido. A maioria dos oponentes republicanos de Trump, no entanto, foi de uma extraordinária franqueza ao admitir sua animosidade pessoal em relação a ele e a seu temor por seu partido e pelo país. O senador republicano Ted Cruz, alvo de uma avalanche especialmente desagradável de insultos de Trump (ele tuitou que a esposa de Cruz era feia e, absurdamente, que o pai de Cruz estava envolvido no assassinato de JFK), disse: "Precisamos de um comandante em chefe, não um tuiteiro em chefe. Não conheço ninguém que se sentiria confortável com alguém que se comporta dessa maneira tendo o dedo no botão. Quero dizer, corremos o risco de acordar pela manhã e descobrir que Donald, se fosse presidente, teria bombardeado a Dinamarca". Cruz disse que nunca apoiaria Trump, porque "a história não é gentil com o homem que segura o paletó de Mussolini".[10]

Isso não foi nada comparado aos comentários do senador republicano Lindsey Graham sobre Trump antes da eleição: "Você sabe como você fazer os Estados Unidos grandes de novo? Diga a Donald Trump para ir para o inferno". Ele acrescentou:

Ele é um fanático religioso, xenófobo e incitador de racismo. Ele não representa meu partido. Ele não representa os valores pelos quais os homens e as mulheres que vestem o uniforme estão lutando [...] Acho que ele não tem a mínima noção de nada. Ele está apenas tentando aumentar seus números e instigar a maior reação possível. Ele está ajudando o inimigo desta nação. Ele está fortalecendo o islamismo radical. E, se soubesse alguma coisa sobre o mundo, [ele] saberia que a maioria dos muçulmanos rejeita a ideologia [radical].[11]

Meu Deus, como eles mudaram da água para o vinho! Nas eleições de meio de mandato de 2018, Trump não conseguiria arregimentar apoiadores mais bajuladores do que Cruz e Graham. Cruz, evidentemente disposto a não apenas segurar o paletó de Mussolini, mas também dar um abraço de urso na pessoa que envergasse o paletó, fez exatamente isso em um comício de Trump no Texas. Em 2019, Graham, o homem que chamou Trump de "maluco", "vigarista", "idiota completo" e "intolerante religioso, xenófobo e incitador de racismo", estava negando que Trump fosse racista ou que o cântico entoado pela multidão de trumpistas em um comício – "Mandem ela [Ilhan Omar], deputada democrata nascida na Somália] de volta pra casa!" – fosse racista; além disso, ele disse no programa *Fox and Friends* que as congressistas mulheres são "comunistas" que odeiam os Estados Unidos. Como foi possível que Cruz, Graham e milhares de outros políticos e formadores de opinião republicanos tenham chegado a esse ponto?

Todos os presidentes mentem, falsificam e dissimulam – ou, pelo menos, brincam com a verdade e agem de forma leviana –, e todos são relutantes em admitir erros e enganos. John F. Kennedy não escreveu *Perfis de coragem*, livro pelo qual recebeu enxurradas de admiração e um prêmio Pulitzer; seu redator de discursos Ted Sorensen escreveu a maior parte da obra. Richard Nixon disse à nação: "Eu não sou um bandido", embora fosse, e Bill Clinton afirmou: "Eu não fiz sexo com aquela mulher", embora tenha feito. Ronald Reagan mentiu quando afirmou que seu governo não havia secretamente organizado uma venda ilegal de armas para o Irã e usado o dinheiro para financiar os Contras na Nicarágua. Barack Obama, promovendo sua Lei de Proteção e Cuidado Acessível ao Paciente (Obamacare) em 2013, disse ao país: "Se você gosta do seu plano de saúde, você pode mantê-lo" – declaração que o PolitiFact chamou de "mentira do ano". Graças à redução da dissonância, as pessoas que ouvem essas mentiras tendem a minimizar ou justificar aquelas que *seus* políticos cometem como sendo triviais ou compreensíveis ou, de alguma outra forma, desculpáveis.

No entanto, desde o primeiro dia da presidência de Trump ficou evidente que as falsidades autoprotetoras de seus antecessores empalideceriam em comparação com as dele, a começar com os números inflados de pessoas que ele alegou estarem em sua cerimônia de posse. Não é coincidência que em 2016, ano em que Donald Trump foi eleito, o *Dicionário Oxford* tenha ungido como sua "palavra do ano" *pós-verdade*, verbete que definiu como "relativo a ou que denota circunstâncias nas quais fatos objetivos são menos influenciadores na formação da opinião pública do que apelos à emoção ou à crença pessoal" – outra tática dos demagogos, e o governo Trump começou a implementá-la imediatamente. Após a posse de Trump em 2017, Kellyanne Conway, conselheira de Trump, disse em entrevista ao *Meet the Press* que o secretário de imprensa Sean Spicer não havia mentido aos jornalistas naquele dia – ele simplesmente apresentou "fatos alternativos", declaração que provocou risadas generalizadas. "Não estou traindo minha namorada", alguém comentou on-line, "tenho uma namorada alternativa." "Eu tive que verificar duas vezes se isso não era um esquete do programa humorístico *Saturday Night Live*", outro escreveu.

Mas à diversão pública seguiu-se uma considerável dose de horror quando se descobriu que ela não estava brincando.* O termo "fatos alternativos" pode ser ridículo, mas é sério, sobretudo quando um governo o utiliza para justificar a negação do aquecimento global, os danos ambientais causados pelo carvão e pesticidas e outras bem estabelecidas descobertas científicas. Fatos alternativos, mesmo quando refutados por especialistas confiáveis, persistem porque são pegajosos; isto é, cada repetição de uma inverdade a torna mais familiar e, portanto, mais crível.[12] Todos os demagogos sabem disso.

Embora muitos críticos tenham feito uma comparação entre os fatos alternativos de Trump e a técnica de propaganda que Hitler, em *Mein Kampf* [Minha luta], chamou de "a grande mentira" (referindo-se a uma mentira tão grande que ninguém acreditaria que alguém "possa ter a impudência de distorcer a verdade de forma tão infame"), achamos que o historiador Zachary Jonathan Jacobson expressou uma preocupação vital em igual medida: "O que deveríamos

---

* O marido de Kellyanne, o conservador George Conway, tuitou insistentemente sobre seu desgosto com o comportamento de Trump e suas mentiras "patológicas". Está evidente que esse casal trabalha duro para resolver qualquer dissonância causada por suas visões divergentes. Kellyanne afirmou que seu comprometimento com Trump é um ato "feminista", porque nenhuma feminista aprovaria que ela desistisse de seu emprego por conta das convicções do marido. George disse em um *talk show* que seu casamento não era diferente dos inúmeros outros em Washington em que os cônjuges discordam em certas questões. [N. A.]

temer hoje", ele escreveu, "não é a Grande Mentira, mas a profusão de pequenas mentiras: um coquetel diário não contabilizado de mentiras prescrito não para convencer de alguma singularidade superior, mas para confundir, distrair, turvar, inundar. A estratégia de inverdades de hoje não nos dá uma ideia para organizar nossos pensamentos, mas milhares de mentiras conflitantes para confundi-los".[13]

Para os republicanos que sentiram algum desconforto em votar em Trump, aqui estava a evidência que piorou sua dissonância cognitiva: as demonstrações diárias de que Trump mentia com a mesma facilidade com que respirava e que era totalmente incapaz de reconhecer que estava errado. Em 16 de julho de 2018, ao lado de Vladimir Putin em uma coletiva de imprensa em Helsinque, Trump concordou com Putin e contestou a conclusão de seus próprios serviços de inteligência de que a Rússia se intrometeu na eleição de 2016. "Eu direi o seguinte: não vejo nenhuma razão pela qual seria [a Rússia a interferir nas eleições]", disse Trump. "O presidente Putin foi extremamente forte e poderoso em sua negativa hoje." Autoridades de inteligência dos Estados Unidos e membros dos dois grandes partidos, incluindo o senador John McCain, o estrategista republicano Newt Gingrich e alguns âncoras do canal *Fox News*, ficaram indignados, e alguns chamaram seu comportamento de traiçoeiro. No dia seguinte, na Casa Branca, Trump tentou voltar atrás e afirmou: "Tenho fé e dou total apoio às agências norte-americanas de inteligência [...] Aceito as conclusões de que houve ingerência da Rússia nas eleições" (embora não tenha conseguido se conter antes de acrescentar: "Também podem ter sido outras pessoas; há muita gente por aí"). Trump não se abalou com o fato de que, menos de 24 horas antes, dissera exatamente o contrário. "Achei que seria óbvio, mas gostaria de esclarecer, caso não tenha sido. Em uma frase-chave em meus comentários, eu disse a palavra *seria* em vez das palavras *não seria*." Vejam só, uma dupla negativa, brincou Trump; na realidade, ele quis dizer "Não vejo nenhuma razão pela qual não seria a Rússia [...] Acho que isso provavelmente esclarece as coisas muito bem". Não, não esclareceu, porque o contexto em que Trump fez seus comentários iniciais foi inequívoco; não poderia ter sido um deslize linguístico. Até mesmo seus defensores mais fervorosos balançaram a cabeça em consternação com essa tíbia tentativa de explicação.

Trump mente sobre assuntos triviais com a mesma frequência que mente sobre os assuntos importantes, mais uma vez porque simplesmente não pode estar errado. Em 11 de março de 2019, em uma mesa-redonda de executivos de negócios, Trump se referiu ao CEO da Apple, Tim Cook, como "Tim Apple". Foi engraçado e insignificante, mas Trump não conseguiu deixar para lá. Em poucos dias, estava alegando que jamais havia dito isso: "Eu me referi rapidamente a Tim + Apple como Tim/Apple como uma maneira fácil de economizar tempo e palavras", Trump tuitou. Mais tarde, ele disse a um grupo de doadores de campanha que na verdade disse "Tim Cook Apple" rápido demais, então é por isso que ninguém ouviu a parte do *Cook*.[14]

O *Washington Post* informou que, em 19 de abril de 2019, Trump havia passado da marca das 10 mil mentiras, e o jornal começou a enumerar cada uma delas; esse número, inflacionado pela fúria de Trump sobre a investigação do impeachment, subiu para 15.413 em 17 de dezembro... e continua aumentando.[15] O PolitiFact classificou 69% de suas declarações como "na maior parte falsas ou pior" e apenas 17% como "na maior parte verdadeiras". Trump mente quando muda de ideia, alegando que não mudou de ideia. Ele inventa coisas; por exemplo, afirmar que a energia eólica não funciona, que as turbinas eólicas estão "matando todas as águias" e causam câncer, que ele foi ao Marco Zero logo após o 11 de Setembro e enviou centenas de homens para ajudar no esforço de resgate (ele não fez isso). Trump repete alegações que sabe que são falsas (por exemplo, que Barack Obama não nasceu nos Estados Unidos e que a congressista democrata Ilhan Omar se casou com o próprio irmão). Ele inventa histórias para inflamar sua base de apoiadores, por exemplo, quando afirmou que os democratas endossam o infanticídio ao permitir que médicos "executem" recém-nascidos.* Ele nega suas ações mesmo quando há irrefutáveis provas em vídeo de que ele fez o que nega.[16] Ele adulterou um mapa meteorológico oficial com uma caneta permanente – um crime federal, a propósito – para fazer parecer que o furacão Dorian atingiria o Alabama, numa desajeitada tentativa de encobrir sua equivocada afirmação de que o furacão chegaria a esse estado situado um pouco mais a oeste.

Você é um apoiador de Trump. Como você reduz a dissonância quando confrontado com a evidência das inverdades preocupantes, ultrajantes e tolas do seu presidente? Você minimiza a importância delas, porque "todos os presidentes mentem". Ou você as acha engraçadas. Ou você nega toda a questão. Ele mente? Não seja absurdo, disse Stuart Varney, apresentador do canal Fox Business Network. Ele nunca mentiu para o povo norte-americano. Ele apenas "exagera, aumenta, mas não inventa".[17]

---

* "O bebê nasce. A mãe se reúne com o médico. Eles cuidam do bebê. Eles embrulham lindamente o bebê. E aí o médico e a mãe determinam se executarão ou não o bebê." Trump disse isso em um comício em Green Bay, Wisconsin, em 28 de abril de 2019. [N. A.]

Alguns apoiadores podem ter amenizado sua dissonância antes da eleição, assegurando a si mesmos que o comportamento errático de Trump seria mantido sob controle por funcionários competentes da Casa Branca e membros do gabinete. Se era o caso, essa esperança foi frustrada pelo caos que se seguiu na administração Trump. Em dois anos, o Instituto Brookings* relatou uma taxa de rotatividade de funcionários graduados de 43%, e o site de notícias Business Insider começou a manter uma contagem contínua de todas as pessoas de alto escalão que foram demitidas ou "renunciaram".** "Uma alta taxa de rotatividade é um sinal de podridão e decadência em qualquer organização", Stephanie Denning escreveu na revista *Forbes*, nem de longe um porta-voz de esquerda.[18]

Além disso, embora não seja incomum que políticos discordem de um presidente do próprio partido ou até mesmo digam coisas negativas sobre ele, a causticidade direcionada a Trump é singular na história dos Estados Unidos – e as críticas mordazes vinham por parte de seus funcionários, amigos, aliados e membros de seu círculo íntimo, incluindo seu secretário de Estado, seu secretário de Defesa, seu conselheiro de segurança nacional e seu chefe de gabinete.[19] Eles já o chamaram de "um machista supremo", "igual a uma criança de 11 anos", "moralmente inapto e dissociado da verdade", "menos uma pessoa e mais uma coleção de características terríveis", "burro pra caralho", alguém que "caga pela boca" (definição do ex-presidente da Fox News, Roger Ailes), "não apenas louco, mas estúpido" e "um idiota".

Membros do gabinete de Trump, de seu estafe, de seu partido político ou seu mundo social enfrentaram, portanto, dissonância significativa ao perceber que inegavelmente seu líder tinha profundas deficiências de personalidade, função cognitiva e competência.[20] As opções para reduzir essa dissonância eram claras: ficar ou ir embora. Apoiar Trump e obter a recompensa do prestígio contínuo, poder e possível importância nacional de seu trabalho de alto nível; discordar e pagar o preço de incorrer na ira de Trump, ser exilado ou perder seu assento no Congresso. Alguns, talvez empacados entre a consciência e os eleitores, aposentaram-se cedo da vida política. Outros ficaram, mas, movidos por preocupações éticas e patrióticas, mantiveram intactas suas faculdades críticas e integridade – mesmo quando, a exemplo de Rex Tillerson, achavam

---

* Grupo de pesquisa em educação, ciências sociais, economia, política e governança. [N. T.]

** Anthony Scaramucci detém o recorde de mandato mais breve. Embora tenha sido demitido após apenas onze dias como diretor de comunicações da Casa Branca, ele se manteve como um leal apoiador de Trump por mais dois anos antes de anunciar em um artigo de opinião que finalmente estava farto. [N. A.]

que Trump era um "idiota de merda". Daí o curioso artigo de opinião de 2018 no *The New York Times* intitulado "Eu faço parte da resistência dentro da administração Trump", no qual o autor anônimo tentou tranquilizar o país de que muitos indicados por Trump haviam prometido fazer o que pudessem "para preservar nossas instituições democráticas ao mesmo tempo que tolhiam os impulsos mais equivocados do sr. Trump até que ele deixasse o cargo. A raiz do problema é a amoralidade do presidente. Qualquer um que trabalhe com ele sabe que ele não está preso a nenhum princípio discernível que oriente sua tomada de decisões".[21] Em outras palavras, o país precisa saber que há alguns adultos na sala e que alguém na Casa Branca vai pisar no freio.

Deslizando pirâmide abaixo: "Ele devorou sua alma"

Em 2019, era evidente que não havia freios; qualquer um que ousasse questionar as decisões e os caprichos de Trump, quanto mais criticá-lo, discordar dele, chamar sua atenção para um erro que ele cometeu ou tentar controlar seus "impulsos equivocados", era sumariamente demitido em função do que Trump considerava deslealdade. Ver a discordância como deslealdade é outra marca registrada de demagogos, ditadores e líderes autoritários. De fato, depois que o procurador especial Robert Mueller publicou seu relatório descrevendo onze episódios em que Trump ou sua administração tentaram destituir o procurador especial ou limitar ou interferir no escopo de sua investigação, observadores dentro e fora da Casa Branca começaram a comparar Trump a um chefe da máfia, para quem a lealdade é o valor máximo. Por exemplo, o relatório afirma que, em 17 de junho de 2017, Trump ligou para Don McGahn, o advogado da Casa Branca, e ordenou que ele "desse um aperto" no procurador-geral adjunto, Rod Rosenstein. "Ligue pro Rod, diga ao Rod que [Robert] Mueller tem conflitos e não pode ser o conselheiro especial", instruiu Trump. "Mueller tem que sair [...] Me ligue de volta assim que você fizer isso." Espera-se que os subordinados façam o que for preciso para "consertar" os problemas do chefe. Foi isso que Michael Cohen fez – e acabou na prisão. Em 2016, dias antes da eleição presidencial, Cohen pagou a Stormy Daniels 130 mil dólares em dinheiro para comprar o silêncio dela sobre sua relação sexual (uma violação das leis federais de financiamento de campanha) e cometeu perjúrio sobre o pagamento, numa tentativa de proteger o presidente. Dos "facilitadores", espera-se que, em cumprimento de ordens de seu chefe, obstruam a justiça, infrinjam a lei, mintam e subornem parceiros sexuais para que não causem problemas.

"[Trump] comporta-se como um chefe da máfia de Nova Jersey que não se preocupa em pedir às pessoas de seu entorno que tenham um comportamento antiético ou no limite da legalidade", disse Kurt Bardella, ex-porta-voz e conselheiro sênior da Comissão de Supervisão e Reforma Governamental da Câmara. "Verdade e precisão simplesmente não são levadas em consideração em seu processo de pensamento. As demandas por lealdade e fidelidade são como uma rede de crime organizado. Em vez da família John Gotti, é a família Trump, e seus soldados são os membros republicanos do Congresso que o protegem e o acobertam."[22] E quais são os crimes característicos de um soldado da máfia? Ser um dedo-duro e delatar seu chefe. Trump chamou o denunciante do presidente Nixon, John Dean, de "rato" por dizer a verdade sobre os crimes e os encobrimentos de Watergate, mas Trump tinha uma antipatia especial por dedos-duros. Tendo trabalhado com figuras da máfia ao longo da carreira empresarial, Trump disse na Fox News: "Eu sei tudo sobre delatores; por trinta, quarenta anos tenho observado alcaguetes. Tudo é maravilhoso, aí eles pegam dez anos de prisão e entregam a pessoa na posição hierárquica mais alta, quem quer que seja, ou na posição mais alta que conseguirem". Mas há muito tempo a delação tem sido uma peça central dos procedimentos de aplicação da lei, porque é a forma como os promotores de justiça podem chegar aos criminosos: se você pega um assassino de aluguel empunhando uma arma fumegante, ou seja, com uma prova irrefutável, você quer o assassino, mas você quer ainda mais saber quem ordenou o assassinato. O método, portanto, visa fazer com que criminosos de nível inferior digam a verdade sobre seus chefes. No entanto, qual é a visão de Trump sobre essa estratégia fundamental de lei e ordem? A delação é uma coisa desonrosa, disse Trump na Fox News, e tão injusta que "quase deveria ser proibida".[23]

Se a delação é desleal, a denúncia é uma traição, de acordo com Trump. Em 12 de agosto de 2019, um oficial de inteligência da CIA entrou com uma queixa oficial sobre o comportamento do presidente, o que deu início ao inquérito de impeachment contra o presidente na Câmara.

> No curso de minhas funções oficiais, recebi informações de vários funcionários do governo de que o presidente dos Estados Unidos está usando o poder de seu cargo para solicitar a interferência de um país estrangeiro nas eleições norte-americanas de 2020. Essa interferência inclui, entre outras coisas, pressionar um país estrangeiro a investigar um dos principais rivais políticos domésticos do presidente. O advogado pessoal do presidente, o sr. Rudolph Giuliani, é uma figura central nesse esforço. O procurador-geral Barr também parece estar envolvido.

Trump acusou esse oficial de inteligência e outros que apoiaram a denúncia de serem espiões e traidores. "Quero saber quem é a pessoa que deu informações ao denunciante, porque isso é quase um espião", disse Trump. "Você sabe o que costumávamos fazer antigamente quando éramos espertos? Certo? Com espiões e traição, certo? Costumávamos lidar com eles de forma um pouco diferente do que fazemos agora" – claramente sugerindo execução. A verdade é que Trump não pode decapitar ou assassinar dissidentes e "traidores", como Putin e Kim Jong-Un podem fazer, mas pode assobiar para seus capangas, a exemplo do que fez com seu tuíte anunciando que, se ele fosse removido do cargo, haveria uma "fratura semelhante à Guerra Civil nesta nação". Ele acusou de traição o deputado Adam Schiff, presidente da Comissão de Inteligência da Câmara incumbida da investigação sobre a Ucrânia, simplesmente por parafrasear a transcrição daquele telefonema, e afirmou com todas as letras que Schiff deveria ser preso. E quando o senador Mitt Romney tuitou, "Ao que tudo indica, o apelo descarado e sem precedentes que o presidente fez à China e à Ucrânia para investigarem Joe Biden é errado e terrível", Trump tuitou que Romney era um "idiota pomposo" e pediu seu impeachment (apesar do fato de que senadores não podem sofrer impeachment).

Como os apoiadores de Trump responderam inicialmente à reclamação do oficial da CIA de que o presidente havia pedido a um líder estrangeiro para lhe fazer um favor e desencavar podres de seu adversário Joe Biden? Como responderam em seguida às duas semanas de depoimentos de testemunhas honestas e bem informadas durante as audiências de impeachment da Câmara? Alguns, como Romney, emitiram condenações completas; outros reconheceram de forma hesitante que o comportamento de Trump era "perturbador" ou "inapropriado"; mas a maioria permaneceu em silêncio ou recitou sem pensar os pontos de discussão da Casa Branca sobre conspirações, fraudes e caças às bruxas. Eles gastaram um bocado de esforço mental justificando todos os deploráveis disparates anteriores de Trump, então o que era mais um? A primeira resposta de Lindsey Graham foi "pedir o impeachment de qualquer presidente por conta de um telefonema é uma insanidade". No entanto, Graham deve saber muito bem que os motivos para impeachment incluem solicitação de ajuda estrangeira em uma eleição nacional, obstrução da justiça, intimidação de testemunhas e violação do estatuto que garante a privacidade e a segurança dos denunciantes.

É concebível que Graham e Ted Cruz mantenham na esfera privada suas visões originais acerca de Trump; a maioria dos políticos profissionais aprende a reprimir seus sentimentos pessoais em prol da reeleição e da lealdade partidária.

Mas temos a forte suspeita de que, por causa da extraordinária lacuna entre seus sentimentos pré-eleitorais e sua capitulação pós-eleitoral, eles encontraram uma maneira de justificar essa transformação – mesmo que fosse apenas para terem uma boa noite de sono. Ari Fleischer, que originalmente apoiava Trump, depois se opôs a ele, e depois acabou por não votar, agora é um entusiasmado trumpista que com frequência vai à Fox News e à CNN para atacar os críticos de Trump. Como ele justifica sua mudança de opinião? Dizendo, essencialmente: "Os democratas são piores". Como ele disse a Isaac Chotiner da revista *The New Yorker*: "Quando eu faço as contas e peso os prós e contras de Donald Trump, por mais ofensivo que ele possa ser, por mais inapropriado que ele possa ser, e combino isso com as realizações de suas políticas, e comparo isso aos democratas e suas declarações e suas diretrizes e sua guinada rumo à extrema esquerda, eu escolheria Donald Trump a qualquer hora do dia ou da noite".[24]

Para os apoiadores que se importavam apenas com uma única questão – por exemplo, a nomeação de juízes conservadores para a Suprema Corte, a obtenção de cortes de impostos ou o apoio a Israel –, as medidas de Trump acerca dessa questão específica eram o fator mais importante. Um doador republicano no conselho da Coalizão Judaica Republicana, quando questionado sobre as tensões divisivas que Trump havia exacerbado entre os judeus norte-americanos que criticavam as políticas linha-dura de Benjamin Netanyahu, afirmou: "Meu Deus, quando eu olho para o que ele fez por Israel, não vou discordar de nada que ele já tenha dito ou feito".[25] E quanto ao crescente número de crimes de ódio antissemitas nos Estados Unidos que a retórica de Trump facilitou, comentários como sua alegação de que havia "boas pessoas" em meio à multidão reunida numa manifestação em Charlottesville que gritava "Judeus não vão nos substituir"? Nenhuma dissonância aí: Trump não pode ser antissemita; ele tem um genro judeu.

E assim, decorridos três anos da eleição de Trump, a maioria dos republicanos havia deslizado para o fundo de uma vasta pirâmide de autojustificação. Na lamentosa definição do escritor e colunista Peter Wehner, o Partido Republicano tornou-se "o partido de Donald Trump, de cabo a rabo".[26] O correspondente chefe do site *Politico*, Tim Alberta, autor de *American Carnage* [Carnificina norte-americana], detalhou a capitulação de muitos oponentes de Trump que antes se consideravam fervorosos adeptos do movimento Trump Nunca. A maioria havia deslizado pela pirâmide na direção de "Trump sempre", tendo silenciado quaisquer murmúrios de consciência acerca da amoralidade, humores voláteis, mentiras e caprichos e impulsos do presidente, talvez dizendo a si mesmos: "Ele não é tão ruim assim. Que diabos, ele colocou dois conservadores na Suprema Corte, fez dezenas de nomeações de conservadores para tribunais de primeira instância, nos deu um enorme corte de impostos e está destruindo aquelas malditas regulamentações ambientais que sufocaram os negócios! Os tiroteios em massa são terríveis, é claro, e gostaríamos que ele amenizasse sua retórica. Mas, se ele não fizer isso, bem, ele pode ser um demagogo, mas ele é *nosso* demagogo".

Quando a Suprema Corte decidiu que Trump e seu governo não teriam permissão para incluir perguntas sobre cidadania no censo de 2020, o procurador-geral William Barr, em um evento público no Jardim das Rosas da Casa Branca, assegurou a Trump que toda a celeuma em torno desse debate era meramente uma questão "logística" relacionada ao momento propício e o aplaudiu por corajosamente concordar em acatar a decisão da Corte, declarando: "Parabéns novamente, sr. presidente". Parabéns pelo quê? Por aceitar a decisão da Suprema Corte, o que, segundo a Constituição, todos os presidentes são obrigados a fazer? Parabéns por não ter mais um chilique?

O próprio William Barr é um exemplo de um homem que deslizou pela pirâmide sem problemas, ao deixar de ser um advogado respeitado para se tornar o procurador-geral da nação e o advogado pessoal bajulador de Trump, viajando mundo afora para induzir governos estrangeiros a aceitar a negação de responsabilidade de Vladimir Putin pela interferência eleitoral. Quando os membros da administração se juntam a Barr na base da pirâmide, qual é a probabilidade de algum deles mudar de ideia, questionar os lapsos de julgamento do presidente e tentar voltar ao topo? Vejamos a pergunta que Stephanie Denning – em tom de queixume – fez em sua coluna na *Forbes*, referindo-se aos muitos nomeados por Trump que abandonaram o navio (voluntariamente ou não): "Do ponto de vista de um cidadão, o comportamento, a grosseria e o caos sinônimos da administração certamente justificariam algum tipo de admissão de arrependimento das pessoas por se juntarem a esse governo, para começo de conversa", ela escreveu. "Aparentemente não. Por que ninguém admite que estava errado?"[27]

Por quê? Porque, quando você está na base da pirâmide, admitir que estava errado significa reconhecer que sacrificou seus princípios e discernimento em prol de seu interesse próprio imediato ou que você – que é inteligente, tem perspicácia política e experiência profissional – não foi capaz de controlar, restringir ou mesmo influenciar seu chefe melindroso. Isso significaria que todas as suas justificativas anteriores estavam... equivocadas. Devido à redução da dissonância, muitos dos apoiadores de Trump, mesmo aqueles que foram demitidos, não se verão como traidores ou facilitadores; eles se convencerão de que a agenda republicana – e aquele gordo corte de impostos que lhes colocou muitos dólares nos bolsos – vale a pena o pequeno preço de esbanjar alguns elogios a Trump e fechar os olhos para suas ofensas. Parabéns, mesmo.

Para aqueles que estão na base da pirâmide, a derradeira justificação para reduzir a dissonância é, claro, que os fins justificam os meios. O cientista político Greg Weiner observou que "há muito tempo os defensores mais ferrenhos de Trump varreram do mapa todas [as reclamações contra ele], com a alegre convicção de que ele deveria ser levado 'a sério, não literalmente'", porque ele lhes proporciona as medidas políticas que eles querem, e que servem ao bem nacional maior ou à sua agenda religiosa. Weiner identificou uma pincelada de autojustificação ainda mais intricada: que Trump não teria sido capaz de cumprir sua pauta política *sem* a mentira, a vulgaridade e o comportamento ilícito, então, na verdade, tudo isso aumentou sua eficácia. Foi isso que Weiner chamou de falácia "pós-Trump, *ergo propter* Trump": "É uma forma do que na lógica se chama erro '*post hoc ergo propter hoc*': 'depois disso, logo, causado por isso'. A ilustração clássica é a suposição de que o canto do galo faz o sol nascer porque o segundo evento sucede o primeiro. Na versão da falácia que seus defensores defendem, o sr. Trump viola os costumeiros padrões de comportamento presidencial e, em seguida, entrega as ações políticas desejadas, então a suposição é de que as violações produziram as ações políticas".[28]

E o que há de errado com a ideia de que "os fins justificam os meios"? Presidentes de todos os partidos, incluindo Franklin D. Roosevelt, que teve que lidar com a Grande Depressão e a Segunda Guerra Mundial, recorreram a essa desculpa padrão. Mas, quando os "meios" envolvem um atropelamento das normas, regras, costumes e tradições de uma democracia, argumentou Weiner, *esse* é o legado que perdurará, não as momentâneas ações políticas que eles justificam. Quanto mais flagrantes e imorais os meios, mais os apoiadores de Trump devem justificá-los como essenciais para seus fins – sua agenda política. Esse raciocínio espúrio enfurece Weiner. Não há resultado algum, disse ele, que Trump tenha alcançado para o qual sua incivilidade e seu "comportamento antipresidencial" tenham sido indispensáveis ou mesmo úteis.

Você deve se lembrar de que, no Capítulo 1, mostramos como Jeb Stuart Magruder, um ativo participante no escândalo de Watergate, descreveu os passos de autojustificação que o levaram ao fundo do poço, cada vez mais atolado em um pântano de corrupção e crime na administração Nixon. Em maio de 2019, James Comey descreveu a mesma descida para aqueles na administração Trump, articulando por que é tão difícil voltar para o topo da pirâmide. Comey, o ex-diretor do FBI e autor de *A Higher Loyalty: Truth, Lies, and Leadership* [Uma lealdade maior: verdade, mentiras e liderança], foi demitido por Donald Trump por não ter declarado publicamente que Trump não estava sob investigação por conluio com os russos durante a eleição de 2016. Comey começou perguntando como foi possível que um "advogado brilhante e talentoso" como Barr, assim como outras figuras de destaque na órbita de Trump, puderam acabar canalizando o refrão do presidente de "Não houve conluio" e acusar o FBI de "espionar" Trump. Comey indaga: como foi possível que Barr, testemunhando perante a Comissão Judiciária do Senado, pôde minimizar a tentativa de Trump de demitir Robert Mueller antes que ele concluísse seu relatório?[29] Um passo de cada vez.

Primeiro, você fica sentado em silêncio enquanto ele mente, faz afirmações falsas e cria "uma rede de realidade alternativa" que você e seus pares não contestam. Você é arrastado para "um círculo silencioso de assentimento". Você não questiona a bazófia de Trump de que sua cerimônia de posse teve o maior comparecimento de público e a maior audiência da história, e simpatiza quando ele reclama ter sido tratado de forma muito injusta pela imprensa.

Segundo, você concorda com a megalomaníaca exigência de Trump de que você o elogie publicamente e jure sua lealdade a ele em reuniões de gabinete e outros locais públicos. "Você faz o que todos os outros ao redor da mesa fazem", Comey escreveu, "você fala sobre o quanto seu líder é incrível e que é uma tremenda honra estar associado a ele."

Terceiro, você fica em silêncio enquanto Trump ataca os valores que você preza e as instituições as quais você jurou proteger. Você fica em silêncio, porque o que você pode dizer? Ele é o presidente dos Estados Unidos. Você está incomodado com sua "conduta ultrajante", mas permanece no cargo porque sente que é necessário para proteger esses valores e essas instituições. Você é importante demais para desistir.

Comey concluiu:

> Você não pode dizer isso em voz alta – talvez nem sequer para sua família –, mas, em um momento de emergência, em que a nação está sendo liderada por uma pessoa profundamente antiética, esta será sua contribuição, seu sacrifício pessoal pelos Estados Unidos. Você é mais inteligente que Donald Trump, e você está jogando

o jogo de longo prazo tendo em mente o futuro de seu país, de modo a conseguir ter êxito em casos em que autoridades inferiores fracassaram e em seguida foram demitidas por um tuíte.

Claro, para ficar, você deve ser visto como parte do time dele, então você faz mais concessões. Você usa a linguagem dele, elogia sua liderança, apregoa seu comprometimento com valores.

E aí você está perdido. Ele devorou sua alma.

Aterrissando na base: "Nós vimos o coração dele"

Os leais a Trump, é claro, nunca ficaram em cima do muro; votaram nele precisamente pelos motivos que causaram dissonância para tantos outros. Para eles, o viés de confirmação é amplificado pelo megafone da Fox News, que rotineiramente transforma os vícios de Trump em virtudes e até fornece justificativas pré-embaladas para os fiéis do partido repetirem com frequência: "Ele não é um político"; "Ele tem pontos que precisam ser aperfeiçoados", "Ele tem boas intenções"; "Ele não é politicamente correto". E a autojustificação clássica: minimizar as evidências: "Ele tem falhas", disse uma mulher em um comício, "mas todos nós não temos?".

Ele é antipresidencial? Ser antipresidencial não é importante, eles dizem. Na verdade, é a razão pela qual votamos nele. Uma trumpista em um comício na Pensilvânia em que dezenas de eleitoras ostentavam cartazes com a inscrição "Mulheres por Trump" disse ao jornal *The Philadelphia Inquirer*: "Ele entende a gente. Ele não é um político, e tem coragem. Ele não tem medo de dizer o que pensa. E o que ele diz é o que o resto de nós está pensando".[30] Em outro comício na Carolina do Sul, uma enfermeira aposentada de 64 anos afirmou: "Tudo o que ele diz é como eu me sinto. Eu conheço esse presidente. Estive na cerimônia de posse dele, estive em outros comícios dele. Concordo com tudo o que ele diz. Ele está falando por mim. Ele pode ser um pouco rude, mas não é um político".

Trump diz coisas constrangedoras em seus tuítes diários, insultando qualquer um que o desagrade, de Rosie O'Donnell e Bette Midler a diplomatas e chefes de Estado? Claro, mas não há motivo para ficar chateado. Uma mulher em um comício de Trump disse: "Todo mundo tuita coisas malucas. Todo mundo! Por que apontar o dedo pra ele?". (Hum, porque ele é o presidente?)[31]

Trump tem chiliques quando se sente ofendido ou criticado? "Ele nem sempre é a melhor pessoa na forma como lida com suas emoções", disse um homem de 32 anos. "Ele é um cara muito emotivo. Intenso. Mas eu gosto das posturas dele e acho que ele tem boas intenções."

Trump é racista? Claro que não, disse outro jovem apoiador quando perguntado sobre a demonização de Trump por quatro congressistas democratas. "Ele está apenas levantando questões e dizendo o que pensa. Isso é importante. Hoje em dia quase ninguém faz isso. Todo mundo é politicamente correto. Você não consegue dizer o que quer. Eu gosto disso em uma pessoa."

E o que dizer do comportamento errático de Trump, da rotatividade de autoridades de sua administração, da investigação de Mueller, das audiências de impeachment e dos comentários de sua própria equipe sobre seu nível de idiotice? Notamos que os apoiadores de Trump na administração e no partido têm total consciência dessas informações desconfortáveis, mas tendem a minimizá-las alegando, como fez Ari Fleischer, que os democratas são piores. Os apoiadores mais leais de Trump afastam qualquer potencial indício de dissonância com a simples alegação de que as informações indesejadas são, todas, sem exceção, fake news. A investigação de Mueller sobre a corrupção da eleição de 2016? Notícia falsa, apenas uma manobra dos democratas para impedir que nosso homem faça seu trabalho. De fato, como prevê a teoria da dissonância, quanto mais forte e persuasiva é a crítica, mais forte e arraigada é a necessidade de ignorá-la. Os críticos de Trump "jogam merda nele todos os dias, o dia inteiro", disse uma corretora imobiliária de 69 anos a um repórter, e em seguida – involuntariamente dando o passo final para reduzir a dissonância – ela acrescentou: "Isso nos faz querer apoiá-lo mais".[32]

Quando Trump prometeu à sua plateia na Convenção Nacional do Partido Republicano que seria a voz dos "homens e mulheres esquecidos do nosso país", muitos ouviram a promessa de manter as fábricas abertas e cumprir a pauta conservadora, mas uma vasta minoria ouviu outra coisa: um homem prometendo acalmar suas ansiedades em relação a perigos e mudanças reais e imaginários no mundo. Um terapeuta respiratório aposentado de 69 anos disse a um jornalista que "ele [Trump] quer proteger este país, e ele quer mantê-lo seguro, e ele quer mantê-lo livre de invasores e das hordas de imigrantes e tudo o mais que está acontecendo. Ele entende por que estamos com raiva, e ele quer consertar as coisas".[33]

A cientista política Ashley Jardina, autora de *White Identity Politics* [Política de identidade branca], estudou essa raiva e descobriu que boa parte dela decorre da equivocada percepção de que os brancos recebem uma parcela desproporcionalmente baixa dos recursos da nação. Jardina constatou que muitos eleitores brancos apoiam Trump movidos pelo pensamento de que "Ei, Trump está lá pelo meu grupo. Ele vai ajudar os brancos. Ele é o presidente para os brancos".[34] Além disso, considerando o poder emocional de sua necessidade de acreditar que ele é o "presidente para os brancos", eles não se importarão muito se ele cumprirá promessas específicas. Eles se sentem representados e, enfim, compreendidos. *Ele é a nossa voz.*

E Trump é a voz deles, sobretudo quando se trata de identidade religiosa. Se alguém deveria estar sentindo dissonância sobre seu apoio a Donald Trump são os eleitores para quem as convicções religiosas desempenham papel central para seus autoconceitos. Quanto maior a dissonância causada pela lacuna entre uma crença tão básica e o apoio a um político que viola praticamente todos os elementos éticos e morais dessa crença, maior a necessidade de repudiar o político ou justificar o comportamento dele. A escolha foi mais clara para os brancos cristãos evangélicos, que representaram 26% dos eleitores em 2016: 81% deles votaram em Trump e permaneceram firmes em seu apoio mesmo após o fatídico telefonema *toma lá dá cá* entre Trump e o presidente ucraniano que desencadeou a abertura de um processo de impeachment. A maioria dos evangélicos e republicanos que assistem à Fox News afirmou em uma pesquisa que não havia nada que Trump pudesse fazer para perder sua aprovação e que nada do que ele fez "prejudicou a dignidade da presidência".[35] Como eles mantêm essa crença?

Antes de Donald Trump se tornar o candidato republicano à presidência, Wanda Alger, que se descreve como uma "ministra profética", escreveu um artigo de opinião para a publicação cristã conservadora *Charisma News* (slogan: "Onde a fé e a política se encontram") intitulada "Precisamos do temor ao Senhor em nossos líderes". "Há uma oração de que esta nação precisa mais agora do que nunca", ela escreveu. "É o temor ao Senhor que precisa agarrar o coração e a mente daqueles que ocupam cargos públicos, bem como daqueles que votam." Ela enumerou dezesseis qualidades que devem ser evidentes em todos os líderes "cujo coração está verdadeiramente voltado para Deus", incluindo as seguintes:

- Eles estarão abertos ao conhecimento e ao conselho dos outros. (Provérbios 1:7)
- Eles serão ensináveis. (Salmos 25:12)

- Eles não mostrarão parcialidade e não aceitarão recompensas e subornos. (Deuteronômio 10:17)
- Eles não se considerarão melhores do que ninguém. (Deuteronômio 17:19)
- Sua boca estará cheia de coisas boas. (Provérbios 16:9-13)
- Eles odiarão todas as formas de mal, soberba e arrogância. (Provérbios 8:13)
- Eles agirão com sabedoria e humildade. (Provérbios 15:33)
- A casa deles estará em ordem. (Salmos 128:1-4)
- Eles andarão em obediência aos mandamentos de Deus. (Salmos 86:11)
- Eles não deixarão que o pecado os governe. (Salmos 119:133)
- Eles não temerão o homem, mas andarão no temor ao Senhor. (Provérbios 29:25)
- Eles governarão com justiça, conselho e poder. (Isaías 11:2-4)

O que um bom cristão deve fazer com a dissonância gerada ao saber que Trump não é de forma alguma "ensinável" tampouco minimamente "aberto aos conhecimentos e aos conselhos de outros", que ele aceita subornos e recompensas na forma de acordos que beneficiam as próprias propriedades, que ele raramente ou nunca age em "sabedoria e humildade", raramente diz "coisas boas", mal mantém em ordem a própria casa (a Branca) e, longe de ser humilde e não se considerar "melhor do que todos os outros", repete a seu bel-prazer que se vê como melhor e mais inteligente do que todos os outros? "Ninguém respeita as mulheres mais do que eu", disse Trump. "Ninguém lê a Bíblia mais do que eu." "Não há ninguém que tenha feito tanto pela igualdade quanto eu." "Ninguém, talvez na história do mundo, sabe mais sobre impostos do que eu." "Ninguém nunca foi mais bem-sucedido do que eu."[36] Ele se autoproclamou "o Escolhido", um homem de "grande e incomparável sabedoria".

Aí está você, um cristão devoto, no topo da pirâmide. Esse cara, Trump, está longe de ser um homem de forte caráter moral. Há aquela irritante história sobre infidelidade conjugal e vulgaridade em relação às mulheres, e, afinal, você ficou furioso com Bill Clinton por muito menos. Trump não demonstrou nenhum histórico de comprometimento com a fé cristã, muito menos de crença, apesar de toda aquela leitura da Bíblia que ele alega ter feito. Você diz: "Trump certamente não atende aos nossos requisitos para um líder piedoso, então é melhor procurarmos em outro lugar"? É mais provável que você tome o caminho da redução da dissonância como fez Wanda Alger. Depois de assistir a Trump em ação por dois anos, Alger percebeu milagrosamente que, afinal de contas, um bom líder não precisa ser um indivíduo pio e devoto. Seria um ótimo bônus se fosse um homem de Deus, ela decidiu, mas não importa e, além disso, nunca importou (aparentemente Alger se esqueceu de que, antes da eleição, isso tinha enorme importância para ela). A única pergunta que as pessoas deveriam estar fazendo, ela escreveu em 2019, é se Trump é um bom *líder*: "Para esses líderes, incluindo o presidente, cujo comportamento ou estilo talvez não se encaixe em nossa abordagem desejada como cristãos, podemos olhar para as qualificações primárias nas Escrituras para determinar sua capacidade de governar bem. Ao contrário dos líderes da Igreja que devem dar exemplo e servir de modelo de Cristo para o rebanho, os líderes do governo civil são chamados para governar com mão forte a fim de garantir segurança, proteção e liberdade para todos".

E quais são as "qualificações primárias nas Escrituras" que fazem um bom líder? Romanos 13:1-6 e 1 Pedro 2:13-14, ela explicou, descrevem o tipo de líder de que precisamos:

- Servo de Deus para o bem do povo.
- Um terror para as más condutas, portando a espada.
- Vingador que executa a ira de Deus sobre os malfeitores.
- Autoridade a serviço de Deus, cuidando da tributação do povo.
- Enviado por Deus para punir aqueles que fazem o mal e louvar aqueles que fazem o bem.[37]

Essa lista é, com certeza, mais "trumpiana", sobretudo a parte de portar a espada e a parte da vingança e a parte da tributação, mas vamos ignorar os versículos que mostram que Jesus se importava em tributar os ricos para o benefício dos pobres, e não o contrário (Marcos 10:21, 25; Provérbios 19:17). "Essas descrições de como Deus usará os líderes civis não incluem indicações de que a moralidade pessoal ou a devoção sejam necessárias", Alger escreveu. "Embora possa ser desejável, não é necessário. Devemos continuar a orar para que todos os nossos representantes eleitos tenham um encontro autêntico e um relacionamento pessoal com Jesus Cristo. Mas não vamos desqualificar aqueles que ainda não ouviram ou ainda estão na jornada. Se realmente cumprirem os desígnios de Deus como líderes civis, suas ações falarão mais alto que suas palavras, e suas realizações superarão suas fraquezas pessoais."

Tradução: "Gostamos tanto das atitudes, posturas e medidas políticas de Trump que abandonaremos nossos valores morais para apoiá-lo e ignoraremos seus muitos pecados, mantendo nossa crença de que somos bons, gentis, compassivos e cristãos devotos". Alcançar esse equilíbrio requer um trabalho mental sofisticado. Tão grande é a dissonância entre os valores cristãos e o comportamento de Trump que seus apoiadores evangélicos devem trabalhar duro para minimizar as críticas contra ele, sobretudo, disse Alger, por parte de todos aqueles "progressistas e esquerdistas que se opõem à liberdade religiosa e aos valores conservadores [e que] tentam incessantemente encontrar um meio de desqualificar nosso atual presidente. Sejam os comentários negativos de Trump no Twitter ou seus métodos pouco ortodoxos de governar, seus oponentes estão à procura de qualquer coisa que sugira que ele não é adequado para governar a nação".

De qualquer forma, nenhuma dessas críticas importa, concluíram esses evangélicos, porque os fins justificam os meios, e Deus enviou Trump para nos dar os fins que queremos, não apenas colocando juízes conservadores nos tribunais, mas também apoiando universidades e organizações cristãs que se opõem ao casamento entre pessoas do mesmo sexo ou à contracepção, permitindo que grupos religiosos estejam à margem das leis antidiscriminação e mudando a embaixada dos Estados Unidos em Israel para Jerusalém. O objetivo final é que Trump restaure os Estados Unidos à essência daquilo que, eles acreditam, o país era e deveria ser: uma nação cristã branca. E, para fazer isso, ele bloqueará o ataque das "pessoas de cor" e pessoas não cristãs e pessoas não heterossexuais e estrangeiras que estão invadindo nosso país, mesmo que esses estrangeiros tenham nascido em Nova York ou Cincinnati. Como disse John Fea, autor de *Believe Me: The Evangelical Road to Donald Trump* [Acredite em mim: o caminho evangélico para Donald Trump]: os evangélicos "desviarão o olhar da indiscrição moral para colocar sua agenda política em prática".

Em que momento na história já vimos essa tomada de decisão antes? Pergunte a Pio XI.

Alguém que certamente desviou o olhar foi Mike Pompeo, cristão evangélico que se tornou secretário de Estado depois que Trump demitiu Rex Tillerson. Antes da eleição, Pompeo, um internacionalista conservador que considerava o poder norte-americano crucial para a estabilidade global, era um ruidoso oponente da doutrina de "Estados Unidos em primeiro lugar" de Trump, a qual criticava sem papas na língua. No entanto, quando lhe ofereceram um emprego que exigia que ele sacrificasse suas visões políticas e, provavelmente, suas convicções religiosas, ele fez isso num piscar de olhos, explicando que o trabalho de um secretário de Estado era servir ao presidente e fazer o que ele lhe pedisse. Um ex-funcionário da Casa Branca disse que Pompeo estava "entre as pessoas mais bajuladoras e servis do entorno de Trump". Ainda mais diretamente, um ex-embaixador norte-americano disse: "Ele é como um míssil teleguiado para a bunda de Trump". E como Pompeo justifica esse comportamento? Deus fez ascender Trump – assim como Deus ergueu do anonimato a rainha Ester, que salvou seu povo – a uma posição sublime. Portanto, Deus e Trump devem ser obedecidos.[38] Mesmo que isso signifique violar seu juramento de posse e bloquear os pedidos do Congresso por informações relativas ao inquérito de impeachment do presidente.

No entanto, há um dos Dez Mandamentos cuja violação nem mesmo os evangélicos podem tolerar em Trump. Não é adultério, é claro, e não é a proibição de dar falso testemunho, embora o homem tenha feito mais de 15 mil declarações falsas ou enganosas nos primeiros três anos do primeiro mandato de sua presidência. Também não é cobiçar a propriedade do próximo; isso é apenas um bom negócio. Ele passou do limite no seguinte quesito: "Não tomarás o nome do Senhor em vão". Assim, quando Trump brincou dizendo "Puta que pariu! Que Deus amaldiçoe esses malditos geradores eólicos" enquanto conversava com os republicanos da Câmara sobre política energética, ele enfureceu muitos de seus apoiadores evangélicos. "Eu certamente não tolero tomar o nome do Senhor em vão. Há um mandamento inteiro dedicado a essa proibição", disse o reverendo Robert Jeffress, evangélico que aconselha Trump e é um de seus mais ferrenhos apoiadores. "Eu acho muito ofensivo usar o nome do Senhor em vão. Eu posso aceitar quase todo o resto, exceto isso."[39] Pouco importam os outros "mandamentos inteiros" que Trump desrespeita diariamente.

Em uma das formas mais extremas de redução de dissonância, muitos dos apoiadores evangélicos de Trump não apenas desculpam ou minimizam os adultérios e trapaças dele, mas também os tomam como evidência de que estavam certos o tempo todo em apoiá-lo. Na verdade, quanto mais vulgar Trump é, mais cumpre sua suposta missão divina. Daí um adesivo de para-choque que vimos: DONALD DIVINO É MEU/DEUS O ESCOLHEU. Ele literalmente *é* Deus ou pelo menos foi enviado por Ele para nos salvar. Os evangélicos não veem seu endosso a Trump como hipocrisia, muito menos heresia. "Eles acreditam que Trump é nomeado por Deus para um momento como este", diz Fea. "Eles acreditam que Deus usa pessoas corruptas – há exemplos disso na Bíblia, então eles invocarão esses versículos." Afinal, Deus age de maneiras misteriosas e escreve certo por linhas tortas, e ninguém tem um histórico mais tortuoso do que Donald Trump. Ele tem uma longa folha corrida de pecados, tanto sexuais quanto financeiros? Bem, Deus ama os pecadores. Trump está em uma "jornada para Cristo", dizem seus adeptos evangélicos. Pode levar um tempo para ele chegar lá, mas somos cristãos; estamos preparados para tolerar alguns pecadores – contanto que sejam nossos pecadores. Alguns evangélicos, diz Fea, vão além, alegando que Trump *já teve* um despertar espiritual e que seus dias (e noites) de corrupção já ficaram num passado longínquo. "Donald Trump mudou", disse a aposentada Nancy Allen, uma batista da Carolina do Norte que escreveu *Electing the People's President, Donald Trump* [Elegendo o presidente do povo, Donald Trump]: "Eu acredito nisso do fundo do coração. Ele mudou. Ele não teve mais casos com mulheres. Ora, ele não é perfeito, mas não existe uma pessoa perfeita. Sabemos que houve uma mudança em seu coração, e ele respeita nossas crenças e nossos valores. E acredito que ele tem algumas das mesmas crenças e mesmos valores".

Em uma conferência da Coalização Fé e Liberdade realizada em 2019, o presidente do grupo, Ralph Reed, disse à animada multidão: "Tivemos alguns grandes líderes. Nunca houve alguém que nos defendesse e lutasse tanto por nós, e a quem amássemos mais do que Donald J. Trump. Nós vimos o coração dele, e ele é tudo o que prometeu que seria, e muito mais".[40]

Em um eco da ostentação de Mussolini ao ministro das Relações Exteriores alemão sobre quão fácil foi ganhar o apoio do Vaticano, Trump, falando com os legisladores do Partido Republicano, referiu-se a "aqueles evangélicos filhos da puta" enquanto sorria e balançava a cabeça. Na mente de Trump, Tim Alberta escreve em *American Carnage*, ele "daria aos evangélicos as políticas e o acesso à autoridade por que eles ansiavam. Em troca, eles o apoiariam de forma inabalável".

Interrompendo a descida: "Olha, isso é maior que a política do momento"

> Minha lealdade ao sr. Trump me custou tudo – a felicidade da minha família, as amizades, minha licença de advogado, minha empresa, meu sustento, minha honra, minha reputação e, em breve, minha liberdade. Rezo para que o país não cometa os mesmos erros que eu cometi.
>
> – *Michael Cohen, ex-advogado pessoal e facilitador de Donald Trump, sobre ser condenado a três anos de prisão*

Michael Cohen não era nenhum santinho. Ele não tinha muito em comum com Jeb Stuart Magruder, cuja "bússola ética" quase certamente teria sido destruída por muitos dos repugnantes negócios profissionais de Cohen ao longo da vida, antes e depois de sua associação com Donald Trump. Mas, quando foi pego, Cohen viu o que sua lealdade cega lhe custou; ele decidiu aceitar um acordo com a justiça e assumir a culpa. Cohen sonegou impostos, mas não pôde escapar das consequências da inabalável lealdade a um vigarista.

Durante a maior parte da vida de Cohen, os fins justificaram os meios – até que não puderam mais. É uma escolha que muitos de nós temos que fazer em nossa vida, sejam os objetivos que temos na nossa alça de mira pequenos ou grandes, pessoais ou políticos. Muitas vezes temos que determinar se um objetivo específico com o qual nos importamos – sobretudo um objetivo moralmente certo, como fazer justiça para vítimas de abuso, acabar com o assédio sexual no local de trabalho ou concretizar uma reforma política específica – é mais importante do que aquilo que fazemos para alcançá-lo. E daí, dizemos, se tivermos que fazer algumas alianças desagradáveis para chegar lá? E daí se ao longo do caminho algumas pessoas inocentes tiverem de ser jogadas aos leões? Certamente o papa Pio XI aprendeu a resposta: mais cedo ou mais tarde, provavelmente puxarão nosso tapete e nós também seremos apunhalados pelas costas e jogados aos leões, ou na lama, ou na fogueira...

Ao longo deste livro, vimos por que a maioria das pessoas, quando confrontadas com a dissonância entre suas ambições e sua ética, saem da pirâmide de escolhas na direção da ambição – empurradas pela conveniência, pelo apoio de colegas, pela segurança no emprego e por outras recompensas –, engolindo suas dúvidas e deixando a autojustificação aliviar sua consciência. Encerramos a maioria dos capítulos com a história de alguém que tomou o caminho mais difícil e, para nós, essas histórias revelam não apenas a coragem individual, mas também a poderosa rede que a redução da dissonância tece para nos manter na linha.

Pensemos novamente na trajetória descendente da pirâmide que começou com os republicanos do movimento Trump Nunca, grupo que se aglutinou antes da eleição de 2016. Alguns, como George Will, permaneceram inflexíveis; para ele, *nunca* significava *nunca*. Quase todos os outros, como vimos, no fim das contas tornaram-se apoiadores trumpistas e deslizaram pirâmide abaixo com total aquiescência à administração Donald Trump. Outros mantiveram-se firmes e interromperam sua queda quando finalmente chegaram a um ponto de ruptura, o ponto em que não podiam mais justificar sua lealdade inquebrantável.

Para Max Boot, a desilusão com seu partido foi "dolorosa e prolongada; na verdade, existencial". Em seu livro de 2018, *The Corrosion of Conservatism*

[A corrosão do conservadorismo], ele argumentou que era hora de o Partido Republicano pagar "por sua adoção do nacionalismo branco e do ignorantismo". Para que isso aconteça, ele escreveu, "o G.O.P.* como atualmente está constituído [deve ser] reduzido a cinzas".[41]

Para Jim Mattis, o ex-secretário de Defesa, a gota d'água foi o abrupto anúncio de Trump, no final de 2018, de que decidira retirar todas as forças norte-americanas da Síria, onde lutavam contra o Estado Islâmico (ISIS). Esse movimento significaria abandonar os aliados curdos dos Estados Unidos e dar à Turquia e à Rússia a vantagem política que elas queriam. Mattis, um forte defensor de alianças, sabia que uma retirada da Síria ameaçaria a segurança das tropas norte-americanas em outras partes da região, bem como enfureceria os curdos e outros aliados na coalizão anti-ISIS, que se sentiriam justificadamente traídos. Mattis pediu a Trump que reconsiderasse sua decisão, mas Trump permaneceu obstinado. Mattis estava disposto a ficar mais dois meses para minimizar a interrupção no departamento. Trump, que não consegue tolerar a dissidência nem por uma semana, o demitiu alguns dias depois.**

Para o influente neoconservador William Kristol, foi a relutância do Partido Republicano em responsabilizar Trump pelas descobertas no relatório de Mueller de 2019 ao Congresso. Ele e outros organizadores com ideias semelhantes formaram o grupo "Republicanos pelo Estado de Direito". Um porta-voz do grupo disse à revista *Newsweek*: "Todos – republicanos e democratas, mas sobretudo os republicanos – precisam se manifestar e dizer: 'Olha, isso é maior do que a política do momento, isso diz respeito a nossas instituições democráticas'. Se não as defendermos, isso terá um impacto em nosso país nas próximas décadas. O presidente Trump ainda não quer admitir que isso aconteceu e isso é errado, absurdo e perigoso. Os republicanos precisam parar de permitir esse comportamento".

Para Justin Amash, o primeiro membro republicano do Congresso a pedir o impeachment de Trump, o fator decisivo foi ler o Relatório Mueller. Em 4 de

---

* O mesmo que *Grand Old Party*, "Grande Partido Antigo", apelido do Partido Republicano. [N. T.]

** Trump modificou essa posição logo após a saída de Mattis; ele deixou algumas centenas de tropas no local, mas, em outubro de 2019, sem consultar seus especialistas militares no Pentágono, impulsivamente retirou todas as tropas norte-americanas – e a previsão de desastre de Mattis imediatamente se concretizou. Abandonar os curdos não foi apenas uma traição imoral a um aliado-chave na luta contra o ISIS, mas um ato que teve devastadoras ramificações militares e políticas. Até mesmo os partidários republicanos de Trump ficaram furiosos; dois terços dos republicanos da Câmara se juntaram aos democratas na aprovação de uma resolução que se opunha à decisão de Trump. [N. A.]

julho de 2019, Amash anunciou a decisão de declarar a própria independência e deixar o Partido Republicano.

Para o escritor e colunista conservador Peter Wehner, que serviu sob três presidentes republicanos, a luta para "equilibrar a balança das conquistas conservadoras [de Trump] (por exemplo, nas nomeações para os tribunais) em contraste com os danos que ele causou e as maneiras como ele mudou o Partido Republicano e o país"[42] finalmente se resolveu: somadas umas coisas e outras, os danos superaram em muito as realizações. "Trump mostrou ser um mentiroso patológico empenhado em um ataque total aos fatos objetivos – à realidade e à verdade –, conceitos dos quais o autogoverno depende", ele escreveu. "O presidente também é cruel e desumaniza seus oponentes. Ele é volátil e emocionalmente instável. Ele adora dividir os norte-americanos em linhas raciais e étnicas. Ele destroça normas tal qual um motorista bêbado destroça grades de proteção. E ele é corrupto de cabo a rabo."

Não subestimamos a grande dificuldade que as pessoas têm para abandonar uma afiliação política que, como disse Max Boot, é "existencial", definindo os valores do indivíduo, seu autoconceito e sua mundividência. No entanto, por mais éticos que esses republicanos tenham sido, sua rejeição a Trump não ameaçou seus meios de subsistência. Para outros, desgarrar-se do grupo foi mais árduo e teve um preço mais alto.

Shane Claiborne é um evangélico que prega as Escrituras, faz amizade com prisioneiros no corredor da morte, fabrica as próprias roupas e vive entre os pobres. Mas quando, em 2018, foi para Lynchburg, Virgínia, a fim de pregar em um culto de reavivamento cristão na Universidade Liberty, dirigida por Jerry Falwell, o chefe de polícia lhe enviou um aviso: se Claiborne botasse os pés nas dependências da universidade, seria preso por invasão de propriedade e enfrentaria até doze meses de prisão e uma multa de 2.500 dólares. O que Shane Claiborne estava planejando fazer para suscitar uma resposta tão pouco cristã? Claiborne e um pequeno mas ruidoso grupo de evangélicos progressistas queriam ir "aonde vive o cristianismo tóxico", para pregar suas objeções morais e teológicas ao apoio da maioria evangélica a Donald Trump. Eles estão zangados porque sua igreja tem endossado o programa de Trump de deportar imigrantes, atiçar a tensão racial, reduzir a ajuda aos pobres e aprovar um corte de impostos para os ricos. "Há outro Evangelho em nosso país agora", Claiborne exortava as plateias que assistiam a seus sermões, "e é o Evangelho de Trump. Não é muito parecido com o Evangelho de Jesus." Esse sentimento foi ecoado por Ben Howe, criado em uma rigorosa família evangélica, em seu livro *The Immoral*

Majority: Why Evangelicals Chose Political Power over Christian Values [A maioria imoral: por que os evangélicos escolheram o poder político em vez dos valores cristãos]. "Precisamos assumir nossos próprios erros e mudar nossa própria subcultura cristã", ele escreveu, "se quisermos que aqueles que atualmente veem os evangélicos como hipócritas pouco persuasivos estejam novamente abertos a ouvir. Mas, até agora, os cristãos não demonstraram ânsia em enfrentar esse desafio; eles parecem muito mais preparados para abandonar seus princípios por Donald Trump do que estão dispostos a trabalhar para ganhar a confiança de um público desencantado."[43]

Evangélicos do *establishment* não acolheram esses dissidentes. Lynchburg é uma cidade empresarial na qual a Universidade Liberty é a maior empregadora, e ninguém quer cair em desgraça com Jerry Falwell Jr. Quando a repórter Laurie Goodstein foi a Lynchburg para entrevistar pastores locais, a maioria dos que apoiavam os dissidentes afirmou que, mesmo assim, permaneceria em silêncio por medo de desagradar suas congregações e arriscar seu emprego. "Todo mundo está com medo", disse um ministro a ela. "É uma linguagem forte. Todo mundo está muito atento à forma como fala e como transmite a verdade. É difícil dizer a verdade em um contexto como Lynchburg."[44]

Maria Caffrey, cientista climática que trabalhou na Diretoria de Ciência e Gestão e Manejo de Recursos Naturais do Serviço Nacional de Parques, acabou perdendo o emprego por se recusar a esconder os fatos – os fatos factuais, não os alternativos – que explicavam a crise das mudanças climáticas. "Funcionários de alto escalão do NPS [Serviço Nacional de Parques] tentaram repetidamente, muitas vezes de forma agressiva, me coagir a apagar referências às causas humanas da crise climática", ela escreveu. "Isso não era um ajuste editorial normal. Isso era negação da ciência climática [...] Caso eu não concordasse, ameaçaram fazer as exclusões sem minha anuência, divulgar o relatório sem me citar como autora principal, ou até mesmo não publicá-lo. Cada uma dessas opções teria sido devastadora para minha carreira e para a integridade científica. Eu me mantive firme."[45] No início, Caffrey levou a melhor ao divulgar a história à imprensa e acionar os membros do Congresso, e seu relatório foi publicado tal qual ela o havia redigido. Mas os altos escalões do NPS continuaram a praticar retaliações contra ela com cortes de salários, rebaixamentos e, por fim, recusando-se a renovar o financiamento para os projetos que ela havia criado e nos quais já estava trabalhando. Os colegas de Caffrey a aconselharam a sair e se tornar voluntária. Ela fez isso. Seu pedido para se tornar voluntária foi negado.

Caffrey fez o melhor que pôde e foi demitida. A maioria engole em seco, fica de bico calado, abaixa a cabeça e tenta fazer seu trabalho da melhor maneira possível, até chegar o momento em que não consegue mais viver consigo mesmo. Chuck Park, funcionário do Serviço Estrangeiro dos Estados Unidos, filho de imigrantes sul-coreanos, via-se em um constante estado de dissonância, "pelejando para explicar aos estrangeiros as flagrantes contradições em âmbito doméstico". Todo dia, Park escreveu em um artigo de opinião, ele achava mais difícil recusar vistos com base nas prioridades do governo, recitar os tópicos de discussão da administração sobre segurança na fronteira e apoiar os indicados por Trump que empurravam sua "pauta tóxica" ao redor do mundo. Encarando sua dissonância, Park articulou seus elementos conflitantes: como funcionário do Serviço Estrangeiro, ele era obrigado a atuar "a bel-prazer do presidente dos Estados Unidos" e obedecer ao "prazer" da administração – ou então pedir demissão. "Deixei que as vantagens da carreira silenciassem minha consciência", disse ele. "Deixei que moradia gratuita, a contagem regressiva para uma aposentadoria e o prestígio de representar uma nação poderosa no exterior me desviassem de ideais que antes pareciam claríssimos para mim. Não posso mais fazer isso. Meu filho, nascido em El Paso [...] a mesma cidade onde 22 pessoas foram assassinadas por um atirador cujo suposto 'manifesto' ecoava a linguagem inflamatória do nosso presidente, fez 7 anos este mês. Não posso mais justificar a ele, ou a mim mesmo, minha cumplicidade nas ações desta administração. É por isso que escolho pedir exoneração do cargo."[46]

E para alguns, como o primeiro denunciante da CIA que acusou formalmente Donald Trump de irregularidades, os riscos de resolver a dissonância do lado dos princípios e do patriotismo são ainda maiores. Cientistas sociais que estudaram a psicologia da denúncia sabem quanto essa ação pode ser perigosa. Os americanos *dizem* que valorizam a coragem daqueles raros funcionários que alertam a opinião pública sobre violações de segurança, crimes e comportamento antiético por parte dos empregadores. Mas a maioria dos denunciantes acaba pagando um alto preço; geralmente essas pessoas perdem o emprego, a família, amigos e a segurança. Ciente disso, além de saber das alegações geradoras de medo de Trump de que os denunciantes estão cometendo "traição", o oficial de inteligência não identificado (até o momento em que este texto foi escrito) que escolheu registrar uma queixa oficial, embora isso tenha sido feito dentro dos procedimentos prescritos, agiu com imensa coragem.

Assim como, com toda a certeza, a embaixadora dos Estados Unidos na Ucrânia, Marie L. Yovanovitch, diplomata veterana com 33 anos de carreira no Departamento de Estado e que serviu sob seis presidentes, tanto republicanos quanto democratas, foi retirada do cargo quando desafiou a ordem do governo de não comparecer para depor no inquérito de impeachment da

Câmara. Embora seus superiores lhe tivessem assegurado que ela "não fez nada de errado" – que, pelo contrário, o seu conhecimento e a sua experiência na Ucrânia revelaram-se inestimáveis –, Donald Trump quis que Yovanovitch fosse afastada porque sua política anticorrupção estava obstruindo os esforços do advogado pessoal do presidente, Rudolph W. Giuliani, e de dois de seus associados, para tentar encontrar informações prejudiciais sobre Biden. (Os dois associados foram posteriormente indiciados por violações de financiamento de campanha, entre outras acusações, e detidos ao embarcar em um voo internacional com passagens só de ida.) Esses homens, disse Yovanovitch, passaram adiante o que ela chamou de "mentiras obscenas" a seu respeito. "Embora eu entenda que servia a critério do presidente, fiquei incrédula que o governo dos Estados Unidos tenha escolhido remover de suas funções uma embaixadora com base, até onde posso dizer, em alegações infundadas e falsas de pessoas com motivos claramente questionáveis", disse ela em sua declaração ao Congresso. O Departamento de Estado está "ficando esvaziado por dentro", alertou Yovanovitch.

> O dano virá não apenas por meio dos inevitáveis e contínuos pedidos de demissão e desligamentos de muitos dos servidores públicos mais leais e talentosos desta nação. Virá também quando os diplomatas que perseveram e fazem o melhor para representar nossa nação encararem colegas no exterior que questionarão se o embaixador realmente fala em nome do presidente e pode ser considerado um parceiro confiável. O dano virá quando interesses privados passarem por cima de diplomatas profissionais em prol do próprio benefício, não para o bem público.[47]

As comportas foram abertas. Em pouco tempo, outros servidores públicos distintos e experientes testemunharam perante a Comissão de Inteligência da Câmara e confirmaram seu relato, um após o outro; e fizeram isso, alegaram, movidos pelo senso de dever.

Este é um livro sobre o quanto é difícil assumir nossos erros, e sobre a importância crucial de fazer isso se algum dia esperamos aprender e melhorar. Milhões de cidadãos cometeram um erro monumental ao eleger e, em seguida, apoiar Donald Trump. Depois que ele sair de cena, as distorções autopiedosas da memória levarão muitos de seus antigos apoiadores a dizer: "De todo modo, eu nunca votei nele" ou "Sempre tive dúvidas a respeito dele". Muitos de seus antigos oponentes darão um suspiro de alívio e dirão: "Graças a Deus que acabou". Porém, nunca mais podemos ser complacentes.*

Todos nós precisamos dar um passo atrás e perguntar: O que aprendemos? Aprendemos que a democracia é bastante precária, que o medo e a raiva podem ser facilmente invocados para manipular uma população. Aprendemos sobre a importância de votar, mesmo que isso signifique escolher um candidato que consideramos "dos males o menor" em vez de nossa preferência número 1, puramente imaculada e perfeita. Aprendemos que uma democracia não se baseia apenas em suas leis e instituições, mas também em suas normas e seus valores – e no consenso de seus cidadãos de que vale a pena manter essas normas e esses valores. Aprendemos que obedecer às regras de civilidade, decência e diplomacia é um sinal não da fraqueza de uma nação, mas de sua força.

Donald Trump destruiu as regras e as normas da democracia com escandalosa arrogância, mas progressistas e conservadores observaram que, ao fazer isso, ele nos forçou a prestar atenção à vulnerabilidade de nossa nação e determinar que tipo de país queremos ser. À esquerda, David Remnick, editor da revista *The New Yorker*, escreveu: "É inteiramente possível que Donald Trump, que tem sido uma figura tão ruinosa na cena pública, tenha pelo menos prestado ao país um serviço involuntário ao esclarecer algumas de nossas falhas mais profundas e perigos iminentes sob sua luz singularmente lúgubre".[48] E, à direita, o general Jim Mattis, ex-secretário de Defesa de Trump, escreveu que "todos os norte-americanos precisam reconhecer que nossa democracia é um experimento – e que pode ser revertido. Todos sabemos que somos melhores do que nossa política atual. Não se deve permitir que o tribalismo destrua nosso experimento".[49]

Na análise final, republicanos, democratas e independentes que temem o que Trump fez ao tecido moral dos Estados Unidos não acharão que o caminho a seguir é cristalino ou fácil. As pessoas estão cansadas de discutir com seus cunhados, e muitas estão cansadas, ponto-final. Mas há muita coisa em jogo para virarmos as costas. Ao entender os mecanismos que mantêm as pessoas presas às suas justificativas iniciais de uma decisão, os cidadãos podem – com discernimento e disposição para admitir erros – colocar nosso país de volta no caminho certo. Donald Trump não é capaz de aprender com os próprios erros, mas continuamos esperançosos de que nossa nação seja.

---

* Conforme já mencionado, Donald Trump foi eleito para um segundo mandato em 6 de novembro de 2024, depois de derrotar a democrata e então vice-presidente Kamala Harris. [N. E.]

AGRADECIMENTOS

Decidimos a ordem de autoria deste livro na base do cara ou coroa; é de fato uma colaboração bem equilibrada. No entanto, do início ao fim, cada um de nós acreditou firmemente que estava trabalhando com o mais talentoso dos coautores. Então, para começar, queremos agradecer um ao outro por fazer deste projeto um incentivo e aprendizado mútuos – e divertido.

Nosso livro se beneficiou de cuidadosas leituras críticas de colegas especialistas nas áreas de memória, direito, terapia de casais, negócios e pesquisa e prática clínica. Gostaríamos de agradecer principalmente aos seguintes colegas por sua minuciosa avaliação dos capítulos em suas áreas de especialização e pelas muitas sugestões excelentes que nos deram: Andrew Christensen, Deborah Davis, Gerald Davison, Maryanne Garry, Samuel Gross, Bruce Hay, Brad Heil, Richard Leo, Scott Lilienfeld, Elizabeth Loftus, Andrew McClurg, Devon Polachek, Donald Saposnek e Leonore Tiefer. Além disso, agradecemos os comentários, ideias, histórias, pesquisas e outras informações oferecidas por J. J. Cohn, Joseph de Rivera, Ralph Haber, Robert Kardon, Saul Kassin, Burt Nanus, Debra Poole, Anthony Pratkanis, Holly Stocking e Michael Zagor. Nossos agradecimentos também a Deborah Cady e Caryl McColly por sua ajuda editorial.

Nossos editores e nossa equipe de produção têm sido consistentemente magníficos. Na edição original, agradecemos à nossa primeira editora, Jane Isay, cujas histórias e inspiradoras ideias estão impregnadas neste livro, e que permaneceu uma firme apoiadora e conselheira nas revisões posteriores; à editora supervisora Jenna Johnson; ao editor-chefe David Hough; e Margaret Jones, pelo excepcional trabalho de edição do texto e verificação de fatos. Para a edição atualizada, acrescentamos nossos agradecimentos e apreço ao diretor editorial Ken Carpenter; aos designers Christopher Moisan, Greta Sibley e Chrissy Kurpeski; a Tim Mudie, nosso editor prático sempre afeito a pôr a mão na massa; e à nossa perfeita e espirituosa editora de texto Tracy Roe, que criou certa dissonância em nós ao detectar mais erros do que deveríamos ter cometido. Graças a Deus ela não ficou entediada conosco e se dispôs a nos aceitar para esta edição mais recente com seu habitual olhar de águia, notas irônicas e utilíssimas sugestões.

Para esta edição, gostaríamos também de expressar nossa gratidão à gerente editorial Nicole Angeloro, pelo entusiasmo com que nos deu a oportunidade de atualizar o livro para lidar com as questões importantes de nossos tempos; à editora de produção Lisa Glover, por seu paciente e meticuloso cuidado com o livro em meio a um apertado cronograma; a Emily Snyder, por adequar e ainda por cima atualizar de forma tão criativa o design do livro; a Michael Dudding, por lidar habilmente com o marketing do nosso livro para públicos diversos; e ao restante da excelente equipe de produção da Mariner Books. Carol deseja honrar a memória de Ronan O'Casey por seu amor e apoio em seus muitos anos juntos; Elliot, em sua expressão característica, oferece, "por óbvio", seu amor e sua gratidão a Vera Aronson. Erros foram cometidos por nós em nossa vida, mas não na escolha de um parceiro para a vida toda.

– *Carol Tavris e Elliot Aronson*

NOTAS

Muito antes de nos tornarmos escritores, éramos leitores. Como leitores, amiúde achávamos que as notas eram uma indesejada intromissão no fluxo da história. Geralmente era um saco ficar eternamente indo até o final do livro para saber qual era a fonte do autor para alguma ideia persuasiva (ou absurda) ou descoberta de pesquisa, mas de vez em quando havia uma guloseima – um comentário pessoal, uma digressão interessante, uma boa história. Gostamos de montar as notas a seguir, aproveitando a oportunidade para referenciar e, às vezes, expandir os pontos que levantamos nos capítulos. E há uma porção de guloseimas aqui também.

Introdução

1. "Spy Agencies Say Iraq War Worsens Terrorism Threat", *The New York Times*, 24 set. 2006; o comentário para colunistas conservadores foi informado por um deles, Max Boot, em "No Room for Doubt in the Oval Office", *Los Angeles Times*, 20 set. 2006. Para um relato detalhado das alegações de George Bush à população sobre a guerra no Iraque, ver Frank Rich, *The Greatest Story Ever Sold: The Decline and Fall of Truth from 9/11 to Katrina* (Nova York: Penguin, 2006). Em seu discurso do Estado da União em janeiro de 2007, Bush reconheceu que, "onde erros foram cometidos" em algumas táticas usadas na condução da guerra, ele tinha sido o responsável. Mas o presidente se manteve firme no sentido de que não haveria grandes mudanças na estratégia; pelo contrário, ele aumentaria o número de tropas e investiria ainda mais dinheiro na guerra. Em suas memórias, membros de alto escalão da administração Bush pintaram um retrato dele e de seu círculo íntimo como pessoas movidas pela certeza e pelo "pensamento de grupo"; qualquer um que apresentasse fatos indesejados era

ignorado, rebaixado ou demitido. Ver, por exemplo, Robert Draper, *Dead Certain: The Presidency of George W. Bush* (Nova York: Free Press, 2007); Jack Goldsmith, *The Terror Presidency: Law and Judgment Inside the Bush Administration* (Nova York: W. W. Norton, 2007); e Michael J. Mazarr, *Leap of Faith: Hubris, Negligence, and American's Greatest Foreign Policy Tragedy* (Nova York: PublicAffairs, 2019). Um dia após o 11 de Setembro, Mazarr escreveu, a decisão de derrubar Saddam Hussein "tinha sido essencialmente selada em âmbar cognitivo".

2. O American Presidency Project (on-line), www.presidency.ucsb.edu/ws/index.php, apresenta exemplos documentados de cada instância em que presidentes norte-americanos disseram "erros foram cometidos". É uma lista longa. Bill Clinton disse que "erros foram cometidos" na busca por contribuições para a campanha democrata e depois brincou com a popularidade dessa frase e sua voz passiva em um jantar de correspondentes de imprensa da Casa Branca. De todos os presidentes, Richard Nixon e Ronald Reagan foram os que mais usaram a frase, o primeiro para minimizar as ações ilegais do escândalo Watergate e o segundo para minimizar as ações ilegais do escândalo Irã-Contras. Ver também o eloquente ensaio de Charles Baxter "Dysfunctional Narratives, or: 'Mistakes Were Made', em Charles Baxter, *Burning Down the House: Essays on Fiction* (Saint Paul, Minnesota: Graywolf Press, 1997).

3. MARINO, Gordon. Before Teaching Ethics, Stop Kidding Yourself. *Chronicle of Higher Education*, 20 fev. 2004, p. B5.

4. Sobre o viés de autoatribuição na memória (e o estudo das tarefas domésticas em particular), ver Michael Ross e Fiore Sicoly, Egocentric Biases in Availability and Attribution. *Journal of Personality and Social Psychology*, v. 37, 1979, p. 322-36. Ver também Suzanne C. Thompson e Harold H. Kelley, Judgments of Responsibility for Activities in Close Relationships. *Journal of Personality and Social Psychology*, v. 41, 1981, p. 469-77.

5. John Dean, entrevista a Barbara Cady, *Playboy*, jan. 1975, p. 78.

6. CARO, Robert A. *Master of the Senate: The Years of Lyndon Johnson.* Nova York: Knopf, 2002. p. 886.

7. MANGAN, Katherine S. A Brush with a New Life, *Chronicle of Higher Education*, abr. 2005. p. A28-A30.

8. NULAND, Sherwin. *The Doctors' Plague:* Germs, Childbed Fever, and the Strange Story of Ignác Semmelweis. Nova York: Norton, 2003.

9. LUNDBERG, Ferdinand; FARNHAM, Marynia F. *Modern Woman:* The Lost Sex. Nova York: Harper and Brothers, 1947. p. 11, 120.

10. HUMES, Edward. *Mean Justice.* Nova York: Pocket Books, 1999.

Capítulo 1. Dissonância cognitiva: o motor da autojustificação

1. Comunicados de imprensa de Neal Chase, representando o grupo religioso "De acordo com as disposições do Pacto dos Bahá'ís", em "The End Is Nearish", *Harper's*, fev. 1995, p. 22, 24.

2. FESTINGER, Leon; RIECKEN, Henry W.; SCHACHTER, Stanley. *When Prophecy Fails*. Minneapolis: University of Minnesota Press, 1956.
3. FOTUHI, O. et al. Patterns of Cognitive Dissonance-Reducing Beliefs Among Smokers: A Longitudinal Analysis from the International Tobacco Control (ITC) Four Country Survey. *Tobacco Control: An International Journal*, v. 22, 2013, p. 52-58; e NAUGHTON, F.; EBORALL, H.; SUTTON, S. Dissonance and Disengagement in Pregnant Smokers. *Journal of Smoking Cessation*, v. 8, 2012, p. 24-32.
4. FESTINGER, Leon. *A Theory of Cognitive Dissonance*. Stanford, Califórnia: Stanford University Press, 1957. Ver também FESTINGER, Leon; ARONSON, Elliot. Arousal and Reduction of Dissonance in Social Contexts. *In*: CARTWRIGHT, D.; ZANDER, Z. (org.) *Group Dynamics*. Nova York: Harper and Row, 1960-61; e HARMON-JONES, Eddie; MILLS, Judson (org.) *Cognitive Dissonance: Progress on a Pivotal Theory in Social Psychology*. Washington, DC: Associação Norte-Americana de Psicologia, 1999.
5. ARONSON, Elliot; MILLS, Judson. The Effect of Severity of Initiation on Liking for a Group. *Journal of Abnormal and Social Psychology*, v. 59, 1959, p. 177-81.
6. GERARD, Harold; MATHEWSON, Grover. The Effects of Severity of Initiation on Liking for a Group: A Replication. *Journal of Experimental Social Psychology*, v. 2, 1966, p. 278-87.
7. XYGALATAS, Dimitris et al. Extreme Rituals Promote Prosociality. *Psychological Science*, v. 24, 2013, p. 1602-5.
8. Muitos psicólogos cognitivos e outros cientistas escreveram sobre o viés de confirmação. Ver KIDA, Thomas. *Don't Believe Everything You Think*. Amherst, Nova York: Prometheus Press, 2006; NICKERSON, Raymond S. Confirmation Bias: A Ubiquitous Phenomenon in Many Guises. *Review of General Psychology*, v. 2, 1998, p. 175-220.
9. FRITZ, Claudia et al. Soloist Evaluations of Six Old Italian and Six New Violins. *Proceedings of the National Academy of Sciences*, v. 111, 2014, p. 7224-29.
10. CHO, Adrian. Million-Dollar Strads Fall to Modern Violins in Blind 'Sound Check'". Disponível em: ScienceMag.org, 9 maio 2017.
11. BRUCE, Lenny. *How to Talk Dirty and Influence People*. Chicago: Playboy Press, 1966. pp. 232-33.
12. Steven Kull, diretor do Programa sobre Atitudes de Política Internacional (PIPA) na Universidade de Maryland, comentando os resultados da pesquisa PIPA/Knowledge Networks "Many Americans Unaware WMD Have Not Been Found", 14 jun. 2003.
13. JACOBSON, Gary C. Perception, Memory, and Partisan Polarization on the Iraq War. *Political Science Quarterly*, v. 125, primavera de 2010, p. 1-26. Ver também seu artigo "Referendum: The 2006 Midterm Congressional Elections", *Political Science Quarterly*, v. 122, primavera de 2007, p. 1-24.
14. WESTEN, Drew et al. The Neural Basis of Motivated Reasoning: An fMRI Study of Emotional Constraints on Political Judgment During the U.S. Presidential

Election of 2004. *Journal of Cognitive Neuroscience*, v. 18, 2006, p. 1947-58. Para leitores interessados na neurociência da dissonância, ver também HARMON-JONES, Eddie; HARMON-JONES, Cindy; AMODIO, David M. A Neuroscientific Perspective on Dissonance, Guided by the Action-Based Model. GAWRONSKI, B.; STRACK, F. (org.) *Cognitive Consistency: A Fundamental Principle in Social Cognition*. Nova York: Guilford, 2012. p. 47-65; e KITAYAMA, S. *et al*. Neural Mechanisms of Dissonance: An fMRI Investigation of Choice Justification. *NeuroImage*, v. 69, 2013, p. 206-12.

15. LORD, Charles; ROSS, Lee; LEPPER, Mark. Biased Assimilation and Attitude Polarization: The Effects of Prior Theories on Subsequently Considered Evidence. *Journal of Personality and Social Psychology*, v. 37, 1979, p. 2098-2109.

16. NYHAN, Brendan; REIFLER, Jason. When Corrections Fail: The Persistence of Political Misperceptions. *Political Behavior*, v. 32, 2010, p. 303-30; LEWANDOWSKY, Stephan *et al*. Misinformation and Its Correction: Continued Influence and Successful Debiasing. *Psychological Science in the Public Interest*, v. 13, 2012, p. 106-31.

17. GOODWIN, Doris Kearns. *No Ordinary Time*. Nova York: Simon and Schuster, 1994, p. 321 (grifo no original).

18. Em uma das primeiras demonstrações de redução de dissonância pós-decisão, Jack Brehm, passando-se por pesquisador de marketing, mostrou a um grupo de mulheres oito aparelhos diferentes (uma torradeira, uma cafeteira, uma sanduicheira e similares) e pediu a elas que classificassem cada item quanto à sua desejabilidade. Em seguida, Brehm disse a cada mulher que poderia ganhar um dos aparelhos de presente, e ofereceu a possibilidade de escolha entre dois dos produtos que ela havia classificado como igualmente atraentes. Depois que a mulher escolheu um, Brehm o embrulhou e lhe deu. Mais tarde, as mulheres classificaram novamente os aparelhos. Dessa vez, aumentaram a posição do aparelho escolhido em seu ranking pessoal e diminuíram a classificação do aparelho que haviam rejeitado. Ver BREHM, Jack. Postdecision Changes in the Desirability of Alternatives. *Journal of Abnormal and Social Psychology*, v. 52, 1956, p. 384-89.

19. KNOX, Robert E.; INKSTER, James A. Postdecision Dissonance at Post Time. *Journal of Personality and Social Psychology*, v. 8, 1968, p. 319-23. Houve muitas replicações da descoberta de que, quanto mais permanente e menos revogável a decisão, mais forte a necessidade de reduzir a dissonância. Ver BULLENS, Lottie *et al*. Reversible Decisions: The Grass Isn't Merely Greener on the Other Side; It's Also Very Brown Over Here. *Journal of Experimental Social Psychology*, v. 49, 2013, p. 1093-99.

20. MANGAN, Katherine S. A Brush with a New Life. *Chronicle of Higher Education*, abr. 2005, p. A28-A30.

21. BUSHMAN, Brad J. Does Venting Anger Feed or Extinguish the Flame? Catharsis, Rumination, Distraction, Anger, and Aggressive Responding. *Personality and Social*

Psychology Bulletin, v. 28. 2002. p. 724-31; BUSHMAN, Brad J. *et al.* Chewing on It Can Chew You Up: Effects of Rumination on Triggered Displaced Aggression. *Journal of Personality and Social Psychology*, v. 88, 2002, p. 969-83. A história da pesquisa que contesta a suposição da catarse é resumida em TAVRIS, Carol. *Anger: The Misunderstood Emotion*. Nova York: Simon and Schuster, 1989.

22. O estudo original de Michael Kahn foi "The Physiology of Catharsis". *Journal of Personality and Social Psychology*, v. 3, 1966, p. 78-98. Para outro clássico antigo, ver BERKOWITZ, Leonard; GREEN, James A.; MACAULAY, Jacqueline R. Hostility Catharsis as the Reduction of Emotional Tension. *Psychiatry*, v. 25, 1962, p. 23-31.

23. JECKER, Jon; LANDY, David. Liking a Person as a Function of Doing Him a Favor. *Human Relations*, v. 22, 1969, p. 371-78.

24. CHERNYAK, Nadia; KUSHNIR, Tamar. Giving Preschoolers Choice Increases Sharing Behavior. *Psychological Science*, v. 24, 2013, p. 1971-79.

25. FRANKLIN, Benjamin. *The Autobiography of Benjamin Franklin*. Nova York: Touchstone, 2004. p. 83-84. [Ed. bras.: *Autobiografia de Benjamin Franklin*. Tradução de Bruno Alexander e Thomaz Perroni. Campinas: Auster, 2019.]

26. THIBODEAU, Ruth; ARONSON, Elliot. Taking a Closer Look: Reasserting the Role of the Self-Concept in Dissonance Theory. *Personality and Social Psychology Bulletin*, v. 18, 1992, p. 591-602.

27. BROWN, Jonathon D. Understanding the Better than Average Effect: Motives (Still) Matter. *Personality and Social Psychology Bulletin*, v. 38, 2012, p. 209-19. Brown mostrou em uma série de experimentos que o efeito "Eu sou melhor do que a média" aumenta depois que uma pessoa vivencia uma ameaça à sua autoestima.

28. Existe uma ampla e animada literatura de pesquisa sobre o viés de autoatribuição, a tendência cognitiva de acreditar no melhor de nós mesmos e explicar o pior de nós atribuindo-o a fatores externos. É um viés extraordinariamente consistente na cognição humana, embora haja variações interessantes entre culturas, idades e gêneros. Ver MEZULIS, Amy *et al.* Is There a Universal Positivity Bias in Attributions? A Meta-Analytic Review of Individual, Developmental, and Cultural Differences in the Self-Serving Attributional Bias. *Psychological Bulletin*, v. 130, 2004, p. 711-47; e STANOVICH, Keith E. *et al.* Myside Bias, Rational Thinking, and Intelligence. *Psychological Science*, v. 22, 2013, p. 259-64.

29. TETLOCK, Philip E. *Expert Political Judgment: How Good Is It? How Can We Know?* Princeton, Nova Jersey: Princeton University Press, 2005. Na psicologia clínica, o cenário é o mesmo; há uma extensa literatura científica mostrando que medidas comportamentais, estatísticas e outras medidas objetivas de comportamento são consistentemente superiores à percepção de especialistas e suas previsões e seus diagnósticos clínicos. Ver DAWES, Robin; FAUST, David; MEEHL, Paul E. Clinical Versus Actuarial Judgment. *Science*, v. 243, 1989, p. 1668-74; GROVE, W. M.; MEEHL, Paul E. Comparative Efficiency of

Formal (Mechanical, Algorithmic) and Informal (Subjective, Impressionistic) Prediction Procedures: The Clinical/Statistical Controversy. *Psychology, Public Policy, and Law*, v. 2, 1996, p. 293-323; KAHNEMAN, Daniel. The Surety of Fools. *The New York Times Magazine*, 23 out. 2011.

30. BARRO, Josh. The Upshot: Sticking to Their Story: Inflation Hawks' Views Are Independent of Actual Monetary Outcomes. *The New York Times*, 2 out. 2014.

31. ARONSON, Elliot; CARLSMITH, J. Merrill. Performance Expectancy as a Determinant of Actual Performance. *Journal of Abnormal and Social Psychology*, v. 65, 1962, p. 178-82. Ver também SWANN JR., William B. To Be Adored or to Be Known? The Interplay of Self-Enhancement and Self-Verification. SORRENTINO, R. M.; HIGGINS, E. T. (org.) *Motivation and Cognition*. Nova York: Guilford, 1990; SWANN JR., William B.; HIXON, J. Gregory; RONDE, Chris de la. Embracing the Bitter 'Truth': Negative Self-Concepts and Marital Commitment. *Psychological Science*, v. 3, 1992, p. 118-21.

32. Não estamos especulando à toa aqui. Em um experimento clássico realizado meio século atrás, o psicólogo social Judson Mills mediu as atitudes de crianças do sexto ano do ensino fundamental em relação a colar nas provas. Ele as fez participar de um exame competitivo, com prêmios oferecidos aos vencedores. Organizou a situação de modo que fosse quase impossível para uma criança vencer sem trapacear e também para que as crianças pensassem que poderiam colar sem serem detectadas. (Secretamente, estava de olho nelas.) Cerca de metade das crianças colou no teste, e a outra metade não. No dia seguinte, Mills perguntou novamente às crianças como elas se sentiam em relação a colar na prova e a outros delitos. As crianças que trapacearam se tornaram mais tolerantes em relação à trapaça, e aquelas que resistiram à tentação adotaram uma atitude mais severa. Ver MILLS, Judson. Changes in Moral Attitudes Following Temptation. *Journal of Personality*, v. 26, 1958, p. 517-31.

33. YEE, Vivian. Elite School Students Describe the How and Why of Cheating. *The New York Times*, 26 set. 2012; WORTHAM, Jenna. The Unrepentant Bootlegger. *The New York Times*, 27 set. 2014.

34. MAGRUDER, Jeb Stuart. *An American Life: One Man's Road to Watergate*. Nova York: Atheneum, 1974. p. 4, 7.

35. Ibid., p. 194-95, 214-15.

36. O número total de participantes é uma estimativa do psicólogo Thomas Blass, que escreveu extensivamente sobre o experimento original de Milgram e seus muitos sucessores. Cerca de oitocentas pessoas participaram dos experimentos de Milgram; o restante estava em replicações ou variações do paradigma básico ao longo de um período de 25 anos.

37. O estudo original é descrito em MILGRAM, Stanley. Behavioral Study of Obedience. *Journal of Abnormal and Social Psychology*, v. 67, 1963, p. 371-78. Milgram relatou seu estudo em mais detalhes e com pesquisas adicionais de

apoio, incluindo muitas replicações, em seu livro subsequente, *Obedience to Authority: An Experimental View*. Nova York: Harper and Row, 1974.
38. SAFIRE, William. Aesop's Fabled Fox. *The New York Times*, 29 dez. 2003.

Capítulo 2. Orgulho e preconceito... e outros pontos cegos

1. BRUGGERS, James. Brain Damage Blamed on Solvent Use. *Louisville Courier-Journal*, 13 maio 2001; BRUGGERS, James. Researchers' Ties to CSX Raise Concerns. *Courier-Journal*, 20 out. 2001; TAVRIS, Carol. The High Cost of Skepticism. *Skeptical Inquirer*, jul./ago. 2002, p. 42-44; BERENT, Stanley. Response to 'The High Cost of Skepticism'. *Skeptical Inquirer*, nov./dez. 2002, p. 61, 63, 64-65. Em 12 de fevereiro de 2003, o Escritório de Proteção à Pesquisa Humana escreveu ao vice-presidente de pesquisa da Universidade de Michigan observando que o conselho de revisão institucional da universidade, do qual Stanley Berent era chefe, havia "falhado em documentar os critérios específicos para renúncia de consentimento informado" para a pesquisa de Berent e Albers. O caso da CSX, seu acordo com Stanley Berent e James Albers e seu conflito de interesses também são descritos em profundidade em KRIMSKY, Sheldon. *Science in the Private Interest*. Lanham, Maryland: Rowman e Littlefield, 2003. p. 152-53.

2. EHRLINGER, Joyce; GILOVICH, Thomas; ROSS, Lee. Peering into the Bias Blind Spot: People's Assessments of Bias in Themselves and Others. *Personality and Social Psychology Bulletin*, v. 31, 2005, p. 680-92; PRONIN, Emily; LIN, Daniel Y.; ROSS, Lee. The Bias Blind Spot: Perceptions of Bias in Self versus Others. *Personality and Social Psychology Bulletin*, v. 28, 2002, p. 369-81. Nossos pontos cegos também nos permitem ver a nós mesmos como mais inteligentes e mais competentes do que a maioria das pessoas, e é por isso que todos nós, aparentemente, sentimos que estamos acima da média. Ver DUNNING, David *et al*. Why People Fail to Recognize Their Own Incompetence. *Current Directions in Psychological Science*, v. 12, 2003, p. 83-87; EHRLINGER, Joyce *et al*. Why the Unskilled Are Unaware: Further Explorations of (Absent) Self-Insight Among the Incompetent. *Organizational Behavior and Human Decision Processes*, v. 105, 2008, p. 98-121.

3. Citado em JAFFE, Eric. Peace in the Middle East May Be Impossible: Lee D. Ross on Naive Realism and Conflict Resolution. *American Psychological Society Observer*, v. 17, 2004, p. 9-11.

4. COHEN, Geoffrey L. Party over Policy: The Dominating Impact of Group Influence on Political Beliefs. *Journal of Personality and Social Psychology*, v. 85, 2003, p. 808-22. Ver também GREEN, Donald; PALMQUIST, Bradley; SCHICKLER, Eric. *Partisan Hearts and Minds: Political Parties and the Social Identities of Voters*. New Haven, Connecticut: Yale University Press, 2002. Esse livro mostra como, uma vez que as pessoas formam uma identidade política, em geral na juventude,

a identidade pensa por elas. Ou seja, a maioria das pessoas não escolhe um partido porque ele reflete suas opiniões; em vez disso, depois que escolhem um partido, as diretrizes partidárias tornam-se suas opiniões.

5. Artigo apresentado na reunião anual de 2013 da Associação Americana de Ciência Política: EPSTEIN, Lee; PARKER, Christopher M.; SEGAL, Jeffrey A. Do Justices Defend the Speech They Hate? Disponível em: http://ssrn.com/abstract=2300572.

6. PRONIN, Emily; GILOVICH, Thomas; ROSS, Lee. Objectivity in the Eye of the Beholder: Divergent Perceptions of Bias in Self versus Others. *Psychological Review*, v. 111, 2004, p. 781-99.

7. Quando o privilégio é resultado de nascimento ou outro acaso da sorte em vez de mérito, muitos dos privilegiados justificarão o privilégio como uma conquista, algo que fizeram por merecer. John Jost e colegas têm estudado os processos de justificação do sistema, um motivo psicológico para defender e justificar o status quo; ver, por exemplo, JOST, John; HUNYADY, Orsolya. Antecedents and Consequences of System-Justifying Ideologies. *Current Directions in Psychological Science*, v. 14, 2005, p. 260-65. Uma dessas ideologias de justificação do sistema é que os pobres podem ser pobres, mas são mais felizes e honestos do que os ricos; ver KAY, Aaron C.; JOST, John T. Complementary Justice: Effects of 'Poor but Happy' and 'Poor but Honest' Stereotype Exemplars on System Justification and Implicit Activation of the Justice Motive. *Journal of Personality and Social Psychology*, v. 85, 2003, p. 823-37. Ver também WILDMAN, Stephanie M. (org.). *Privilege Revealed: How Invisible Preference Undermines America*. Nova York: New York University Press, 1996.

9. RISINGER, D. Michael; LOOP, Jeffrey L. Three Card Monte, Monty Hall, Modus Operandi and 'Offender Profiling': Some Lessons of Modern Cognitive Science for the Law of Evidence. *Cardozo Law Review*, 24, nov. 2002, p. 193.

9. SAMUELS, Dorothy. Tripping Up on Trips: Judges Love Junkets as Much as Tom DeLay Does. *The New York Times*, 20 jan. 2006.

10. PETERSEN, Melody. A Conversation with Sheldon Krimsky: Uncoupling Campus and Company. *The New York Times*, 23 set. 2003. Krimsky também relatou a observação de Jonas Salk.

11. KRIMSKY. *Science in the Private Interest*; SLAUGHTER, Sheila; LESLIE, Larry L.; *Academic Capitalism*. Baltimore: Johns Hopkins University Press, 1997; BOK, Derek. *Universities in the Marketplace: The Commercialization of Higher Education*. Princeton, Nova Jersey: Princeton University Press, 2003; ANGELL, Marcia. *The Truth about the Drug Companies*. Nova York: Random House, 2004; KASSIRER, Jerome P. *On the Take: How Medicine's Complicity with Big Business Can Endanger Your Health*. Nova York: Oxford University Press, 2005.

12. Fundação de Pesquisa e Educação dos Institutos Nacionais de Gestão de Cuidados de Saúde. Changing Patterns of Pharmaceutical Innovation. Citado em DANA, Jason; LOEWENSTEIN, George. A Social Science Perspective on Gifts

to Physicians from Industry. *Journal of the American Medical Association*, v. 290, 2003, p. 252-55.

13. O jornalista investigativo David Willman ganhou um prêmio Pulitzer por sua série de textos sobre conflitos de interesse na introdução de novos medicamentos no mercado, entre eles: Scientists Who Judged Pill Safety Received Fees. *Los Angeles Times*, 29 out. 1999; The New FDA: How a New Policy Led to Seven Deadly Drugs. *Los Angeles Times*, 20 dez. 2000.

14. DOWNING, Nicholas S. *et al*. Postmarket Safety Events Among Novel Therapeutics Approved by the US Food and Drug Administration Between 2001 and 2010. *Journal of the American Medical Association*, v. 317, 2017, p. 1854-63.

15. MURRIE, Daniel C. *et al*. Are Forensic Experts Biased by the Side That Retained Them? *Psychological Science*, v. 24, 2013, p. 1889-97.

16. FAGIN, Dan; LAVELLE, Marianne. *Toxic Deception*. Secaucus, Nova Jersey: Carol Publishing, 1996.

17. DAVIDSON, Richard A. Source of Funding and Outcome of Clinical Trials. *Journal of General Internal Medicine*, v. 1, maio/jun. 1986, p. 155-58.

18. KJAERGARD, Lise L.; ALS-NIELSEN, Bodil. Association Between Competing Interests and Authors' Conclusions: Epidemiological Study of Randomised Clinical Trials Published In BMJ. *British Medical Journal*, v. 325, 3 ago. 2002, p. 249-52. Para uma revisão destes e de estudos semelhantes, ver também o capítulo 9 de KRIMSKY. *Science in the Private Interest*.

19. BERENSON, Alex *et al*. Dangerous Data: Despite Warnings, Drug Giant Took Long Path to Vioxx Recall. *The New York Times*, 14 nov. 2004.

20. HORTON, Richard. The Lessons of MMR. *Lancet*, v. 363, 2004, p. 747-49.

21. WAKEFIELD, Andrew J.; HARVEY, Peter; LINNELL, John. MMR – Responding to Retraction. *Lancet*, v. 363, 2004, p. 1327-28.

22. Dois dos melhores livros sobre o assunto são OFFIT, Paul. *Deadly Choices: How the Anti-Vaccine Movement Threatens Us All*. Nova York: Basic Books, 2011, e MNOOKIN, Seth. *The Panic Virus: The True Story Behind the Vaccine-Autism Controversy*. Nova York: Simon and Schuster, 2012. O timerosal (com grafias alternativas timerosal e timerserol) tem sido usado comumente desde a década de 1930 como conservante em vacinas e muitos produtos domésticos, a exemplo de cosméticos e colírios. Os antivacinas afirmam que o mercúrio contido nesse conservante tem efeitos tóxicos que causam autismo e outras doenças, mas seus argumentos têm sido, em larga medida, baseados em histórias fantasiosas, medos exagerados, alegações sem fundamento e na pesquisa antivacina encabeçada por Mark Geier e David Geier, presidente de uma empresa especializada em litígios em nome de supostos reclamantes de danos causados por vacinas. Quanto à pesquisa, em um estudo de todas as crianças nascidas na Dinamarca entre 1991 e 1998 (mais de meio milhão), a incidência de autismo em crianças vacinadas foi, na verdade, um pouco menor do que em crianças não vacinadas; ver MADSEN, Kreesten M. *et al*. A Population-Based Study of Measles, Mumps,

and Rubella Vaccination and Autism. *New England Journal of Medicine*, v. 347, 2002, p. 1477-82. Além disso, depois que as vacinas contendo timerosal foram removidas do mercado na Dinamarca, não houve diminuição subsequente na incidência de autismo; ver MADSEN, Kreesten M. *et al*. Thimerosal and the Occurrence of Autism: Negative Ecological Evidence from Danish Population--Based Data. *Pediatrics*, v. 112, 2003, p. 604-6. Ver também SMEETH, L. *et al*. MR Vaccination and Pervasive Developmental Disorders: A Case-Control Study. *Lancet*, v. 364, 2004, p. 963-69. Outra boa revisão das questões e dos estudos está em PAUMGARTEN, Nick. The Message of Measles. *The New Yorker*, 2 set. 2019.

23. VAN PANHUIS, Willem G. *et al*. Contagious Diseases in the United States from 1888 to the Present. *New England Journal of Medicine*, v. 369, 28 nov. 2013, p. 2152-58; OFFIT, Paul A. *Do You Believe in Magic? The Sense and Nonsense of Alternative Medicine*. Nova York: HarperCollins, 2013. p. 139.

24. NYHAN, Brendan *et al*. Effective Messages in Vaccine Promotion: A Randomized Trial. *Pediatrics*, 3 mar. 2014. Acerca de seu estudo sobre pessoas que não tomam vacinas contra a gripe por acreditarem erroneamente que a vacinação pode causar gripe, ver NYHAN, Brendan; REIFLER, Jason. Does Correcting Myths About the Flu Vaccine Work? An Experimental Evaluation of the Effects of Corrective Information. *Vaccine*, v. 33, 2015, p. 459-64.

25. Disponível em: http://www.prnewswire.com/news-releases/statement-from--dr-andrewwakefield-no-fraud-no-hoax-no-profit-motive-113454389.html.

26. HABERMAN, Clyde. A Discredited Vaccine Study's Continuing Impact on Public Health. *The New York Times*, 1º fev. 2015.

27. DANA; LOEWENSTEIN. A Social Science Perspective on Gifts to Physicians from Industry.

28. CAMPBELL, Eric G. *et al*. Physician Professionalism and Changes in Physician--Industry Relationships from 2004 to 2009. *Archives of Internal Medicine*, v. 170, 8 nov. 2010, p. 1820-26.

29. A Lei de Proteção e Cuidado Acessível ao Paciente (Obamacare) tornou obrigatório o site Open Payments, que entrou no ar em 1º de outubro de 2014. Os consumidores podem ver quanto dinheiro os profissionais de saúde recebem das empresas farmacêuticas, bem como consultar se seus próprios médicos podem ter conflitos de interesse. Ver os relatórios de Charles Ornstein na ProPublica, disponível em: http://www.propublica.org/article/our-first-dive-into-the-new--open-paymentssystem?utm_source=et&utm_medium=email&utm_campaign=dailynewsletter. Seu relatório de acompanhamento de 6 de outubro de 2014 revelou que o banco de dados Open Payments de pagamentos da indústria havia subestimado o valor em cerca de 1 bilhão de dólares.

30. CIALDINI, Robert B. *Influence: The Psychology of Persuasion*. ed. rev. Nova York: William Morrow, 1993.

31. ELLIOTT, Carl. The Drug Pushers. *Atlantic Monthly*, abr. 2006, p. 82-93.

32. ELLIOTT, Carl. Pharma Buys a Conscience. *American Prospect*, v. 12, 24 set. 2001. Disponível em: www.prospect.org/print/V12/17/elliott-c.html.
33. MACRAE, C. Neil; MILNE, Alan B.; BODENHAUSEN, Galen V. Stereotypes as Energy-Saving Devices: A Peek Inside the Cognitive Toolbox. *Journal of Personality and Social Psychology*, v. 66, 1994, p. 37-47.
34. BREWER, Marilynn B. Social Identity, Distinctiveness, and In-Group Homogeneity. *Social Cognition*, v. 11, 1993, p. 150-64.
35. PERDUE, Charles W. *et al.* Us and Them: Social Categorization and the Process of Inter-Group Bias. *Journal of Personality and Social Psychology*, v. 59, 1990, p. 475-86.
36. TAJFEL, Henri *et al.* Social Categorization and Intergroup Behaviour. *European Journal of Social Psychology*, v. 1, 1971, p. 149-78.
37. HASLAM, Nick *et al.* More Human Than You: Attributing Humanness to Self and Others. *Journal of Personality and Social Psychology*, v. 89, 2005, p. 937-50.
38. ALLPORT, Gordon. *The Nature of Prejudice*. Reading, Massachusetts: Addison-Wesley, 1979. p. 13-14.
39. SHERMAN, Jeffrey W. *et al.* Prejudice and Stereotype Maintenance Processes: Attention, Attribution, and Individuation. *Journal of Personality and Social Psychology*, v. 89, 2005, p. 607-22.
40. PANOFSKY, Aaron; DONOVAN, Joan. Genetic Ancestry Testing Among White Nationalists: From Identity Repair to Citizen Science. *Social Studies of Science*, 2 jul. 2019. Disponível em: https://doi.org/10.1177/0306312719861434.
41. CRANDALL, Christian S.; ESHELMAN, Amy. A Justification-Suppression Model of the Expression and Experience of Prejudice. *Psychological Bulletin*, v. 129, 2003, p. 425. Ver também MONIN, Benoît; MILLER, Dale T. Moral Credentials and the Expression of Prejudice. *Journal of Personality and Social Psychology*, v. 81, 2001, p. 33-43. Em seus experimentos, quando as pessoas sentiam que suas credenciais morais como indivíduos sem preconceitos não estavam em questão – quando tinham tido a chance de discordar de declarações descaradamente sexistas –, elas se sentiam mais justificadas em seu voto subsequente para contratar um homem para realizar um trabalho estereotipicamente masculino.
42. Sobre o experimento inter-racial, ver ROGERS, Ronald W.; PRENTICE-DUNN, Steven. Deindividuation and Anger-Mediated Interracial Aggression: Unmasking Regressive Racism. *Journal of Personality and Social Psychology*, v. 4, 1981, p. 63-73. Sobre os canadenses de línguas inglesa e francesa, ver MEINDL, James R.; LERNER, Melvin J. Exacerbation of Extreme Responses to an Out-Group. *Journal of Personality and Social Psychology*, v. 47, 1985, p. 71-84. Sobre os estudos de comportamento em relação a judeus e gays, ver FEIN, Steven; SPENCER, Steven J. Prejudice as Self-Image Maintenance: Affirming the Self through Derogating Others. *Journal of Personality and Social Psychology*, v. 73, 1997, p. 31-44.
43. JACOBS, Paul; LANDAU, Saul; PELL, Eve. *To Serve the Devil*, v. 2, *Colonials and Sojourners*. Nova York: Vintage Books, 1971. p. 81.

44. SPEER, Albert. *Inside the Third Reich: Memoirs*. Nova York: Simon and Schuster, 1970. p. 291. [Ed. bras.: *Por dentro do III Reich*. São Paulo: Círculo do Livro, 1975.]
45. GOODWIN, Doris Kearns. *Team of Rivals: The Political Genius of Abraham Lincoln*. Nova York: Simon and Schuster, 2005.
46. MAGRUDER. *An American Life*. p. 348.

Capítulo 3. Memória, o historiador autojustificável

1. PLIMPTON, George. *Truman Capote*. Nova York: Doubleday, 1997. p. 306. Estamos aceitando a versão de Vidal dessa história com base no fato de que ele nunca teve escrúpulos para falar sobre qualquer assunto – política ou bissexualidade – e, portanto, não tinha motivos para distorcer o episódio em sua memória.
2. GREENWALD, Anthony G. The Totalitarian Ego: Fabrication and Revision of Personal History. *American Psychologist*, v. 35, 1980, p. 603-18.
3. JONES, Edward; KOHLER, Rika. The Effects of Plausibility on the Learning of Controversial Statements. *Journal of Abnormal and Social Psychology*, v. 57, 1959, p. 315-20.
4. ROSS, Michael. Relation of Implicit Theories to the Construction of Personal Histories. *Psychological Review*, v. 96, 1989, p. 341-57; WILSON, Anne E.; ROSS, Michael. From Chump to Champ: People's Appraisals of Their Earlier and Present Selves. *Journal of Personality and Social Psychology*, v. 80, 2001, p. 572-84; ROSS, Michael; WILSON, Anne E. Autobiographical Memory and Conceptions of Self: Getting Better All the Time. *Current Directions in Psychological Science*, v. 12, 2003, p. 66-69.
5. PARKER, E. S.; CAHILL, L.; MCGAUGH, J. L. A Case of Unusual Autobiographical Remembering. *Neurocase*, v. 12, n. 1, fev. 2006, p. 35-49.
6. JOHNSON, Marcia K.; HASHTROUDI, Shahin; LINDSAY, D. Stephen. Source Monitoring. *Psychological Bulletin*, v. 114, 1993, p. 3-28; MITCHELL, Karen J.; JOHNSON, Marcia K. Source Monitoring: Attributing Mental Experiences. *The Oxford Handbook of Memory*. Org. E. Tulving e F.I.M. Craik. Nova York: Oxford University Press, 2000.
7. MCCARTHY, Mary. *Memories of a Catholic Girlhood*. San Diego: Harcourt, Brace, 1957. p. 80-83. [Ed. bras.: *Memórias de uma menina católica*. Tradução de Heloisa Jahn. São Paulo: Companhia das Letras, 1987.]
8. TVERSKY, Barbara; MARSH, Elizabeth J. Biased Retellings of Events Yield Biased Memories. *Cognitive Psychology*, v. 40, 2000, p. 1-38; ver também MARSH, Elizabeth J.; TVERSKY, Barbara. Spinning the Stories of Our Lives. *Applied Cognitive Psychology*, v. 18, 2004, p. 491-503.
9. FEENEY, Brooke C.; CASSIDY, Jude. Reconstructive Memory Related to Adolescent-Parent Conflict Interactions: The Influence of Attachment-Related

Representations on Immediate Perceptions and Changes in Perceptions Over Time. *Journal of Personality and Social Psychology*, v. 85, 2003, p. 945-55.

10. OFFER, Daniel *et al.* The Altering of Reported Experiences. *Journal of the American Academy of Child and Adolescent Psychiatry*, v. 39, 2000, p. 735-42. Vários autores também escreveram um livro sobre esse estudo, ver: OFFER, Daniel; OFFER, Marjorie Kaiz; OSTROV, Eric. *Regular Guys: 34 Years Beyond Adolescence*. Nova York: Kluwer Academic/Plenum, 2004.

11. Sobre "memórias errôneas" de sexo, ver GARRY, Maryanne *et al.* Examining Memory for Heterosexual College Students' Sexual Experiences Using an Electronic Mail Diary. *Health Psychology*, v. 21, 2002, p. 629-34. Sobre o relato exagerado de votações, ver ABELSON, R. P.; LOFTUS, Elizabeth D.; GREENWALD, Anthony G. Attempts to Improve the Accuracy of Self-Reports of Voting. *Questions About Questions: Inquiries into the Cognitive Bases of Surveys*. Org. J. M. Tanur. Nova York: Russell Sage, 1992. Ver também BELLI, Robert F. *et al.* Reducing Vote Overreporting in Surveys: Social Desirability, Memory Failure, and Source Monitoring. *Public Opinion Quarterly*, v. 63, 1999, p. 90-108. Sobre a lembrança equivocada de doações de dinheiro, ver BURT, Christopher D. B.; POPPLE, Jennifer S. Memorial Distortions in Donation Data. *Journal of Social Psychology*, v. 138, 1998, p. 724-33. As memórias de estudantes universitários sobre suas notas do ensino médio também são distorcidas em uma direção positiva; ver BAHRICK, Harry P.; HALL, Lynda K.; BERGER, Stephanie A. Accuracy and Distortion in Memory for High School Grades. *Psychological Science*, v. 7, 1996, p. 265-71.

12. VILLALOBOS, J. Guillermo; DAVIS, Deborah; LEO, Richard A. His Story, Her Story: Sexual Miscommunication, Motivated Remembering, and Intoxication as Pathways to Honest False Testimony Regarding Sexual Consent. *In*: BURNETT, R. (org.). *Vilified: Wrongful Allegations of Sexual and Child Abuse*. Oxford: Oxford University Press, 2016; DAVIS, Deborah; LOFTUS, Elizabeth F. Remembering Disputed Sexual Encounters. *Journal of Criminal Law and Criminology*, v. 105, 2016, p. 811-51.

13. LIBBY, Lisa K.; EIBACH, Richard P. Looking Back in Time: Self-Concept Change Affects Visual Perspective in Autobiographical Memory. *Journal of Personality and Social Psychology*, v. 82, 2002, p. 167-79. Ver também LIBBY, Lisa K.; EIBACH, Richard P.; GILOVICH, Thomas. Here's Looking at Me: The Effect of Memory Perspective on Assessments of Personal Change. *Journal of Personality and Social Psychology*, v. 88, 2005, p. 50-62. Quanto mais consistentes forem as nossas memórias com o nosso eu presente, mais acessíveis elas serão. Ver ROSS, Michael. Relation of Implicit Theories to the Construction of Personal Histories. *Psychological Review*, v. 96, 1989, p. 341-57.

14. CONWAY, Michael; ROSS, Michael. Getting What You Want by Revising What You Had. *Journal of Personality and Social Psychology*, v. 47, 1984, p. 738-48. Distorções de memória tomam muitos caminhos diferentes, mas a maioria está

a serviço da preservação de nossos autoconceitos e sentimentos acerca de nós mesmos como pessoas boas e competentes.
15. Anne E. Wilson e Michael Ross mostraram como os vieses autojustificáveis da memória nos ajudam a mudar psicologicamente, em suas palavras, de "bobalhões a campeões". Nós nos distanciamos de nossas encarnações anteriores "mais bobalhonas" se isso nos permitiu uma boa sensação acerca do quanto crescemos, aprendemos e amadurecemos, mas, como Haber, nos sentimos próximos de eus anteriores que pensávamos serem campeões. De qualquer forma, não temos como perder. Ver WILSON, Anne E.; ROSS, Michael. From Chump to Champ.
16. O texto completo de *Fragmentos*, junto com a história real da vida de Wilkomirski, está em MAECHLER, Stefan. *The Wilkomirski Affair: A Study in Biographical Truth*. Trad. John E. Woods. Nova York: Schocken, 2001. Maechler discute as maneiras pelas quais Wilkomirski se baseou no romance de Kosinski. Para outra investigação sobre a vida de Wilkomirski e as questões culturais de memórias reais e imaginárias, ver ESKIN, Blake. *A Life in Pieces: The Making and Unmaking of Binjamin Wilkomirski*. Nova York: W. W. Norton, 2002.
17. A história de Will Andrews está em CLANCY, Susan. *Abducted: How People Come to Believe They Were Kidnapped by Aliens*. Cambridge, Massachusetts: Harvard University Press, 2005. Sobre a psicologia da crença em abdução alienígena, ver também SPENCE, Donald P. Abduction Tales as Metaphors. *Psychological Inquiry*, v. 7, 1996, p. 177-79. Spence interpreta memórias de abdução como metáforas que têm duas funções psicológicas poderosas: elas condensam um conjunto de preocupações e ansiedades sem causa aparente que são comuns no clima político e cultural de hoje e não têm remédio pronto ou fácil e, ao fornecer uma identidade compartilhada para os crédulos, elas reduzem os sentimentos de alienação e impotência dos crédulos.
18. MAECHLER, *The Wilkomirski Affair*, p. 273.
19. *Ibid.*, p. 27.
20. *Ibid.*, p. 71. Wilkomirski explicou ter a síndrome das pernas inquietas contando uma história horripilante: que, quando estava em Majdanek, ele aprendeu a manter as pernas em movimento enquanto dormia, caso contrário "os ratos as roeriam". Mas, de acordo com Tomasz Kranz, chefe do departamento de pesquisa do Museu Majdanek, havia piolhos e pulgas no acampamento, mas não ratos (ao contrário de outros acampamentos, como Birkenau). Veja *ibid.*, p. 169.
21. Sobre os benefícios físicos e psicológicos de escrever sobre segredos e traumas previamente não revelados, ver PENNEBAKER, James W. *Opening Up*. Nova York: William Morrow, 1990.
22. Sobre a inflação da imaginação, ver LOFTUS, Elizabeth F. Memories of Things Unseen. *Current Directions in Psychological Science*, v. 13, 2004, p. 145-47, e LOFTUS. Imagining the Past. *Psychologist*, v. 14, 2001, p. 584-87; GARRY,

Maryanne *et al.* Imagination Inflation: Imagining a Childhood Event Inflates Confidence That It Occurred. *Psychonomic Bulletin and Review*, v. 3, 1996, p. 208-14; MAZZONI, Giuliana; MEMON, Amina. Imagination Can Create False Autobiographical Memories. *Psychological Science*, v. 14, 2003, p. 186-88. Sobre sonhos, ver MAZZONI, Giuliana *et al.* Changing Beliefs and Memories through Dream Interpretation. *Applied Cognitive Psychology*, v. 2, 1999, p. 125-44.

23. GONSALVES, Brian *et al.* Neural Evidence that Vivid Imagining Can Lead to False Remembering. *Psychological Science*, v. 15, 2004, p. 655-60. Eles descobriram que o processo de imaginar visualmente um objeto comum gera atividade cerebral em regiões do córtex cerebral, o que pode levar a falsas memórias desses objetos imaginados.

24. MAZZONI. Imagination Can Create False Autobiographical Memories.

25. O efeito é chamado de "inflação de explicação"; ver SHARMAN, Stefanie J.; MANNING, Charles G.; GARRY, Maryanne. Explain This: Explaining Childhood Events Inflates Confidence for Those Events. *Applied Cognitive Psychology*, v. 19, 2005, p. 67-74. Crianças na fase pré-verbal fazem o equivalente visual do que os adultos fazem: desenham uma imagem de um evento completamente implausível, como tomar chá em um balão de ar quente ou nadar no fundo do oceano com uma sereia. Depois de desenhar essas imagens, elas geralmente as importam para suas memórias. Uma semana depois, são muito mais propensas do que as crianças que não desenharam as imagens a dizer que sim, o evento fantasioso realmente aconteceu. Ver STRANGE, Deryn; GARRY, Maryanne; SUTHERLAND, Rachel. Drawing Out Children's False Memories. *Applied Cognitive Psychology*, v. 17, 2003, p. 607-19.

26. MAECHLER, *The Wilkomirski Affair*, p. 104.

27. *Ibid.*, p. 100, 97 (grifo nosso).

28. MCNALLY, Richard J. *Remembering Trauma*. Cambridge, Massachussets: Harvard University Press, 2003. p. 233.

29. SHERMER, Michael. Abducted! *Scientific American*, fev. 2005, p. 33.

30. CLANCY, *Abducted*, p. 51.

31. *Ibid.*, p. 33, 34.

32. Giuliana Mazzoni e colegas mostraram em laboratório como as pessoas podem vir a considerar um evento impossível (ter testemunhado uma possessão demoníaca quando eram crianças) como uma memória plausível. Um passo no processo foi ler sobre possessão demoníaca em passagens que diziam que era muito mais comum do que a maioria das pessoas se dava conta, acompanhadas de depoimentos. Ver MAZZONI, Giuliana; LOFTUS, Elizabeth F.; KIRSCH, Irving. Changing Beliefs About Implausible Autobiographical Events: A Little Plausibility Goes a Long Way. *Journal of Experimental Psychology: Applied*, v. 7, 2001, p. 51-59.

33. CLANCY, *Abducted*, v. 143, p. 2.

34. *Ibid.*, p. 50.

35. Richard McNally, comunicação pessoal com os autores.
36. MCNALLY, Richard J. *et al.* Psychophysiologic Responding During Script-Driven Imagery in People Reporting Abduction by Space Aliens. *Psychological Science*, v. 5, 2004, p. 493-97. Ver também CLANCY, *Abducted*, e MCNALLY, *Remembering Trauma*, para revisões desta e de outras pesquisas relacionadas.
37. É interessante que as autobiografias que antes serviam como exemplos inspiradores da luta de uma pessoa para superar o racismo, a violência, a deficiência, o exílio ou a pobreza pareçam hoje tão fora de moda. Os memorialistas modernos se esforçam para superar uns aos outros no relato de detalhes horríveis da própria vida. Para um ensaio eloquente sobre esse tema, ver a resenha de *O castelo de vidro*, de Jeannette Walls: PROSE, Francine. Outrageous Misfortune. *New York Times Book Review*, 13 mar. 2005. O texto de Prose começa assim: "Memórias são nossos contos de fadas modernos, as fábulas angustiantes dos irmãos Grimm reimaginadas da perspectiva da criança corajosa que, contrariando todas as expectativas, escapou do destino de ser cortada em pedaços, cozida e servida à família no jantar".
38. BASS, Ellen; DAVIS, Laura. *The Courage to Heal: A Guide for Women Survivors of Child Sexual Abuse*. Nova York: Harper and Row, 1988. p. 173.
39. Para o melhor e mais completo relato dessa história, ver: JOHNSTON, Moira. *Spectral Evidence: The Ramona Case: Incest, Memory, and Truth on Trial in Napa Valley*. Boston: Houghton Mifflin, 1997.
40. KARR, Mary. His So-Called Life. *The New York Times*, 15 jan. 2006.

Capítulo 4. Boas intenções, ciência ruim: o ciclo fechado do julgamento clínico

1. A história de Grace nos foi contada pelo psicólogo Joseph de Rivera, que a entrevistou e a outros em sua pesquisa sobre a psicologia dos retratadores. Ver RIVERA, Joseph de. The Construction of False Memory Syndrome: The Experience of Retractors. *Psychological Inquiry*, v. 8, 1997, p. 271-92; e RIVERA, Joseph de. Understanding Persons Who Repudiate Memories Recovered in Therapy. *Professional Psychology: Research and Practice*, v. 31, 2000, p. 378-86.
2. A história mais abrangente da epidemia de memória recuperada continua sendo PENDERGRAST, Mark. *Victims of Memory*. 2. ed. Hinesburg, Vermont: Upper Access Press, 1996 (revisto e expandido para uma edição britânica da HarperCollins, 1996). Ver também OFSHE, Richard J.; WATTERS, Ethan. *Making Monsters: False Memory, Psychotherapy, and Sexual Hysteria*. Nova York: Scribner's, 1994; LOFTUS, Elizabeth; KETCHAM, Katherine. *The Myth of Repressed Memory*. Nova York: St. Martin's Press, 1994; CREWS, Frederick (org.). *Unauthorized Freud: Doubters Confront a Legend*. Nova York: Viking, 1998. Para uma excelente sociologia de epidemias históricas e pânicos morais, ver JENKINS, Philip. *Intimate Enemies: Moral Panics in Contemporary Great Britain*. Hawthorne, Nova York: Aldine de Gruyter, 1992.

A mulher que alegou que seu pai a molestou dos 5 aos 23 anos, Laura B., processou o pai, Joel Hungerford, no estado de New Hampshire em 1995. Ela perdeu.

3. Para análises da ascensão e queda do transtorno de personalidade múltipla (TPM), ver também ACOCELLA, Joan. *Creating Hysteria: Women and Multiple Personality Disorder*. São Francisco: Jossey-Bass, 1999. Sobre hipnose e outros meios de criar falsas memórias de abdução, transtorno de personalidade múltipla e abuso infantil, ver SPANOS, Nicholas P. *Multiple Identities and False Memories: A Sociocognitive Perspective*. Washington, DC: Associação Norte-Americana de Psicologia, 1996.

4. LEVINE, Judith. Bernard Baran, RIP. *Seven Days*, 13 set. 2014. Homem gay e molestador de crianças condenado a uma pena de prisão, Baran sofreu 21 anos de violência antes de ser libertado em novo julgamento. Em 2014, oito anos após sua libertação, ele morreu em decorrência de um aneurisma.

5. Três dos melhores livros sobre os escândalos de creches e alegações de cultos generalizados que estavam promovendo abuso sexual ritual satânico são NATHAN, Debbie; e SNEDEKER, Michael. *Satan's Silence: Ritual Abuse and the Making of a Modern American Witch Hunt*. Nova York: Basic Books, 1995; CECI, Stephen J.; BRUCK, Maggie. *Jeopardy in the Courtroom: A Scientific Analysis of Children's Testimony*. Washington, DC: Associação Norte-Americana de Psicologia, 1995; e para um relato soberbo e detalhado do caso McMartin, ver BECK, Richard. *We Believe the Children: A Moral Panic in the 1980s*. Nova York: Public Affairs, 2015. Dorothy Rabinowitz, editorialista de *The Wall Street Journal*, foi a primeira a questionar publicamente a condenação de Kelly Michaels e a reabrir seu caso; ver RABINOWITZ, Dorothy. *No Crueler Tyrannies: Accusation, False Witness, and Other Terrors of Our Times*. Nova York: Free Press, 2003.

6. Em 2005, um júri de Boston condenou um ex-padre de 74 anos de idade, Paul Shanley, por molestar sexualmente Paul Busa, então com 27 anos, quando Busa tinha 6. Essa alegação veio na esteira dos escândalos da Igreja que revelaram centenas de casos documentados de padres pedófilos, então as emoções compreensivelmente estavam à flor da pele contra os padres e contra a política da Igreja de encobrir as acusações. No entanto, a única evidência no caso de Shanley foram as memórias de Busa, que, ele disse, recuperou em detalhados flashbacks após ler um artigo do jornal *The Boston Globe* sobre Shanley. No julgamento não se apresentou nenhuma evidência que corroborasse as alegações de Busa, e, de fato, muitas delas contestaram suas alegações. Ver RAUCH, Jonathan. Is Paul Shanley Guilty? If Paul Shanley Is a Monster, the State Didn't Prove It. *National Journal*, 12 mar. 2005, e WYPIJEWSKI, JoAnn. The Passion of Father Paul Shanley. *Legal Affairs*, set./out. 2004. Outros repórteres céticos incluíram Daniel Lyons da *Forbes*, Robin Washington do *Boston Herald* e Michael Miner do *Chicago Reader*. Para uma história ainda mais sensacional da condenação de um homem baseada quase inteiramente em memórias reprimidas e recuperadas,

consulte o caso de Jerry Sandusky: PENDERGRAST, Mark. *The Most Hated Man in America: Jerry Sandusky and the Rush to Judgment*. Mechanicsburg, Filadélfia: Sunbury Press, 2017. Para um resumo do caso, ver CREWS, Frederick. Trial by Therapy: The Jerry Sandusky Case Revisited. *Skeptic*.

7. NATHAN, Debbie. *Sybil Exposed: The Extraordinary Story Behind the Famous Multiple Personality Case*. Nova York: Free Press, 2011.

8. Alguns estudos constatam que abordagens combinadas – medicação mais terapia cognitivo-comportamental (TCC) – são mais eficazes; outros descobrem que a TCC sozinha também funciona. Para uma revisão das questões e da bibliografia de estudos de pesquisa, ver FORÇA-TAREFA PRESIDENCIAL SOBRE PRÁTICAS BASEADAS EM EVIDÊNCIAS DA ASSOCIAÇÃO NORTE-AMERICANA DE PSICOLOGIA. Evidence-Based Practice in Psychology. *American Psychologist*, v. 61, 2006, p. 271-83. Ver também CHAMBLESS, Dianne *et al*. Update on Empirically Validated Therapies. *Clinical Psychologist*, v. 51, 1998, p. 3-16, e HOLLON, Steven D.; THASE, Michael E.; MARKOWITZ, John C. Treatment and Prevention of Depression. *Psychological Science in the Public Interest*, v. 3, 2002, p. 39-77. Esses artigos contêm excelentes referências sobre formas empiricamente validadas de psicoterapia para diferentes problemas.

9. LUHRMANN, Tanya M. *Of Two Minds: The Growing Disorder in American Psychiatry*. Nova York: Knopf, 2000. Suas descobertas ecoam precisamente o que Jonas Robitscher descreveu sobre sua profissão vinte anos antes em *The Powers of Psychiatry* (Boston: Houghton Mifflin, 1980).

10. Para uma excelente revisão das questões e do surgimento de métodos e práticas pseudocientíficos em psicoterapia – incluindo testes de avaliação não validados, tratamentos para autismo e TDAH e terapias populares –, ver LILIENFELD, Scott O.; LYNN, Steven Jay; LOHR, Jeffrey M. (org.). *Science and Pseudoscience in Clinical Psychology*. 2. ed. Nova York: Guilford, 2015. E sobre o outro lado da história, artigos acerca das contribuições mais importantes da ciência clínica, ver LILIENFELD, Scott O.; O'DONOHUE, William T. (org.). *The Great Ideas of Clinical Science*. Nova York: Routledge, 2007.

11. Sobre evidências de que a hipnose é eficaz para um grande número de condições de dor aguda e crônica, ver PATTERSON, David R.; JENSEN, Mark P. Hypnosis and Clinical Pain. *Psychological Bulletin*, v. 29, 2003, p. 495-521. A hipnose também pode aumentar a eficácia de técnicas cognitivo-comportamentais para perder peso, parar de fumar e outros problemas de comportamento; ver KIRSCH, Irving; MONTGOMERY, Guy; SAPIRSTEIN, Guy. Hypnosis as an Adjunct to Cognitive-Behavioral Psychotherapy: A Meta-Analysis. *Journal of Consulting and Clinical Psychology*, v. 2, 1995, p. 214-20. Mas são esmagadoras as evidências de que a hipnose não é confiável como uma forma de recuperar memórias, razão pela qual a Associação Norte-Americana de Psicologia e a Associação Médica Americana se opõem ao uso de testemunhos "hipnoticamente atualizados"

em tribunais de justiça. Ver LYNN, Steven Jay *et al.* Constructing the Past: Problematic Memory Recovery Techniques in Psychotherapy. *In*: LILIENFELD, Scott O.; LYNN, Steven Jay; LOHR, Jeffrey M. (org.). *Science and Pseudoscience in Clinical Psychology*; e KIHLSTROM, John F. Hypnosis, Delayed Recall, and the Principles of Memory. *International Journal of Experimental Hypnosis*, v. 42, 1994, p. 337-45.

12. MEEHL, Paul. Psychology: Does Our Heterogeneous Subject Matter Have Any Unity? *Minnesota Psychologist*, verão 1986, p. 4.

13. O depoimento de Bessel van der Kolk foi tomado pelo advogado e psicólogo R. Christopher Barden no escritório de Van der Kolk em Boston, Massachusetts, em 27 e 28 de dezembro de 1996. Barden postou o depoimento on-line; ver "Full Text of 'Bessel van der Kolk, Scientific Dishonesty, and the Mysterious Disappearing Coauthor'", disponível em: https://archive.org/stream/BesselVanDerKolkScientificDishonestyTheMysteriousDisappearing/VanDerKolk_djvu.txt.

14. KIHLSTROM, John F. An Unbalanced Balancing Act: Blocked, Recovered, and False Memories in the Laboratory and Clinic. *Clinical Psychology: Science and Practice*, v. 11, 2004. Ele acrescentou que, "se a confiança fosse um critério adequado para validade, Binjamin Wilkomirski poderia ter recebido um prêmio Pulitzer de história".

15. O depoimento do dr. Courtois aconteceu em 14 de novembro de 2014, no caso *John Doe v. Sociedade dos Missionários do Sagrado Coração*, Chicago, Illinois.

16. Ver WEISBERG, Deena S. *et al.* The Seductive Allure of Neuroscience Explanations. *Journal of Cognitive Neuroscience*, v. 20, 2008, p. 470-77.

17. FREUD, Sigmund. The Dissolution of the Oedipus Complex. *In*: STRACHEY, J. (org.). *The Standard Edition of the Complete Psychological Works of Sigmund Freud*. Londres: Hogarth, 1924. v. 19.

18. Rosenzweig escreveu: "Em duas ocasiões distintas (1934 e 1937), primeiro em escrita gótica e depois em inglês, Freud deu resposta negativa semelhante a qualquer tentativa de explorar a teoria psicanalítica por métodos de laboratório. Essa troca ressaltou claramente a desconfiança de Freud, se não sua oposição, às abordagens experimentais para a validação de seus conceitos clinicamente derivados. De maneira consistente, Freud acreditava que a validação clínica de suas teorias, baseadas original e continuamente em sua autoanálise, deixava pouco a desejar de outras fontes de apoio" (ROSENZWEIG, Saul. Letters by Freud on Experimental Psychodynamics. *American Psychologist*, v. 52, 1997, p. 571). Ver também ROSENZWEIG, Saul. Freud and Experimental Psychology: The Emergence of Idio-Dynamics. *In*: KOCH, S.; LEARY, D. E. (org.). *A Century of Psychology as Science*. Nova York: McGraw-Hill, 1985. Esse livro foi republicado pela Associação Norte-Americana de Psicologia em 1992.

19. LYNN *et al.*, Constructing the Past.

20. Veja um exemplo no artigo: NASH, Michael. Memory Distortion and Sexual Trauma: The Problem of False Negatives and False Positives. *International Journal of Clinical and Experimental Hypnosis*, v. 42, 1994, p. 346-62.
21. McNALLY, *Remembering Trauma*, p. 275.
22. Os defensores da memória recuperada em questão são Daniel Brown, Alan W. Scheflin e D. Corydon Hammond, autores de *Memory, Trauma Treatment, and the Law* (Nova York: W. W. Norton, 1998); sua versão do estudo do campo de concentração Erika está na página 156. Para uma revisão desse livro que documenta a longa associação de seus autores com o movimento da memória recuperada, sua crença no predomínio de cultos de abuso ritual satânico e seu endosso do uso da hipnose para "recuperar" memórias de abuso e gerar múltiplas personalidades, ver CREWS, Frederick. The Trauma Trap. *The New York Review of Books*, v. 51, 11 mar. 2004. Esse ensaio foi reimpresso, com outros escritos expondo as falácias do movimento da memória recuperada, em CREWS, Frederick. *Follies of the Wise*. Emeryville, Califórnia: Shoemaker and Hoard, 2006.
23. BASSON, Rosemary *et al*. Efficacy and Safety of Sildenafil Citrate in Women with Sexual Dysfunction Associated with Female Sexual Arousal Disorder. *Journal of Women's Health and Gender-Based Medicine*, v. 11, maio de 2002, p. 367-77.
24. KAUFMAN, Joan; ZIGLER, Edward. Do Abused Children Become Abusive Parents? *American Journal of Orthopsychiatry*, v. 57, 1987, p. 186-92. Desde Freud, tem havido uma suposição cultural generalizada de que o trauma da infância sempre, inevitavelmente, produz psicopatologia adulta. As pesquisas destruíram essa suposição também. A psicóloga Ann Masten observou que a maioria das pessoas presume que há algo especial e raro sobre as crianças que se recuperam da adversidade. Mas "a grande surpresa" da pesquisa, ela concluiu, é o fato de a resiliência ser bastante comum. A maioria das crianças tem extraordinária resiliência, e, mais cedo ou mais tarde, supera até mesmo os efeitos da guerra, doenças infantis, pais e mães abusivos ou alcoólatras, privação precoce ou abusos sexuais. Ver MASTEN, Ann. Ordinary Magic: Resilience Processes in Development. *American Psychologist*, v. 56, 2001, p. 227-38.
25. FRIEDRICH, William *et al*. Normative Sexual Behavior in Children: A Contemporary Sample. *Pediatrics*, v. 101, 1988, p. 1-8. Ver também www.pediatrics.org/cgi/content/full/101/4/e9. Para uma excelente revisão da pesquisa de genética comportamental sobre a estabilidade do temperamento, independentemente das experiências de uma criança, ver HARRIS, Judith Rich. *The Nurture Assumption*. Nova York: Free Press, 1998. Sobre crianças que não sofreram abusos terem pesadelos frequentes e outros sintomas de ansiedade, ver McNALLY, *Remembering Trauma*.
26. KENDALL-TACKETT, Kathleen A.; WILLIAMS, Linda M.; FINKELHOR, David. Impact of Sexual Abuse on Children: A Review and Synthesis of Recent Empirical Studies. *Psychological Bulletin*, v. 113, 1992, p. 164-80. Os pesquisadores

descobriram também, sem surpresa, que os sintomas das crianças estavam relacionados à gravidade, à duração e à frequência do abuso, a se houve uso de força física, ao relacionamento do abusador com a criança e ao grau de apoio da mãe. Em contraste com as previsões dos terapeutas de memória recuperada, cerca de dois terços das crianças vitimizadas se recuperaram durante os primeiros doze a dezoito meses.

27. Ao revisar a pesquisa, Glenn Wolfner, David Faust e Robyn Dawes concluíram: "Simplesmente não há evidências científicas disponíveis que justifiquem o diagnóstico clínico ou forense de abuso com base em brincadeiras com bonecas"; ver o artigo deles: The Use of Anatomically Detailed Dolls in Sexual Abuse Evaluations: The State of the Science. *Applied and Preventive Psychology*, v. 2, 1993, p. 1-11.

28. Quando perguntaram à menina se isso realmente aconteceu, ela disse: "Sim, aconteceu". Quando seu pai e o pesquisador tentaram tranquilizá-la dizendo: "Seu médico não faz essas coisas com meninas. Você estava apenas brincando. Sabemos que ele não fez essas coisas", a criança se agarrou com tenacidade às suas alegações. "Assim, a exposição repetida à boneca, com sugestões mínimas", os pesquisadores alertaram, "resultou em uma brincadeira bastante sexualizada para essa criança." BRUCK, Maggie et al. Anatomically Detailed Dolls Do Not Facilitate Preschoolers' Reports of a Pediatric Examination Involving Genital Touching. *Journal of Experimental Psychology: Applied*, v. 1, 1995, p. 95-109.

29. HORNER, Thomas M.; GUYER, Melvin J.; KALTER, Neil M. Clinical Expertise and the Assessment of Child Sexual Abuse. *Journal of the American Academy of Child and Adolescent Psychiatry*, v. 32, 1993, p. 925-31; HORNER, Thomas M.; GUYER, Melvin J.; KALTER, Neil M. The Biases of Child Sexual Abuse Experts: Believing Is Seeing. *Bulletin of the American Academy of Psychiatry and the Law*, v. 21, 1993, p. 281-92.

30. Muitas décadas atrás, Paul Meehl mostrou que fórmulas matemáticas relativamente simples superavam os julgamentos intuitivos dos clínicos na previsão dos resultados dos pacientes; ver MEEHL, Paul E. *Clinical versus Statistical Prediction: A Theoretical Analysis and a Review of the Evidence*. Minneapolis: University of Minnesota Press, 1954; e DAWES, Robyn; FAUST, David; MEEHL, Paul E. Clinical versus Actuarial Judgment. *Science*, v. 243, 1989, p. 1668-74. As descobertas de Meehl foram repetidamente reconfirmadas. Ver GROB, Howard. *Studying the Clinician: Judgment Research and Psychological Assessment*. Washington, DC: Associação Norte-Americana de Psicologia, 1998.

31. Nosso relato do caso Kelly Michaels é baseado amplamente em Ceci e Bruck, *Jeopardy in the Courtroom*, e Pendergrast, *Victims of Memory*. Ver também BRUCK, Maggie; CECI, Stephen. Amicus Brief for the Case of State of New Jersey v. Margaret Kelly Michaels, Presented by Committee of Concerned Social Scientists. *Psychology, Public Policy, and Law*, v. 1, 1995.

32. PENDERGRAST, *Victims of Memory*, p. 423.

33. DICKINSON, Jason J.; POOLE, Debra A.; LAIMON, R. L. Children's Recall and Testimony. In: BREWER, N.; WILLIAMS, K. (org.). *Psychology and Law: An Empirical Perspective*. Nova York: Guilford, 2005. Ver também POOLE, Debra A.; LINDSAY, D. Stephen. Interviewing Preschoolers: Effects of Nonsuggestive Techniques, Parental Coaching, and Leading Questions on Reports of Nonexperienced Events. *Journal of Experimental Child Psychology*, v. 60, 1995, p. 129-54.

34. GARVEN, Sena et al. More Than Suggestion: The Effect of Interviewing Techniques from the McMartin Preschool Case. *Journal of Applied Psychology*, v. 83, 1998, p. 347-59; e GARVEN, Sena; WOOD, James M.; MALPASS, Roy S. Allegations of Wrongdoing: The Effects of Reinforcement on Children's Mundane and Fantastic Claims. *Journal of Applied Psychology*, v. 85, 2000, p. 38-49.

35. PRINCIPE, Gabrielle F. et al. Believing Is Seeing: How Rumors Can Engender False Memories in Preschoolers. *Psychological Science*, v. 17, 2006, p. 243-48.

36. NATHAN, Debbie. I'm Sorry. *Los Angeles Times Magazine*, 30 out. 2005.

37. POOLE, Debra A.; LAMB, Michael E. *Investigative Interviews of Children*. Washington, DC: Associação Norte-Americana de Psicologia, 1998. O trabalho deles tornou-se a base de novos protocolos elaborados pela Força-Tarefa do Governador do Estado de Michigan sobre Justiça Infantil e Agência de Independência da Família e pelo Instituto Nacional de Saúde Infantil e Desenvolvimento Humano (NICHD), que preparou um protocolo de entrevista investigativa largamente utilizado em pesquisa e avaliação. Ver LAMB, Michael E. et al. Structured Forensic Interview Protocols Improve the Quality and Informativeness of Investigative Interviews with Children: A Review of Research Using the NICHD Investigative Interview Protocol. *Child Abuse and Neglect*, v. 31, 2007, p. 1201-31.

38. BASS, Ellen; DAVIS, Laura. *The Courage to Heal: A Guide for Women Survivors of Child Sexual Abuse*. Nova York: Harper and Row, 1998. p. 18.

39. Em um estudo realizado em meados da década de 1990, pesquisadores selecionaram amostras aleatórias de psicólogos clínicos norte-americanos com doutorado com base em nomes listados no Registro Nacional de Provedores de Serviços de Saúde em Psicologia. Eles perguntaram aos entrevistados com que frequência usavam regularmente certas técnicas com o intuito específico "de ajudar os clientes a recuperar memórias de abuso sexual": hipnose, regressão de idade, interpretação de sonhos, imagens guiadas relacionadas a situações de abuso e interpretação de sintomas físicos como evidência de abuso. Pouco mais de 40% disseram que usavam interpretação de sonhos; cerca de 30% disseram que usavam hipnose; o menor número, mas ainda cerca de 20%, usava regressão de idade. Aproximadamente as mesmas porcentagens desaprovavam o uso dessas técnicas; os do meio aparentemente não tinham opinião. Ver POOLE, Debra A. et al. Psychotherapy and the Recovery of Memories of Childhood Sexual Abuse:

U.S. and British Practitioners' Opinions, Practices, and Experiences. *Journal of Consulting and Clinical Psychology*, v. 63, 1995, p. 426–37. No entanto, a lacuna entre cientistas e clínicos continua; ver PATIHIS, Lawrence *et al.* Are the 'Memory Wars' Over? A Scientist-Practitioner Gap in Beliefs About Repressed Memory. *Psychological Science*, v. 25, 2014, p. 519-30.

40. De acordo com uma meta-análise dos principais estudos, a noção de que o abuso sexual na infância é uma das principais causas de transtornos alimentares não foi corroborada por evidências empíricas. Ver STICE, Eric. Risk and Maintenance Factors for Eating Pathology: A Meta-Analytic Review. *Psychological Bulletin*, v. 128, 2002, p. 825-48.

41. PATIHIS *et al.* "Are the 'Memory Wars' Over?"

42. OTGAAR, Henry *et al.* The Return of the Repressed: The Persistent and Problematic Claims of Long-Forgotten Trauma. *Perspectives on Psychological Science*, v. 14, n. 6, 2019, p. 1072-95.

43. Alguns simplesmente mudaram o foco. Bessel van der Kolk perdeu sua afiliação com a Escola de Medicina de Harvard, e seu laboratório no Hospital Geral de Massachusetts foi fechado, mas ele ainda acredita que memórias reprimidas são uma característica comum de transtornos de estresse traumático. Ele passou a ignorar mecanismos mentais como explicações e argumenta que memórias traumáticas ficam "presas na máquina" e são expressas no corpo, o que "traiu" o sofredor durante o episódio traumático. Ver INTERLANDI, Jeneen. How Do You Heal a Traumatized Mind? *The New York Times Magazine*, 25 maio 2014.

44. MCNALLY, Richard J. Troubles in Traumatology. *Canadian Journal of Psychiatry*, v. 50, 2005, p. 815.

45. John Briere fez essa declaração no 12º Congresso Internacional sobre Abuso e Negligência Infantil em 1998, em Auckland, Nova Zelândia. Essas observações foram relatadas pelo *New Zealand Herald*, de 9 de setembro de 1998. O artigo citou Briere dizendo que "memórias perdidas de abuso são razoavelmente comuns, mas evidências sugerem que falsas memórias de abuso são bastante incomuns", disponível em: http://www.menz.org.nz/Casualties/1998%20newsletters/Oct%2098.htm.

46. PENDERGRAST, *Victims of Memory*, p. 567.

47. Hammond fez essas observações em sua apresentação "Investigating False Memory for the Unmemorable: A Critique of Experimental Hypnosis and Memory Research", no 14º Congresso Internacional de Hipnose e Medicina Psicossomática, San Diego, junho de 1997.

48. Um grupo de psiquiatras e outros especialistas clínicos pediu ao Departamento de Justiça dos Estados Unidos para aprovar uma lei tornando ilegal a publicação de trechos de depoimentos de crianças nos casos das creches. O DOJ recusou. A Basic Books foi ameaçada com uma liminar se publicasse *Satan's Silence*, de Debbie Nathan e Michael Snedeker, que desmascarava a histeria da creche; a Basic Books não cumpriu com as exigências dos ameaçadores.

A Associação Norte-Americana de Psicologia foi ameaçada com um processo caso publicasse *Jeopardy in the Courtroom*, de Stephen Ceci e Maggie Bruck; a APA adiou a publicação por vários meses. (Nossa fonte são comunicações pessoais dos investigadores envolvidos.)

49. Mas como você mata o mensageiro quando há centenas de mensageiros? Uma maneira de resolver a dissonância entre "Tenho certeza de que estou certo" e "Estou em uma pequena minoria" é alegar que o consenso científico reflete uma "conspiração" para suprimir a verdade do abuso sexual infantil. Por exemplo, o cientista político Ross Cheit alega que uma conspiração de jornalistas, advogados de defesa, cientistas sociais e críticos do sistema de justiça criminal inventou uma "narrativa de caça às bruxas". Ele afirma que não houve caça às bruxas contra aquelas centenas de trabalhadores de creches; a maioria dos que foram condenados e depois soltos eram, afirma ele, culpados. Mas Cheit escolheu a dedo as evidências, procurando argumentos para corroborar suas alegações e distorcendo ou omitindo as evidências das quais não gostava. Ver CHEIT, Ross E. *The Witch-Hunt Narrative*. Nova York: Oxford University Press, 2014. Para leitores interessados em refutações detalhadas deste livro, ver "The Witch Hunt Narrative: Rebuttal", disponível em: http://www.ncrj.org/resources-2/response-to-ross-cheit/the-witch-hunt-narrativerebuttal/; e YOUNG, Cathy. The Return of Moral Panic. *Reason*, 25 out. 2014.

50. Até onde sabemos, nem Bass nem Davis jamais reconheceram que ela estava errada em qualquer uma das alegações básicas sobre memória e trauma; nunca admitiram que sua ignorância da ciência psicológica pode tê-las levado a exagerar. No prefácio da terceira edição de *The Courage to Heal*, Bass e Davis responderam às críticas científicas direcionadas ao livro e tentam justificar suas alegações de especialização, apesar da falta de formação profissional: "Como autoras, fomos criticadas por nossa falta de credenciais acadêmicas. Mas ninguém precisa ter um phD para ouvir com atenção e compaixão outro ser humano". Isso é verdade, mas o treinamento em ciência pode impedir que todos esses ouvintes compassivos cheguem a conclusões injustificadas, implausíveis e potencialmente nocivas. Na edição de vigésimo aniversário do livro, publicada em 2008, a seção "Honrando a verdade" foi eliminada. Não porque estivesse errada, as autoras se apressaram em explicar, mas "para abrir espaço para novas histórias e informações sobre cura", incluindo um novo recurso intitulado "A verdade essencial da memória".

51. NATIONAL PUBLIC RADIO. *This American Life*, episódio 215, 16 jun. 2002.

Capítulo 5. Lei e desordem

1. SULLIVAN, Timothy. *Unequal Verdicts: The Central Park Jogger Trials*. Nova York: Simon and Schuster, 1992. Ver também BURNS, Sarah. *The Central Park Five*:

A Chronicle of a City Wilding. Nova York: Knopf, 2012. Um filme baseado em seu livro, dirigido por Ken Burns, Sarah Burns e David McMahon, foi lançado em 2012, e a versão dramatizada de Ava DuVernay, *When They See us* [*Olhos que condenam*], foi lançada em 2019.

2. Reyes confessou por que, inteiramente por acaso, conheceu na prisão um dos réus condenados, Kharey Wise, e aparentemente passou a se sentir culpado pela prisão injusta de Wise. Mais tarde, ele disse aos agentes da prisão que havia cometido um crime pelo qual outros haviam sido condenados injustamente, e uma nova investigação teve início. DRIZIN, Steven A.; LEO, Richard A. The Problem of False Confessions in the Post-DNA World. *North Carolina Law Review*, v. 82, 2004, p. 891-1008.

3. JEFFRIES, Stuart. The Rapist Hunter. *The Guardian*, 26 fev. 2004.

4. FAIRSTEIN, Linda. Netflix's False Story of the Central Park Five. *The Wall Street Journal*, 10 jun. 2019.

5. Ver www.innocenceproject.org para as últimas atualizações e o livro clássico de Barry Scheck, Peter Neufeld e Jim Dwyer, *Actual Innocence* (Nova York: Doubleday, 2000).

6. GROSS, Samuel R. How Many False Convictions Are There? How Many Exonerations Are There? Artigo de pesquisa sobre direito público da Universidade de Michigan n. 316, 26 fev. 2013. Disponível em https://papers.ssrn.com/sol3/papers.cfm?abstract_id=2225420. Ver HUFF, C. R.; KILLIAS, M. (org.). *Wrongful Convictions and Miscarriages of Justice: Causes and Remedies in North American and European Criminal Justice Systems*. Nova York: Routledge, 2013.

7. Disponível em: http://www.law.umich.edu/special/exoneration/Pages/about.aspx. À medida que o DNA se tornou mais amplamente usado em investigações forenses antes do julgamento, alguns estudiosos do direito previram que o número de exonerações de culpa baseadas em DNA diminuirá, e o foco se voltará para outras bases para anular condenações injustas. Para uma avaliação ponderada da diferença entre "inocência factual" e "exoneração de culpa" e como isso pode se aplicar ao movimento da inocência, ver LEO, Richard A. Has the Innocence Movement Become an Exoneration Movement? The Risks and Rewards of Redefining Innocence. *In*: MEDWED, Daniel (org.). *Wrongful Convictions and the DNA Revolution: Twenty-Five Years of Freeing the Innocent*. Cambridge, Massachussets: Cambridge University Press, 2017. p. 57-83.

8. Citado em JEROME, Richard. Suspect Confessions. *The New York Times Magazine*, 13 ago. 1995.

9. MEDWED, Daniel S. The Zeal Deal: Prosecutorial Resistance to Post-Conviction Claims of Innocence. *Boston University Law Review*, v. 84, 2004, p. 125. Medwed analisa a cultura institucional de muitos gabinetes de promotoria, que dificulta que os promotores de justiça admitam erros e os corrijam.

10. MARQUIS, Joshua. The Innocent and the Shammed. *The New York Times*, 26 jan. 2006. Em 2014, ele não se comoveu com evidências de condenações injustas.

Se as estimativas de Samuel Gross de que 4,1% de todos os réus condenados à morte foram falsamente condenados, Marquis disse a um entrevistador: "Eu largaria meu emprego e me tornaria um monge budista se tivesse 20% de precisão". Mas, de acordo com Gross, "20% de precisão" é aceito como a estimativa mais baixa. Ver https://www.nytimes.com/2014/05/02/science/convictions-of-4-1-percent-facing-death-said-to-be-false.html.

11. Registro de Má Conduta do Ministério Público, disponível em: www.prosecutorintegrity.org/registry/. Ver RIDOLFI, Kathleen M.; POSSLEY, Maurice. Preventable Error: A Report on Prosecutorial Misconduct in California 1997-2009, um relatório da iniciativa VERITAS do Innocence Project do norte da Califórnia, 2010.

12. *Harmful Error: Investigating America's Local Prosecutors*, publicado pelo Centro para Integridade Pública, verão de 2003, relata sua análise de 11.452 casos em todo o país nos quais juízes de tribunais de segunda instância revisaram acusações de má conduta do Ministério Público.

13. Citado em MINER, Mike. Why Can't They Admit They Were Wrong? *Chicago Reader*, 1º ago. 2003.

14. O principal problema com o analisador de estresse de voz é que o viés de confirmação atrapalha. Se você acha que o suspeito é culpado, interpreta os microtremores como sinais de mentira, e, se você acha que o suspeito é inocente, não dá atenção a eles. Um grande estudo, "The Validity and Comparative Accuracy of Voice Stress Analysis", descobriu (contrariamente ao título) que "os examinadores do CVSA não foram capazes de distinguir aqueles que contam a verdade daqueles que enganam em níveis maiores do que o acaso".

15. TRACY, Paul E. *Who Killed Stephanie Crowe?* Dallas, Texas: Brown Books, 2003. p. 334.

16. O relato do envolvimento de Vic Caloca no caso, incluindo as citações dele, vem de uma história escrita pelos repórteres investigativos John Wilkens e Mark Sauer, "A Badge of Courage: In the Crowe Case, This Cop Ignored the Politics While Pursuing Justice", *San Diego* 4. A citação de Druliner está em SAUER, Mark; WILKENS, John. Tuite Found Guilty of Manslaughter. *San Diego Union-Tribune*, 27 maio 2004.

17. KUHN, Deanna; WEINSTOCK, Michael; FLATON, Robin. How Well Do Jurors Reason? Competence Dimensions of Individual Variation in a Juror Reasoning Task. *Psychological Science*, v. 5, 1994, p. 289-96.

18. DENEVI, Don; CAMPBELL, John H. *Into the Minds of Madmen: How the FBI's Behavioral Science Unit Revolutionized Crime Investigation*. Amherst, Nova York: Prometheus Books, 2004. p. 33. Esse livro é, involuntariamente, um estudo de caso do treinamento não científico da Unidade de Ciência Comportamental do FBI.

19. TRACY, *Who Killed Stephanie Crowe?*, p. 184.
20. Ralph M. Lacer, entrevista a Connie Chung, *Eye to Eye with Connie Chung*, CBS, transmitida em 13 de janeiro de 1994.
21. Comentários introdutórios de Steven Drizin, em "Prosecutors Won't Oppose Tankleff's Hearing". *The New York Times*, 13 maio 2004.
22. HUMES, Edward. *Mean Justice*. Nova York: Pocket Books, 1999. p. 181.
23. MCCLURG, Andrew J. Good Cop, Bad Cop: Using Cognitive Dissonance Theory to Reduce Police Lying. *U.C. Davis Law Review*, v. 32, 1999, p. 395, 429.
24. Essa justificativa (o indivíduo supostamente corre e dispensa uma sacola com drogas) é tão comum que também gerou um novo termo: "*dropsy testimony*", em razão do verbo "*to drop*" (soltar/largar). David Heilbroner, ex-promotor público assistente de Nova York, escreveu: "Em casos assim, os policiais justificam uma busca pelos meios mais antigos: eles mentem sobre os fatos: 'Quando eu estava virando a esquina, vi o réu jogar as drogas na calçada, por isso eu o prendi'. Era uma velha fala conhecida por todos no sistema de justiça. Um renomado juiz federal, muitos anos atrás, reclamou que havia lido o mesmo testemunho em um número de casos excessivo demais para que ainda fosse crível como uma questão legal". HEILBRONER, David. *Rough Justice: Days and Nights of a Young D.A.* Nova York: Pantheon, 1990. p. 29.
25. MCCLURG, Good Cop, Bad Cop, p. 391.
26. STAMPER, Norm. *Breaking Rank: A Top Cop's Exposé of the Dark Side of American Policing*. Nova York: Nation Books, 2005; e STAMPER, Norm. Let Those Dopers Be. *Los Angeles Times*, 16 out. 2005.
27. MCCLURG, Good Cop, Bad Cop, p. 413, 415.
28. No condado de Suffolk, Nova York, em setembro de 1988, o detetive de homicídios K. James McCready foi chamado a uma casa onde encontrou o corpo de Arlene Tankleff, que havia sido esfaqueada e espancada até a morte, e seu marido inconsciente, Seymour, que também havia sido brutalmente atacado. (Ele morreu algumas semanas depois.) Poucas horas mais tarde, McCready declarou que havia solucionado o caso: o assassino era o filho do casal, Martin, de 17 anos. Durante o interrogatório, McCready disse repetidamente a Martin que sabia que ele havia matado o pai e a mãe, porque o pai havia recuperado brevemente a consciência e dito à polícia que Marty era o agressor. Isso era mentira. "Usei trapaça e engodo", disse McCready. "Não acho que ele fez isso. Eu *sei* que ele fez isso." Por fim o adolescente confessou que podia ter matado o pai e a mãe durante um apagão dos sentidos. Quando o advogado da família chegou à delegacia, Martin Tankleff imediatamente negou a confissão e nunca a assinou, mas foi o suficiente para condená-lo. Martin foi sentenciado a uma pena de cinquenta anos de prisão perpétua. LAMBERT, Bruce. Convicted of Killing His Parents, but Calling a Detective the Real Bad Guy. *The New York Times*, 4 abr. 2004. Tankleff foi libertado da prisão em 2007 após a anulação de sua condenação. Em 2014, ele recebeu 3,4 milhões de dólares do estado em

um acordo de seu processo de condenação injusta. Seu processo de direitos civis contra McCready e o condado de Suffolk está em aberto.
29. TRACY, *Who Killed Stephanie Crowe?*, p. 175.
30. INBAU, Fred E. et al. *Criminal Interrogation and Confessions*. 5. ed. Burlington, Massachussets: Jones and Bartlett Learning, 2011. p. xi.
31. *Ibid.*, p. 352.
32. *Ibid.*, p. 5.
33. Uma das dissecações mais completas da técnica Reid e do manual Inbau e colegas está em DAVIS, Deborah; O'DONOHUE, William T. The Road to Perdition: 'Extreme Influence' Tactics in the Interrogation Room". In: O'DONOHUE, W. T.; LEVENSKY, E. (org.). *Handbook of Forensic Psychology*. Nova York: Elsevier Academic Press, 2004. p. 897-996. Ver também MOORE, Timothy E.; FITZSIMMONS, C. Lindsay. Justice Imperiled: False Confessions and the Reid Technique. *Criminal Law Quarterly*, v. 57, 2011, p. 509-42; KING, Lesley; SNOOK, Brent. Peering Inside a Canadian Interrogation Room: An Examination of the Reid Model of Interrogation, Influence Tactics, and Coercive Strategies. *Criminal Justice and Behavior*, v. 36, 2009, p. 674-94.
34. SENESE, Louis C. *Anatomy of Interrogation Themes: The Reid Technique of Interviewing*. Chicago: John E. Reid and Associates, 2005. p. 32.
35. KASSIN, Saul. On the Psychology of Confessions: Does Innocence Put Innocents at Risk? *American Psychologist*, v. 60, 2005, p. 215-28.
36. KASSIN, Saul M.; FONG, Christina T. I'm Innocent! Effects of Training on Judgments of Truth and Deception in the Interrogation Room. *Law and Human Behavior*, v. 23, 1999, p. 499-516. Em outro estudo, Kassin e colegas recrutaram presos que foram instruídos a fazer uma confissão completa do próprio crime e uma confissão inventada de um crime cometido por outro detento. Estudantes universitários e investigadores policiais julgaram as confissões gravadas em vídeo. A taxa geral de precisão não excedeu o acaso, mas a polícia estava mais confiante em seus julgamentos. Ver KASSIN, Saul M.; MEISSNER, Christian A.; NORWICK, Rebecca J. 'I'd Know a False Confession If I Saw One': A Comparative Study of College Students and Police Investigators. *Law and Human Behavior*, v. 29, 2005, p. 211-27.
37. É por isso que pessoas inocentes são mais propensas do que pessoas culpadas a renunciar ao seu aviso de Miranda (direito ao silêncio e a não autoincriminação) e a ter um advogado. Em um dos experimentos de Saul Kassin, 72 participantes que eram culpados ou inocentes de um roubo simulado de cem dólares foram interrogados por um detetive homem cujo comportamento era neutro, simpático ou hostil e que tentou fazê-los abrir mão de seu aviso de Miranda. Os inocentes eram muito mais propensos que os culpados a assinar uma renúncia, e por uma grande margem – 81% a 36%. Dois terços dos suspeitos inocentes até assinaram a renúncia quando o detetive adotou uma postura hostil, gritando para eles: "Eu sei que você fez isso e não quero ouvir nenhuma mentira!".

A razão pela qual assinaram, disseram mais tarde, foi que achavam que apenas pessoas culpadas precisavam de um advogado, ao passo que eles não fizeram nada de errado e não tinham nada a esconder. "Parece", concluíram em tom de tristeza os experimentadores, "que as pessoas têm uma fé ingênua no poder da própria inocência para libertá-las." KASSIN, Saul M.; NORWICK, Rebecca J. Why People Waive Their Miranda Rights: The Power of Innocence. *Law and Human Behavior*, v. 28, 2004, p. 211-21.

38. DRIZIN; LEO. "The Problem of False Confessions in the Post- DNA World", p. 948.
39. Por exemplo, um dos adolescentes, Kharey Wise, foi informado de que a corredora foi atingida com um "objeto muito pesado", e então perguntaram a ele: "Ela foi atingida com uma pedra ou tijolo?". Wise disse primeiro que foi uma pedra; momentos depois, que foi um tijolo. Ele disse que um dos outros puxou uma faca e cortou a camisa da corredora, o que não era verdade; não houve cortes de faca. KASSIN, Saul. False Confessions and the Jogger Case. *The New York Times*, 1º nov. 2002.
40. *Nova York v. Kharey Wise, Kevin Richardson, Antron McCray, Yusef Salaam e Raymond Santana*; afirmação em resposta à moção para anular o julgamento de condenação, Indício n. 4762/89, pela promotora distrital assistente Nancy Ryan, 5 de dezembro de 2002, p. 46.
41. WELLS, Gary L. Eyewitness Identification: Probative Value, Criterion Shifts, and Policy Regarding the Sequential Lineup. *Current Directions in Psychological Science*, v. 23, 2013, p. 11-16.
42. LIPTAK, Adam. Prosecutors Fight DNA Use for Exoneration. *The New York Times*, 29 ago. 2003. Ver também MEDWED, "The Zeal Deal", para uma revisão das evidências de resistência do Ministério Público à reabertura de casos de DNA. Sobre a história de Wilton Dedge, ver http://www.innocenceproject.org/casesfalse-imprisonment/wilton-dedge.
43. RIMER, Sara. Convict's DNA Sways Labs, Not a Determined Prosecutor. *The New York Times*, 6 fev. 2002.
44. "The Case for Innocence", episódio especial do *Frontline* para a PBS por Ofra Bikel, exibido pela primeira vez em 31 de outubro de 2000. Transcrições e informações disponíveis em: http://www.pbs.org/wgbh/pages/frontline/shows/case/etc/tapes.html.
45. DRIZIN; LEO, "The Problem of False Confessions in the Post-DNA World", p. 928, nota de rodapé 200.
46. LIPTAK, Adam. In Appeal, Scrutiny on Not One but 3 Confessions. *The New York Times*, 20 maio 2014.
47. Em um caso famoso na Carolina do Norte, no qual uma vítima identificou o homem errado como seu estuprador, por fim o DNA permitiu encontrar o verdadeiro criminoso; ver DOYLE, James M. *True Witness: Cops, Courts, Science,*

and the Battle Against Misidentification. Nova York: Palgrave Macmillan, 2005. Às vezes, também, um caso antigo é resolvido com evidências de DNA. Em Los Angeles, em 2004, detetives que trabalhavam na recém-formada unidade de casos arquivados obtiveram amostras de sêmen do corpo de uma mulher que havia sido estuprada e assassinada anos antes e as compararam no banco de dados de DNA do estado que catalogava amostras de criminosos violentos condenados. Obtiveram uma correspondência com Chester Turner, que já estava na prisão por estupro. Os detetives continuaram enviando amostras de DNA de outros assassinatos não resolvidos para o laboratório, e todo mês eles obtinham outra correspondência com Turner. Em pouco tempo, eles o vincularam a doze assassinatos de prostitutas negras pobres. Em meio à euforia geral de capturar um *serial killer*, o promotor Steve Cooley discretamente libertou David Jones, um zelador com severa deficiência mental que passou nove anos na prisão por três dos assassinatos. Se Turner tivesse assassinado apenas aquelas três mulheres, ainda estaria foragido e Jones ainda estaria na prisão. Mas, como Turner matou outras nove mulheres cujos casos não haviam sido solucionados, Jones foi o sortudo beneficiário dos esforços da unidade de casos arquivados. A justiça, para ele, foi um subproduto de outra investigação. Ninguém, nem mesmo os investigadores de casos arquivados, teve qualquer motivação para comparar o DNA de Jones com as amostras das vítimas durante aqueles longos nove anos. Mas a nova equipe de detetives tinha toda a motivação para resolver crimes antigos não resolvidos, e essa é a única razão pela qual a justiça foi feita e Jones libertado.

48. DAVIS, Deborah; LEO, Richard. Strategies for Preventing False Confessions and Their Consequences. *In*: KEBBELL, M. R.; DAVIES, G. M. (org.). *Practical Psychology for Forensic Investigations and Prosecutions*. Chichester, Inglaterra: Wiley, 2006. p. 121-49. Ver também os ensaios em WESTERVELT, Saundra D.; HUMPHREY, John A. (org.). *Wrongly Convicted: Perspectives on Failed Justice*. Nova Brunswick, Nova Jersey: Rutgers University Press, 2001; e KASSIN, Saul M. Why Confessions Trump Innocence. *American Psychologist*, v. 67, 2012, p. 431-45.
49. "The Case for Innocence", *Frontline*.
50. RISINGER, D. Michael; LOOP, Jeffrey L. Three Card Monte, Monty Hall, Modus Operandi and 'Offender Profiling': Some Lessons of Modern Cognitive Science for the Law of Evidence. *Cardozo Law Review*, v. 24, nov. 2002, p. 193.
51. GODSEY, Mark. *Blind Justice: A Former Prosecutor Exposes the Psychology and Politics of Wrongful Convictions*. Oakland: University of California Press, 2017. p. 27-28.
52. DAVIS; LEO, "Strategies for Preventing False Confessions", p. 145.
53. MCCLURG, "Good Cop, Bad Cop". As próprias sugestões de McClurg para usar dissonância cognitiva para reduzir o risco de mentira policial estão nesse ensaio.

54. Estatísticas atualizadas sobre os estados que exigem gravação eletrônica são cortesia de Rebecca Brown, diretora de Política, Innocence Project, 40 Worth Street, Suíte 701, Nova York, NY 10013. Ver também a seção "Videotaping Interrogations: A Policy Whose Time Has Come", em KASSIN, Saul M.; GUDJONSSON, Gisli H. The Psychology of Confession Evidence: A Review of the Literature and Issues. *Psychological Science in the Public Interest*, v. 5, 2004, p. 33-67. Ver também DRIZIN; LEO, "The Problem of False Confessions in the Post- DNA World"; DAVIS; O'DONOHUE, "The Road to Perdition".
55. Citado em JEROME, "Suspect Confession".
56. SULLIVAN, Thomas P. Police Experiences with Recording Custodial Interrogations, 2004. Esse estudo, com extensas referências sobre os benefícios das gravações, está publicado em http://www.law.northwestern.edu/wrongfulconvictions/Causes/custodialInterrogations.htm. Sullivan mantém uma contagem contínua de quantos estados estão usando gravações eletrônicas; consulte www.nacdl.org/electronicrecordingproject. No entanto, pesquisas posteriores mostraram que o ângulo da câmera pode influenciar os julgamentos dos observadores, sobretudo se a câmera estiver focada exclusivamente no suspeito e não incluir o entrevistador. LASSITER, G. Daniel *et al*. Videotaped Interrogations and Confessions: A Simple Change in Camera Perspective Alters Verdicts in Simulated Trials. *Journal of Applied Psychology*, v. 87, 2002, p. 867-74.
57. GUDJONSSON, Gisli H.; PEARSE, John. Suspect Interviews and False Confessions. *Current Directions in Psychological Science*, v. 20, 2011, p. 33-37.
58. DAVIS; LEO, "Strategies for Preventing False Confessions", p. 145.
59. MOORE; FITZSIMMONS, "Justice Imperiled", p. 542.
60. STARR, Douglas. The Interview. *The New Yorker*, 9 dez. 2013, p. 42-49. A citação está na página 49. Starr termina o artigo com a história de Darrel Parker, que em 1955 fez uma falsa confissão a John Reid, que mais tarde os tribunais concordaram que havia sido fruto de coerção. Em 2012, o procurador-geral do estado do Nebraska pediu desculpas publicamente a Parker, então com 80 anos, e lhe ofereceu 500 mil dólares em indenização por danos. "Hoje, estamos corrigindo o erro cometido contra Darrel Parker há mais de cinquenta anos", disse Reid. "Sob circunstâncias coercitivas, ele confessou um crime que não havia cometido." Até onde sabemos, John Reid nunca discutiu seu papel na falsa confissão de Parker, muito menos se desculpou.
61. VANES, Thomas. Let DNA Close Door on Doubt in Murder Cases *Los Angeles Times*, 28 jul. 2003.

Capítulo 6. Assassino do amor: autojustificação no casamento

1. John Butler Yeats a seu filho William, 5 de novembro de 1917, em: FINNERAN, Richard J.; HARPER, George M.; MURPHY, William M. (org.). *Letters to W. B. Yeats*. Nova York: Columbia University Press, 1977, p. 338, v. 2.

2. CHRISTENSEN, Andrew; JACOBSON, Neil S. *Reconcilable Differences*. Nova York: Guilford, 2000. Pegamos trechos da história de Debra e Frank na abertura do Capítulo 1. Essa história permanece na segunda edição atualizada do livro, de Andrew Christensen, Brian D. Doss e Neil S. Jacobson, publicada em 2014. [Ed. bras.: *Diferenças reconciliáveis:* reconstruindo seu relacionamento ao redescobrir o parceiro que você ama, sem se perder. Tradução de Mara Regina S. W. Lins e Marisa Rozman. Novo Hamburgo: Sinopsys, 2018.]
3. Ver JACOBSON, Neil S.; CHRISTENSEN, Andrew, *Acceptance and Change in Couple Therapy: A Therapist's Guide to Transforming Relationships*. Nova York: W. W. Norton, 1998.
4. CHRISTENSEN; JACOBSON, *Reconcilable Differences*, p. 9.
5. Existe um volumoso *corpus* de pesquisa sobre a maneira como as atribuições de um casal um sobre o outro afetam seus sentimentos acerca um do outro e os rumos de seu casamento. Ver DAVEY, Adam *et al*. Attributions in Marriage: Examining the Entailment Model in Dyadic Context. *Journal of Family Psychology*, v. 15, 2001, p. 721-34; BRADBURY, Thomas N.; FINCHAM, Frank D. Attributions and Behavior in Marital Interaction. *Journal of Personality and Social Psychology*, v. 63, 1992, p. 613-28; e KARNEY, Benjamin R.; BRADBURY, Thomas N. Attributions in Marriage: State or Trait? A Growth Curve Analysis? *Journal of Personality and Social Psychology*, v. 78, 2000, p. 295-309.
6. TANGNEY, June P. Relation of Shame and Guilt to Constructive versus Destructive Responses to Anger Across the Lifespan. *Journal of Personality and Social Psychology*, v. 70, 1996, p. 797-809.
7. GOTTMAN, John. *Why Marriages Succeed or Fail*. Nova York: Simon and Schuster, 1994. Fred e Ingrid estão na página 69.
8. KARNEY, Benjamin R.; BRADBURY, Thomas N. The Longitudinal Course of Marital Quality and Stability: A Review of Theory, Method, and Research. *Psychological Bulletin*, v. 118, 1995, p. 3-34; e FINCHAM, Frank D.; HAROLD, Gordon T.; GANO--PHILLIPS, Susan. The Longitudinal Relation between Attributions and Marital Satisfaction: Direction of Effects and Role of Efficacy Expectations. *Journal of Family Psychology*, v. 14, 2000, p. 267-85.
9. GOTTMAN, *Why Marriages Succeed or Fail*, p. 57.
10. Citado em PINES, Ayala M. Marriage. *In*: TAVRIS C. (org.) *Every-Woman's Emotional Well-Being*. Nova York: Doubleday, 1986. p. 190-91.
11. GOTTMAN, Julie Schwartz (org.). *The Marriage Clinic Casebook*. Nova York: W. W. Norton, 2004. p. 50.
12. GOTTMAN, *Why Marriages Succeed or Fail*, p. 127, 128.
13. SAPOSNEK, Donald T.; ROSE, Chip. The Psychology of Divorce. *In*: CRUMBLEY, D. L.; APOSTOLOU, N. G. (org.). *Handbook of Financial Planning for Divorce and Separation*. Nova York: John Wiley, 1990. O artigo está disponível on-line em: http://www.mediate.com/articles/saporo.cfm. Para um estudo clássico sobre as maneiras como os casais reconstroem suas memórias do casamento e um do

outro, ver JOHNSTON, Janet R.; CAMPBELL, Linda E. *Impasses of Divorce: The Dynamics and Resolution of Family Conflict*. Nova York: Free Press, 1988.

14. Jacobson e Christensen, em *Acceptance and Change in Couple Therapy*, discutem novas abordagens para ajudar os parceiros a aceitarem um ao outro em vez de sempre tentar fazer o outro mudar.
15. GORNICK, Vivian. What Independence Has Come to Mean to Me: The Pain of Solitude, the Pleasure of Self-Knowledge. *In*: HANAUER, Cathi (org.). *The Bitch in the House*. Nova York: William Morrow, 2002. p. 259.

Capítulo 7. Mágoas, rupturas e guerras

1. O retrato que fazemos desse casal é baseado na história de Joe e Mary Louise, em CHRISTENSEN, Andrew; JACOBSON, Neil S. *Reconcilable Differences*. Nova York: Guilford, 2000. p. 290.
2. A história da batalha da família Schiavo é extraída de reportagens de notícias e da aprofundada reportagem de GOODNOUGH, Abby. Behind Life-and-Death Fight, a Rift that Began Years Ago. *The New York Times*, 26 mar. 2005.
3. SHERGILL, Sukhwinder S. *et al*. Two Eyes for an Eye: The Neuroscience of Force Escalation. *Science*, v. 301, 11 jul. 2003, p. 187.
4. BAUMEISTER, Roy F.; STILLWELL, Arlene; WOTMAN, Sara R. Victim and Perpetrator Accounts of Interpersonal Conflict: Autobiographical Narratives about Anger. *Journal of Personality and Social Psychology*, v. 59, 1990, p. 994-1005. Os exemplos de observações típicas são nossos, não dos pesquisadores.
5. ASH, Timothy Garton. Europe's Bloody Hands. *Los Angeles Times*, 27 jul. 2006.
6. SANTE, Luc. Tourists and Torturers. *The New York Times*, 11 maio 2004.
7. OZ, Amós. The Devil in the Details. *Los Angeles Times*, 10 out. 2005.
8. ORIZIO, Riccardo. *Talk of the Devil: Encounters with Seven Dictators*. Nova York: Walker and Company, 2003.
9. MENAND, Louis. The Devil's Disciples: Can You Force People to Love Freedom? *The New Yorker*, 28 jul. 2003.
10. DAVIS, Keith; JONES, Edward E. Changes in Interpersonal Perception as a Means of Reducing Cognitive Dissonance. *Journal of Abnormal and Social Psychology*, v. 61, 1960, p. 402-10; ver também GIBBONS, Frederick X.; McCOY, Sue B. Self-Esteem, Similarity, and Reactions to Active versus Passive Downward Comparison. *Journal of Personality and Social Psychology*, v. 60, 1961, p. 414-24.
11. Sim, ele realmente disse isso. JACKSON, Derrick Z. The Westmoreland Mind-Set. *The Boston Globe*, 20 jul. 2005. Westmoreland fez essas observações no documentário sobre o Vietnã *Corações e mentes*, de 1974. De acordo com Jackson, "A citação surpreendeu tanto o diretor Peter Davis que ele deu a Westmoreland uma chance de se retratar". Ele não fez isso.
12. BERSCHEID, Ellen; BOYE, David; WALSTER, Elaine. Retaliation as a Means of Restoring Equity. *Journal of Personality and Social Psychology*, v. 10, 1968, p. 370-76.

13. MILGRAM, Stanley. *Obedience to Authority*. Nova York: Harper and Row, 1974. p. 10.
14. Sobre demonizar o autor de ofensas ou agressões como uma forma de restaurar a consonância e manter a crença de que o mundo é justo, ver ELLARD, John H. et al. Just World Processes in Demonizing. In: ROSS, M.; MILLER, D. T. (org.) *The Justice Motive in Everyday Life*. Nova York: Cambridge University Press, 2002.
15. CONROY, John. *Unspeakable Acts, Ordinary People*. Nova York: Knopf, 2000. p. 112.
16. Em 9 de dezembro de 2014, a Comissão de Inteligência do Senado divulgou sua acusação abrangente do programa da CIA para deter, interrogar e torturar suspeitos de terrorismo.
17. Cheney participou do *Meet the Press* em 14 de dezembro de 2014, disponível em: http://www.nbcnews.com/meet-the-press/meet-press-transcript-december-14-2014-n268181. Ver também WALDMAN, Paul. Why It Matters That Dick Cheney Still Can't Define Torture. *The Washington Post*, 15 dez. 2014.
18. Bush fez seu comentário em 7 de novembro de 2005, após a veiculação de notícias de que detentos estavam sendo mantidos em "prisões de terror" secretas e a denúncia de abusos na prisão de Abu Ghraib. Inhofe fez seus comentários em 11 de maio de 2004, durante as audiências da Comissão de Serviços Armados do Senado sobre maus-tratos a prisioneiros iraquianos na prisão de Abu Ghraib. Em fevereiro de 2004, a Comissão Internacional da Cruz Vermelha divulgou suas conclusões, "Relatório da Comissão Internacional da Cruz Vermelha (CICV) sobre o tratamento pelas forças da coalizão de prisioneiros de guerra e outras pessoas protegidas pelas Convenções de Genebra no Iraque durante detenção, internação e interrogatório". O documento está disponível em http://www.globalsecurity.org/military/library/report/2004/icrc_report_iraq_feb2004.htm. Em #1, "Tratamento durante a prisão", veja o item 7: "Certos oficiais de inteligência militar das CF [Forças da Coalizão] disseram ao CICV que, em sua estimativa, entre 70% e 90% das pessoas privadas de liberdade no Iraque foram presas por engano".
19. Charles Krauthammer defendeu o uso limitado da tortura em "The Truth about Torture: It's Time to Be Honest About Doing Terrible Things", *Weekly Standard*, 5 dez. 2005.
20. Editorial de *The New York Times*, de 10 de dezembro de 2005, comentando o caso de Ibn al-Shaykh al-Libi, ex-líder da Al Qaeda capturado no Paquistão por forças americanas e enviado para "interrogatório" no Egito. Os egípcios o enviaram de volta às autoridades norte-americanas quando ele finalmente confessou que membros da Al Qaeda tinham recebido treinamento em armas químicas no Iraque – informação que os americanos queriam ouvir. Mais tarde, Libi disse que inventou a história para apaziguar os egípcios, que o estavam torturando, com a aprovação dos americanos.

21. Comentários de Condoleezza Rice na Base Aérea Andrews, em 5 de dezembro de 2005, quando partia para uma visita de Estado à Europa.
22. SCHULZ, William. "An Israeli Interrogator, and a Tale of Torture", carta ao jornal *The New York Times*, 27 dez. 2004.
23. Um sargento anônimo descrevendo o tratamento dado aos detidos no Iraque em um relatório da Human Rights Watch, setembro de 2005; reimpresso com outros comentários em "Under Control", *Harper's*, dez. 2005, p. 23-24.
24. Para números de pesquisas, veja o site do Centro de Pesquisas Pew, disponível em: http://www.people-press.org/2014/12/15/about-half-se-e-cia-interrogation-methodsas-justified/. Para uma revisão das pesquisas do Pew, ver http://www.pewresearch.org/fact-tank/2014/12/09/americans-views-on-use-oftorture-in-fighting-terrorism-have-been-mixed/.
25. Citado em MAYER, Jane. Torture and the Truth. *The New Yorker*, 22 e 29 dez. 2014, p. 43-44. Ver também TAGUBA, Antonio M. Stop the CIA Spin on Torture. *The New York Times*, 6 ago. 2014. Em 2004, o general de divisão Taguba foi enviado para investigar os abusos em Abu Ghraib, e relatou problemas sistemáticos de ações criminosas: "As descobertas do meu relatório, que resultaram em uma audiência da Comissão de Serviços Armados do Senado, documentaram um problema sistêmico: militares cometeram 'inúmeros incidentes de abusos criminosos sádicos, flagrantes e gratuitos'". O relatório levou a processos, reforma dos regulamentos de interrogatório e detenção e aprimoramento de treinamentos. "Mas o caminho dos militares para a responsabilização foi longo, e seus líderes estavam longe de aceitar de bom grado a supervisão." Em 2007, ele foi convidado a renunciar e pedir exoneração.
26. A declaração do senador McCain está disponível em seu site: http://www.mccain.senate.gov/public/index.cfm/2014/12/floor-statement-by-senmccain-on-senate-intelligence-committee-report-on-cia-interrogationmethods.
27. CHRISTENSEN; JACOBSON, *Reconcilable Differences*, p. 291.
28. Para uma análise ponderada dos custos sociais e pessoais do perdão que é acrítico e prematuro, livrando os autores de danos da responsabilidade e da prestação de contas pelos danos que causaram, ver LAMB, Sharon. *The Trouble with Blame: Victims, Perpetrators, and Responsibility*. Cambridge, Massachusetts: Harvard University Press, 1996.
29. SCHIMMEL, Solomon. *Wounds Not Healed by Time: The Power of Repentance and Forgiveness*. Oxford, Inglaterra: Oxford University Press, 2002. p. 226. O psicólogo Ervin Staub, ele próprio um sobrevivente do Holocausto, há muitos anos estuda as origens e a dinâmica do genocídio, e se dedicou ao projeto de reconciliação entre os tútsis e os hutus em Ruanda. Ver STAUB, Ervin; PEARLMAN, Laurie A. Advancing Healing and Reconciliation in Rwanda and Other Postconflict Settings. *In*: BARBANEL, L.; STERNBERG, R. (org.) *Psychological Interventions in Times of Crisis*. Nova York: Springer-Verlag, 2006; GOLEMAN, Daniel. *Social Intelligence*. Nova York: Bantam Books, 2006. [Ed. bras.: *Inteligência social*: a

ciência revolucionária das relações humanas. Tradução de Renato Marques. Rio de Janeiro: Objetiva, 2019.]
30. Broyles contou essa história em um documentário exibido na PBS de 27 de maio de 1987, *Faces of the Enemy* [Faces do inimigo], baseado no livro de mesmo título de Sam Keen.

Capítulo 8. Desapegar e assumir a culpa

1. KLUG, Wayne *et al*. The Burden of Combat: Cognitive Dissonance in Iraq War Veterans. *In*: KELLY, Diann C. *et al*. (org.) *Treating Young Veterans*. Nova York: Springer, 2011. p. 33-80.
2. FILKINS, Dexter. Atonement: A Troubled Iraq Veteran Seeks Out the Family He Harmed. *The New Yorker*, 29 out.-5 nov. 2012, p. 92-103.
3. GREENFIELDBOYCE, Nell. Wayne Hale's Insider's Guide to NASA. *NPR Morning Edition*, 30 jun. 2006.
4. ROBBENNOLT, Jennifer K. Apologies and Settlement Levers. *Journal of Empirical Legal Studies*, v. 3, 2008, p. 333-73.
5. SUNSTEIN, Cass. In Politics, Apologies Are for Losers. *The New York Times*, 27 jul. 2019. Disponível em: https://www.nytimes.com/2019/07/27/opinion/sunday/when-should-a-politician-apologize.html.
6. Ronald Reagan aperfeiçoou a linguagem do "pedido de desculpas sem sua essência" em sua resposta ao escândalo Irã-Contras de meados da década de 1980, no qual funcionários do governo secretamente organizaram uma venda ilegal de armas para o Irã e usaram o dinheiro para financiar os Contras na Nicarágua. A defesa de Reagan começou bem – "Primeiro, permitam-me dizer que assumo total responsabilidade por minhas próprias ações e pelas da minha administração" –, mas então ele acrescentou uma série de "mas eles fizeram isso": "Por mais furioso que eu possa estar sobre atividades realizadas sem meu conhecimento, ainda sou responsável por essas atividades. Por mais decepcionado que eu possa estar com alguns que me serviram, ainda sou eu quem deve responder ao povo americano por esse comportamento. E por mais pessoalmente desagradável que eu ache contas bancárias secretas e fundos desviados – bem, como a Marinha diria, isso aconteceu sob minha supervisão". E foi assim que ele assumiu "total responsabilidade" por ter violado a lei: "Alguns meses atrás, eu disse ao povo americano que não troquei armas por reféns. Meu coração e minhas melhores intenções ainda me dizem que isso é verdade, mas os fatos e as evidências me dizem que não é".
7. LEOPOLD, Lisa. *The Conversation*, 8 fev. 2019. Disponível em: https://theconversation.com/how-to-say-im-sorry-whether-youve-appeared-ina-racist-photo-harassed-women-or-just-plain-screwed-up-107678.
8. YANKELOVICH, Daniel; FURTH, Isabella. The Role of Colleges in an Era of Mistrust. *Chronicle of Higher Education*, 16 set. 2005, p. B8-B11.

9. Publicado no site de um grupo de advocacia chamado *Sorry Works!*, coalizão de médicos, administradores hospitalares, seguradoras, pacientes e outras pessoas preocupadas com a crise de negligência médica. Ver também MANGAN, Katherine. Acting Sick. *Chronicle of Higher Education*, 15 set. 2006; e ROBBENNOLT, "Apologies and Settlement Levers".
10. GAWANDE, Atul. *Being Mortal*. Nova York: Henry Holt, 2014. Ver também "The Problem of Hubris", a terceira de suas quartas palestras Reith de 2014 gravadas na BBC4: http://www.bbc.co.uk/programmes/articles/6F2X8TpsxrJpnsq82hggHW/dr-atul-gawande-2014-reithlectures.
11. FRIEDMAN, Richard A. Learning Words They Rarely Teach in Medical School: 'I'm Sorry'". *The New York Times*, 26 jul. 2005.
12. BENNIS, Warren G.; NANUS, Burt. *Leaders: Strategies for Taking Charge*. Ed. rev. Nova York: HarperCollins, 1995. p. 70.
13. GAWANDE, Atul. *The Checklist Manifesto: How to Get Things Right*. Nova York: Henry Holt, 2009.
14. *Harmful Error: Investigating America's Local Prosecutors*, Centro para Integridade Pública (verão de 2003). Disponível em: http://www.publicintegrity.org.
15. NASIE, Meytal *et al*. Overcoming the Barrier of Narrative Adherence in Conflicts Through Awareness of the Psychological Bias of Naïve Realism. *Personality and Social Psychology Bulletin*, v. 40, 2014, p. 1543-56.
16. Citado em Dennis Prager's Ultimate Issues, verão de 1985, p. 11.
17. COSCARELLI, Joe. Michael Jackson Fans Are Tenacious. 'Leaving Neverland' Has Them Poised for Battle. *The New York Times*, 4 mar. 2019. Disponível em: https://www.nytimes.com/2019/03/04/arts/music/michael-jackson-leaving-neverland-fans.html?searchResultPosition=2.
18. PETRUSICH, Amanda. A Day of Reckoning for Michael Jackson with 'Leaving Neverland'. *The New Yorker*, 1º mar. 2019.
19. Margo Jefferson, introdução à nova edição de *On Michael Jackson* (Nova York: Penguin, 2019). [Ed. bras.: *Para entender Michael Jackson*. Rio de Janeiro: Rocco, 2006.]
20. PRATKANIS, Anthony; SHADEL, Doug. *Weapons of Fraud: A Source Book for Fraud Fighters*. Seattle, Washington: Associação Americana de Pessoas Aposentadas – AARP, 2005.
21. Stigler relembrou essa história em um obituário de Harold Stevenson no *Los Angeles Times*, em 22 de julho de 2005. Sobre sua pesquisa, ver STEVENSON, Harold W.; STIGLER, James W. *The Learning Gap*. Nova York: Summit, 1992; STEVENSON, Harold W.; CHEN Chuansheng; LEE, Shin-ying. Mathematics Achievement of Chinese, Japanese, and American Schoolchildren: Ten Years Later. *Science*, v. 259, 1º jan. 1993, p. 53-58.
22. DWECK, Carol S. The Study of Goals in Psychology. *Psychological Science*, v. 3, 1992, p. 165-67; MUELLER, Claudia M.; DWECK, Carol S. Praise for Intelligence

Can Undermine Children's Motivation and Performance. *Journal of Personality and Social Psychology*, v. 75, 1998, p. 33-52.

23. Hampton Stevens também fez esse argumento. "A ideia de que Fitzgerald, logo ele, não acreditava que os americanos pudessem se reinventar é como pensar que Tolstói não acreditava em neve", ele escreveu. Veja "Why Tiger Woods Isn't Getting a 'Second Act'", *The Atlantic*, abr. 2010.

24. KING, Laura A.; HICKS, Joshua A. Whatever Happened to 'What Might Have Been'? Regrets, Happiness, and Maturity. *American Psychologist*, v. 62, 2007, p. 625-36.

25. RICHTEL, Matt. A Texting Driver's Education. *The New York Times*, 13 set. 2014. Richtel também é autor de *A Deadly Wandering: A Tale of Tragedy and Redemption in the Age of Attention* (Nova York: William Morrow, 2014). Em 2019, o site de Reggie Shaw ainda enumera suas palestras, voluntariado e outros trabalhos para promover a direção segura.

26. FAIR, Eric. I Can't Be Forgiven for Abu Ghraib. *The New York Times*, 10 dez. 2014.

27. NGUYEN, Tina. Fox's Andrea Tantaros Dismisses Torture Report Because 'America Is Awesome', 9 dez. 2014. Disponível em: http://www.mediaite.com/tv/foxs-andrea-tantaros-dismisses-torture-report-because-america-is-awesome/.

28. Citado em BAXTER, Charles. Dysfunctional Narratives, or: 'Mistakes Were Made". *Burning Down the House: Essays on Fiction*. Saint Paul, Minnesota: Graywolf Press, 1997. p. 5. Há alguma controvérsia sobre a segunda frase das observações de Lee, mas não sobre assumir responsabilidade pelos resultados desastrosos de suas decisões militares.

29. BOLGER, Daniel. Why We Lost in Iraq and Afghanistan. *Harper's*, set. 2014, p. 63-65.

30. O documento manuscrito de Eisenhower está disponível em http://www.archives.gov/education/lessons/d-day. Ver também KORDA, Michael. *Ike: An American Hero*. Nova York: HarperCollins, 2007. No programa *Charlie Rose* de 16 de novembro de 2007, Korda disse a respeito de Eisenhower: "Quando as coisas davam certo, ele elogiava seus subordinados e fazia questão de que recebessem os elogios; e, quando as coisas davam errado, ele assumia a culpa. Poucos presidentes fizeram isso, e pouquíssimos generais".

Capítulo 9. Dissonância, democracia e o demagogo

1. KERTZER, David I. *The Pope and Mussolini: The Secret History of Pius XI and the Rise of Fascism in Europe*. Nova York: Random House, 2014. [Ed. bras.: *O papa e Mussolini: A conexão secreta entre Pio XI e a ascensão do fascismo na Europa*. Tradução de Berilo Vargas. Rio de Janeiro: Intrínseca, 2014.]

2. *Ibid.*, p. 29.

3. *Ibid.*, p. 56.

4. EISNER, Peter. *The Pope's Last Crusade: How an American Jesuit Helped Pope Pius XI's Campaign to Stop Hitler*. Nova York: William Morrow, 2013. p. 51. [Ed. port.: *A última cruzada do papa:* como um jesuíta norte-americano auxiliou a campanha de Pio XI para travar Hitler. Lisboa: Gradiva, 2016.]
5. Disponível em: https://www.nbcnews.com/think/opinion/trump-s-presidency--was-made-possible-historical-demagogues-joe-mccarthy-ncna817981.
6. BAKER, Peter; SHEAR, Michael D. El Paso Shooting Suspect's Manifesto Echoes Trump's Language. *The New York Times*, 4 ago. 2019. Outros repórteres e organizações têm acompanhado os "apoiadores, fãs e simpatizantes de Trump [que] espancaram, atiraram, esfaquearam, atropelaram e bombardearam seus compatriotas americanos... enquanto imitavam a retórica violenta do presidente"; ver https://theintercept.com/2018/10/27/here-is-a-list-of-far-right-attackers-trump-inspired-cesar-sayoc-wasnt-the--first-and-wont-be-the-last/.
7. Disponível em: https://qz.com/1307928/fire-and-fury-author-michael-wolff--breaks-down-donald-trumps-sales-tactics/.
8. EKINS, Emily. The Five Types of Trump Voters: Who They Are and What They Believe. Relatório de pesquisa do Grupo de Estudos do Fundo para a Democracia, Centro de Pesquisas Pew, 19 jun. 2017.
9. Ver também CHOTINER, Isaac. Ari Fleischer on Why Former Republican Critics of Trump Now Embrace Him. *The New Yorker*, 9 jul. 2019.
10 Ver: https://www.businessinsider.com/trump-cruz-feud-history-worst-attacks--2016-9#trump-the-state-of-iowa-should-disqualify-ted-cruz-from-the-most--recent-election-on-the-basis-that-he-cheated-a-total-fraud-11.

A citação de Cruz sobre segurar o paletó de Mussolini é de ALBERTA, Tim. *American Carnage: On the Front Lines of the Republican Civil War and the Rise of President Trump*. Nova York: Harper, 2019.
11. GRAHAM, Lindsey. Entrevista à CNN, 8 dez. 2015. Disponível em: https://www.mcclatchydc.com/news/politics-government/election/article62680527.html#storylink=scpy.
12. FREEDLAND, Jonathan. Anti-Vaxxers, the Momo Challenge... Why Lies Spread Faster Than Facts. *The Guardian*, 8 mar. 2019. Disponível em: https://www.theguardian.com/books/2019/mar/08/anti-vaxxers-the-momo-challenge-why--lies-spread-faster-than-facts?CMP=share_btn_link.
13. JACOBSON, Zachary Jonathan. Many Are Worried About the Return of the 'Big Lie.' They're Worried About the Wrong Thing. *The Washington Post*, 21 maio 2018.
14. RUPAR, Aaron. Trump's Bizarre 'Tim/Apple' Tweet Is a Reminder the President Refuses to Own Tiny Mistakes. *Vox*, 11 mar. 2019.
15. KESSLER, Glenn; RIZZO, Salvador; KELLY, Meg. President Trump Has Made 15,413 False or Misleading Claims Over 1,055 Days. *The Washington Post*, 16 dez. 2019.

16. Em um infame comício de 18 de julho de 2019, no qual lançou um ataque a Omar, seus fãs começaram a gritar "Mandem ela de volta pra casa!". Trump ficou em seu pódio, absorvendo passivamente o cântico de seus apoiadores por treze segundos inteiros, antes de seguir em frente. No entanto, quando mais tarde foi criticado por não interromper o desagradável refrão entoado a plenos pulmões pela multidão, ele disse que "discordava disso", mas não havia nada que pudesse fazer, então "Comecei a falar muito rápido". O vídeo mostra que ele não fez isso.
17. BARAGONA, Justin. Fox Business Host Stuart Varney Tells Joe Walsh: Trump Has Never Lied. *Daily Beast*, 30 ago. 2019.
18. A lista de pessoas que pediram demissão ou foram demitidas em junho de 2019 pode ser encontrada em: https://www.businessinsider.com/who-has-trump-fired-so-far-james-comey-sean-spicer-michael-flynn-2017-7.
19. Ver: https://qz.com/1267508/all-the-people-close-to-donald-trump-who-called-him-an-idiot/; MERELLI, Annalisa; HALDEVANG, Max de. All the Ways Trump's Closest Confidants Insult His Intelligence. *Quartz*, 2 maio 2018.
20. Desde o início da presidência de Trump, sua estabilidade mental foi colocada em questão, especificamente seu narcisismo e sua grandiosidade, seu distanciamento da realidade, seu comportamento errático e seus ataques de fúria. Ver CONWAY III, George T. Unfit for Office. *The Atlantic*, 3 out. 2019.
21. ANÔNIMO. I Am Part of the Resistance Inside the Trump Administration. *The New York Times*, 5 set. 2018.
22. LEVITZ, Eric. Mueller Report Confirms Trump Runs the White House Like It's the Mafia. *New York*, 18 abr. 2019. Ver também CHAIT, Jonathan. Trump Wants to Ban Flipping Because He Is Almost Literally a Mob Boss. *New York*, 23 ago. 2018.
23. LIPTAK, Kevin. Trump Says Longstanding Legal Practice of Flipping 'Almost Ought to Be Illegal'. CNN, 23 ago. 2018. Disponível em: https://www.cnn.com/2018/08/23/politics/trump-flipping-outlawed/index.html.
24. CHOTINER, Isaac. Ari Fleischer on Why Former Republican Critics of Trump Now Embrace Him. *The New Yorker*, 9 jul. 2019.
25. LERER, Lisa; DIAS, Elizabeth. Israel's Alliance with Trump Creates New Tensions Among American Jews. *The New York Times*, 17 ago. 2019, https://www.nytimes.com/2019/08/17/us/politics/trump-israel-jews.html.
26. WEHNER, Peter. What I've Gained by Leaving the Republican Party. *The Atlantic*, 6 fev. 2019.
27. DENNING, Stephanie. Why Won't the Trump Administration Admit a Mistake? *Forbes*, 17 mar. 2018.
28. WEINER, Greg. The Trump Fallacy. *The New York Times*, 1º jul. 2019.
29. COMEY, James. How Trump Co-Opts Leaders Like Barr. *The New York Times*, 1º maio 2019. Comey fala sobre seu desgosto com o comentário "Parabéns, sr. presidente" de Barr.

30. BOUIE, Jamelle. The Joy of Hatred. *The New York Times*, 19 jul. 2019. Disponível em: https://www.nytimes.com/2019/07/19/opinion/trump-rally.html.
31. GOPNIK, Adam. Europe and America Seventy-Five years after D-Day. *The New Yorker*, 6 jun. 2019. A única coisa mais alarmante do que o ataque de Trump aos princípios e às práticas da democracia liberal, Gopnik escreveu, é "a facilidade com que suas ações foram normalizadas e tratadas como excentricidades em vez de afrontas aos valores democráticos liberais que, apesar de toda a sua aparente trivialidade, de fato são. Princípios são construídos com muitos tijolos; a perda de um único que seja já enfraquece o todo".
32. NICHOLAS, Peter. It Makes Us Want to Support Him More. *The Atlantic*, 18 jul. 2019.
33. DAVIS, Julie Hirschfeld; ROGERS, Katie. At Trump Rallies, Women See a Hero Protecting Their Way of Life. *The New York Times*, 3 nov. 2018.
34. JARDINA, Ashley, entrevista a Chauncey DeVega, *Salon*, 17 jul. 2019. Disponível em: https://www.salon.com/2019/07/17/author-of-white-identity-politics-we-really-need-to-start-worrying-as-a-country/. Ver também JARDINA, Ashley. *White Identity Politics*. Cambridge: Cambridge University Press, 2019.
35. Ver: https://www.theatlantic.com/politics/archive/2019/10/trump-white-evangelical-impeachment/600376/?utmsource=atl&utm_medium=email&utmcampaign=share.
36. Ver: https://www.minnpost.com/eric-black-ink/2016/06/donald-trump-s-breathtaking-self-admiration/.
37. MEHTA, Hemant. Contradicting Herself, Christian Says Morality Is Now Optional for a President. *Friendly Atheist*, 27 jul. 2019.
38. GLASSER, Susan B. Mike Pompeo, the Secretary of Trump. *The New Yorker*, 26 ago. 2019. Em 21 de março de 2019, Pompeo foi entrevistado na Christian Broadcasting Network, na qual foi lembrado do papel de Ester em persuadir o rei persa a não seguir o plano maligno de Hamã para erradicar os judeus. "Será que o presidente Trump agora foi criado para um momento como este, assim como a rainha Ester, para ajudar a salvar o povo judeu da ameaça iraniana?" "Como cristão, certamente acredito que isso é possível", respondeu Pompeo.
39. Disponível em: https://beta.washingtonpost.com/politics/trump-uttered-what-many-supporters-consider-blasphemy-heres-why-most-will-probably-forgive-him/2019/09/13/685c0bce-d64f-11e9-9343-40db57cf6abdstory.html.
40. Allen e Reed, citados em MCCARTHY, Tom. Faith and Freedoms: Why Evangelicals Profess Unwavering Love for Trump. *The Guardian*, 7 jul. 2019. Disponível em: https://www.theguardian.com/us-news/2019/jul/07/donald-trump-evangelical-supporters?CMP=share_btn_link.
41. BOOT, Max. *The Corrosion of Conservatism: Why I Left the Right*. Nova York: Norton, 2018. p. xxi, 58.

42. Wehner, "O que ganhei ao deixar o Partido Republicano". O que ele ganhou? "Estou mais disposto a ouvir aqueles que antes eu achava que não tinham muito a me ensinar" – uma lição de dissonância para todos nós.
43. Howe, Ben. *The Immoral Majority: Why Evangelicals Chose Political Power Over Christian Values*. Nova York: Broadside, 2019. p. 170.
44. Goodstein, Laurie. 'This Is Not of God': When Anti-Trump Evangelicals Confront Their Brethren. *The New York Times*, 23 maio 2018.
45. Caffrey, Maria. I'm a Scientist. Under Trump I Lost My Job for Refusing to Hide Climate Crisis Facts. *The Guardian*, 25 jul. 2019.
46. Park, Chuck. I Can No Longer Justify Being a Part of Trump's 'Complacent State.' So I'm Resigning. *The Washington Post*, 8 ago. 2019; Bethany Milton escreveu um artigo semelhante explicando seu pedido de exoneração do Departamento de Estado em: Milton, Bethany. *The New York Times*, 26 ago. 2019.
47. La Franiere, Sharon; Fandos, Nicholas; Kramer, Andrew E. Ukraine Envoy Says She Was Told Trump Wanted Her Out Over Lack of Trust. *The New York Times*, 11 out. 2019.
48. Remnick, David. Trump Clarification Syndrome. *The New Yorker*, 23 ago. 2019.
49. Mattis, Jim; West, Bing. *Call Sign Chaos: Learning to Lead*. Nova York: Random House, 2019.

ÍNDICE REMISSIVO

A

ABRAMOFF, Jack 60
ABU Ghraib 212, 216-17, 248-49. *Ver também* prisioneiros, maus-tratos a; tortura
ABUSO 238
   Michael Jackson e 238
   ausência de sintomas específicos de 44
   Ver também terapia de memória recuperada; repressão/casos de memória reprimida
ABUSO, memórias de
ABUSO sexual 108, 111-15, 119, 126, 128-31, 136-37, 148, 238
AÇÃO Católica 255-57
ACTION Française 255, 257
AFILIAÇÕES partidárias 34
ÁFRICA do Sul 216, 222-23
AGRESSÃO 42, 204, 213
AILES, Roger 268
ALBERS, James 55-56
ALBERTA, Tim 272, 283
ÁLCOOL, memória e 96
ALGER, Wanda 278-81
ALLEN, Nancy 283
ALLPORT, Gordon 76-77

AMANTE *de lady Chatterley, O* 30
AMASH, Justin, 285-86
AMBIGUIDADE, dança da 95
AMERICA *Held Hostage* 202
AMERICAN *Carnage* (Alberta) 272, 283
ASSOCIAÇÃO Médica Americana (AMA) 68
AMIN, Idi 213, 216
AMITAL sódico (soro da verdade) 109, 126
ANALISADOR de estresse de voz 151
ANDREWS, Will 99, 100, 105, 107
ANISTIA Internacional 216, 219
ANSIEDADE de castração 124, 125
ANTISSEMITISMO 212, 255, 256
APARTHEID 222, 223
APOIO dos cristãos evangélicos a Trump 278
APPLE 230, 266-67
"APROVAÇÃO acelerada" para medicamentos 63
ARDIL-22 (Heller) 132
ARMAS de destruição em massa (ADM) 11, 12, 16, 33-34
ARONSON, Elliot
   compra de canoa e 39, 52
   estereótipo judeu e 77, 79
   pesquisa de 28, 29-31
   sobre segundos atos 245-52

ARROGÂNCIA 131, 160, 231
ASSOCIAÇÃO Americana de Psiquiatria (APA) 113, 137
ASSUMIR responsabilidades/assumir a culpa 230-34, 236. *Ver também* desculpas
AUTISMO, vacinação e 65-67, 137
AUTOCOMPAIXÃO 245-46, 250
AUTOESTIMA
  baixa 46- 47
  elevada 44, 46- 47
  separar erros da 87
AUTOJUSTIFICAÇÃO
  custos e benefícios da 23-24
  desapegar da 193-97
  dor causada pela ausência de 226-28
  especialistas e 44-46
  impacto da 18
  impulso em direção a 16-17
  mecanismos de 18-19
  mentir *versus* 17-18
  quebra do ciclo de 236-40
  razões inconscientes e 38-39
  traições e rupturas e 203-06
AUTOPERDÃO 246
AUTORES de danos
  anistia para 223
  avaliação de vítimas por 209
  estratégias de autojustificação de 223
  impacto da tortura em 207
  traições e desavenças e 245
AVISO de Miranda 320-21n37

B

BAÍA dos Porcos 229
BARAN, Bernard ("Bee") 113-14, 140
BARDELLA, Kurt 269
BARR, William 273, 275
BASIC Books 315-16n48
BASS, Ellen 109, 135-36
BATES, Edward 82
BAUMEISTER, Roy 205
BELIEVE Me: The Evangelical Road to Donald Trump (Fea) 281
BENNIS, Warren 233
BERENT, Stanley 55-56, 66
BERNSTEIN, Elitsur 101, 103
BERSCHEID, Ellen 215
BESHARA, Hana 48
BEXTRA 63
BIKO, Stephen 223
BIOÉTICA 61, 70-71
BIOTECNOLOGIA (indústria) 62, 70
BLACK Lives Matter (Vidas negras importam) 234
BLASS, Thomas 298n36
BLIND Justice (Godsey) 168
BOKASSA, Jean-Bédel 213
BOLGER, Daniel 251
BONECA *Puta merda* 40
BOOT, Max 284, 286
BORCHARD, Edwin 146
BREHM, Jack, 296n18
BREWER, Marilynn 73-74
BRIERE, John 139
BROKAW, Tom 85-86, 100
BROWN, Michael 234
BROYLES, William, Jr. 224, 227
BRUCE, Lenny 33, 114
BRUCK, Maggie 130
BUCKLEY, Joseph P. 157, 159
BRUTALIDADE policial 234
BURNS, Ken 145
BURNS, Sarah 145
BURRICE (percepção de erros vinculados a) 242
BUSA, Paul 309-10n6
BUSH, George W. 11-12, 16-17, 33-34, 210, 217, 259, 263

C

CAFFREY, Maria 287
CALOCA, Vic 151, 152
CAMPANIS, Al 71-72, 75-76, 80
CAMPBELL, Loran 143-44
CAMPOS de concentração 35, 98, 127
CAMUS, Albert 27
CARGA de Pickett 250
CARLYLE, Thomas 59
CARO, Richard 20
CARTER (administração) 85, 201
CASAMENTO e relacionamentos
    casos extraconjugais 91, 193, 199-200
    redução da dissonância em
    divórcio 183, 187, 190-91, 208, 214
    empatia e 194, 200
    abandonar a autojustificação em 221
    infelicidade em 187
CASO da corredora do Central Park 144, 163, 235
CASO de lacrosse de Duke 239
CASO Schiavo 200-1, 203, 209
CASOS arquivados 322
CASSIDY, Jude 93
CASTILE, Philando 234
CASTOR, Bruce L., Jr. 165
CECI, Stephen 130
CELEBRIDADES 114, 151
CENSO, questão sobre cidadania no 273
CENTRAL Park Five, The 145
CENTRO de Condenações Injustas 147, 170
CENTRO de Integridade dos Promotores Públicos 148, 235
CENTRO para Integridade Pública 148
CETICISMO 106, 116, 120, 135, 137, 239
CHARLTON, Michael 167
CHASE, Salmon P. 82
CHEIT, Ross 316n49
CHENEY, Dick 53, 55, 217
CHOTINER, Isaac 272
CHRISTENSEN, Andrew 177-78, 222
CIA
    uso de tortura por 217, 220, 250. *Ver também* tortura
CIALDINI, Robert 69
CICLOS fechados
    psicoterapeutas e
    técnica Reid como 157-58, 160-61, 170, 172
CIENTISTAS
    pontos cegos dos 170
    processo de revisão e 235
CÍRCULO virtuoso 42-43
CK, Louis 237
CLAIBORNE, Shane 286
CLANCY, Susan 105-07
CLAYTOR, Ralph 150-51
CLINTON, Bill 13, 18, 53, 264, 279
CLINTON, Hillary 53, 261
COALIZAÇÃO Fé e Liberdade 283
COALIZÃO Judaica Republicana 272
COHEN, Geoffrey 57
COHEN, Michael 269, 283-84
COLUMBIA (ônibus espacial) 227
COMEY, James 275
COMISSÃO da Verdade e Reconciliação (TRC) 223
COMISSÃO de Inteligência do Senado 217-18, 250
COMISSÃO Mollen 156
CONDENAÇÕES injustas
    Caso Crowe e 152-53, 162
    Caso da corredora do Central Park e 144, 163, 235
    Caso Goldstein e 143-44
    corrupção policial e 156
    dissonância e autojustificação e
    interrogadores e 157-63

promotores de justiça e 163-67
registro de exonerações de culpa após 167, 171, 173, 176
taxa de 146
treinamento e práticas policiais e 145, 148-49
CONFABULAÇÃO 87, 89-90
CONFABULAÇÃO
exemplos de 87
memória sujeita a 87, 89
narrativa pessoal e 89
CONFIANÇA
arrogância e, 23
falsas confissões e 147
precisão e 23
CONFISSÃO 145, 157, 164, 171
CONFLITO Israelo-Palestino 57, 211-12
CONFLITOS de interesse 62, 64, 70, 117, 119, 235, 244
CONFLITOS do tipo "ele disse/ela disse" 94-95
CONFUSÃO de fontes 90, 106
CONGRESSO Nacional Africano (CNA) 223
CONNOLLY, Patrick 144
CONROY, John 216
CONSELHO de Assuntos Éticos e Judiciais 71
CONSELHOS de revisão imparciais 235
CONSULTORES de ética 71
CONTRAPONTO (Huxley) 18
CONVENÇÃO das Nações Unidas contra a Tortura 220
CONVENÇÃO Nacional do Partido Democrata 50
CONVENÇÃO Nacional do Partido Republicano 258, 277
CONVENÇÕES de Genebra 216-18
CONVICÇÕES e condenações precipitadas 167-74
CONVICTING the Innocent (Borchard) 146

CONWAY, George 265*n*
CONWAY, Kellyanne 265
CONWAY, Michael 97-98
COOK, Tim 266-67
COOLEY, Steve 322
COPE, Billy Wayne 166-67
COQUELUCHE, aumento de casos de 67
CORROSION of Conservatism, The (Boot) 284-85
COURAGE to Heal, The (Bass e Davis) 109, 135, 140
COURTOIS, Christine 122
CRANDALL, Chris 79-80
CRENÇAS, internalização de 227
CRIMINAL Interrogation and Confessions (Inbau et al.) 157
CRINER, Roy 165-66
CRISE dos mísseis cubanos 229
CRISE dos reféns no Irã 201-02, 204, 209, 210
CROCKER, Charles 81
CROWE, Michael 152-53, 162
CROWE, Stephanie 150
CRUZ Vermelha 216, 218
CRUZ, Ted 263, 271
CRUZADAS 202, 210-11
CSX Transportation 55
CULPA
em traições e desavenças 245
clareza ou falta de consideração 197
das vítimas 41
CULTURA organizacional 233
CURDOS, abandono dos 285
CUSTOS irrecuperáveis 37, 240

D

DALLEK, Robert 258
DANÇA da ambiguidade 95
DANCING with Daddy (Petersen) 92
DANIELS, Stormy 269

DAO *De Jing* (Laozi) 252
DAVIS, Deborah 95, 172
DAVIS, Keith 214
DAVIS, Laura 109, 135-36
DEBATE presidencial de 1960 33
DE Klerk, Frederik 222-23
DE Rivera, Joseph 291
DEAN, John 20, 270
MOMENTOS de decisão (Bush) 33
DEDGE, Wilton 165
DELAÇÃO 270
DELATAR o chefe 270
DELAY, Tom 59
DEMAGOGOS 258, 265, 269
DENNING, Stephanie 268, 273
"DEPOIMINTOS" policiais 156, 167
DERENZO, Evan 71
DESABAFO 40, 134
DESCULPA da bomba-relógio 218
DESCULPAS
   visão atual sobre 18
   ausência de 230
   impacto das 222
   aceitação de responsabilidade 230-34, 236. *Ver também* assumir a culpa/assumir responsabilidades
DESPREZO 48, 186-88, 202
DESUMANIZAÇÃO 215
DEWITT, John 35
DICKENS, Charles 208
DIFERENÇAS reconciliáveis (Christensen e Jacobson) 177-78
DIMON, Jamie 15
DINKA (tribo) 21, 38
DIRETORIA de Ciência e Gestão e Manejo de Recursos Naturais do Serviço Nacional de Parques 287
DISCRIMINAÇÃO, estereótipos e 75, 260, 281
DIVERGÊNCIA, importância da 93, 95, 201, 234

DISSOCIAÇÃO 122
DISSONÂNCIA cognitiva/teoria da dissonância
   autoconceito e 286
   círculo virtuoso e 42-43
   consciência de 235-40
   descrição da 26-27
   lições da 225-26
   memória e 86-87
   mudanças neurológicas e 34
   pesquisa relacionada a 29-30
   pesquisa sobre 28-29
   pirâmide de escolhas e 47-53
   raiva/desabafo e 39-43
   superação 110, 199
   uso do termo 27-28
   viés de confirmação e 32-6
   violência e virtude e 40-47
DISTRAÇÃO, psicologia da 248
DITADORES 269
DIVÓRCIO 183, 187, 190-92, 208, 214, 244. *Ver também* casamento e relacionamentos
DNA (testes) 78-79, 144-48, 164-67, 171, 173
DONALDSON, Thomas 71
DONOVAN, Joan 78
DOR/DANO
   ausência de autojustificação e 226-28
   agravamento da 205
   natureza subjetiva da 205-10
DOR moral 226
DOSTOIÉVSKI, Fiódor 42, 253
DOW Chemical 55
DREYFUS, Alfred 212
DRIZIN, Steven 154, 162
DROPSY *testimony* 319n24
DUNN, Patrick 22, 154
DUVALIER, Jean-Claude "Baby Doc" 213-14

DUVERNAY, Ava 145
DWECK, Carol 243

E

EDISON, Thomas 242
EFEITO "Lake Wobegone" 44
EFEITO placebo 128
EFEITO "tiro pela culatra" 35
EGAN, Edward 15
EGO totalitário 86, 88
EISENHOWER, Dwight 251-52
EISNER, Peter 257
ELECTING the People's President, Donald Trump (Allen) 283
ELEIÇÃO presidencial de 2016 260, 269
ELLIOTT, Carl 70-71
ELLIOTT, Hal 70
EMPATIA 119, 177, 194, 200, 212, 244, 261
EMPRESAS de testes genéticos 79
ENGLAND, Lynndie R. 212-13
ERIKA (campo de concentração) 127
ESCÂNDALOS nas creches e pré-escolas 131
ESCOLAS de terapia psicodinâmica 125
ESCRITÓRIO Federal de Proteção à Pesquisa Humana 56
ESHELMAN, Amy 79-80
ESPECIALISTAS, autojustificação e 44-46
"ESTATUTO da ciência de má qualidade" 172
ESTER (rainha) 282
ESTEREÓTIPOS 73, 75-76
ÉTICA 19
ETNOCENTRISMO 75, 81
EVIDÊNCIAS, efeito "tiro pela culatra" 35
EVIDÊNCIAS refutatórias 31, 77, 91, 120
EXPERIENCIADORES 106-8
EXPERIMENTOS com choque elétrico 30, 51, 80, 215

EXPERIMENTO de obediência de Milgram 51-52, 215. Ver também experimentos com choque elétrico
EXPERIMENTOS de iniciação 52
EXPERT Political Judgment (Tetloc) 45
EXTRAÇÃO de dentes 21, 38

F

FACILITADORES 269, 274
FAIR, Eric 248-49
FAIRSTEIN, Linda 145-46
FALÁCIAS lógicas 125
FALSAS condenações 146-50, 168, 170. Ver condenações injustas
FALSAS confissões 147, 159, 162, 167, 172
FALSO testemunho honesto 96
FALWELL, Jerry, Jr. 286-87
FARNHAM, Marynia 22, 58
FASCISMO 257
FATHER-DAUGHTER Incest (Herman) 135
"FATOS alternativos" 265
FEA, John 281-83
FEBRE puerperal 21, 116
FEENEY, Brooke 93
FELICIDADE por acaso (Gilbert) 36
FESTINGER, Leon 26-28, 39
FEYNMAN, Richard 111
FILMES e programas piratas 48
FINK, Edward 143-44
FISHER, Barbara Loe 67
FITZGERALD, F. Scott 245-46
FLEISCHER, Ari 263, 272, 277
FONG, Christina 161
FRACASSO, medo do 243
FRAGMENTOS (Wilkomirski) 98-100, 103
FRANKLIN, Benjamin 43, 176
FREUD, Sigmund 124-26
FRIEDMAN, Richard A. 231
RIGIDEZ 160
FUNÇÃO cerebral, imaginação e 123

G

GARCIA, Hugo 216
GARNER, Eric 234
GARRY, Maryanne 103
GARTON Ash, Timothy 211-12
GARVEN, Sena 132
GAWANDE, Atul 231
GEIER, David 301n22
GEIER, Mark 301n22
GENOCÍDIO 99, 213
GERSHMAN, Bennett 167
GETTYSBURG, Batalha de 250-51
GIBSON, Mel 79
GILBERT, Dan 36
GINGRICH, Newt 18, 266
GIULIANI, Rudolph W. 270, 289
GODSEY, Mark 168-69
GOLDSTEIN, Thomas Lee 143-44
GOLDWASSER, Ehud 211-12
GOLPES de assinatura de revistas 240
GOLPES e fraudes 240-41, 254
GOLPES e fraudes contra idosos 240-41
GOODSTEIN, Laurie 287
GOODWIN, Doris Kearns 82
GOPNIK, Adam 333n31
GORNICK, Vivian 197, 227, 251
GOTTMAN, John 186, 188
GOTTMAN, Julie 189
GRACE (paciente com ataques de pânico) 226-27
GRAHAM, Lindsey 263-64, 271
GRANDES *esperanças* (Dickens) 208
GRANER, Charles A. 212-13
GREENWALD, Anthony 86
GROSJEAN, Bruno (Binjamin Wilkomirski) 98-101
GROSJEAN, Yvonne 99
GROSS, Samuel R. 146-47
GRUPOS de controle 102, 128, 136

GUERRA do Iraque 259
GUINNESS, Alec 163-64

H

HABER, Ralph 96-97, 291
HABILIDADES naturais *versus* esforço 243
HAGGARD, Ted 18
HALDEMAN, Bob 49-50
HALE, N. Wayne, Jr. 227
HAMAS 211
HAMMOND, D. Corydon 139-40
HARE Krishna 69
HELLER, Joseph 132
HELLMAN, Lillian 235
HELSINQUE (coletiva de imprensa) 266
HERMAN, Judith 77, 135
HEZBOLLAH 211-12
HICKS, Joshua 247
HIGHER Loyalty, A (Comey) 275
HIPNOSE 112, 115, 119, 121, 126
HIPOCRISIA, alheamento à 18
HIPÓTESE da catarse 41
HITLER, Adolf 57, 82, 210, 257-58, 265
HOLMES, Oliver Wendell, Jr. 58, 77
HOLOCAUSTO (relatos do) 106, 108, 127, 202, 210, 212, 237
HORNER, Thomas 130
HORTON, Richard 65
HOUSER, Aaron 151
HOWE, Ben 286
HUMAN Rights Watch 216
HUNGERFORD, Joel 308-09n2
HUSSEIN, Saddam 12, 16, 33, 216
HUTUS 327n29
HUXLEY, Aldous 18

I

IBM 233
IMIGRANTES chineses, mudança na visão sobre os 81

IMMORAL *Majority, The* (Howe) 286-87
IMPOTÊNCIA das vítimas, grau de 136
IMPRENSA, ataques de Trump à 258
INBAU, Fred E. 157
INDÚSTRIA farmacêutica 62, 68, 71. *Ver também* indústria dos serviços de saúde, erros na; médicos/clínicos
INDÚSTRIA dos serviços de saúde, erros na 51, 231. *Ver também* indústria farmacêutica; médicos/clínicos
INFALIBILIDADE, imagem de 231
INFLAÇÃO da imaginação 102-03
INFLAÇÃO de explicação 307*n*25
INHOFE, James 217
INSTITUTO Nacional de Saúde Infantil e Desenvolvimento Humano 134, 314*n*37
INTERNALIZAÇÃO de crenças 48
INTERROGADORES 133, 157-63
INTERROGATÓRIOS/ENTREVISTAS 151, 159, 162, 170, 172, 218-19, 234, 236
    gravação eletrônica de 30, 89, 163, 170, 234
    aprimoramento das técnicas de 220, 250
    técnicas avançadas de 178
INTUIÇÃO 125
IRÃ (crise de reféns) 201-02, 204, 209, 210
IRÃ-CONTRAS (escândalo) 328*n*6
IRAQUE (veteranos do) 226
IRMÃOS *Karamázov, Os* (Dostoiévski) 42, 253
IRREVOGABILIDADE, poder da 37
ISRAEL, criação de 212

J

JACKSON, Michael 44, 238
JACOBSON, Neil 178, 222
JACOBSON, Zachary Jonathan 265
JANINE (do exemplo do divórcio) 244-45
JARDINA, Ashley 277-78
JAYNE, Brian C. 157
JEFFERSON, Margo 238
JEFFRESS, Robert 282
JEOPARDY *in the Courtroom* (Ceci e Bruck) 315-16*n*48
JOÃO XXIII, papa 257*n*
JOGADORES/APOSTADORES 37
JOHNSON, Kevin 228
JOHNSON, Lyndon 12, 17, 20-21
JONES, David 321-22*n*47
JONES, Edward 87, 214
JOST, John 300*n*7
JUSTIFICAÇÃO do sistema, processos de 300*n*7
JUSTIFICAÇÃO, impulso para a 16, 108, 176, 195

K

KAHN, Michael 41
KARDON, Bob 232
KARR, Mary 110
KASSIN, Saul 159-61
KAVADI 30
KEECH, Marian 26-27, 37, 44-45
KELLER, Sharon 166
KELLEY, Susan 131-34
KENNEDY, John F. 33, 229, 264
KERRY, John 34
KERTZER, David 255-57
KHOMEINI, Ruhollah 201, 204
KIHLSTROM, John 121
KING, Laura 247
KIRSCH, Jack 153
KISSINGER, Henry 17
KLUG, Wayne 226
KOCHVA, Omri 216

KOHLER, Rika 87
KOLMESHÖHE (cemitério) 237
KOPPEL, Ted 72, 202
KOSINSKI, Jerzy 99,
KRAUTHAMMER, Charles 218
KRIMSKY, Sheldon 61
KRISTOL, William 285

L

LACER, Ralph M. 153-54, 162, 170
LACUNA de desempenho em matemática 242
LAOZI (*Dao De Jing*) 252
LAURA B. 308-09*n*2
LEAPE, Lucian 231
LEAVING Neverland 238
LEE, Bibi 153
LEE, Robert E. 250-51
LEI de Proteção e Cuidado Acessível ao Paciente (Obamacare) 264
LEO, Richard 95, 162, 172
LEOPOLD, Lisa 230
LIBI, Ibn al-Shaykh al 326*n*20
LIDDY, G. Gordon 50-51
LIMPEZA étnica 213, 342
LINCOLN, Abraham 82-83
LITTWIN, Mike 71
LIVRO do Apocalipse 26
LOBISTAS 60, 69
LOFTUS, Elizabeth 102
LONG, Huey 258
LOOP, Jeffrey L. 168
LUHRMANN, Tanya 118
LUNDBERG, Ferdinand 22

M

MACK, John, 107
MAECHLER, Stefan 100, 102

MAGRUDER, Jeb Stuart 49-52, 83, 274, 283
MAL, agentes do 212-21
MANDELA, Nelson 222-23
MANUAL *politicamente incorreto do Islã e das Cruzadas* (Spencer) 211
MARINO, Gordon 19
MARKOVIC, Mira 213
MARQUIS, Joshua 148-49, 157
MARSH, Elizabeth 93
MASTEN, Ann 312*n*24
MATTA, Monika 102-03
MATTIS, Jim 285, 290
MATURIDADE 38, 247
MAXWELL, William 85
MAYES, Larry 173
MAZZONI, Giuliana 102
MCCAIN, John 220, 266
MCCARTHY, Joseph 258
MCCARTHY, Mary 90-91
MCCLURG, Andrew 155, 169-70
MCCREADY, K. James 319-20*n*28
MCDONALD'S 16
MCDONOUGH, Chris 150-51, 153
MCDOUGAL, Michael 165-66
MCGAHN, Don 269
MCMARTIN (pré-escola) 113, 115, 131-34, 141, 239
MCNALLY, Richard J. 107, 126-27, 139
MÉDICOS, erros dos 231
MÉDICOS/CLÍNICOS 67-68. *Ver também* indústria dos serviços de saúde, erros na; indústria farmacêutica
MEDO, como ferramenta de demagogos 258
MEEHL, Paul 129
MEESE, Edward 160
MEIN Kampf (Hitler) 265
MEMÓRIA
    álcool e 96
    autoconceito e 93-95

distorções da 97-98
estrutura narrativa da 92
exemplos de falsas memórias 98-110
metáforas para 89
natureza da 89-90
natureza defeituosa da 84-88
perspectiva de terceira pessoa na 97
vieses da 88-98
questionamento 110-11
reconstrução 89-91
MEMÓRIAS de abdução alienígena 104-08
MEMÓRIAS *de uma menina católica* (McCarthy) 90
MENAND, Louis 214
MENTIRAS
    autojustificação *versus* 12
    de Trump 264-68
MÉTODO científico/raciocínio científico 123-24
MICHAELS, Kelly 112-131
MILGRAM, Stanley 51-52, 215
MILLER, Wiley 27, 343
MILLS, Judson 29, 298n32
MILOŠEVIĆ, Slobodan 213
MITCHELL, John 50
MITCHELL, Stephen 252
MODERN *Woman: The Lost Sex* (Lundberg e Farnham) 22
MOLSON, Lord 31
MOORE-KING, Bruce 216
MORGENTHAU, Robert M. 145, 163, 235
MORTE *de um caixeiro-viajante, A* (Miller) 246
MOSSADEGH, Mohammed 204
MOVIMENTO antivacinas 67-68
MOVIMENTO Trump Nunca 262, 272, 284
MUDANÇAS climáticas, negação das 35, 287
MUELLER, Robert 269, 275, 277, 285
MURDOCH, Iris 175

MUSEU da Tolerância 56, 73
MUSSOLINI, Benito 255-58, 263-64, 283

N

NAJJAR, Riyadh al- 217
NANUS, Burt 233
NATHAN, Debbie 114, 315-16n48
NATURE *of Prejudice, The* (Allport) 76
NAZISTAS 99, 101, 127, 237, 254, 257
NEUFELD, Peter J. 146, 166
NEW *York Times, The* (artigo anônimo) 268
NIETZSCHE 88
NIPO-AMERICANOS 35
NIXON, Richard 270
    Dean e 270
    Lei do Ar Limpo (Clean Air Act) e 260n
    Magruder e 49-52, 274
    mentiras de 264
    no debate presidencial 33
    uso do termo "erros foram cometidos" por 294n2
NON *Sequitur* (tirinhas) 27
NORMANDIA (invasão) 252
NOSTRADAMUS 26
NUER (tribo) 21, 38
NYHAN, Brendan 67
NOBEL da Paz, prêmio 17, 223

O

O'BRIEN, Larry 50
O'MALLEY, Jack 149
OBAMA, Barack 80, 220, 262, 264, 267
OBSERVAÇÃO 125-26
OFFER, Daniel 94
OFFIT, Paul 67
OFSHE, Richard 147
OLHOS *que condenam* 145

OMAR, Ilhan 264, 267
OPEN Payments 302n29
ORGULHO, autojustificação e 60
ORIZIO, Riccardo 213
OZ, Amós 213

P

PACELLI, Eugenio (Pio XII) 257
PAGE, Bradley 154, 162, 170
PAHLAVI, Mohammad Reza 201
PAIS/MÃES
    memória e 88-89, 92-93
    de pacientes com memória recuperada 140-41
PÂNICOS morais 112
PANOFSKY, Aaron 78
PAPA e Mussolini, O (Kertzer) 255
PARA entender Michael Jackson (Jefferson) 238
PARALISIA do sono 104, 106-07
PARK, Chuck 288
PARKER, Darrel 323n60
PARTIDOS políticos 253
    adesão a
    pontos de vista sobre a tortura dos
PÁSSARO pintado, O (Kosinski) 99
PATENTES de descobertas científicas 61-62
PATRIOTISMO acrítico 220
PATROCÍNIO, efeitos do 64
PEACE (modelo) 171-72
PEDIDO de desculpas de aceitação de responsabilidade 229. Ver também desculpas; assumir responsabilidade
PENSAMENTO "nós e eles" 74
PEQUENOS presentes 68-70
PERDÃO 109, 141, 207
PERES, Shimon 237-39
PERFIS de coragem (Kennedy) 264

PESQUISA científica, ciclos fechados e 119, 125
PESSOAS envergonhadas 132, 135, 241
PETERSEN, Betsy 92
PETRUSICH, Amanda 238
PFINGST, Paul 151
PINES, Ayala 188-89
PIO XI, papa 255-58, 281, 284
PIO XII, papa 254, 257
PIRÂMIDE de escolhas 47-53
PISTAS de recuperação 126
PLANTAÇÃO de evidências 155-56
POBREZA, justificações sobre 223-24
POGO 216
POMPEO, Mike 281-82
PONTE do rio Kwai, A 163
PONTOS cegos
    conflitos de interesse e 62, 64, 70, 117, 119, 235, 244
    exemplos de 55-57
    falta de consciência de 55-61
    preconceito e 67-72
    presentes e 72-76
PONTOS cegos dos políticos 59-60. Ver também Trump, Donald; outros indivíduos políticos
POSSESSÃO demoníaca 106
POSSÍVEIS eus perdidos 247
POWELL, Colin 33
PRATKANIS, Anthony 241
PRECISÃO, confiança e 121
PRECONCEITO 23, 55-83, 225, 234
PRESCRIÇÃO (ou lei da caducidade) 122
PREVISÕES sobre o fim do mundo 44
PRIMEIRA Cruzada 210-11
PRINCÍPIOS, degradação de 273, 287
PRISIONEIROS, maus-tratos a 213, 216-18. Ver também tortura
PRIVILÉGIO 58-59, 81
PROBLEMA do golfinho benevolente 124-35

PROCESSO de cilada 49
PROFISSIONAIS de saúde mental
  "acreditar é ver" e 31-35, 130-31, 234
  casos de memória reprimida e 120, 126
  falsas memórias e 121, 126, 139
  problema do golfinho benevolente e 124-35
  redução da dissonância por 46
INNOCENCE Project 146
PROMOTORES de justiça/promotores públicos 163-67
  vieses dos 167-68
  conduta indevida dos 145-46, 148-49
  condenações injustas e 146-48
PROPORÇÃO mágica 188
PSICÓLOGOS clínicos
PSICOTERAPIA
  ciclos fechados e 119
  diferenças entre profissionais praticantes de 117-18
PSIQUIATRAS 125, 138, 244
PUTIN, Vladimir 260, 266, 271, 273

R

RAMONA, Holly 109-11, 126
RAPTIVA 63
REAGAN, Ronald 160, 220, 237, 264
REALISMO ingênuo 57, 236-37
RECÉM-CASADOS 176
RECIPROCIDADE, poder da 69
REED, Ralph 283
REEDY, George 20
REGEV, Eldad 211
REGISTRO Nacional de Exonerações de Culpa 147
REID, John E. 157-58
REJALI, Darius 220
REMEMBERING Trauma (McNally) 126
REMNICK, David 290

REPRESSÃO/CASOS de memória reprimida 115, 126. *Ver também* terapia de memória recuperada
REPUBLICANOS pelo Estado de Direito 285
RESILIÊNCIA 108
RETÓRICA anti-imigrantes 272
RETRATADORES 308*n*1
REYES, Matias 145
RICARDO I, rei 211
RICE, Condoleezza 33, 218-19
RICE, Tamir 234
RICHTEL, Matt 248
RIQUEZA 182, 204, 214
RISINGER, D. Michael 168
RITUAIS de iniciação em fraternidades 29
ROBINSON, Jackie 71-72
ROMNEY, Mitt 262, 271
ROOSEVELT, Franklin D. 35, 274
ROSE, Chip 192
ROSENSTEIN, Rod 269
ROSENZWEIG, Saul 125
ROSS, Colin 139
ROSS, Lee 57
ROSS, Linda 140-41, 226-27
ROSS, Michael 97-98
RUANDA (genocídio) 327-28*n*29
RUBIN, Dale M. 143
RUMSFELD, Donald 33

S

SAFIRE, William 53
SALADINO 211
SALK, Jonas, 61
SAMUELS, Dorothy 59-60
SANDERS, James 166
SANTE, Luc 213
SAPOSNEK, Donald 192, 291
SARAMPO, aumento de casos de 65, 67
SATAN'S *Silence* (Nathan e Snedeker) 315-16*n*48

SAVAK 204
SCALIA, Antonin 55
SCARAMUCCI, Anthony 268n
SCHECK, Barry 146
SCHIAVO, Michael 200, 201, 203, 209
SCHIAVO, Terri 200
SCHIFF, Adam 271
SCHIMMEL, Solomon 224, 346
SCHINDLER, Robert e Mary 200-01, 203
SCHNEIDER, Bill 17
SCHULZ, William 219
"SE ao menos" 46, 145, 247
SEGUNDA Guerra Mundial 22, 35, 163, 202, 254, 274
SEMMELWEIS, Ignaz 21-22, 116
SENESE, Louis 159
SEWARD, William H. 82
SEXO, memória e 94-95
SHAKESPEARE, William 199
SHANLEY, Paul 309-10n6
SHAW, Reggie 248
SHAY, Jonathan 226, 247
SHEPHERD, Eric 172
SHERMAN, Jeffrey 77
SHERMER, Michael 103-06, 108
SILVERMAN, Sarah 237
SIMRIN, Stan 154
SIONISMO 212
SÍRIA, retirada de tropas da 285
SIRICA, John 52
SISTEMA de justiça criminal
   Caso Crowe e 152-53
   Caso da corredora do Central Park e 144, 163, 235
   Caso Goldstein e 143-44
   corrupção policial e 156
   dissonância e autojustificação e interrogadores e 157-63
   conduta indevida do promotor no 145-46, 148-49
   promotores de justiça e 163-67
   taxa de condenações injustas no
   taxa de exonerações de culpa no 167, 171, 173, 176
   treinamento e práticas policiais e
   viés dos promotores e 167-68
SNEDEKER, Michael 315-16n48
SOCIEDADE para uma Ciência da Psicologia Clínica 137
SONHO acordado 104-05
SONHAR, acordar 104
SORENSEN, Ted 264
SORO da verdade (amital sódico) 109, 126
SPEER, Albert 82
SPENCER, Richard 211
SPICER, Sean 265
SPIEGEL, Alix 141
STAMPER, Norm 156
STARBUCKS 228
STARR, Douglas 172
STAUB, Ervin 327-28n29
STEVENS, Hampton 330n23
STEVENSON, Harold 242-43
STIGLER, James 242-43
STORMFRONT 78-79
STRADIVARIUS (experimento) 31-32
STUYVESANT High School 48
SUNSTEIN, Cass 229
SUPREMA Corte 58, 61, 166, 272-73
SUPREMACISTAS brancos 78
SWANGER, David 245
SYBIL 113-15

T

TABAGISMO 27
TAGUBA, general de divisão 327n25
TAJFEL, Henri 74
TANGNEY, June 186
TANKLEFF, Arlene 319-20n28

TANKLEFF, Martin 319-20n28
TANKLEFF, Seymour 319-20n28
TANTAROS, Andrea 250
TÉCNICA Reid 157-58, 160-61, 170, 172
TEMPO verbar "exoneratório passado" 17
TEORIA da conspiração judaica 79
TEORIAS implícitas 184-85
TERAPIA cognitivo-comportamental (TCC) 310n8
TERAPIA de memória recuperada, 112, 115, 121. *Ver também* repressão/casos de memória reprimida
TETLOCK, Philip 45-46
THAIPUSAM 30
THOMPSON, Kenneth 171
THURBER, James 88
TIEFER, Leonore 193-94, 291
TIMEROSAL 66
TILLERSON, Rex 268, 281
TODD, Chuck 217
TORTURA. *Ver também* prisioneiros, maus-tratos a
TRAIÇÕES e desavenças 17, 95, 200, 202-03
    casos extraconjugais 260
    tentativas de encontrar o início de culpa em agravamento
    relatos do autor de danos 205-06
    caso Schiavo 200-1, 203, 209
    autojustificação e 202-03
    relatos da vítima de 204-05
TRANSPARÊNCIA 235
TRANSTORNO de personalidade múltipla (TPM) 113-14, 137, 139, 162
TRANSTORNO de estresse pós-traumático (TEPT) 13, 108, 226,
TRANSTORNO dissociativo de identidade (TDI) 137
TRANSTORNOS alimentares 100, 111, 117, 119, 126, 136

TRAPAÇA (colar na prova) 47-48
TRAUMA *and Recovery* (Herman) 135
TREADWAY, Joshua 151
TREINAMENTO de integridade 169
TRISMO (tétano) 21, 38
TRUMP, Donald
    apoiadores de 13-14, 253-54, 262, 267, 271-72, 274, 277, 281, 284
    apoio de cristãos evangélicos a 278, 281-82
    base de apoio de 276-79
    Caso da corredora do Central Park e 144, 163, 235
    como demagogo 258-60
    comparação com chefe da máfia e 258
    críticas de 268
    eleição de 254-55
    falta de dissonância em 260
    impacto de 253
    impeachment de 267, 270, 278
    instigador do medo 2258, 88
    mentiras de 264-68
    questões sobre estabilidade mental de 332n20
    racismo e, 80
    resistência a 283-91
    sobre denunciantes 270-71
TUCHMAN, Barbara 212
TUITE, Richard 150-51, 153
TURNER, Chester 322
TÚTSI 327-28n29
TVERSKY, Barbara 93

U

ÚLTIMA cruzada do papa, A (Eisner) 257
UNIDADE para Integridade de Condenações 171
UNIVERSIDADE Liberty 286-87
UNSPEAKABLE Acts, Ordinary People (Conroy) 216

URBANO II, papa 211
USO do celular ao volante 248
USO excessivo de força policial 234

V

VACINA tríplice viral (SCR, sarampo, caxumba, rubéola) 65
VACINAS contra gripe 67
VACINAÇÕES, autismo e 65-67, 137
VAN der Kolk, Bessel 120-21
VANES, Thomas 173, 226-27
VARNEY, Stuart 267
VENDEDORES de escovas Fuller Brush 69
VERDADE e reconciliação 221-24
VIDAL, Gore 85-86
VIÉS
    consciência de 31
    de confirmação 31, 33, 35, 57, 87, 125, 131, 134, 136, 154, 169-70, 184, 234, 276
    de financiamento 64
    realismo ingênuo 57, 236-37
    processual (tendenciosidade dos promotores de justiça) 234
VIÉS de confirmação 31, 33, 35, 57, 87, 125, 131, 134, 136, 154, 169-70, 184, 234, 276
VIÉS de financiamento 64
VIETNÃ (Guerra) 17, 215-16, 224, 251, 260
VILLALOBOS, Guillermo 95
VIOLAÇÃO de direitos autorais 48
VIOLÊNCIA 40-47, 108, 256, 258-59
VIOXX 65
VÍTIMAS
    culpabilização 215
    narrativas 108, 206
    grau de desamparo e 214
    desumanização de 215
    falta de compreensão das ações dos autores de danos 208
    raiva reprimida das 119

W

WAKEFIELD, Andrew 65-67
WALLACE, George 258
WARDEN, Rob 147, 149
WATERGATE (escândalo) 49
WATKINS, Craig 171
WATSON, Thomas (Tom), pai 233
WEE Care (Creche e Pré-Escola) 131
WEHNER, Peter 272, 286
WEINER, Greg 274
WEISBERG, Deena 123
WESTEN, Drew 34
WESTMORELAND, William 215
WHITE Identity Politics (Jardina) 277
WILBUR, Cornelia 113-14, 137, 139
WILKOMIRSKI, Binjamin (Bruno Grosjean) 98-103, 106
WILL, George 284-85
WILLMAN, David 301*n*13
WILSON, Anne E. 306*n*15
WISE, Kharey 317*n*2, 321*n*39
WONDERFUL O, The (Thurber) 88, 98

Y

YANKELOVICH, Daniel 230
YEATS, John Butler 175
YEATS, William Butler 175
YOVANOVITCH, Marie L. 288-89

Z

ZELNORM 63
ZIRPOLO, Kyle 134
ZUBAYDAH, Abu 217

TIPOGRAFIA	Freight Pro [TEXTO] Nagel VF e Freight Pro [ENTRETÍTULOS]
PAPEL	Ivory Slim 65 g/m² [MIOLO] Supremo 250 g/m² [CAPA]
IMPRESSÃO	Rettec Artes Gráficas e Editora [JULHO DE 2025]